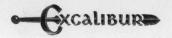

Fantasy bei

Knaur

herausgegeben
von Kai Lindberg
und Sophie Loewen

Über den Autor:

Michael Nagula wurde am 2. November 1959 in Hohenlimburg bei Hagen geboren. Er schrieb über 900 Sachbeiträge zu Themen der populären Kultur, gab 27 Anthologien in den Genres Science-Fiction, Fantasy und Krimi heraus, darunter den fünfbändigen »Darkover Atlas«, übersetzte neben zahlreichen Comics mehr als 50 Bücher, u. a. von Arthur C. Clarke, Philip K. Dick und Robert B. Parker, und beteiligte sich mit Romanen an den Serien »Perry Rhodan« und »Ren Dhark«.

Vom akademischen England des J. R. R. Tolkien konnte er sich aus eigener Anschauung überzeugen: als Assistenzlehrer für Deutsch in den Jahren 1986/87 an den Colleges Eton und Rugby. Heute lebt er mit seiner Frau im südhessischen Hanau und in Gardony/Ungarn.

MICHAEL NAGULA

TOLKIENS WELT

VON A WIE AUENLAND
BIS Z WIE ZAUBERRING

Alles über den Schöpfer des
Herr der Ringe und sein Werk

Knaur

Danksagung

Ich möchte mich ganz herzlich bei einigen Personen bedanken,
die mich bei der Niederschrift des vorliegenden Buches begleitet haben:
bei meiner Frau Antje, die mich in dieser Zeit viel zu selten zu Gesicht
bekam, meinen Eltern Renate und Josef Nagula, ohne die ich nie zum
Schreiben gekommen wäre, meinen sehr guten Freunden Elke und Jürgen
Handtke, die immer für alles ein offenes Ohr haben, dem unverwüstlichen
Comicladen-Besitzer Gerhard Kurowski und der ganzen Truppe von
Terminal Entertainment in Frankfurt (einfach für alles, über die Jahre!).

Besuchen Sie uns im Internet:
www.knaur.de
www.knaur-fantasy.de

Überarbeitete Neuausgabe 2002
Copyright © 2001 der deutschsprachigen Ausgabe bei
Droemersche Verlagsanstalt Th. Knaur Nachf., München
Alle Rechte vorbehalten. Das Werk darf – auch teilweise –
nur mit Genehmigung des Verlags wiedergegeben werden.
Redaktion: Ralf Reiter
Umschlaggestaltung: ZERO Werbeagentur, München
Satz: Ventura Publisher im Verlag
Druck und Bindung: Clausen & Bosse, Leck
Printed in Germany
ISBN 3-426-70249-5

2 4 5 3

Inhalt

Einleitung 9
»Ich bin selber ein Hobbit.« 17
Timeline: Stationen eines Mythenschöpfers 55
Die Geschichte der Welt nach Tolkien 65
Hintergründe: Die Liebe zum Mythos 77
Sprachen für Mittelerde 89

Die Bücher des J. R. R. Tolkien im Porträt 103
   Der Hobbit (Seite 104) – Der Herr der Ringe (Seite 112) – Das Silmarillion (Seite 122) – Die Abenteuer des Tom Bombadil (Seite 125) – Nachrichten aus Mittelerde (Seite 128) – Das Buch der Verschollenen Geschichten (Seite 130) – Fabelhafte Geschichten (Seite 133) – Die Briefe vom Weihnachtsmann (Seite 138) – Herr Glück (Seite 140) – Roverandom (Seite 141) – Die Ungeheuer und ihre Kritiker (Seite 143) – Beowulf (Seite 147)

Mittelerde von A–Z 151
   Aragorn (Seite 152) – Auenland (Seite 158) – Bäume (Seite 164) – Balrogs (Seite 169) – Blumen (Seite 173) – Tom Bombadil (Seite 175) – Dämonen (Seite 183) – Drachen (Seite 187) – Dunkle Reiche (Seite 193) – Elben (Seite 198) – Elbenreiche (Seite 209) – Ents (Seite 217) – Götter (Seite 222) – Hobbits (Seite 231) – Insekten (Seite 241) – Kräuter (Seite 243) – Menschen (Seite 244) – Menschenreiche (Seite 250) – Mittelerde (Seite 259) – Morgoth (Seite 262) – Númenor (Seite 267) – Orks (Seite 270) – Ringgeister (Seite 279) – Säugetiere (Seite 284) – Sauron (Seite 289) – Schlachten (Seite 298) – Spukgestalten (Seite 311) – Trolle

(Seite 314) – Unsterbliche Lande (Seite 321) – Vögel (Seite 324) – Zauberer (Seite 328) – Zauberringe (Seite 338) – Zwerge (Seite 346) – Zwergenreiche (Seite 368)

Tolkien in den Medien 373
Die 50 besten Internet-Adressen 385
Bibliografie 393

Für Antje –
meine geliebte Tinúviel

»*Dû bist beslozzen in mînem herzen.*«

EINLEITUNG

In einem Loch im Boden, da lebte ein Hobbit.«
Mit diesen wenigen Worten, hingekritzelt auf ein leeres Blatt Papier beim Korrigieren eines Schulaufsatzes, begann vor sechzig Jahren die Fantasy-Literatur. Sie bilden den ersten Satz des 1937 erschienenen *Der Hobbit oder Hin und zurück*, einem der meistgelesenen Bücher des zwanzigsten Jahrhunderts, das in mehr als 25 Sprachen übersetzt wurde. Aber das Werk, das den Autor wirklich unsterblich machte, folgte erst siebzehn Jahre später. Seitdem hat es sich auf der ganzen Welt zu einem Bestseller entwickelt, der von Generation zu Generation neu entdeckt wird und schon einige hundert Millionen begeisterte Leser gefunden hat: *Der Herr der Ringe*.

John Ronald Reuel Tolkien (1892–1973) war Gelehrter der englischen Sprache, spezialisiert auf Alt- und Mittelenglisch. Hauptberuflich Professor für Angelsächsisch an der Universität Oxford, siedelte er seine Bücher in der Welt Mittelerde an, die von Menschen, Elben, Zwergen, Trollen, Orks und – natürlich – Hobbits bevölkert ist. Die Auseinandersetzungen, die sie führen, die Abenteuer, die unsere Helden im Kampf gegen das ultimative Böse erleben, bringen uns das Leben in einer frei erfundenen, vorgeschichtlichen Zeit nahe.

Viele standen Tolkien anfangs geradezu feindselig gegenüber, weil sie sein Werk nirgends einzuordnen vermochten. *Der Hobbit* war weder ein Gegenwartsroman noch ein Kinderbuch – obwohl zum Beispiel der Kritiker Edmund Wilson erklärte, es sei durchaus ein Kinderbuch, aber eines, »das irgendwie aus dem Ruder gelaufen ist«. Und *Der Herr der Ringe* besaß eine mythologische Tiefe und Ernsthaftigkeit der Handlung, die nun wieder nicht zu dem heiteren Vorläuferroman passen wollte.

Die Verwirrung für den Leser wurde noch durch Anheizer und Werbesprüche auf den Umschlagseiten der ersten Ausgabe von *Herr der Ringe* erhöht, die sich um Vergleiche bemühten: Sir Thomas Malory mit seinem 21 Bücher umfassenden Werk *Der*

Tod Arthurs, Ludovico Ariosto, der das Epos vom *Rasenden Roland* schrieb, Science-Fiction und Heldenromanzen.

Wie wir heute wissen, weckte Tolkien mit seinen frühen Werken schlicht und einfach den Geschmack für Fantasyliteratur unter den Lesern und öffnete das Genre für Erwachsene.

»Die Größe, die Mythos und Märchen innewohnt, ist Poesie«, schrieb die Literaturwissenschaftlerin Elizabeth Cook. »Die Kindheitslektüre symbolischer oder fantastischer Geschichten trägt etwas Unersetzliches zu jeder späteren Lese-Erfahrung bei. Die ganze Welt des Epos, der Romanze und Allegorie steht einem Leser offen, der Fantasy immer für selbstverständlich hielt, und sich einzufinden fällt jenen Lesern schwer, die als Kind niemals Märchen lasen.« (*The Ordinary and the Fabulous*, Cambridge University Press 1969/1976)

Tolkiens Triumphzug begann Anfang der Sechzigerjahre in den USA, als er von vielen Angehörigen der gerade im Entstehen begriffenen Gegenkultur entdeckt wurde, vorwiegend deshalb, weil er sich in seinen Werken auch mit Umweltfragen beschäftigte. Die Aussteiger einer Gesellschaft, die wenig Fantasie aufbrachte und sich vom Tempo der neuen Zeit und dem Schrecken des Kalten Krieges knebeln ließ, nahmen ihn von Anfang an mit offenen Armen auf.

Unabhängig von seinem Werk hatte sich der populäre Stil der »Heroic Fantasy« entwickelt, auch *Sword & Sorcery* genannt, deren berühmtester Vertreter Robert E. Howard ist – mit seinem Helden Conan, der den meisten heute wohl eher aus schlechten Arnold-Schwarzenegger-Verfilmungen in Erinnerung ist. Solche Erzählungen wurden gewöhnlich von SF-Autoren nach dem Vorbild von Schmonzetten mit Raumschiffen und Aliens geschrieben, wofür besonders Edgar Rice Burroughs stand, der nicht nur Tarzan durch den Dschungel und ins Erdinnere hetzte, sondern seine Helden auch auf Mars und Venus schickte. Barbaren, Magier, verführerische Prinzessinnen und gewaltige Schätze waren das übliche Beiwerk solcher Geschichten, die sich einer geradezu postmodernen Mischung aus erfundenen Kulturen und mythischen Zeitaltern bedienten, in einer Bandbreite, die von den Sagas der Wikinger bis zu *Tausendundeine Nacht* reichte.

Tolkien sah sich also unversehens in einem literarischen Umfeld, das sich ebenso bei keltischen Legenden und der altisländischen *Völsungasaga* bediente wie bei den heute klassischen Werken von H. Rider Haggard, William Morris, Lord Dunsany und E. R. Eddison, aber auch einer »Trash«-Kultur nahe stand, in der sich Vielschreiber wie Edgar Rice Burroughs, James Branch Cabell, Fritz Leiber und L. Sprague de Camp tummelten.

Typisch für den amerikanischen Stil der Fantasy jener Zeit war ein antiheldenhafter, nicht ganz ernst gemeinter Hang zu großen Taten, der den Leser einlud, die Kluft zwischen dem wirklichen Leben und der Fantasie zu überbrücken: Bei Tolkien zeigten sich diese anachronistischen Mittel im *Hobbit* noch durch das zaudernde Wesen Bilbos und erzählerische Kommentare. Im *Herr der Ringe* verschwand diese Befangenheit jedoch und wich einer selbstbewussten Bodenständigkeit der vier Hobbit-Knuddelhelden, die mit Heldenmut auf ihre Welt reagieren und die Leser an ihre Erfolge und archaische Sprache gewöhnen, ohne jemals den Eindruck von Lächerlichkeit zu erwecken.

Nach der Veröffentlichung von *Herr der Ringe* als gebundenes Buch verbreitete sich unter den amerikanischen SF-Lesern die Kunde, dass es hier einen Autor gab, den man unbedingt lesen musste. Taschenbuchnachdrucke von Conan-Geschichten, die zuvor in Billigmagazinen erschienen waren, machten *Sword & Sorcery* in den SF-Buchhandlungen beliebt, und der Markt war bereit für eine preiswerte Ausgabe von *Herr der Ringe*, doch Tolkien mochte keine Taschenbücher. So kam der Stein erst ins Rollen, als Ace Books 1965 eine rechtmäßige, aber nicht genehmigte Taschenbuchausgabe herausbrachte, deren Anheizer auf den Umschlagseiten sich besonders an die Fans von Fantasy und

Science-Fiction wandten. *Der Herr der Ringe* wurde ein zweites Mal zum Bestseller: Endlich konnten sich auch junge Leute Tolkien leisten – in England erschien 1968 die erste Taschenbuchausgabe.

Es kam zu organisierten Fantreffen, so genannten Cons, zu Hörspielversionen, Filmfassungen, Comic-Adaptionen und musikalischen Umsetzungen von Tolkiens Werk. Immer mehr Jugendliche begeisterten sich für die Erzählungen über Mittelerde, überwältigt von der Spannung, Fabulierfreude, Schönheit und Tiefe dieser einzigartigen Leseerfahrung. Auch der epische Umfang zog die Leser in ihren Bahn. Sie lernten eine Welt kennen, die sie lange Zeit durchstreifen konnten, um Neues zu erkunden, sodass sie ihnen immer vertrauter wurde. Cliffhanger, also offene Ausgänge, die den Helden am Ende eines Kapitels in bedrohlicher Lage zurückließen, und überraschende Begegnungen und Wendungen hielten die Spannung aufrecht, und ständig trennten sich die Charaktere und fanden wieder zueinander, bis im abschließenden dritten Teil von *Herr der Ringe* alles seinem Höhepunkt zustrebte.

Tolkien wurde immer wieder vorgeworfen, dass er seine Personen oberflächlich charakterisiere, was sein Werk zur Trivialliteratur degradiere. Aber eine eingehende Lektüre kann das nicht bestätigen. In jeder guten Literatur muss sich der Leser mit der Hauptfigur identifizieren, bei der es sich stets um eine außergewöhnliche Person handelt, die unter gewaltigem Druck agiert. Und Tolkiens Charaktere haben individuelle Qualitäten, prägen das Urbild des Seienden und repräsentieren ihre Spezies. Alle Hauptpersonen sind stark ausdifferenziert: die fünf Hobbits ebenso wie Tolkiens Helden Aragorn, Boromir, Éomer und Faramir. Gimli und Legolas verkörpern ihre Völker, und in der Person von Gimli drückt sich Tolkiens Bitte um Toleranz anderen Rassen gegenüber aus. Wohin auch immer die Gefährten sich wenden, überall wird Gimli angefeindet, weil er ein Zwerg ist, doch die

Gefährten stehen zu ihm und so gewinnt er Ansehen unter Elben und Menschen.

Auch Tolkiens Sichtweise auf das Böse war für die Kritik der Hochliteratur immer wieder ein Stein des Anstoßes. Dabei unterscheidet sich Sauron, der Dunkle Herrscher von Mittelerde, in seinem Bestreben, die Welt zu erobern und zu beherrschen, nicht sonderlich von einem Diktator der wirklichen Welt. Sogar die Methoden gleichen sich: Deportieren Soldaten in aller Herren Länder nicht ebenfalls Zivilisten und massakrieren sie? Was wurde dem jüdischen Volk nicht alles angetan, während Tolkien an seinem Werk schrieb, wobei er wiederum eigene Erfahrungen aus dem Ersten Weltkrieg einfließen ließ. Oft genug deuten seitdem Literaturwissenschaftler die Orks mit ihren Totenkopfsymbolen als Sinnbilder für Nazisoldaten.

Für Erzählungen des Übernatürlichen ist es völlig angemessen, plakative Wesen von größter Bösartigkeit zu erschaffen wie Aliens oder Monster, während sich das für die Hochliteratur verbietet. Sie darf nicht vereinfachen, sonst gerät sie in den Verdacht, Klischees zu transportieren. Um Extreme des Guten und Bösen zu erfahren und auf der Folie des wahren Lebens die Nagelprobe zu machen, brauchen wir die Fantasy – sie bietet eine Panorama-Ansicht der Folgen für ein ganzes Reich, ein ganzes Land oder die ganze Welt.

Auch wenn er über Zwerge und Elben schrieb, wird Tolkien heute von der Literaturkritik in aller Regel ernst genommen, schon wegen des gewaltigen Hintergrundwissens, das in sein Schreiben einfloss. *Der Herr der Ringe* zeigt alle Arten von Problemen und Katastrophen, die auch die reale Welt für den Leser bereithält – in einem geschlossenen, überschaubaren Rahmen, der die Chance offen lässt, sich zu wahren Werten und menschenwürdigen Zielen vorzukämpfen.

Und es gibt immer wieder neue Ansätze bei der Lektüre des Werks. Zurzeit ist Gentechnik in aller Munde. Ein Blick auf den

Herr der Ringe macht deutlich, dass Genmanipulationen hier ein alter Hut sind. Die Diener der schwarzen Mächte sind alle Kreuzungen von Menschen und Elben, für finstere Zwecke gezüchtet und missbraucht. Ein Beispiel dafür, wie detailliert und vielschichtig Tolkiens Mythologie ist – so detailliert, dass sie eine eigene Welt bildet, in der die Helden sich entwickeln und die Zeitalter wechseln.

Ist Tolkien deshalb so populär? Weil er immer neue Ansätze schafft? Weil seine Welt nicht auslotbar ist und immer neu interpretierbar bleibt – wie die Wirklichkeit?

Im Jahr 1998 wurde dem *Herr der Ringe* in Großbritannien gleich dreimal der Preis als bestes literarisches Werk des Jahres verliehen – von einer Buchhandelskette, einem Buchklub und einer Literaturzeitschrift. Dabei bildet dieses Epos nur den Kern des Gesamtwerks über Mittelerde, hinzu kommen *Der Hobbit*, *Das Silmarillion* und *Nachrichten aus Mittelerde* – mit weiterem Material aus dem *Silmarillion* und der hinreißenden Liebesgeschichte »Aldarion und Erendis«. Tolkiens Sohn Christopher gab außerdem frühe Versionen des *Silmarillion* und des *Herr der Ringe* heraus; unter dem Sammeltitel *The History of Middle-earth* umfasst die Reihe in den USA zwölf Bände. Der begeisterte Leser sollte auch zu Tolkiens Briefen und seiner Biografie greifen. Das Werk dieses Autors ist nicht nur atemberaubend zu lesen, es zeigt auch ewige Wahrheiten und ist damit bedeutsam für das zeitgenössische Leben.

Dieses Buch versteht sich als Einführung in Leben und Werk Tolkiens. Es will nicht mehr und nicht weniger, als jenen, die sich für Tolkiens Welt interessieren, einen ersten Überblick verschaffen, der Lust auf mehr macht.

Aber Vorsicht! Die Beschäftigung mit Mittelerde hat Suchtcharakter – und wirft manchmal ein bedenkliches Licht auf unsere ach so reale Welt!

Michael Nagula

»Ich bin selber ein Hobbit.«

J.R.R. Tolkien – Die Biografie

Ein älterer Herr mit rechteckigem Gesicht und silbernem Haar, glänzenden Augen und roten Wangen, in Weste oder Pullover gekleidet, der seine Pfeife schmaucht und auf die Tasten seiner Schreibmaschine Marke »Hammond« tippt, wobei er hin und wieder lächelnd aufschaut und Rauchkringel in die Luft bläst, umgeben von Bücherstapeln, Tabakdosen und Papierbögen, an den Wänden selbst gefertigte Landkarten – so stellt man ihn sich vor, und so saß der Autor des *Hobbit* und *Herr der Ringe* auch wirklich in späteren Jahren in seiner Garage, die Tür zum Garten geöffnet, und schrieb die Geschichte Mittelerdes.

Er beklagte sich immer wieder, wie schwierig es für ihn sei zu schreiben. »Gott steh mir bei«, sagte er einmal mit seiner weichen, tiefen Stimme zu einem Journalisten der *New York Times*. »Die meiste Zeit kämpfe ich gegen die natürliche Trägheit des Menschen an.« Und vielleicht murmelte er dabei wie meistens und sprach sehr schnell, unterbrochen von klickenden und lutschenden Geräuschen, weil er auch diesmal wieder die Pfeife nicht aus dem Mund nahm.

Er zeigte nur geringes Interesse daran, was außerhalb Oxfords und Englands vor sich ging, und weder politische Verwicklungen noch soziale Konflikte, selbst die scheußlichsten Verbrechen und Skandalgeschichten konnten ihn nicht aus der Fassung bringen, vielleicht weil er zwei Weltkriege miterlebt hatte. Dafür erzählte er gern Witze, bei denen er mittendrin auflachte und regelmäßig die Pointe verfehlte, sang auf Gotisch, trug auf Isländisch Sagen vor, psalmodierte auf Elbisch und rezitierte auf Angelsächsisch – wenn er nicht gerade las: französische Literatur, die er verabscheute, Science-Fiction, die er liebte, und ganz allgemein seinen enormen Wissensschatz in den Bereichen Philologie und Mythologie erweiterte.

Einem befreundeten Journalisten vertraute er einmal an, dass ihn keine Sekunde seines Lebens reue. Trotz Ruhm und Wohlstand, die sich seit den Sechzigern über ihn ergossen, blieb seine äußere Lebensweise unverändert. Hätte ihn jemand gefragt, was er in seinem Leben noch gern vollbracht hätte, wäre die Antwort sicher gewesen, das *Silmarillion* zu vollenden, den Vorläufer des *Herr der Ringe*, den er in seiner Jugend begonnen und immer wieder umgeschrieben hatte, bevor die Gebrechen des hohen Alters einen Abschluss der Arbeit unmöglich machten.

Tolkien war ein sehr unorganisierter Mensch. Er hatte Angst, dass man ihn störte, weil die geringste Abweichung von seinem täglich festgelegten Stundenplan sich sofort nachteilig auf seine Arbeit auswirkte, und dabei gelang es ihm immer wieder, sich selbst Ablenkungen zu verschaffen. Er zeichnete oder kritzelte oft, wenn er eigentlich schreiben wollte, oder übte sich in Kalligrafie – und erwies sich als Genie, das als Lebenswerk ein Märchenepos von gewaltiger Tiefe und betörendem Charme hinterließ, vielleicht den einflussreichsten Mythos, den ein einzelner Mensch jemals ins Leben rief.

Kindheit (1892–1904): Verlorenes Paradies

John Ronald Reuel Tolkien, Gelehrter und Geschichtenerzähler, erblickte als erstes Kind von Arthur und Mabel am 3. Januar 1892 das Licht der Welt – nach einer schweren Geburt an einem heißen Sonntagmorgen. Am letzten Tag des Monats wurde er in der Kathedrale von Bloemfontein getauft, im südafrikanischen Oranjefreistaat. Es war Tradition in der Familie, dass der zweite Vorname jedes Kindes Reuel lautet, ein hebräisches Wort, das »Freund Gottes« oder »Gott ist sein Freund« bedeutet, und Ronald – so sein Rufname – setzte diese Tradition später bei seinen Kindern fort. Der Nachname Tolkien leitet sich vom deutschen Wort »tollkiehn« ab, einer älteren Variante von »tollkühn«: tapfer bis zum Überschwang oder dummdreist.

Seine Familie väterlicherseits scheint in der ersten Hälfte des

18. Jahrhunderts nach England eingewandert zu sein, und zwar aus dem Ernestinischen Sachsen, heute das Bundesland Niedersachsen und die Gebiete von Chemnitz, Erfurt, Halle und Leipzig. Sie siedelte sich in Warwickshire/Mittelengland an, einem der Brennpunkte der beginnenden industriellen Revolution. In Birmingham, noch heute eine der bedeutendsten Industriestädte der Welt, entstand damals gerade eine große Arbeiterklasse, und die Tolkiens stiegen in die neue Mittelschicht auf. Der Vater von Frank Tolkien, einem Verwandten von Ronald, besaß dort noch Mitte des 19. Jahrhunderts eine Klavierfabrik.

Arthur Tolkien, Ronalds Vater, war der älteste Spross einer recht großen Familie, wie sie durch den Aufschwung der Technologie und die moderne Medizin im viktorianisch-protestantischen England häufig vorkamen. Er arbeitete in einer Zweigstelle der Lloyds Bank in Birmingham, hatte eine junge Dame namens Mabel Suffield kennen gelernt und sich verlobt. Auch deshalb bemühte er sich jetzt wohl um Aufstiegsmöglichkeiten. In Südafrika herrschte ein Gold- und Diamanten-Rausch, und da die Bank of Africa qualifizierte Leute für ihre Geschäftsstellen im Landesinneren suchte, verließ er, kaum dass das jüngste seiner Geschwister erwachsen war, das elterliche Haus und reiste 1880 zum dunklen Kontinent. Als sich eine erfolgreiche Karriere abzeichnete, ließ der damals 34-Jährige seine 21-Jährige Verlobte nachkommen. Sie heirateten am 16. April 1891 in der Kathedrale von Kapstadt.

Der neun Monate später geborene Ronald litt sehr unter der Hitze und Trockenheit. Er war klein und kränklich, wie sein einziger Bruder Hilary, der im Februar 1894 zur Welt kam. Und so trafen Mabel und Arthur nach drei Jahren schweren Herzens die Entscheidung, dass die Mutter mit den Kindern nach England zurückkehren und der Vater so bald wie möglich nachfolgen sollte.

Ronald behielt sein Leben lang intensive Erinnerungen an seine Zeit in Südafrika zurück, vielleicht ausgelöst durch den

Kontrast zwischen der afrikanischen Wüstenebene und den sanften grünen Hügeln Englands: der welke Eukalyptusbaum, der sein erster Weihnachtsbaum war, das Bad als Zweijähriger im Indischen Ozean, die Art, wie ein eingeborener Erzdiakon mehlige Ähren aß, die dreitägige »Entführung« durch einen Hausboy, der den weißen Jungen in seinem Dorf vorführen wollte, seine Begegnung mit einer Tarantel im elterlichen Garten, die zu einer Spinnenphobie führte und mehrmals Eingang in sein Werk fand – und der Augenblick, als sein Vater, den er nie mehr wieder sehen sollte, »A. R. Tolkien« auf den großen Überseekoffer malte.

Mabel Tolkien war in einer religiösen Familie groß geworden und stammte aus Evesham, Warwickshire, etwa 20 Meilen südlich von Birmingham im westlichen Mittelengland gelegen. Als Mitglied der Unitarier-Kirche hatte sie mit ihren beiden Schwestern als Missionarin in Südafrika gearbeitet und sogar versucht, den Sultan des Harems von Sansibar zum Christentum zu bekehren, bevor sie nach England zurückkehrte. Bei ihrer neuerlichen Heimkehr mit den beiden Kindern ließ sie sich in Sarehole nieder, einem Dorf am Rand von Birmingham. Nur wenige Monate später erhielt sie die Nachricht, dass ihr Mann im Februar 1896 an einer akuten Bauchfellentzündung gestorben sei, ein Schicksalsschlag, an dem sich Ronald später die Schuld gab, weil er durch seine schwache Gesundheit die Mutter veranlasst hatte, aus Südafrika fortzugehen.

Und doch erschien Sarehole in den West Midlands dem jungen Ronald wie eine Art »verlorenes Paradies«. Die weiten Äcker und Felder gingen Jahre später, obwohl man am Horizont die rußigen Rauchwolken Birminghams erkennen konnte, als Auenland in sein Werk ein, die beiden Müller der Gegend wanderten geradewegs in das Märchen vom *Bauern Giles von Ham*, und aus den übrigen Bewohnern wurden die Hobbits.

Verglichen mit dem Leben in einem gepflegten Haus mit Dienerschaft lebten die Tolkiens jetzt in »vornehmer Armut«, wie

Ronald es später nannte. Die eher mittelständische Familie unterschied sich in Sprache, Kleidung und Gewohnheiten stark von der bäuerlichen Gesellschaft ringsum, und Mabel, die vor ihrer Zeit als Missionarin Erzieherin gewesen war, brachte Ronald das Lesen und Schreiben bei und fuhr mit Latein, Griechisch, Mathematik und der Literatur der Romantik fort. Sie wollte ihn auf die Prüfung für die King Edward VI. School in Birmingham vorbereiten, die beste Schule der Gegend, damit er sich einmal für einen Platz an der Universität qualifiziere.

Um die Jahrhundertwende wechselte Mabel von den Unitariern zu den Anglikanern und dann – zusammen mit ihrer Schwester May – im Juni 1900 zur katholischen Kirche. Zu jener Zeit war die Gegend um Birmingham, bis dahin eine Brutstätte des puritanischen Protestantismus, Schauplatz einer wahren Bekehrungswelle, angeführt von Kardinal John Henry Newman. Ronald und Hilary wurden nun im katholischen Glauben erzogen, und beide Seiten der Familie entzogen ihnen jede weitere finanzielle Unterstützung. Zwei Jahre lang bezahlte ein Onkel dem jungen Ronald noch das Schulgeld für die King Edward VI. School, an der er nach zwei gescheiterten Versuchen jetzt unterrichtet wurde, doch dann musste der Junge auf die St. Phillips School wechseln, deren Standard nicht sehr hoch war, sodass Mabel ihn wieder selbst unterrichtete. 1903 erhielt er ein Stipendium für die King Edward VI. School, das Mabel die ständige Sorge um das Geld nahm. Doch da war die Familie schon nach King's Heath gezogen, in ein Haus, dessen Rückseite an Eisenbahngleise grenzte – der junge Ronald entwickelte seine linguistische Vorstellungskraft fortan im Angesicht der Kohlewagons, die nach Südwales hinauf- und von dort herunterratterten, mit Zielorten wie *Nantyglo*, *Penrhiwceiber* und *Senghenydd*.

Kurz darauf folgte der zweite große Schicksalsschlag in Ronalds Kindheit. Seine Mutter hatte sich eine Weile nicht wohl gefühlt, und im Krankenhaus diagnostizierte man Diabetes –

damals, vor der Entdeckung des Insulins, eine tödliche Krankheit. Sofort leitete Mabel rechtliche Schritte ein, um den Lebensstandard ihrer Söhne und ihre Erziehung im katholischen Glauben sicherzustellen.

Dann starb sie am 15. Oktober 1904 – Ronald war 12 Jahre alt.

JUGEND (1904–1911): LEBEN IN BIRMINGHAM

Der Gemeindepriester, der die Familie regelmäßig besuchte, Father Francis Xavier Morgan, halb Spanier, halb Waliser, ein großer Mann mit silbrigem Haar, war von Anfang an eine Art Vaterersatz für Ronald und Hilary gewesen. Freundlich, aber bestimmt, besaß er einen scharfen Verstand und ein ungewöhnliches Feingefühl Kindern gegenüber. Als Mabel starb, nahm er sich der beiden Jungen an und überredete eine angeheiratete Tante, Beatrice Suffield, sie bei sich aufzunehmen.

Ronald lebte nicht gern bei seiner Tante, aber ihr Haus lag in der Nähe des Oratoriums, und so konnte er zusammen mit seinem Bruder viele Stunden bei Father Morgan verbringen, der nach vier Jahren, als endgültig feststand, dass die Burschen der Tante in jeder Hinsicht über den Kopf wuchsen, als rechtlicher Vormund eingriff. Er brachte die Jungen in einer Pension unter, die von einer Mrs. Faulkner geleitet wurde. Sie beherbergte mehrere Waisen, und Ronald erinnerte sich später, dass er dort in einer Art ständigem Hunger-Dämmer lebte.

Das Leben in Birmingham war ganz anders als das Leben in Sarehole. Statt der ruhigen Einsamkeit und offenen Weite gab es überall nur Lärm, Enge und Schmutz, und das hasste Ronald. Er liebte Schulen, Büchereien, Parks und Museen – am meisten aber die Ausflüge, die Father Morgan mit ihm in Gegenden Englands unternahm, die von der Industrialisierung noch verschont geblieben waren. Als sie kurz nach dem Tod der Mutter, die Ronald eine fast abgöttische Liebe zur Natur und klassischen Mythologie vermittelt hatte, für vierzehn Tage Wales besuchten, erwachte in ihm eine lebenslange Liebe zu allem Walisischen. »Es ist die Muttersprache«, schrieb er später, »zu der uns eine unerklärliche Sehnsucht hinzieht wie zu einer Heimat.«

Schon als Siebenjähriger hatte er begonnen, eigene Sprachen zu erfinden, sehr zu Mabel Tolkiens Verdruss, die seine Ausbildung vorantreiben wollte – jetzt lernte er anfangs auf eigene Faust, später unter Anleitung seines Klassenlehrers George Brewton, der ihm regelmäßige Privatstunden gab, Angelsächsisch und Walisisch, sogar mittelalterliches Walisisch, aus dem viele sprachliche Komponenten in seine Elbensprache einflossen. Ein anderer Lehrer an der King Edward VI. School, R. W. Reynolds, genannt »Dickerchen«, machte ihn mit der englischen Literatur und – noch entscheidender – mit der Literaturkritik bekannt.

Er hatte an der Schule auch eine Anzahl enger Freundschaften geschlossen, darunter mit Robert Quilter Gibson, dem Sohn des Schulleiters. Zu fünft oder sechst bildeten sie eine Clique namens Tea-Club, später Barrovian Society (nach einer Teestube namens Barrow's), die sich vom Sport bis zur wissenschaftlichen Forschung an allem ergötzte. Die Mitglieder des »T.C.B.S.« – ein mysteriös und eindrucksvoll klingendes Kürzel, wie sie fanden – führten noch auf Jahre hinaus eine enge Korrespondenz und kritisieren einander die literarischen Werke.

Ronald war vermutlich noch nicht ganz sechzehn, als er sich zum ersten – und letzten Mal verliebte. Seine frühere körperliche Schwäche hatte er überwunden, und er wurde bei aller Schüchternheit als Mitglied der Rugby-Mannschaft von den Mädchen viel bewundert. Möglicherweise auch von einer jungen Dame namens Edith Bratt, die unter den Mietern in Mrs. Faulkners Pension lebte. Sie war neunzehn, als die beiden eine Freundschaft schlossen, aus der allmählich ein »Liebesspiel« wurde, wie die Tolkiens es später nannten. Doch ihre Liebe flog auf, als man sie beim gemeinsamen Essensdiebstahl erwischte, den sie schon monatelang begingen. Edith wurde zur Strafe ins Haus eines Onkels und einer Tante verbannt, und man verbot den beiden, sich zu sehen oder auch nur miteinander zu korrespondieren. Das belastete Ronalds Beziehung zu seinem Vormund sehr, aber wenn er zur Universität gehen wollte, war er auf Father Morgans finanzielle Unterstützung angewiesen. Also willigte er in die erzwungene Trennung ein. Bis auf einen »Rückfall«, der die Situation noch verschärfte, sollte er Edith erst drei Jahre später wieder sehen.

Anfang 1909, noch unter dem Eindruck des Verlusts der Freundin, legte Ronald die Prüfung für ein Stipendium in Oxford ab, hatte aber erst im nächsten Jahr wenigstens teilweise Erfolg. Ronald errang den Status eines »Exhibitioners« – so nennt man in Oxford und Cambridge Studenten, denen wegen besonderer Begabung oder Leistungen eine bestimmte Summe für Collegegebühren zuerkannt wird. Der feine Unterschied zu einem Stipendiaten besteht darin, dass diese ein höheres Ansehen haben, weil sie gewöhnlich aus der wohlhabenden Schicht stammen. Ronald erntete von Father Morgan kein Lob, denn er hätte eigentlich mit Abstand gewinnen müssen, doch als Geste der Anerkennung für seine glänzende Leistungen im abschließenden Schuljahr machte der Geistliche mit ihm und seinem Bruder Hilary im Sommer 1910 eine Bergtour in die Schweiz.

Die Majestät der Alpen erfüllte Ronald mit Ehrfurcht. Einen Gipfel hatten sie zur Hälfte bezwungen, aber schlechtes Wetter und ihre Unerfahrenheit zwangen sie zur Umkehr – ein Ereignis, das er später im *Herr der Ringe* verarbeiten sollte.

STUDIUM (1911–1915): SPRACHEN IN OXFORD

Im Herbst 1911 ging Ronald an das Exeter College von Oxford und fand eine Stadt vor, die von weiten Feldern und hübschen

Dörfern umgeben war. Industrie gab es keine, Autos erst wenige, und wer von den Studenten eines wollte, musste es sich – wie auch heute noch – genehmigen lassen. Die Universität mit ihren 3000 Angehörigen sowie Hunderten von Klubs und Gesellschaften für Literatur, Snobismus, Querfeldeinlauf und andere Sportarten, sogar für Essen, führte gegenüber der insgesamt 50.000 Seelen zählenden Stadt ein abgekapseltes Eigenleben. Und doch empfanden die meisten »Oxonians« – der strengen Disziplin des Elternhauses und der englischen Schulen entronnen – dort zum ersten Mal ein Gefühl der Unabhängigkeit, obwohl ihr Verhalten streng reglementiert und überwacht wurde.

Während der vier Jahre, die Ronald in Oxford verbrachte, reichte sein Exhibitioner-Geld, das ungefähr dem Jahresverdienst eines Arbeiters entsprach, knapp für die Studiengebühren und für Kost und Logis. Er besuchte mit seinen Freunden gern und oft Gasthäuser und Operetten von Gilbert und Sullivan, ging ins Kino, spielte Baseball und Kricket, fuhr mit dem Fahrrad zu entlegenen Kirchen und historischen Orten oder stakte mit dem Punt genannten Kahn im Universitätsbereich auf dem Flüsschen Cherwell dahin, schaute allen möglichen Sportveranstaltungen zu, trieb seine Späße, erzählte Geschichten und stellte den Studentinnen der Mädchen-Colleges nach.

Unter dem Einfluss von Joseph Wrighty, der im selben Jahr wie Ronald nach Oxford gekommen war, seines ersten Fellows, wie man die im College wohnenden Dozenten nennt, begann Ronald schließlich mit der Schöpfung seines geliebten Elbisch. Doch den Impuls, ein lebenslanges Werk daraus zu machen, verdankte er seinem zweiten Englisch-Tutor William Craigie, der zusammen mit drei Kollegen 1910 dazu berufen worden war, das *Oxford English Dictionary* herauszugeben. Er führte ihn auch in die isländische und finnische Sprache und Mythologie ein und lehrte ihn die richtige Aussprache. Das Finnische wurde später zusammen mit dem Walisischen in der Elbensprache verarbeitet.

Seine Verwandten in Birmingham waren entsetzt, als Ronald beschloss, statt der »Greats« – dem regulären Kurs für humanistische Fächer, der nach drei Jahren mit dem B. A. für Klassik endete, also dem Bakkalaureus der philosophischen Fakultät – lieber Englische Sprache und Literatur zu belegen. Das bedeutete ein viertes Jahr in Oxford, für das kein Geld übrig war. Doch Ronald vertraute auf sein Glück und meldete sich Ostern 1913 zur Prüfung in »Moderns« an, das zusätzlich zu Griechisch und Latein auch Angelsächsisch umfasste.

Eines der Gedichte, auf die er während seiner Studien in Altenglisch stieß, war *The Crist* von Cynewulf. Hier faszinierte ihn besonders das kryptische Couplet:

> Eálá Earendel engla beorhtast
> ofer middangeard monnum sended

»Middangeard« ist ein alter Ausdruck für die Alltagswelt zwischen dem Himmel oben und der Erde unten, und das Couplet – »Gegrüßt seist du, Earendel, der Engel strahlendster, über Mittelerde den Menschen gesandt« – inspirierte einige seiner frühesten, wenngleich noch unvollständigen Versuche, eine Welt uralter Schönheit in Versform zu bringen.

Leider hatte er das Altenglische auf Grund fehlender Tutoren allein studieren müssen, bis E. A. Barber nach Oxford kam und sein Tutor wurde. Und so verpatzte er seine »Honours«-Prüfung, die man im Gegensatz zur normalen Prüfung mit Auszeichnung bestehen muss und die über den akademischen Grad entscheidet, mit dem man das College verlässt. Er bekam – obwohl er in Philologie ein hervorragendes »alpha plus« erhielt – nur einen »Honours«-Grad zweiter Klasse. Ronald war zutiefst enttäuscht von sich. Aber statt Anfang 1914 die Prüfung für die »Greats« abzulegen, blieb er bei seinem Entschluss, ein viertes Jahr in Oxford zu verbringen.

Er war jetzt fast einundzwanzig und bald volljährig und bat Father Morgan, mit Edith in Briefkontakt treten zu dürfen. Widerstrebend erteilte sein Vormund die Erlaubnis, doch die junge Frau hatte sich in seiner Abwesenheit mit einem anderen verlobt. Ronald besuchte sie bei ihrem Onkel in Cheltenham und überredete sie, ihn zu heiraten. Und er veranlasste sie, bei einem Priester in Warwick Unterricht zu nehmen und Anfang 1914 in die katholische Kirche überzutreten.

Edith Marys Verwandte missbilligten eine Heirat jetzt umso mehr, doch das junge Paar war fest entschlossen, und da Ronald ohne einen Pfennig in der Tasche keinen Gefallen bei ihnen fand, wollte er mit etwas Greifbarem wie einem Forschungsauftrag oder einem Lehramt aufwarten. Er spielte in Oxford zwar weiter Tennis und Rugby und trank mit seinen Freunden Bier, verbrachte die Sommerferien in Cornwall, der Bretagne und Frankreich, verwandte jedoch immer mehr Zeit auf ernsthafte Studien.

Dann, im August 1914, rüstete die Welt zum Krieg. Ronald war zwei Jahre zuvor in ein Kavallerieregiment eingetreten, hatte aber schon nach wenigen Monaten wieder abgedankt, weil er fand, dass die Armee nichts für ihn war. Jetzt wurden auf dem Universitätsgelände ganze Kompanien gedrillt, die ihre schwarzen Collegeroben gegen rote Uniformen getauscht hatten, und er nahm im Zuge seiner Pflichten im Offiziersausbildungskorps an den Attacken auf Strohpuppen teil – mit Holzgewehren und später auch mit bajonettbestückten Enfield-Gewehren. Die martialische Musik der Militärparaden, die seine Mutter so sehr geliebt hatte, dürfte ihn nicht minder begeistert haben.

Als der Krieg in Frankreich und Belgien zusehends schlimmer wurde, tauschten fast alle seine Freunde und Kommilitonen die roten gegen khakifarbene Röcke und zogen ins Feld. Die Studentenzahl sank auf ein Drittel, und die Colleges, erst zu Kasernen geworden, dienten jetzt als Lazarette. Ronald rechtfertigte seine Entscheidung, in Oxford zu bleiben, weiter mit der Zeit danach. Ohne akademischen Grad sei er zu nichts nütze.

Er schloss seine Abschlussprüfung 1915 mit einem »Honours«-Grad erster Klasse ab – als einer von zwei Studenten, die überhaupt zur Prüfung antraten.

KRIEGSZEIT I (1915–1919): ENDE DER UNSCHULD

Nachdem Ronald ein letztes Mal Ferien in Birmingham gemacht hatte, schloss er sich am 7. Juni 1915 den Lancaster-Füsilieren an und erhielt als Graduierter automatisch einen Offiziersrang. Er besann sich auf seine sprachlichen Fähigkeiten und ließ sich zum Fernmeldeoffizier ausbilden.

Eine allgemeine Wehrpflicht bestand in England noch nicht, aber das Land befand sich im Kriegszustand. Das Essen war rationiert, die Frauen arbeiteten in Munitionsfabriken, und Winston Churchills Invasion auf den Dardanellen bei Gallipoli war ein Desaster gewesen. Die Deutschen hatten mit der Taktik des uneingeschränkten U-Boot-Krieges begonnen, und an der Westfront wurden Gasangriffe eingeleitet. Viele von Ronalds Freunden aus seiner Kindheit und Collegezeit waren schon tot – nur zwei sollten den Krieg überleben.

Viele Monate lang verbrachte das Bataillon, dem Ronald zugeteilt worden war, in nervenzermürbender Ungewissheit, vorwiegend in Staffordshire, dann kam die Nachricht, dass es Ende März 1916 zur Front ging. Ronald nutzte seinen letzten Urlaub, um am 22. des Monats in Warwick seine Jugendliebe Edith Mary Brett zu heiraten. Nach kurzen Flitterwochen in Somerset kehrte er zu seinem Regiment zurück und setzte nach Frankreich über, wo er in Rubemprér stationiert war, einer kleinen Stadt in der Nähe von Amiens. Ende Mai wurde sein Bataillon an die Somme verlegt und bereitete sich auf den »letzten Vorstoß« vor, der am Abend des 23. Juni erfolgte.

Der Schützengrabenkrieg des Ersten Weltkriegs war der reinste Albtraum: ständiger Beschuss mit Granaten und durch Scharfschützen, verwesende Leichname im Niemandsland, Regengüsse und überflutete Gräben, nächtliche Raubzüge, um Verwundete zu bergen, Überraschungsangriffe und immer wieder tote Kameraden. Schon am ersten des sieben Tage dauernden Geschosshagels über den deutschen Stellungen entlang der 40 Kilometer langen Somme-Front verloren die Briten über 50.000 Mann – mehr als jemals zuvor oder danach.

Ronald überlebte. Sein Bataillon wurde weiter hinten bei Bouzincourt in Reserve gehalten und erst eine Woche später, als das Schlachtfeld ein einziger Totenacker geworden war, zum Einsatz abkommandiert. Anschließend war Leutnant Tolkien monatelang im aktiven Dienst an der Somme, sowohl an der Front als auch in einem Erholungslager. Und als die Briten den Kampf am 19. November 1916 abbrachen, sprachen sie von dieser Schlacht als einem großen Sieg – trotz der mehr als 600.000 Gefallenen allein auf britischer Seite.

Ronald wurde nicht geehrt und erhielt keinen Orden, aber er hatte seine Pflicht getan und war überzeugt, dass es so sein musste – »dass jeder Mann seine Pflicht tat« –, doch zu den patriotischen Kampfsprüchen und edlen Zielen meinte er: »Ich bin aufgewachsen mit ›Den Krieg, damit kein Krieg mehr sei!‹ Damals glaubte ich schon nicht daran und heute noch viel weniger.« Aber für die vielen Freiwilligen aus der Arbeiterklasse und vom Land, die sich als Soldaten gemeldet hatten, empfand er stets große Bewunderung.

Im *Herr der Ringe* sollte später stehen, dass das Rad der Welt von der Hand der Kleinen gedreht werde, weil die Großen ihren Blick anderswohin richteten, und dass es deshalb gedreht werde, weil es sich drehen müsse, weil das die tägliche Aufgabe sei.

Ronald hielt das für die einzig wirklich wichtige Stelle in seinem Epos, und von solcher Art waren für ihn die Männer, die an seiner Seite kämpften. Sosehr die Orks später den deutschen Soldaten ähnelten, sosehr dienten seine Kameraden ihm als Vorbild für die kleinen, fantasielosen, aber tapferen Hobbits, die ihre Pflicht sogar noch angesichts des Unmöglichen erfüllten.

Auf den heißen Sommer 1916 folgte der kälteste Herbst seit Menschengedenken. Viele Soldaten erfroren, noch mehr wurden durch Feuchtigkeit und Erschöpfung krank. Ende Oktober, als Ronald bei Beauval an der Front diente, infizierte er sich mit Fleckfieber, einer Bakterienkrankheit, die vor dem Ersten Weltkrieg praktisch unbekannt war und von Läusen übertragen wird. Hohes Fieber, Hautausschlag, geistige Benommenheit, Kopfschmerzen, kleinere Geschwüre und Entkräftung – die Patienten mussten monatelang liegen, und noch auf Jahre hinaus konnte die Krankheit wieder aufflackern.

Ronald traf es besonders schwer, und so wurde er Anfang November auf einem Lazarettschiff nach England geschickt und ins First Southern General Hospital von Birmingham verbracht. Bis Weihnachten hatte er sich so weit wieder erholt, dass er sich mit Edith in Great Haywood, Staffordshire, aufhalten konnte. Doch seine Krankheit kehrte immer wieder. Er nutzte die Zeit, die er bald im Krankenhaus, bald zu Hause verbrachte, und widmete sich dem Studium der Sprachen. Vor allem ordnete er Notizen und Gedanken aus seiner Zeit in Frankreich und schrieb eine lange, komplizierte Geschichte zur Mythologie des Elbischen nieder. Sie handelt von drei geheimnisvollen Steinen der Kraft, den Silmaril, die im Ersten Zeitalter von Mittelerde gewaltsam aus der Eisernen Krone des schrecklichen Feindes Morgoth entfernt worden waren, und beschreibt das Ende einer Zeit der Unschuld.

Eine erste Rohfassung des Manuskripts, die Ronald 1918 abschloss, enthält schon die meisten größeren Geschichten dessen, was wir heute als *Silmarillion* kennen, in ihrer ursprünglichen

Form: Erzählungen über die Elben und »Gnome« mit ihren Sprachen Quenya und Goldogrin und der Krieg gegen Morgoth, die Belagerung und der Fall von Gondolin und Nargothrond, die Geschichten von Túrin und der beiden Liebenden Beren und Lúthien, die wegen ihres schönen Gesanges auch Tinúviel genannt wurde – Nachtigall.

Letztere beschreibt eine von nur zwei Vereinigungen zwischen Elben und Menschen, durch die ein elbisches Erbteil auch unter die Menschen kam, und verdankt sich einer Inspiration: Als Ronald in Hull stationiert war und mit Edith die Wälder nahe Roos durchstreifte, tanzte sie dort für ihn in einem dichten Hain zwischen Schierlingsbüschen. Er begann von Edith als »Lúthien« zu denken und von sich als »Beren«. Ihr erster Sohn, John Francis Reuel – der spätere Father John Tolkien – hatte schon am 16. November 1917 das Licht der Welt erblickt.

Im Januar des gleichen Jahres war Ronald, noch im Lazarett, zum Ersten Leutnant der Reserve ernannt worden. Einige Monate später hatte man ihn als geheilt entlassen, doch zu seiner großen Erleichterung musste er nicht an die Front zurück. Er wurde einem Reservebataillon der Lancashire-Füsiliere zugeteilt. Als am 11. November 1918 der Waffenstillstand unterzeichnet wurde, war Ronald schon im Arbeitsministerium, Abteilung Arbeitsamt, der Zentralstelle für zivile Anstellungen des United Kingdom in Oxford, tätig. Diesen Posten bekleidete er bis zum Sommer 1919. Er wollte so schnell wie möglich aus Regierungsdienst und Militär ausscheiden – er hatte »seine Pflicht getan«, fast alle seine Freunde waren tot – und so beantragte er seine Entlassung und erhielt seine Papiere am 16. Juli des Jahres. Auf Grund von Formalitäten musste er allerdings noch bis zum 3. November 1920 seinen Dienst verrichten, bevor er im Rang eines Oberleutnants, offiziell ausschied.

Der Krieg hatte unsichtbare Narben bei ihm hinterlassen, die sich nicht in Verzweiflung oder Schwermut äußerten. Sie bewirkten eine Distanz zur äußeren Welt. Er zog sich in ein klösterliches Leben innerhalb der Universität Oxford zurück und bewältigte die Kriegserfahrungen durch das weitere Ausfeilen einer Fantasiewelt, die einen rühmlichen Ersatz für die von Menschenhand zerstörte wahre Welt bot.

GELEHRTENZEIT (1919–1925): OXFORD – LEEDS – OXFORD

Von den 3000 Mitgliedern, die es bei Ausbruch des Ersten Weltkriegs in der Universität Oxford gab, waren am Ende des Kriegs 2700 gefallen. 1917 waren nur noch 350 eingeschrieben, weniger als in den Pestjahren des Mittelalters.

Als der ehemalige Leutnant Ronald Tolkien 1918 mit seiner Familie nach Oxford zurückkehrte, in der Hoffnung, dort einen Posten als Fellow in Angelsächsischer oder Englischer Literatur zu erlangen, erinnerte sich sein ehemaliger Tutor W. A. Craigie an ihn und bot ihm eine Stelle als untergeordneter Redakteur des *Oxford English Dictionary* an, dessen Mitherausgeber er war – eine große Ehre, die von Tolkiens gutem Ruf zeugt. Ziel des gewaltigen Werks, an dem schon seit 1878 gearbeitet wurde, war es, ein umfassendes und definitives Wörterbuch der englischen Sprache zu erstellen, und so arbeitete Ronald voller Begeisterung Anhänge und Korrekturen durch und beteiligte sich an der Auswahl von über zwei Millionen Auszügen aus beinahe fünf Millionen Vorlagen.

Zu Weihnachten 1920, als sein ältester Sohn John drei Jahre alt war, begann Ronald mit einer Gewohnheit, die er zwanzig Jahre lang beibehalten sollte. Er schrieb seinen Kindern zum ersten Mal einen eigenhändig illustrierten Brief, der angeblich vom Weihnachtsmann stammte – eine Auswahl daraus erschien 1976 unter dem Titel *Die Briefe vom Weihnachtsmann*. Er erzählte seinen

Kindern auch immer wieder zahlreiche Gutenachtgeschichten, von denen er einige später zu kleineren Werken ausarbeitete, wie *Herr Glück* und *Roverandom*, die jedoch erst nach seinem Tod erschienen.

Monatelang führte Ronald seine Arbeit am *Oxford English Dictionary* weiter und wurde schließlich zum M. A. Oxon (Magister Artium, Meister der Künste in Oxford) gewählt, um seiner Tätigkeit, die er als Juniormitglied der Universität leistete und mit der gewöhnlich nur Graduierte betraut wurden, eine gewisse Legitimation zu verleihen. Währenddessen kehrten noch viele andere ehemalige Soldaten als »reife Studenten« nach Oxford zurück. Mit einigen freundete Ronald sich an, so mit Clive Staples Lewis, dem späteren Autor der *Perelandra*-Trilogie, eines noch heute sehr beliebten Esoterik-Klassikers, und mit Nevill Coghill, Sekretär des Exeter College Essay Clubs, der ihn bat, bei ihnen eine Lesung zu halten. Ronald sagte zu und trat erstmals mit seinem *Silmarillion* an die Öffentlichkeit – er las »Der Fall von Gondolin« vor. Coghill hatte seiner schnellen und schnoddrigen Sprechweise allerdings als Thema »Follogonglin« entnommen und bemühte sich wochenlang herauszufinden, worum es sich dabei handele, fand jedoch nirgends einen Hinweis.

Im Jahr 1921, als die Arbeit am Wörterbuch fast abgeschlossen war, suchte Ronald wieder nach einer Stellung als Fellow. Er musste ja den Lebensunterhalt für seine kleine Familie sichern. Und ausgerechnet ein tragischer Unglücksfall ermöglichte ihm einen gewaltigen Karrieresprung: F. W. Moorman, der Professor für Englische Sprache an der Universität Leeds, war in den Ferien ertrunken, und so bot man Ronald eine außerordentliche Professur an. Er sollte – später als jüngster ordentlicher Professor von Leeds – vier Jahre in der Industriestadt tätig bleiben und das Hauptgewicht der Fakultät von englischer Literatur auf Sprache verlagern.

Ronalds Lehrtätigkeit war in vieler Hinsicht ungewöhnlich,

besonders in Bezug auf die Begabung seiner Schüler. Sein späterer Mitarbeiter E. V. Gordon etwa, Philologe und Experte für mittelalterliche Texte, der bei Ronalds Amtsantritt schon Doktor der Philosophie war, leitete eine kleine inoffizielle Gruppe mit Schwerpunkt Walisisch. Noch in Oxford hatte Ronald mit einem seiner ehemaligen Tutoren, Kenneth Sisam, ein Buch veröffentlicht. Sowohl Sisams *Fourteenth Century Prose and Verse* als auch Ronalds *A Middle English Vocabulary*, ein auf die Grundwörter beschränktes angelsächsisches Wörterbuch, hatte unter den englischen Gelehrten großen Erfolg gehabt. Seine erste internationale Anerkennung als Philologe verschaffte Ronald jedoch ein Buch, das in Zusammenarbeit mit E. V. Gordon entstand: *Sir Gawain and the Green Knight*. Es brachte 1925 die noch heute gültige Standardversion der berühmtesten Versdichtung über Ritter Gawain in englischer Sprache und wird an den meisten englischen und amerikanischen Universitäten nach wie vor benutzt. Gordon wurde bei Ronalds Weggang noch im selben Jahr über die Köpfe der älteren Dozenten hinweg sein Nachfolger auf dem Lehrstuhl, und Tolkien übersetzte diese Versdichtung Jahre später ins moderne Englisch.

»Tolk« war beliebt bei seinen Studenten, humorvoll zwanglos statt akademisch reserviert. Ruhig, sachlich und freundlich, setzte er nie jemanden herab. Und um das Studium interessanter zu gestalten, erfand er angelsächsische Kreuzworträtsel oder ließ seine Studenten die Lektionen sogar singen. Oft ließ er das Thema seiner Vorlesungen auch einfach fallen und fing eine hitzige Diskussion über ein Thema an, das ihm gerade in den Sinn kam, während er eine wöchentliche Vorlesung (1920–1923) über ein Heldenepos der mittelenglischen Literatur hielt, auf das er bei seiner Arbeit am *Oxford English Dictionary* gestoßen war: *Beowulf*, das älteste nichtkirchliche Werk in englischer Sprache, seinem Rang nach mit dem deutschen Nibelungenlied vergleichbar. Es kam übrigens 1999 durch eine wundervolle Übersetzung des irischen

Dichters Seamus Heaney wieder zu Ehren und wanderte sogar in die Bestsellerlisten.

Nebenbei arbeitete Ronald weiter an seinem »Legendarium« der erfundenen Mythen, das nach seinem Tod als *Buch der verschollenen Geschichten* erscheinen sollte, und verfeinerte seine erfundenen Elbensprachen. Und er gründete mit E. V. Gordon den »Viking Club« für Studenten, der hauptsächlich dem Vortrag altnordischer Sagen und dem Biertrinken gewidmet war. Für diesen Club schrieben er und Gordon Lieder, die sie ins Altenglische, Altnordische und Gotische übersetzten, damit sie zu den traditionellen englischen Melodien passten. Einige davon sind in dem 1936 erschienenen *Songs for the Philologists* enthalten, einem Privatdruck des English Department des University College in London, das nur noch in höchstens 15 Exemplaren kursiert. Andere kleinere Geschichten und Abhandlungen aus dieser Zeit erschienen in der Universitäts-Wochenschrift *Poetry and Audience* und 1923 auch sechs Seiten mit Gedichten in einem Buch mit dem Titel *A Northern Venture: Verses by Members of the University of Leeds*.

Ein Jahr später wurde Ronald mit 32 Jahren Professor für Englische Sprache, ein Lehrstuhl, der eigens für ihn eingerichtet worden war – doch vor allem wurde er zum dritten Mal Vater, als im November Christopher Reuel zur Welt kam, der später zu seinem Nachlassverwalter werden sollte.

Im Frühjahr 1925 teilte man Ronald mit, dass man ihn auf Grund seiner Verdienste um den *Oxford English Dictionary*, die *Middle English Vocabulary* und den *Sir Gawain* als Nachfolger seines Gönners W. A. Craige in Oxford vorgeschlagen habe. Nach seiner Wahl gab er den Lehrstuhl für Englische Sprache auf, zog im Sommer nach Oxford und trat dort am 1. Oktober seine Stelle als Professor für Angelsächsisch an. Als bei der offiziellen Verabschiedung in Leeds der Redner lediglich auf sein gutes Einsehen einging, empfand er das als Herabsetzung. Ronald erklärte, dass er die Universität mehr liebe als jede andere Institution, aber es gebe eine höhere Loyalität – seinem Fach gegenüber.

PROFESSORENZEIT (1925–1937): BEOWULF UND HOBBIT

Es war für Ronald wie eine Heimkehr, als er im Rang eines Professors wieder nach Oxford ging. Und doch war alles anders: Das Auto hatte sich durchgesetzt. Überall entstanden Tankstellen, Wohnhäuser und Läden kamen hinzu, und mit den neuen Straßen und besseren Verkehrswegen verbreitete sich auch die Industrie. Die unberührte Landschaft und das Ackerland schrumpften täglich mehr zusammen. Und diese Art der Veränderung traf Ronald mehr als die politischen Ereignisse.

Ein zunehmender Rückzug aus der Außenwelt war für ihn die Folge, bestärkt durch Modernisierungen, auch in der Universität. Und obwohl er sich wenig Illusionen über das akademische Leben als Zufluchtsort außerweltlicher Gelehrsamkeit machte, erlebte er jetzt eine zügellose Zeit, in der die Studenten mehr Vergnügen an wilden Partys hatten als an einem Studium, das sie in ihren akademischen Interessen weiterbrachte.

Obwohl Ronald 1925 noch ein junger Professor und neu an der English School war, zählte er rasch zu den einflussreichsten Wegbereitern. Im Folgejahr wurde er ohne große Begeisterung seinerseits zum Fellow des Penbroke College gewählt, im Rahmen eines Plans, der Universität mehr Macht über die Colleges zu verleihen – für Ronald der Anfang von 20 langen Jahren des Unwohlseins im Penbroke College. Er schulte seine besten Studenten stets so, dass sie als neue Mitglieder für die Fakultät gewonnen werden konnten. Er war später auch für die vielen erstklassigen Philologen berühmt, die er herangezogen hatte.

Einer war Nevill Coghill, den Ronald quasi »adoptiert« hatte, um ihm bei seiner Suche nach sich selbst zu helfen. Er ging so weit, dass er ihm als Zeichen des Vertrauens in seine Fähigkeiten sogar einige Seiten Notizen zu seiner Vorlesung schrieb. Später wurden die beiden in der Gunst um die Studenten zu freundschaftlichen Rivalen, weil ihre Vorlesungen einen ähnlich hohen Unterhaltungswert besaßen. Allerdings war Coghill als Redner so brillant wie Ronald ermüdend.

Coghill gehörte zu den Personen, mit denen Ronald nach seiner Rückkehr lebenslang Freundschaft schloss. Andere waren Professor Dawkens und Helen MacMillan Buckhurst von der English School, beide Gelehrte des Isländischen und Liebhaber nordischer Sagas, Hugo Dyson, ein brillanter Wissenschaftler, der erst nach einer schweren Kriegsverletzung die wissenschaftliche Laufbahn eingeschlagen hatte, und Professor George Gordon, der ebenfalls von Leeds nach Oxford gewechselt war. Ihre gemeinsamen Interessen waren das Isländische, und nach guter alter Oxforder Sitte führten sie ihre Gespräche in Kneipen und gründeten den Club der »Coalbiters«, die – wie es sich für richtige Isländer gehört – Kohlenstücke zerbissen, damit ihnen im Winter warm genug war.

Aber zu Ronalds engstem Freund wurde ein Tutor im Magdalen College namens Clive Stapels Lewis, Sohn eines Anwalts in Belfast, der genau wie Ronald, ein Christ in einem unchristlichen Zeitalter, das Vordringen der Industrialierung beklagte und als Lebenswerk mehr als 40 Bücher hinterließ, Gedichte, literaturgeschichtliche Werke, Romanliteratur und Essays. Er liebte Oxford mit der gleichen Inbrunst, hegte und pflegte seinen eher philosophisch begründeten Glauben und wurde im Alter Ronalds Hobbits immer ähnlicher: rundlich, mit Glatze und starkem Doppelkinn. Beide, Ronald und Lewis, waren äußerst gewandte Gesprächspartner, die sachkundig über fast jedes Thema reden konnten.

Ungefähr zu jener Zeit, 1929, wurde Ronald und Edith' einzige

Tochter Priscilla Anne Reuel geboren, und die Tolkiens zogen in ein weiträumiges rotes Backsteinhaus in der Northmoor Road 20, zu dessen Bewirtschaftung sie auf Grund der immensen Räumlichkeiten eine Halbtagshilfe einstellen mussten. Dort entstanden die größten Teile von *Hobbit* und *Herr der Ringe*.

Ronald lebte ganz in der Welt des Intellekts, der Universität, er war sicher kein Materialist, doch einem Sachzwang konnte er sich nicht entziehen: seinem Finanzproblem. Er hatte immer zu wenig Geld. Die Professorengehälter in Oxford lagen zwar über dem Durchschnittseinkommen eines Engländers, aber deutlich niedriger als bei den amerikanischen Kollegen. Und er hatte gewaltige Verpflichtungen: ein großes Haus, die Halbtagshilfe, vier kleine Kinder, hohes Schulgeld, weil er ihnen die beste Ausbildung bieten wollte, und Repräsentationspflichten. Da er sein Einkommen nicht wie viele andere Oxforder Lehrer durch die Veröffentlichung von Büchern oder Artikeln aufbesserte, musste er eine andere Möglichkeit finden. Er entschloss sich, zur Ferienzeit im Sommer für die Universität Schulzertifikate zu prüfen – Prüfungsarbeiten von Absolventen der höheren Schule, die in ein College aufgenommen werden wollten. Auch für andere Universitäten arbeitete er als Prüfer, sodass er oft in ganz England unterwegs war. Nach dem Zweiten Weltkrieg gab er diese Arbeit größtenteils wieder auf, nur die Catholic University in Irland besuchte er noch hin und wieder bis zu seiner Pensionierung.

Als er im Sommer 1928 über einem Stoß besonders langweiliger Prüfungsarbeiten saß, fiel ihm eine Arbeit in die Hände, deren erste Seite unbeschriftet geblieben war. »Einer der Kandidaten war so gnädig gewesen, eine Seite leer zu lassen – das ist das Schönste, was einem Prüfer widerfahren kann – und ich schrieb darauf: ›In einem Loch im Boden, da lebte ein Hobbit.‹« Ronald ahnte es damals nicht, doch das war die Geburtsstunde eines Werks, das ihn für alle Zeiten berühmt machen sollte.

Die Herkunft des Wortes »Hobbit« ist bis heute ungeklärt.

Ronald hatte nie genau sagen können, wie er auf das Wort gekommen war. Sicher hat es nichts mit »rabbit« (engl. Kaninchen) zu tun, schon eher etwas mit dem mittelenglischen Wort »hob«, das laut *Oxford English Dictionary*, an dem Ronald ja mitwirkte, einen einfachen Landmann oder Clown bezeichnet, eine Art Heinzelmännchen, die englische Entsprechung zum »kleinen Volk« aus der keltischen Mythologie. Vielleicht liegt der Ursprung aber auch viel näher und »Hobbit« ist – so mein persönlicher Vorschlag – eine assoziative Verknappung von »a bit of a hobo« = »ein bisschen was von einem Wanderarbeiter oder Landstreicher«. Dieser Satz könnte Ronald durch den Kopf gegangen sein, als er nach seinen Bahnfahrten kreuz und quer durch England fern von Oxford irgendwo in einer dunklen Stube saß und für ein geringes Salär seine Korrekturen durchführte. Vermutlich ist die Wahrheit wie meistens eine Mischung aus mehreren dieser Einflüsse.

Anfang der Dreißigerjahre hatte Ronald die erste handschriftliche Fassung des *Hobbit* abgeschlossen. Er schrieb sie spätabends unter dem Dach in der Northmoor Road 20 auf der Kante eines Feldbetts an einem Schreibtisch aus dem späten 19. Jahrhundert, den seine Frau ihm 1927 geschenkt hatte. Eine Veröffentlichung des Textes war nicht geplant – vielleicht weil schon 1916 seine Gedichte und später auch einige frühe Erzählungen, die dann erstmals im *Silmarillion* erschienen, von Verlagen abgelehnt worden waren.

Außerdem wurde Ronald 1934 eine Leverhulme Fellowship zuerkannt, die seine finanzielle Lage beträchtlich verbesserte. Diese Stiftung vergab Zuschüsse, die bei Professoren die Höhe eines Jahresgehalts erreichen konnten und mit der Auflage verbunden waren, ein Forschungsprojekt eigener Wahl in Angriff zu nehmen. Ronald erhielt den Zuschuss dreimal und benutzte ihn vermutlich für seine Forschungen über *Beowulf*, um 1936 in der Britischen Akademie seinen Vortrag »Beowulf: Die Ungeheuer und ihre Kritiker« zu halten, der noch heute als beste Einführung des zwanzigsten Jahrhunderts in die angelsächsische Literatur gilt.

Mittlerweile kursierte das Manuskript des *Hobbit* im Freundeskreis, und besonders Clive Staples Lewis und Ronalds ehemalige Studentin Elaine Griffiths drängten ihn, es an einen Verleger weiterzugeben, doch der Autor weigerte sich. Durch Elaine gelangte 1936 eine unvollständig getippte Abschrift in die Hände von Susan Dagnall, einer Mitarbeiterin von George Allen & Unwin, einem Londoner Kleinverlag, der 1990 mit HarperCollins verschmolz. Sie bat Ronald, das Manuskript zu beenden, und präsentierte die vollständige Geschichte Sir Stanley Unwin, dem damaligen Geschäftsführer. Er reichte sie zur Beurteilung an seinen erst zehnjährigen Sohn Raynor weiter, der ein begeistertes Gutachten schrieb.

Als *Der Hobbit* im Herbst 1937 erschien, hatte das Buch größtenteils hervorragende Besprechungen. Und als es im darauf folgenden Jahr in Amerika bei Houghton Miller herauskam, erhielt es den angesehenen Preis der *New York Heralds Tribune* als bestes Kinderbuch des Jahres 1938. Es verkaufte sich anfangs zwar schleppend, doch nach dem zweiten Weltkrieg stand es auf den Leselisten vieler Grundschulen und fehlt seitdem auf keiner Empfehlungsliste für gute Kinderbuchliteratur.

Ronald hatte begonnen, aus einem langen, selbst auferlegten Winterschlaf zu erwachen. Er strebte nach Anerkennung und einem guten Ruf als Wissenschaftler und Schriftsteller, und mit *Beowulf* und *Hobbit* war ihm beides zuteil geworden. Es war sogar so erfolgreich, dass Stanley Unwin ihn fragte, ob er nicht weiteres ähnliches Material – dem *Hobbit* ähnlich – hätte, das für eine Veröffentlichung in Frage käme.

KRIEGSZEIT II (1937–1953):
INKLINGS UND HERR DER RINGE

Seit Mitte der Dreißigerjahre trafen Ronald und sein bester Freund Clive Staples Lewis sich in den Räumen eines Colleges oder in Gasthäusern mit einer lockeren Gruppe aus Oxford, die ihre Interessen teilten und deren Mitglieder später als »Inklings« bekannt wurden. Es war kein Verein und keine Gesellschaft, die da bis 1962 existierte, und der Name, den vermutlich Lewis ihnen gab, war ausschließlich scherzhaft gemeint. Er hatte mit Schreiben zu tun (»ink«, engl. Tinte) und klang leicht angelsächsisch. Dass sie eine Ahnung (deutsch für »inkling«) von göttlichen Wahrheiten für sich beanspruchten, wie manchmal behauptet wird, trifft einfach nicht zu. Es waren Konservative, Romantiker und erklärte Christen, schamlos unernste Individuen, die sich trafen, um in vertrauter Runde zu schwatzen, zu trinken und sich ihre in Arbeit befindlichen Werke vorzutragen.

Für Ronald waren die Inklings ein geistiger Jungbrunnen, der ihm ständig neue Nahrung bot. Er ließ sich bei aller Ermutigung, die er durch sie erfuhr, zwar nie von ihnen beeinflussen, las ihnen aber vierzehn Jahre lang aus dem *Herr der Ringe* vor, zumindest ab 1937, wahrscheinlich vom Herbst 1936 bis 1948, und ohne ihr Interesse und ihre Unterstützung hätte er die lange Zeit des Schreibens sicher nicht durchgehalten.

Sein Arzt Dr. Humphrey Harvard gehörte ebenso zu der Gruppe wie Charles Wrenn und dessen Nachfolger auf dem Lehrstuhl für Angelsächsisch, Aleister Campbell, sowie Major W. H. Lewis, Experte auf dem Gebiet Frankreich im 17. Jahrhundert und Bruder von C. S. Lewis, der als Gründungsmitglied schon seinen Freund Owen Barfield mitgebracht hatte. Nevill Coghill führte den walisischen Schriftsteller Charles Williams ein, dessen Lyrik großen Einfluss auf Ronald haben sollte. Ronalds Sohn Christopher Tolkien wurde im Zweiten Weltkrieg zum Beitritt aufgefordert. Der Inkling Gervase Mathew, ein katholischer Priester und Bekannter aus Kindertagen, sollte Ronald später überreden, den *Herr der Ringe* zu veröffentlichen, was dieser lange Zeit nicht für vertretbar hielt.

Um diese Zeit hatte Ronald begonnen, sein »Legendarium« in einen, wie er fand, vorzeigbaren Zustand zu bringen, und außerdem hatten, wie er später bemerkte, Ansätze davon schon seinen Weg in den *Hobbit* genommen. Die vollständige Sammlung nannte er jetzt »Quenta Silmarillion«, sie bildete den Kern des späteren *Silmarillion*. Er präsentierte Sir Stanley einen Teil dieser »abgeschlossenen« Erzählungen, doch diesmal fiel die Reaktion des Testlesers gemischt aus: kein Gefallen an den Gedichten, aber Lob für die Prosa, besonders die Geschichte von Beren und Lúthien. Unwin entschied sich gegen eine Veröffentlichung und gab diese Nachricht taktvoll an Ronald weiter, fragte ihn jedoch, ob er nicht eine Fortsetzung zum *Hobbit* schreiben wolle.

Ronald war enttäuscht über das Scheitern des »Quenta Silmarillion«, erklärte sich jedoch zum Schreiben einer Fortsetzung bereit. Irgendwann im Jahr 1937 trafen Ronald und Lewis sich allein, weil das Treffen der Inklings ausgefallen war, und lasen sich aus ihren aktuellen Werken vor – Ronald aus »seinem neuen Hobbit«, wie Lewis meint: das erste schriftliche Zeugnis vom *Herr der Ringe*. Der »Neue Hobbit«, wie er wenigstens neun Jahre lang unter den Inklings genannt wurde, entwickelte sich schon bald zu mehr als einer Kindergeschichte.

Die Jahre zwischen 1936 und 1939 waren glückliche und kreative Jahre für Ronald. Er war kerngesund, seine Ehe lief gut, und seine Kinder zeigten alle Anzeichen von Talent und Intelligenz. Der älteste Sohn John ging 1938 ans Exeter College, studierte Englisch und wurde später Priester, Michael immatrikulierte sich im Jahr darauf im Trinity College, um moderne Geschichte zu studieren, und Christopher ging 1942 ebenfalls ans Trinity College, um sich für eine Offiziersstelle bei der Royal Air Force zu qualifizieren. Nachdem beide ihren Militärdienst absolviert hatten, wurde Michael Schulleiter und Christopher Universitätsdozent. Ihre Schwester Priscilla ergriff später den Beruf einer Sozialarbeiterin.

Und am 8. März 1939 hielt Ronald an der St. Anna Universität in Schottland seinen wohl berühmtesten Vortrag: »Über Märchen«. Er befasste sich darin nicht nur mit dem Ursprung der fantastischen Literatur, sondern schilderte auch, wie man erfolgreich eine Mythologie erschuf und aufbaute. Außerdem fand er noch Zeit, ein wunderschönes Märchen zu schreiben, *Blatt von Tüftler*, in dem ein erfolgloser Maler das Bild eines Blattes malt, das sich zu einem gewaltigen Baum auswächst. Er verliert es und kann es erst nach seinem Tod im Jenseits fertig stellen. Als Ronald das Märchen im September 1939 beendete – die Deutschen marschierten gerade in Polen ein –, waren auch die ersten neun Kapitel von *Herr der Ringe* schon geschrieben.

Während dieser Zeit wurde Ronald zum Mitherausgeber der »Oxford English Monograph Series« berufen, verantwortlich für die Auswahl und Bearbeitung nordischer und angelsächsischer Texte. So wurde die *Ältere Edda*, der Ursprung der nordischen Mythologie, für ihn eine wichtige Inspiration. In ihr finden sich alle Zwergennamen, während der Begriff »Düsterwald« aus *König Heidrik der Weise* stammt, »Ork« aus *Das verlorene Paradies* oder *Beowulf* und »Frodo« aus der Sage *Halfdan der Schwarze*. Ende 1939 hatte Ronald Buch I seines gewaltigen Epos abgeschlossen, doch durch die neuerliche Kriegszeit dauerte es noch fast ein Jahr, bis er die Arbeit daran fortsetzen konnte.

Die Rationierung machte das Leben schwer, ganz zu schweigen von der körperlichen und seelischen Belastung des Kriegs. Ronald litt unter einem Magengeschwür und Depressionen, seine Frau an schweren Migräneanfällen und Arthritis. Die Reihen der Universität waren zwar stark gelichtet, aber nicht so sehr wie zu Zeiten des Ersten Weltkriegs. Ronald übernahm den Posten eines Senior Professors an der Englischen Fakultät, was größere Verantwortung mit sich brachte, diente freiwillig als Luftschutzwart und entwickelte eine Schnellmethode im Englischunterricht für Seekadetten. Sein Sohn John studierte in Rom das Priesteramt, Michael wurde von der Royal Air Force als Jägerpilot eingesetzt, und Christopher absolvierte ein Flugtraining in Südafrika. Wie die meisten Engländer sehnten die Tolkiens den Eintritt Amerikas in den Krieg herbei, um einen siegreichen Frieden zu ermöglichen.

Nach der Landung der Alliierten in der Normandie dauerte es noch fünf Jahre, bis *Der Herr der Ringe* abgeschlossen wurde – sicher auch wegen zwei großer Veränderungen in Ronalds Leben, die sich zwischen 1945 und 1948 ereigneten. Er tauschte seine Position als Professor für Angelsächsisch an der English School gegen den begehrten Stuhl eines Professors für Englische Sprache und Literatur am Merton College, einem der ältesten und berühmtesten der Oxforder Colleges, und zog in ein kleineres, gemietetes Haus in der Stadtmitte um. Bis Mitte der Fünfzigerjahre war das Leben in England fast ebenso hart wie während des Krieges. Die Tolkiens konnten sich ihre herrschaftliche Villa nicht mehr leisten.

Aber das Kriegsende leitete Ronalds kreativste und reifste Lebensphase ein. Er begann wieder zu schreiben. 1945 erschienen verschiedene Gedichte von ihm in obskuren Journalen, und er setzte sich für eine Neuauflage des *Hobbit* ein, die wegen Papierknappheit jedoch auf sich warten ließ. Deshalb erschien sein Märchen *Blatt von Tüftler* im Jahr 1947 auch erst in Fortsetzungen in einem kleinen irischen katholischen Journal, bevor es zwei Jahre später bei Allen & Unwin herauskam.

Gegen Ende 1947 war auch die erste Fassung des *Herr der Ringe* fast abgeschlossen. Es dauerte noch einmal anderthalb Jahre, das Manuskript zu überarbeiten und mehrmals neu zu tippen. Die Kosten für professionelle Schreibarbeiten konnte Ronald nicht aufbringen. Doch als er die revidierte Fassung an den Verlag schickte, wahrscheinlich 1950, waren weder Sir Stanley noch sein

Sohn Raynor Unwin vor Ort, dem er als Student in Oxford regelmäßig erlaubt hatte, in seinem Manuskript zu lesen, und so befand jemand darüber, der mit der Entstehungsgeschichte nicht vertraut war – und schickte es kommentarlos zurück.

Ronald war tief getroffen, so tief, dass er sich bis 1952 weigerte, das Manuskript an anderer Stelle vorzulegen. In dieser Zeit der schwindenden Hoffnung schrieb er eine Fortsetzung des epischen Versgedichts *The Battle of Maldon*, das von einer Schlacht handelt, die vor fast tausend Jahren zwischen Dänen und Engländern stattfand: *The Homecoming of Boerhnoth, Boerthelm's Son*. Dieses Trauerlied erschien in der Ausgabe von 1953 der *Essays and Studies of the English Association*. Ein weiteres episches Gedicht, das während dieser Zeit entstand, ist noch unveröffentlicht: *Imran*, ein erzählender Bericht über die Reise des irischen Kirchenmannes St. Brendan in die Länder westlich von Europa.

Nach vielen Monaten gelang es Ronalds Freunden endlich, ihn dazu zu bewegen, den *Herr der Ringe* anderweitig anzubieten. Ein Verlag hielt das Buch für unverkäuflich, ein anderer bat ihn, das Manuskript um die Hälfte zu kürzen. Da Ronalds Pensionierung kurz bevorstand und er sich zusätzliche Einnahmen wünschte, dachte er ernsthaft über eine solche Totaloperation nach. Aber dann setzte der junge Raynor Unwin sich mit ihm in Verbindung, der erfahren hatte, dass *Herr der Ringe* vor einiger Zeit im Verlag gewesen war. Auf sein hartnäckiges Drängen hin legte Ronald das Manuskript noch einmal vor.

Wenig später telegrafierte Raynor Unwin seinem Vater, der gerade auf Geschäftsreise durch Japan und den Fernen Osten war, dass es sich bei diesem Buch seiner Meinung nach um ein geniales Werk handele, das der Firma aber einen Verlust von 1000 Pfund bringen könnte.

Sir Stanley antwortete: WENN DU ES FÜR EIN GENIALES WERK HÄLTST, DARFST DU RUHIG 1000 PFUND VERLIEREN.

ERNTEZEIT (1953–1973):
AKADEMISCHE WÜRDEN UND KULT

Der *Herr der Ringe* erschien nicht gleich als komplettes Werk – das ließ die harte Wirklichkeit im Verlagsgeschäft nicht zu. Um das finanzielle Risiko in Grenzen zu halten, kam es nach und nach in drei Teilen heraus, angefangen mit *Die Gefährten* am 29. Juli 1954, gefolgt von *Die zwei Türme* am 11. November des Jahres. Die Kritiken waren gemischt und reichten von Wohlwollen bis zu völliger Ablehnung. Ronald fühlte sich von den negativen Besprechungen erstaunlich getroffen, und es deprimierte ihn, dass in Großbritannien nicht ein einziges katholisches Blatt das Buch positiv besprach.

Dafür wurde er jetzt mit seinen wissenschaftlichen Arbeiten verstärkt auch außerhalb seines Kreises bekannt. Kurz vor Erscheinen von *Die Gefährten* forderte man ihn auf, an der Universität von Glasgow eine Vorlesung zum Andenken an den berühmten Mittelalterforscher William Paton Ker zu halten. Er wurde Ehrenmitglied der isländischen Gesellschaft *Hid Islezka bokmennta-felag*. 1954 ernannte man ihn zum Ehrendoktor der Literatur sowohl des University College in Dublin, Irland, als auch der Universität Lüttich in Belgien.

Außerdem kauften die Tolkiens ein Haus in Headington, einem Vorort von Oxford – kurioserweise nicht von dem Geld, das Ronald als Vorschuss für *Herr der Ringe* erhalten hatte, sondern von den 5000 Dollar, die der Verkauf des Originalmanuskripts an die Marquette University in Milwaukee, Wisconsin, eingebracht hatte.

Als am 20. Oktober 1955 mit *Die Wiederkehr des Königs* der vollständige Roman erschienen war, forderten viele bedeutende Zeitungen Rezensionsexemplare an, und jetzt fielen die Kritiken fast durchweg begeistert aus. Auch die BBC, die schon den *Hobbit* dramatisiert hatte, zeigte sich an dem Buch interessiert. Noch im

September 1955 entstand für die Schulfunkreihe »Adventure in English« eine Serie mit zehn Folgen für das dritte Programm, gefolgt von einer dreizehnteiligen Serie sechs Jahre später. Damals war Radio noch das vorherrschende Medium in Großbritannien und das dritte Programm der Kanal für Intellektuelle.

Der erste von vielen Literaturpreisen, die Ronald zugesprochen werden sollten, kam allerdings aus einer Ecke, die als völlig »unliterarisch« galt. 1957 wurde ihm auf dem World Science Fiction Con in London ein Hugo Award verliehen – ein nach dem amerikanischen SF-Pionier Hugo Gernsback benannter Preis, der alljährlich von Lesern vergeben wird. Ronald wurde jetzt von Anhängern der Hochliteratur wie von begeisterten Fans mit Anfragen überschüttet, Vorlesungen und Reden zu halten sowie Eröffnungen und Klubgründungen beizuwohnen, die er fast alle ablehnte, wobei er als Entschuldigung sein Alter und zu viel Arbeit geltend machte.

1958 hatte Ronald das vorgeschriebene Pensionsalter erreicht, und seine lange wissenschaftliche Laufbahn schien sich dem Ende zuzuneigen. Das Merton College ernannte ihn einen Tag vor seinem sechsundsechzigsten Geburtstag zum Honory Fellow – für seine Verdienste um das College, die Universität und seine vielen Studenten. Später verlieh ihm das Exeter College die gleiche Würde. Aber auch als emeritierter Professor betrieb er weiter seine Forschungen in Philologie und Angelsächsischer Literatur. Er arbeitete an der *New Jerusalem Bible* mit, einer interkonfessionellen Bibelübersetzung von Wissenschaftlern und Theologen. 1962 veröffentlichte er *Ancrene Wisse*, eine religiöse Abhandlung aus dem späten 12. Jahrhundert. Und ungefähr zur gleichen Zeit beendete er eine moderne Übersetzung der Versdichtung *Sir Gawain and the Green Knight*, die er schon 1925 gemeinsam mit E. V. Gordon im Original herausgegeben hatte. Er gab ihr auch seine Übersetzung des epischen Gedichts *The Pearl* bei.

Die Begeisterung für *Herr der Ringe* verlagerte sich indessen aus akademischen Kreisen immer mehr auf die Science-Fiction. Nur wenige ehrbare Literatur-Feinschmecker fanden noch Gefallen an dieser »Schrulle eines Gelehrten«. Aber das Buch verkaufte sich weiterhin gut, und so beschloss der Verlag, einen Band mit Gedichten aus dem Epos herauszubringen, die *Abenteuer des Tom Bombadil*. Er ermutigte den Autor auch, noch mehr über Hobbits und Mittelerde zu schreiben, doch Ronald wollte lieber an seine früheren Arbeiten anschließen, und so nahm er nach mehr als dreißig Jahren das *Silmarillion* wieder zur Hand, den Vorläufer des *Herr der Ringe*.

Der wirklich verblüffende Augenblick kam allerdings erst, als *Herr der Ringe* ohne Genehmigung in einer Taschenbuchausgabe erschien. Ronalds Hausverlag Allen & Unwin hatte den Leserkreis gewaltig unterschätzt und sich nie um eine preiswerte Alternative zur gebundenen Ausgabe bemüht. In Amerika war das Epos inzwischen zum Untergrundklassiker geworden, doch viele Leser konnten nicht 15 Dollar oder mehr für ein gebundenes dreibändiges Werk ausgeben. Donald A. Wollheim, eine für die Geschichte der Science-Fiction und Fantasy im Taschenbuch sehr bedeutsame Person und damals Herausgeber bei Ace Books, stellte fest, dass die Originalausgabe des *Herr der Ringe*, wie damals bei englischen Importen üblich, kein Copyrightzeichen trug – nach amerikanischem Recht war sie damit frei verfügbar.

Im Mai 1965 erschien die Taschenbuchausgabe, und jetzt wurde der Roman für relativ wenig Geld spontan gekauft. Der anschließende Streit um die Rechte, der öffentlich in den Zeitungen ausgetragen wurde, war kostenlose Werbung für den Verlag. Er machte die Existenz dieses Werks, das viele interessierte, ihnen aber bisher entgangen war, bei Millionen amerikanischer Leser bekannt. Raynor Unwin hatte keine rechtliche Handhabe gegen Ace Books und beschloss, eine autorisierte Taschenbuchausgabe auf den Markt bringen, die eine völlig neue Einführung von Ronald, einige Veränderungen von ihm am Text und die bei Ace unterschlagenen Anhänge enthielt. Als Verlag wurde Ballantine Books ausgewählt. Doch als das Taschenbuch fünf Monate nach der Ace-Ausgabe erschien, war dort die Erstauflage von 50.000 schon restlos ausverkauft, und binnen eines Jahres konnte Ace trotz schlechter Werbung und schlechter Presse weitere 150.000 Exemplare absetzen – die Ausgabe war auch mehr als einen Dollar billiger.

Ronald stieg zu seiner Verblüffung zu weltweiter Berühmtheit auf, und seine Bücher bescherten ihm eine finanzielle Sicherheit, die er sich sein Leben lang gewünscht hatte. Die Ausgabe von Ace Books trug ihr Teil dazu bei. Rechtlich war der Verlag keineswegs verpflichtet, auch nur einen Pfennig vom Gewinn abzugeben, doch der Verleger A. A. Wynn hatte das ganze Geld, das unter normalen lizenzrechtlichen Verhältnissen dem Autor zugestanden hätte, 11.000 Dollar, zur Seite gelegt und wollte davon einen Tolkien-Preis für junge Autoren der Science-Fiction und Fantasy stiften. Er schrieb Ronald von dieser Absicht, der jedoch darauf bestand, den vollen Betrag ausbezahlt zu bekommen. Als die Überweisung eingetroffen war, erklärte er, mit dem Ergebnis zufrieden zu sein. Ace Books gab bekannt, nach Auslaufen der gegenwärtigen Auflage keine weitere mehr drucken zu wollen.

Das tat dem Erfolg von Ronalds Werk freilich keinen Abbruch. Gegen Ende 1968 schätzte sein Verleger anhand der fünf Millionen verkauften Exemplare des *Herr der Ringe* und der bekannten Tatsache, wie häufig der Roman die Hände wechselte, dass ihn mehr als 50 Millionen Menschen gelesen haben mussten. Er war fast schon die Bibel der »Alternativen Gesellschaft«. Der *Hobbit* war auch mehr als eine Million Mal verkauft worden. Und heute ist Tolkiens Gesamtwerk weltweit in einer Auflage von mehr als 150 Millionen Büchern verbreitet.

Der Preis, den der Autor für seine große Popularität zu zahlen hatte, war allerdings hoch: sein Seelenfrieden und die Ruhe, die er brauchte, um sich ungehindert seinem letzten Lebenswerk,

Silmarillion, widmen zu können. Ein Strom von ungebetenen Besuchern pilgerte nach Oxford, um wenigstens den Versuch zu machen, ihn zu sehen oder zu sprechen. Sie lauerten ihm auf dem Weg zur Kirche auf, Mikrofone wurden in den Briefkasten geschoben, Amerikaner kamen mit Kameras – aber am lästigsten waren die Anrufe mitten in der Nacht, vorwiegend von Kaliforniern, die irrtümlich annahmen, die britische Zeit sei sechs Stunden früher und nicht später. Sie wollten wissen, ob Frodo auf seiner Suche erfolgreich gewesen oder gescheitert war, wie die Vergangenheitsform des quenyanischen Wortes »lanta« lautet und ob Balrogs Schwingen haben.

Also wechselte Ronald die Adresse, ließ seine Telefonnummer in der Vermittlung streichen und zog mit Edith nach Bournemouth, einem angenehmen und wenig aufregenden Ort an der Südküste, der für seine älteren, wohlhabenden Bewohner bekannt war.

Dann kam der 29. November 1971 – Edith starb in ihrem zweiundachtzigsten Jahr an einer Gallenblasenentzündung. Sie waren 55 Jahre glücklich verheiratet gewesen, und Ronald vermisste seine Frau sehr. Am 22. März 1972 kehrte er nach Oxford zurück und bezog – um der Einsamkeit zu entrinnen – wieder Räumlichkeiten im Merton College. Dort ließ man ihm im Mai eine hohe Ehre zuteil werden, die er sehr zu schätzen wusste, und machte ihn zum Honorary Fellow. Am 3. Juni ernannte die Universität ihn einer alten Tradition gemäß zum Ehrendoktor, sein vierter oder fünfter Titel dieser Art, und Anfang 1973 wurde ihm von Königin Elisabeth im Buckingham Palace sogar der Orden des British Empire verliehen. Hätte er einige Jahre länger gelebt, wäre ihm auch der »Sir« sicher gewesen.

Als der achtzigjährige Tolkien im Februar 1973 für die französische Ausgabe von *Herr der Ringe* den Preis für den besten ausländischen Roman des Jahres erhielt, war er schon zu krank, um noch nach Paris reisen zu können. Die Arbeit am *Silmarillion* gab er im Sommer 1973 endgültig auf. Er verspürte eine immer größere Müdigkeit und unternahm lange Spaziergänge, die ihn sichtlich stärkten, sodass er freudig zu einem Besuch bei Freunden nach Bournemouth aufbrach.

Am 2. September 1973 starb er im Krankenhaus von Bournemouth an einer Lungenentzündung infolge eines Magengeschwürs, seinen Sohn John und seine Tochter Priscilla an der Seite. Er und Edith liegen gemeinsam in einem Grab im katholischen Abschnitt des Wolvercote-Friedhofs in den nördlichen Außenbezirken von Oxford bestattet. Das Grab ist mit einem Pfahl markiert, sodass es vom Eingang aus leicht zu finden ist. Die Inschrift auf dem Grabstein lautet:

> Edith Mary Tolkien, Lúthien, 1889–1971
> John Ronald Reuel Tolkien, Beren, 1892–1973

NACHLEBEN

Tolkiens Tod konnte die Flut seiner Veröffentlichungen nur vorübergehend aufhalten. 1977 erschien das von den Lesern sehnlich erwartete *Silmarillion*, herausgegeben vom jüngsten Sohn Christopher. 1980 veröffentlichte dieser auch eine Auswahl der unvollständigen Schriften seines Vaters aus den späteren Jahren unter dem Titel *Nachrichten aus Mittelerde*. In der Einleitung dazu erwähnt er *Das Buch der verschollenen Geschichten*: »Dieses ist selbst ein sehr inhaltsreiches Buch und für jeden, der sich mit der Entstehungsgeschichte Mittelerdes befasst, von größtem Interesse. Es könnte jedoch nur im Rahmen einer größeren, komplexen Studie veröffentlicht werden.«

Die Verkaufszahlen des *Silmarillion* waren sogar für George Allen & Unwin eine Überraschung, erst recht die von *Nachrichten aus Mittelerde*. Anscheinend gab es eine starke Nachfrage für dieses doch recht obskure Material, und so beschloss der Verlag, es einmal mit der »größeren, komplexen Studie« zu versuchen. Sie fiel sogar noch größer und komplexer aus als erwartet. Von ihrem Start 1983 bis zum Erscheinen der Taschenbuchausgabe des abschließenden zwölften Bandes vergingen vierzehn Jahre. Aber das Unternehmen erwies sich als erfolgreich.

Viel ist spekuliert worden über das Geheimnis, das hinter der großen Anziehungskraft von Tolkiens Werk steht. Seinen Aufstieg erlebte es in den Sechzigerjahren, die eine bis dahin nicht gekannte Beschleunigung des Lebens brachten: Atombombenversuche, ziviler Kampf, soziale Umbrüche, der Nachhall des Kalten Kriegs und der Ausblick auf die bemannte Mondlandung – eine große Ernüchterung und Entfremdung, die sich in Hippie-Bewegung, Drogenmissbrauch und Studentenunruhen äußerte.

Seitdem ist die Welt noch komplizierter und schneller geworden, und die erneute Begeisterung für Tolkiens Werk um die Jahrtausendwende ist sicher ein Zeichen für die anhaltende Sehnsucht seiner Leser nach innerer Ruhe und Geborgenheit. Bei aller Faszination, die von soziologischen, mythologischen, psychoanalytischen und sonst wie akademischen Auslegungen ausgeht, bildet deshalb vermutlich eine einfache Wahrheit den Kern der gewaltigen Saga. Wie sie lautet, können wir den Worten Michaels entnehmen, Tolkiens zweitem Sohn, den der Autor für einen der wenigen Menschen hielt, die wissen, was es mit dem *Herr der Ringe* wirklich auf sich hat.

»Für mich«, schrieb Michael Tolkien einmal, »steckt nichts Mysteriöses dahinter, warum das Werk meines Vaters eine so starke und weite Anziehungskraft ausübt. Sein Genie hat schlichtweg dem Ruf der Menschen aller Altersklassen und jeden Temperaments geantwortet, die so angeödet sind von der Hässlichkeit, der Schnelllebigkeit, den falschen Werten, den aalglatten Philosophien, die man ihnen als trostlosen Ersatz gegeben hat für die Schönheit, das Gefühl für Geheimnis, Erregung, Abenteuer,

Heldenmut und Freude, ohne die die Seele des Menschen allmählich verkümmern muss und schließlich stirbt.«

In diesem Sinne ist Tolkiens Werk das Vermächtnis eines weisen Mannes an eine Welt, in der die Wirklichkeit längst jeden märchenhaften Zug verloren hat.

TIMELINE – STATIONEN EINES MYTHENSCHÖPFERS

1892

John Ronald Reuel Tolkien wird am 3. Januar in Bloemfontein, der Hauptstadt der südafrikanischen Provinz Oranjefreistaat, geboren und am 31. Januar dort getauft.

1894

Hilary Arthur Reuel Tolkien, Ronalds jüngerer Bruder, wird am 17. Februar in Bloemfontein geboren.

1895

Mabel Tolkien kehrt mit den Jungs nach Birmingham zurück, ihr Mann Arthur bleibt vorerst in Südafrika.

1896

Arthur Tolkien, schon seit Monaten an rheumatischem Fieber erkrankt, stirbt am 15. Februar in Bloemfontein an den Folgen eines Blutsturzes. Mabel zieht mit den Jungs nach Sarehole um.

1899

Ronalds spätere Frau Edith Mary Bratt wird am 21. Januar in Gloucester geboren. Ronald besteht die Eignungsprüfung für die King Edward VI. School nicht.

1900

Mabel Tolkien und ihre Schwester May Incledon werden in die Kirche von Rom aufgenommen. Ronald wiederholt die Prüfung und besucht die King Edward VI. School fast durchgängig bis 1911. Die Tolkiens ziehen nach Moseley um, näher an die Schule.

1901

Die Tolkiens ziehen von Moseley in ein kleines Landhaus hinter der Eisenbahnstation King's Heath.

1902

Die Tolkiens ziehen nach Edgbaston, unweit der Kapelle von Birmingham, an der Father Francis Xavier Morgan tätig ist. Mabel meldet die Jungs aus finanziellen Gründen auf der St. Philip's School von Birmingham an.

1903

Ronald gewinnt ein Stipendium und kehrt an die King Edward VI. School zurück.

1904

Mabel Tolkien stirbt am 14. November im Alter von 34 Jahren, nach sechs Tagen im Diabetes-Koma. Die Jungs ziehen zu ihrer Tante Beatrice Suffield. Father Morgan übernimmt für Ronald und Hilary die Vormundschaft.

1908

Die Jungs ziehen in die Pension von Mrs. Faulkner, wo Ronald Edith begegnet. Er tritt sein erstes Semester in Oxford an.

1910

Ronald gewinnt ein Stipendium und zieht ins Exeter College.

1913

Er legt die Honours Moderations-Prüfungen ab.

1914

Ronald gewinnt den Skeat-Preis.

1915

Er macht seinen Abschluss in englischer Sprache und Literatur und tritt den Lancashire-Füsilieren bei.

1916

Am 22. März heiratet Ronald Edith und wird im Juni mit den Lancashire-Füsilieren nach Frankreich geschickt. Nach der Schlacht an der Somme kehrt er im November wegen Grabenfieber nach England zurück und beginnt mit der Arbeit am *Silmarillion*.

1917

Ronalds erster Sohn John wird geboren.

1918

Ronald macht seinen Magister Artium und wird Mitarbeiter am *Oxford English Dictionary*. Gemeinsam mit C. L. Wisemann gibt er *A Spring Harvest* heraus, einen Gedichtband des im Krieg gefallenen Freundes Geoffrey Bache Smith.

1920

Ronald wird Dozent für englische Sprache an der Universität Leeds. Sein zweiter Sohn Michael wird geboren.

1922

A Middle English Vocabulary erscheint, ein Wörterbuch des Mittelenglischen.

1924

Ronald wird in Leeds Professor für englische Sprache. Sein dritter Sohn Christopher wird geboren.

1925

Sir Gawain and the Green Knight erscheint. Ronald wird in Oxford an den Colleges Rawlinson und Bosworth Professor für Angelsächsisch und behält diese Stelle 24 Jahre lang bei.

1926
Ronald begegnet Clive Staples Lewis, der Beginn einer lebenslangen Freundschaft.

1929
Ronalds Tochter Priscilla wird geboren.

1933
Ronald erzählt seinen Kindern erstmals von Bilbo und beginnt sich mit C. S. Lewis und anderen zu treffen (»Inklings«).

1934
Ronald erhält von der Leverhulme-Stiftung ein zweijähriges Forschungsstipendiat.

1936
In kleiner Auflage erscheint *Songs for the Philologists* mit eigenen Gedichten auf Altenglisch, Lateinisch und Gotisch. Ronald beendet den *Hobbit* und hält vor der British Academy am 25. November den Vortrag »Beowulf: Die Ungeheuer und ihre Kritiker«, der im Folgejahr erstmals gedruckt erscheint.

1937
The Hobbit erscheint, illustriert vom Autor. Ronald beginnt mit der Arbeit an einer »Fortsetzung«.

1938
Ronald erhält für den *Hobbit* den Children's Spring Book Festival Award der *New York Herald Tribune* und beginnt mit der einjährigen Arbeit an *Blatt von Tüftler*.

1939

Ronald hält an der Universität St. Andrews seinen Vortrag »Über Märchen«, der erst 1947 gedruckt wird.

1945

Blatt von Tüftler erscheint in *The Dublin Review*, einer katholischen Tageszeitung. Ronald wird in Oxford Professor für englische Sprache und Literatur am Merton College, eine Stellung, die er bis zu seiner Pensionierung 1959 innehat.

1947

Bauer Giles von Ham erscheint in Fortsetzungen in einer kleinen irischen Zeitschrift und zwei Jahre später gebunden.

1948

Der Herr der Ringe wird beendet.

1953

The Homecoming of Beorhtnoth, Beorhthelm's Son erscheint, Ronalds Fortschreibung des Heldenepos *The Battle of Maldon* aus dem 10. Jahrhundert.

1954

Die Gefährten und *Die zwei Türme* erscheinen, die ersten beiden Teile des *Herr der Ringe*. Ronald erhält den Ehrendoktor für Literatur an der Nationaluniversität von Dublin und der Universität von Lüttich.

1955

Mit *Die Wiederkehr des Königs* erscheint der abschließende Teil von *Herr der Ringe*. Ronald veröffentlicht *Imram*, eine fiktive irische Heldensaga, und hält in Oxford den Vortrag »English and Welsh«, der erstmals 1963 gedruckt erscheint.

1956
Die BBC strahlt eine gekürzte Hörfunkfassung von *Herr der Ringe* aus.

1957
Ronald soll in den USA Ehrentitel mehrerer Universitäten entgegennehmen, darunter von Marquette und Harvard, sagt wegen Edith' schlechter Gesundheit jedoch ab. Er bekommt für *Herr der Ringe* den International Fantasy Award und wird zum Fellow der Royal Society of Literature ernannt.

1959
Ronald legt seine Professur nieder und hält eine »Rede zum Abschied von der Universität Oxford«, die 20 Jahre später erstmals gedruckt wird.

1962
Die Abenteuer des Tom Bombadil und andere Gedichte aus dem Roten Buch erscheint. Ronald gibt den altenglischen Text *Ancrene Wisse* heraus.

1963
Ernennung zum Fellow ehrenhalber am Exeter College und zum Eremit Fellow am Merton College.

1964
Blatt von Tüftler und »Über Märchen« erscheinen in einer gemeinsamen Ausgabe unter dem Titel *Baum und Blatt*.

1965
Ace Books und Ballantine Books bringen *Herr der Ringe* als Taschenbuch heraus. In den USA beginnt der »Tolkien-Kult«.

1966

Ballantine veröffentlicht den *Tolkien Reader* mit mehreren Märchen und Gedichten. Außerdem erscheint *The Jerusalem Bible*, für die Ronald als einer der Herausgeber das Buch Jonas übersetzte. Er bekommt die Benson-Medaille der Royal Society of Literature verliehen.

1967

Der Schmied von Großholzingen erscheint und *The Road Goes Ever On*, ein Liederzyklus mit Vertonungen einiger Gedichte durch Donald Swann.

1968

Am 30. März strahlt die BBC die dokumentarische Sendung *Tolkien in Oxford* aus. Die Tolkiens ziehen nach Poole bei Bournemouth um. Eine einbändige Taschenbuchausgabe von *Herr der Ringe* erscheint in England.

1970

Ronald wird an der Universität Nottingham zum Ehrendoktor ernannt.

1971

Edith stirbt am 29. November an den Folgen einer Gallenblasenentzündung.

1972

Ronald zieht als Honorary Resident Fellow ins Merton College nach Oxford und erhält von der Queen den C.B.E., einen Orden, der ihn zum Commander des British Empire macht.

1973

Ronald wird an der Universität Edinburgh zum Ehrendoktor ernannt, und Frankreich verleiht ihm den Preis für das beste ausländische Buch des Jahres. Er stirbt am 2. September.

1974

Ronald wird auf der World Science Fiction Convention postum der Gandalf Award zugesprochen.

1975

Sir Gawain and the Green Knight, Pearl and Sir Orfeo erscheint, ein Sammelband mit seinen Übersetzungen der klassischen Epen in modernes Englisch.

1976

Die Briefe vom Weihnachtsmann erscheinen sowie – anlässlich einer Einzelausstellung im Ashmolean Museum, Oxford, vom 14. Dezember bis 27. Februar des Folgejahrs – *Drawings by Tolkien*, ein Katalog mit den gesammelten Illustrationen des Autors.

1977

Ronalds Sohn Christopher gibt das *Silmarillion* heraus, und der *Tolkien Soundtrack* erscheint, vier Alben mit Lesungen von Christopher und Ronald aus dem Gesamtwerk. Ralph Bakshi bringt den *Herr der Ringe* als Zeichentrickfilm in die Kinos. Kurz zuvor strahlt das US-Fernsehen eine Trickversion des *Hobbit* aus.

1978

Das *Silmarillion* bekommt den Hugo Award und den Locus Award für den besten Fantasy-Roman des Jahres verliehen.

1979

Pictures erscheint, eine Sammlung mit über 80 Farbbildern, die der Autor für Kalender anfertigte.

1980

Nachrichten aus Mittelerde mit unveröffentlichtem Material des Autors erscheint. Das US-Fernsehen strahlt *Die Wiederkehr des Königs* als Zeichentrickfilm aus.

1981

Ein Band mit ausgewählten Briefen kommt heraus.

1983

Das Kinderbuch *Herr Glück* erscheint, illustriert vom Autor, die Aufsatzsammlung *Die Ungeheuer und ihre Kritiker* sowie *Finn and Hengest*, eine Studie über ein altenglisches Heldenepos, bearbeitet von Alan Bliss. Christopher Tolkien beginnt mit der Herausgabe von *History of Middle-Earth*, die erst 1996 nach zwölf Bänden abgeschlossen vorliegt.

1995

In Dänemark wird das »Tolkien Ensemble« gegründet, das auf hohem Niveau eine musikalische Umsetzung aller Themen aus *Herr der Ringe* anstrebt.

1997

Ronald erhält postum drei britische Preise, von Channel 4 und Waterstone's, der Folio Society und der Zeitschrift »SFX«, als herausragender Schriftsteller des Jahrhunderts.

1998

Roverandom erscheint, ein Kinderbuch über einen Hund.

2001

Die Gefährten kommt in die Kinos (Regie: Peter Jackson), gefolgt von Realverfilmungen des zweiten und dritten Teils des *Herr der Ringe* jeweils zum Dezember der nächsten Jahre.

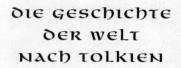

DIE GESCHICHTE DER WELT NACH TOLKIEN

Am Anfang waren Dunkelheit und Leere, und in der ungeheuren Leere lebte Eru, der Eine, ein allwissendes Wesen, aus dessen ersten Gedanken die Ainur, die Götter, entstanden. In den Zeitlosen Hallen lehrte er sie singen, und ihr Chor erschuf die heilige Vision einer Welt, die in der Leere kreiste. Um daraus Eä zu erschaffen, die *Welt Die Ist*, bedurfte es des Wortes und des Befehls von Ilúvatar, wie die Elben Eru später nannten. Auf diese Welt, seltsam ätherisch und opernhaft empfangen, stiegen nun einige Ainur hinab, um ihrer Vision weitere Substanz und Wahrheit zu verleihen.

So sah Tolkien die Schöpfung seiner Welt, der er den Namen Arda gab. Entsprechend seiner griechischen Vorbildung besaßen die Ainur, die Arda betraten, körperliche Gestalt, sie waren geschlechtliche Wesen und miteinander verwandt. Es gab zwei Gruppen, die Valar und die Maiar – die Götter und die Halbgötter. Sie bewegten sich in einer Welt, die lange weder Sonne noch Mond kannte, und um das Verstreichen der Zeit messen zu können, legten sie ihre eigenen Jahre zu Grunde. Jedes Valar-Jahr entsprach zehn der unseren, und jedes ihrer Zeitalter setzte sich aus hundert ihrer und damit aus tausend unserer Jahre zusammen. Die Zeit von der Erschaffung Ardas bis zum Ende des Dritten Zeitalters kurz nach dem Ringkrieg, der in *Hobbit* und *Herr der Ringe* geschildert wird, sollte der uns vertrauten Zeitrechnung nach schließlich 37.000 Jahre währen.

Die Ainur hatten an eine ideale Welt geglaubt, doch der Erste Krieg, die Mutter aller Kriege von Mittelerde, brach nicht etwa unter ihren späteren Schöpfungen, den Elben und Menschen, aus, sondern unter den engelsgleichen Ainur. Von Anfang an hatte es in ihren gestaltenden Sphärenklängen dissonante Töne gegeben, die jede ursprüngliche Symmetrie und Harmonie Ardas störten. So wurden die Länder und Meere vom Ursprung allen Seins an zerrissen, und die Vision einer idealen Welt konnte sich nie erfüllen.

Das Zeitalter der Leuchten brach an, als Aule der Schmied zwei goldene Lampen schuf, die von anderen Valar mit Licht erfüllt wurden. Damit sie weithin die Dunkelheit vertrieben, wurden sie auf mächtige Säulen gehoben, erheblich höher als jeder Berg, und in ihrem Glanz entstand auf der Insel Almaren – im Zentrum Ardas in einem großen See gelegen – das Erste Königreich der Valar. Aber weiter nördlich wurde die Dunkelheit wieder herbeigesehnt; dort versammelten sich die Maiar, Ainur minderen Ranges, unter Führung eines mächtigen Aufrührers, der sich eigener Gedanken erkühnte. Ohne Ungeheuer, meinte er, sei die Schöpfung nicht vollständig. Als dieser Valar namens Melkor sich stark genug glaubte, warf er die mächtigen Säulen um, sodass die Berge barsten und die verzehrende Flamme der Großen Leuchten sich in ganz Arda verbreitete. Erdbeben brachen aus, Meere erhoben sich – die Valar verließen das zerstörte Almaren und zogen in den Westen nach Aman, später die Unsterblichen Lande genannt, wo sie ein neues Königreich errichteten. Von ihrer ersten Wohnstätte war es durch Belegaer, das große Meer, getrennt, und im Westen grenzte es an Ekkaia, das Außenmeer. Mittelerde, östlich von Belegaer, das sich bis weit in den Süden und Osten erstreckte, blieb Melkors böser Macht überlassen.

Tausend Valar-Jahre nach der Schöpfung Ardas begannen in den Unsterblichen Landen, im Segensreich, die Zeitalter der Bäume. Auf einem Hügel vor dem Westtor von Valinor, wie die Valar ihr Reich nannten, errichteten sie Laurelin den Goldenen und Telperion den Weißen, deren Strahlen mit der Blüte eines jeden Baums alle sieben Stunden zunahm und wieder abnahm, sodass ihr Reich ein Maß hatte, um die Tage zu zählen. Zwanzig Valar-Zeitalter ging das so, zwanzigtausend unserer Jahre.

Die erste Hälfte davon wurde als Zeit der Glückseligkeit und der berauschenden Helligkeit bekannt, während hinter den Wällen, die zum Schutz gegen Melkor errichtet worden waren und jedes Licht zurückwarfen, weiterhin Dunkelheit herrschte. Hinter ihnen scharte der Aufrührer alle bösen Mächte um sich. Er baute unterirdische Paläste und unergründliche Verliese, die zur Heimat blutrünstiger Werwölfe und Vampire, Dämonen und Schlangen wurden. Sie alle unterstanden den Balrogs, bösen Maiar-Geistern mit Feuerpeitschen und schwarzen Keulen. Und in den Eisenbergen errichtete er ein zweites Königreich, die große Waffenkammer und Festung Angband, über die er seinen mächtigsten Schüler, den Maiar-Zauberer Sauron, einsetzte.

Zehntausend unserer Jahre erfreute sich Melkor an seinem Ruhm, ausgelöst durch die Vernichtung der Leuchten, doch die nächsten zehntausend wurden als Zeitalter der Sterne bekannt. Varda, die Herrin des Himmels, entfachte sie wieder und führte dadurch das Erwachen der Elben herbei. Aber das neue Zeitalter sah nicht nur die Entstehung der Elben, sondern auch der von Aule geschaffenen Zwerge und Ents, die seine Gemahlin Yavanna ins Leben rief. Und Melkor züchtete aus gefangenen Elben und Ents zwei weitere Rassen, die Orks und die Trolle. Als die Valar von dieser Schandtat erfuhren, vernichteten sie im Zorn seine Heere. Mit einer von Aule geschmiedeten Kette wurde Melkor in Valinor gefangen gesetzt, während das Volk der Elben auf Einladung ihrer Schöpfer nach Aman zog. Die Große Reise von Mittelerde ins Segensreich des Lichts, bei der die Elben sich in mehrere Rassen und Stämme aufteilten, war seitdem das Thema vieler ihrer Gesänge.

Erst im dreißigsten Zeitalter der Valar, 30.000 unserer Jahre nach der Erschaffung Ardas, als das Licht der Bäume für immer erloschen war, erschien die Sonne am Himmel. Und wie das Entzünden der Sterne das Erwachen der Elben bezeichnet hatte, so bedeutete ihr Aufgehen das Erwachen der Menschen. Sie waren Sterbliche und an Körperkraft und Geist kaum mit den Elben vergleichbar, die ihnen beibrachten, was zum Leben nötig war. Aber ihr Mitleid war fehl am Platz. Wie sich herausstellte, ruhte in der Sterblichkeit der Menschen eine geheime Kraft. Sie machte sie anpassungsfähig an die Erfordernisse der sich verändernden Welt, sodass ihre Stämme sich rasch in alle Länder von Mittelerde ausbreiteten.

ERSTES ZEITALTER DER SONNE

Manche behaupten, dass es schon mit der Vollendung Ardas oder dem Erwachen der Elben seinen Anfang nahm. Seine Frühgeschichte liegt jedenfalls im Dunkeln, denn die meisten Eldar, wie die Elben in der Sprache von Valinor genannt werden, lebten noch im Westen, und andere Völker führten keine Aufzeichnungen. Außerdem scheint es bis zum Aufgang des Mondes und der Sonne in Mittelerde keine Zeitrechnung gegeben zu haben.

Mit Melkor, dem Patron der Dunkelheit, schien während seiner drei Zeitalter im Verlies eine Veränderung vorzugehen. Er wurde jetzt heimlich Morgoth genannt, »schwarzer Feind der Welt«, doch nie offen heraus, weil das ein unter den Eldar gebräuchliches Fluchwort war. Melkor heuchelte immer überzeugender Läuterung, aber als die Valar ihn schließlich freiließen, zeigte sich, dass sein Starrsinn, der keine Schöpfung ohne Ungeheuer wollte, sich auch weiter in Heimtücke und Zerstörungslust erging. Er holte sich als Verbündete Ungoliant, die Große Spinne, und begab sich zu den Bäumen Laurelin und Telperion. Während er ihnen seinen Speer ins Mark trieb, saugte Ungoliant Licht und Leben aus ihnen heraus. Danach erschlug Melkor in der Elbenfestung Formenos den König des Elbenstamms der Noldor und stahl die Zaubersteine Silmaril, die vom inneren Licht der Bäume leuchteten. Die Noldor schworen Morgoth blutige Rache, und damit begann der Juwelenkrieg, der im *Silmarillion* beschrieben wird, ein Kampf, der sechs Jahrhunderte dauerte und sechs große Schlachten umfasste.

Ungefähr zwanzig unserer Jahre lang floh Melkor vor der

Morgenröte des Ersten Zeitalters der Sonne nach Angband, dann schickte er seine Orkheere gegen die Elben aus. In der ersten Schlacht trieben die Elben die Orks in seine Festung zurück, in der zweiten, vier unserer Jahre vor dem Aufgang der Sonne, gelang den neu angekommenen Noldor im Nordwesten Belerionds, das sie als ihre Heimat ansahen, trotz zahlenmäßiger Unterlegenheit der Sieg. Im Jahr 56 konnten die Elben in einer weiteren ruhmreichen Schlacht sogar ein ganzes Orkheer vernichten. Vier Jahrhunderte lang, in denen es nur wenige Überfälle der Orks gab und kaum ein Diener Morgoths sich über die Eisenberge hinauswagte, belagerten sie Angband, und als der abtrünnige Valar den Langen Frieden brach, wurden seine Legionen von Balrogs und Feuer speienden Drachen angeführt. Auf die Schlacht der Jähen Feuer folgte die Schlacht der Ungezählten Tränen, die gemeinsam zur fast völligen Vernichtung aller Elbenreiche in Beleriand führten. Das Noldor-Königreich Nargothrand wurde dem Erdboden gleich gemacht, die kostbaren Bestände des unterirdischen Menegroth geplündert, und im Jahr 511 fiel auch Gondolin, die letzte Elbenfestung.

Morgoth herrschte jetzt ein Jahrhundert lang, bis die Valar und Maiar seine Untaten nicht mehr hinnehmen konnten. Der Krieg des Zorns führte sie im Jahr 601 zum dritten und letzten Mal in die Sterblichen Lande. Morgoth wurde in der Großen Schlacht vernichtend geschlagen und für immer in die Leere verbannt. Aber um einen hohen Preis: Die Eisenberge und die Blauen Berge des herrlichen Beleriand zerbrachen, und große Wasser drangen ein. Das ganze Land versank – und mit ihm das Erste Zeitalter der Sonne.

Die Zeitrechnung in Mittelerde begann erst richtig mit Morgoths Sturz, gefolgt vom Anfang eines neuen Zeitalters, welches das Zweite genannt wurde. Später wurde die gesamte Periode zwischen der Schöpfung und Morgoths Auslöschung als Erstes Zeitalter bekannt – das die Elben stets als die Ältesten Tage bezeichneten.

ZWEITES ZEITALTER DER SONNE

Nach der Zerstörung Thangorodrims, der drei Gipfel, die Morgoth über dem Südtor von Angband hatte errichten lassen, und damit auch seines Hauptquartiers, vergingen 3441 Jahre bis zum ersten Sturz Saurons des Großen, seines mächtigsten Maiar-Schülers und Befehlshabers von Angband. In den Überlieferungen der Elben und bei den Nachkommen der Edain, die das Licht in den Westen gelockt hatte und die als Westmenschen oder Dúnedain bekannt wurden, gilt diese Periode als Zweites Zeitalter von Mittelerde.

Viel vom Nordwesten Mittelerdes war zerstört oder in den verheerenden Kriegen beschädigt worden, und die Reihen der Elben, deren altes Reich unter den Fluten lag, waren stark gelichtet. Aber jene, die nicht erschüttert von ihrem Schicksal in die Unsterblichen Lande zogen, erlebten eine ungeahnte Blüte, wanderten durch die Länder und trieben Handel mit anderen Völkern. Auch die Zwerge standen auf der Höhe ihrer Macht und nannten eine unbezwingbare Festung ihr Eigen, das Reich Moria, mit der einzigen Zitadelle, die sich in Mittelerde finden ließ – abgesehen vom Dunklen Turm, wie Sauron sein Bollwerk nannte.

Am meisten erblühte in jener Zeit allerdings das Volk der Númenórer, die von den Edain des Ersten Zeitalters abstammten. Ihnen hatten die Valar eine Lebensspanne gegeben, weitaus länger als die gewöhnlicher Menschen, sowie ein neu geschaffenes Territorium inmitten des großen Meeres zwischen Mittelerde und den Unsterblichen Landen: Númenor, auch Atlante genannt, denn in der Tat hatte Tolkien mit dieser Insel den alten Mythos vom untergegangenen Atlantis wieder auferstehen lassen.

Für die Menschen von Númenór war das Zweite Zeitalter eine Epoche großen Ruhms und der Pracht. Im Jahr 32 wurde das Inselkönigreich gegründet – von den Edain unter der Führung des Halb-Elbs Elros. Die Valar hatten ihn aufgefordert, sein Schicksal selbst zu wählen, und während sein Zwillingsbruder Elrond sich für das Dasein eines unsterblichen Elben entschied, wählte Elros die Sterblichkeit. Zum Ausgleich dafür verliehen die Valar ihm und seinen Nachkommen ein fünfhundert Jahre langes und von Krankheiten ungestörtes Leben, sodass er bis ins Jahr 442 des Zweiten Zeitalters als König über Númenor herrschte.

Aber Sauron wuchs im Zweiten Zeitalter zu einer immer stärkeren Macht heran. Menschen wurden getötet oder versklavt, und Elben und Zwerge verbargen sich. Er herrschte bald über große Bereiche von Mittelerde. Die Ringe der Macht wurden geschmiedet und so die Saat für das künftige Böse ausgebracht. Als Maß des verderblichen Einflusses von Sauron kann gelten, dass der letzte Teil dieses Zeitalters später die Verfluchten Jahre genannt wurde.

Während die Streitigkeiten und Kämpfe auf dem Festland hin und her wogten, wurde das Inselreich immer mächtiger, bis es sogar über die Küste von Mittelerde herrschte. So kam es zur unvermeidlichen Auseinandersetzung zwischen Sauron und den Númenórern, bei der »der Abscheuliche«, wie er von den Noldor genannt wurde, eine empfindliche Niederlage erlitt. Melkors Schicksal wiederholte sich an ihm. Wie der abtrünnige Ainur in Valinor in Ketten gelegt worden war, so taten die Númenórer es jetzt mit Sauron auf ihrer Insel. Aber durch List und Tücke gelang es ihm, die meisten Númenórer in die Vernichtung zu treiben. Die Könige der Insel wurden überheblich, hörten auf seinen falschen Rat und verschworen sich gegen ihre Gönner, die Valar. Als sie nach Westen segelten, um die Herrscher Ardas mit Krieg zu überziehen, sorgte Ilúvatar dafür, dass das Inselreich vom Meer verschlungen wurde.

Mit der Vernichtung Númenors veränderte sich das Angesicht der Welt. Die Unsterblichen Lande lagen fortan in einem unzugänglichen Gebiet, das nur Auserwählte erreichen konnten, wenn sie mit Elbenschiffen den so genannten Geraden Weg zwischen den beiden Sphären überbrückten.

Aber es gab überlebende Númenórer, die sich als Dúnedain in Mittelerde niederließen und die Reiche Arnor und Gondor gründeten. Als Sauron gegen Ende des Zweiten Zeitalters feststellte, dass sein Sieg nicht vollständig war, griff er diese Reiche im Exil an. Seine Hoffnung, sie auf einen Schlag zu erobern, erfüllte sich jedoch nicht. Elben und Menschen, die um ihre Existenz fürchteten, schlossen ein Letztes Bündnis. Saurons Heer wurde in der Schlacht von Dagorlad geschlagen, und die Verbündeten belagerten sieben Jahre lang den Dunklen Turm, bevor der Dunkle König besiegt werden konnte. So endete das Zweite Zeitalter Mittelerdes mit Saurons erstem Sturz.

Drittes Zeitalter der Sonne

Es folgten 3021 Jahre, die im Wesentlichen eine Zeit des Niedergangs und des Übergangs waren, denn nach dem Sieg des Letzten Bündnisses sank die Macht der Elben, während die Anzahl und Macht der Menschen, die zusehends das Erbe der Elben antraten, stieg. Die Reiche im Exil, die von den Dúnedain gegründeten Gondor und Arnor, wurden so einflussreich, dass viele Elben beschlossen, den Geraden Weg zu gehen. Aber viele blieben auch in Mittelerde, besonders im Norden und im Düsterwald von Wilderland. Dieses Zeitalter endete mit dem Ringkrieg, dem endgültigen Sturz Saurons und dem Fortgang der bedeutendsten Eldar, die als Hüter des Rings noch in Mittelerde gelebt hatten und jetzt nach erfülltem Schicksal übers Meer davonfuhren.

In den meisten Ländern herrschte während der ersten tausend Jahre weit gehend Frieden, trotz ständiger Grenzzwischenfälle und des Eindringens der Ostlinge im fünften und sechsten Jahrhundert. Dabei handelte es sich um Menschen aus unbekannten Gebieten jenseits des Flusses Carnen und des Meers von Rhûn, gegen die sich das Südliche Königreich mühelos behauptete. Gondor baute eine gewaltige Flotte auf und erreichte den Höhepunkt seiner Macht im elften Jahrhundert, als es die Ostlinge nach Rhûn zurückdrängte.

Das Nördliche Königreich traf es weniger gut. Innere Zwiste hatten es dreigeteilt, und als im zwölften Jahrhundert der Geist Saurons in Gestalt eines von Flammen umgebenen bösen Auges wieder in Mittelerde einkehrte, leitete das endgültig Arnors Untergang ein. Saurons erster Diener, der Hexenkönig von Angmar, führte fünf Jahrhunderte lang gegen Arnor Krieg, bis er den kläglichen Rest dieses einstmals mächtigen Reiches – das Land Arthedain im Nordwesten – erobern konnte. Während Gondor den vielen Prüfungen, die ihm auferlegt wurden, einigermaßen standhalten konnte, hörte das Nördliche Königreich mit der Erstürmung der letzten Festung Fornost auf zu bestehen.

Allerdings konnte auch das Südliche Königreich sich nicht auf Dauer behaupten. Erst kostete ein Bürgerkrieg im fünfzehnten Jahrhundert Tausende das Leben, vernichtete zahlreiche Städte und den größten Teil der Flotte, dann überzog Sauron das Land mit einer Großen Pest, bei der so viele Menschen starben, dass Teile des Reiches für immer entvölkert wurden, ein Übel, von dem die Dúnedain sich nie mehr erholten. Und zu allem Überfluss schlossen sich im neunzehnten Jahrhundert auch noch gut bewaffnete Ostlinge zusammen und bekriegten Gondor fast ein Jahrhundert lang. Obwohl das Südkönigreich sie zurückschlagen konnte, schwächte diese Invasion seine schon schwindende Macht auf verheerende Weise.

Im Jahr 2000 tauchte der Hexenkönig wieder auf. Er kam aus Mordor, einem an drei Seiten von steilen Bergketten umschlossenen Land im Südosten von Mittelerde, wo Sauron seit tausend Jahren seine Kräfte sammelte. Er nahm Minas Ithil in Besitz, den Turm des Mondes, den er in Minas Morgul, Turm der schwarzen Magie, umbenannte, und erschlug den einunddreißigsten und letzten König von Gondor.

Im Laufe des nächsten Jahrtausends wuchs Saurons Macht, während die der Dúnedain schwand. Große Völkerwanderungen setzten ein, stärker als jemals zuvor. Die Hobbits zogen von Wilderland nach Eriador und Dunland, und ständig fielen neue Horden von Ostlingen, Balchoths, Südländern, Schwarzen Númenórern, Korsaren und Bergstämmen ins Land ein. Balrogs und Drachen gewannen an Stärke, und in Mordor gezüchtete Kreuzungen aus Bewohnern Mittelerdes verstärkten die Scharen der Orks und Trolle, die Sauron als ihren Herrn betrachteten. Den Höhepunkt bildete der Ausbruch des Ringkriegs im Jahr 3019, als Sauron seine ganze Zauberkraft und militärische Macht aufbot, um auch noch die letzten Dúnedain zu vernichten und die Herrschaft über die Länder von Mittelerde anzutreten.

Vor diesem Hintergrund spielt Tolkiens episches Meisterwerk *Der Herr der Ringe*. Es konzentriert das gesamte Gewicht einer dreitausendjährigen Geschichte auf zwei Jahre, 3018 und 3019, in denen unsere Helden, die Hobbits, dem endgültig zur vollen Macht gelangten Sauron begegnen und zu guter Letzt seinen Sturz herbeiführen. Das Böse wird aus der Welt verbannt, doch gleichzeitig geht auch viel Schönes und Gutes verloren. Die Letzten der großen Elben verlassen in Frieden die Sterblichen Lande und geben ihr Erbe an die Könige der Menschen weiter, deren wiederhergestelltes Reich das Fundament bildet, auf dem sich die Herrschaft der Menschen gründet.

Es war der Anbruch des Vierten Zeitalters, die Zeit, in der die Elben nicht mehr mit den Kräften des menschlichen Verstandes zu fassen waren, sodass alle »Sprechenden« – Elben, Zwerge und Hobbits – ihren Niedergang erlebten.

HINTERGRÜNDE: DIE LIEBE ZUM MYTHOS

Von Anfang an betrübte mich die Armut meines geliebten Landes«, schrieb Tolkien einmal. »Es besaß keine eigenen Geschichten, die mit der Sprache oder der Scholle verknüpft waren, nicht von der Qualität, nach der ich suchte und die ich als Merkmal in den Legenden anderer Länder fand. Da gab es Griechisch und Keltisch und Romanisch, Germanisch, Skandinavisch und Finnisch, für das ich eine große Vorliebe hatte – doch nichts Englisches.«

Am Anfang steht bei Tolkien also die Erschaffung einer Mythologie, einer Mythologie für England – nichts anderes ist Mittelerde. Es ist die mythische Geschichte der Elben und Menschen, die davon handelt, wie Letztere die Herrschaft über die ganze Welt antraten, nachdem die ursprüngliche Unschuld sich nicht mehr behaupten konnte.

Aber was sind Mythen? Sie sind das Bindeglied zwischen dem Einzelnen und der Gesamtheit aller Dinge, zwischen Individuum und Weltlauf. Sie stellen Zusammenhänge her, geben Antworten auf Fragen – nach der Existenz und Geschichte der Welt, der Rolle des Menschen und seines Handelns darin, dem Wirken göttlicher Wesen im Himmel und auf der Erde.

Mythen dienen der Glorifizierung der Geschichte durch übernatürliche Ereignisse, um das Unbekannte zu erklären. Während sie formelhaft ständig Ordnung in eine chaotische Welt bringen, heiligen sie die Traditionen einer Kultur und ermöglichen ihre Fortführung, was wiederum den Glauben an die eigene Auserwähltheit und göttliche Führung stärkt. Sie haben sich in allen Kulturen entwickelt, weil der Mensch für gewöhnlich überall vor den gleichen Fragen steht und Ehrfurcht vor den gleichen Mächten empfindet.

Mythen erschaffen Welt.

Ihre Weitergabe ist die Aufgabe von Geschichtenerzählern. Und wo es heute an hergebrachten Mythen fehlt, werden sie künstlich verfertigt, um neuerlich Sinn zu stiften und dem Menschen einen Platz in der Welt zu geben. Das ist die Aufgabe von Schriftstellern.

»Dies ist dein Reich und das Herz des größeren Reiches, das daraus werden wird«, sagt im letzten Buch des *Herr der Ringe* der Zauberer Gandalf auf den Hängen des Bergs Mindolluin zu seinem Freund Aragorn, dem Stammesfürsten der Menschen. »Das dritte Zeitalter der Welt ist zu Ende, und das neue Zeitalter beginnt. Deine Aufgabe ist es, die Anfänge zu steuern und zu bewahren, was zu bewahren ist. Denn zwar ist manches gerettet worden, doch vieles muss nun vergehen; und die Macht der drei Ringe ist ebenfalls erloschen. Und alle Lande, die du siehst, und noch viele ringsum werden Wohnstatt der Menschen sein. Denn das Reich der Menschen bricht an, und das ältere Geschlecht wird schwinden oder scheiden.«

Obwohl von Hause aus Philologe, studierte Tolkien fast sein ganzes Leben lang Mythen. Er war sich ihrer Wirkung voll bewusst und setzte sie gezielt ein, verband sie im Laufe der Zeit zu einer zusammenhängenden Mythologie, die das Epos von Mittelerde mit seiner gewaltigen Tiefe der Charakterisierung ausmacht – bei Einzelwesen und Nationen. Seine Verwendung von Mythen hat eine atemberaubende Wirkung auf den Leser, die kein Zufall ist.

Ob Saurons mächtiger Ring, die Charaktere der Elben und Zwerge oder die Legenden aus dem *Silmarillion*, immer wieder bekommen wir es mit einem mythischen Kaleidoskop zu tun. Der Erfolg von Tolkiens Werk beruht auf der Lebendigkeit, Ausdehnbarkeit und den beschwörenden Eigenschaften dieser Facetten. Mittelerde erweckt niemals den Eindruck, als habe jemand es erschaffen. Es scheint schon immer existiert zu haben. Und das ganze Werk hindurch wird die Fiktion aufrechterhalten, dass die Chronologie der Drei Zeitalter die Quelle unserer historischen Mythen sei, als habe der Autor sie nur aufgespürt, durch eine Art literarische Osmose in sich aufgenommen und so die mythologische Tradition in die moderne Literatur überführt.

Tolkien entschuldigt seine Verwendung von Namen und Themen aus der Historie damit, dass der *Herr der Ringe* eine wahre Geschichte erzähle, an die wir uns nur noch bruchstückhaft erinnern. Ermöglicht wird das durch den Kunstgriff, dass Mittelerde auf drei völlig unterschiedlich gelagerten Ebenen existiert, einmal als wieder erkennbarer europäischer Kontinent, dessen Landschaften, Pflanzen, Tiere und einzelne Bauten aus unserer Wirklichkeit übernommen sind, dann als Produkt der poetischen Vorstellungskraft der frühen Europäer, die einst Berge, Wälder und Meere mit heiligen und dämonischen Wesen bevölkerten, und schließlich durchdrungen von der Fantasie, mit der Tolkien diese Länder und ihre vielfältigen Bewohner, die Stimmung der Landschaften und den Charakter der Völker und Wesen zum Leben erweckt.

Das gleiche Prinzip findet sich noch auf anderer Ebene. Die Welt besteht im *Herr der Ringe* aus drei Landmassen: Mittelerde, Númenor und die Unsterblichen Lande, auch Segensreich oder das Gesegnete Land genannt. Tolkien siedelt sie auf drei Stufen der Wahrnehmung an. Mittelerde ist ein minuziös ausgearbeiteter, geografisch zusammenhängender Kontinent, der sich nach Norden, Süden und Osten bis an die Grenze des Bekannten erstreckt, in Länder, »in denen die Sterne fremdartig sind« – auf Landkarten von Tolkiens eigener Hand nachvollziehbar. Die versunkene Insel Númenor wird zwar historisch behandelt, ihre Geschichte beginnt und endet jedoch mit mythischen Themen. Sie ist nur noch durch ihre Kolonien, die Königreiche Gondor und Arnor der Dúnedain in Mittelerde in Erinnerung, während sich Besiedelung und Untergang göttlichen Wesen verdanken, den Valar. Das Segensreich schließlich, die Heimat der Valar und unsterblichen Elben, beruht vollständig auf Mythen. Noch weiter als das versunkene Númenor entfernt, wird das Segensreich von der

Hand des Einen Gottes später ganz »aus dem Kreislauf der Welt« genommen.

Es gibt in Mittelerde über fünfunddreißig Arten von Sterblichen, Unsterblichen und Ungeheuern sowie eine große Anzahl Tiere, die meistens allerdings bekannten Mythologien entstammen. Menschen spielen in Tolkiens Werk die gleiche Rolle wie in unseren Mythen und Legenden, ebenso Elben, Zwerge und Zauberer, aber einige seiner Schöpfungen sind recht eigenwillig, zum Beispiel die Variags aus Khand, einem Land südöstlich von Mordor, aus dem keine Nachrichten nach Westen gelangen. Sie werden bei Tolkien nur zweimal erwähnt und haben ihren Namen von den Varyags, alten nordischen Kriegern aus der *Edda*. Die wichtigsten Charaktere jedoch, die Hobbits, aus deren Blickwinkel der Ringkrieg und seine Vorgeschichte erzählt werden, sind Tolkiens ureigene Erfindung. Es ist diese Mischung aus dem Traditionellen mit der Fantasie, die seiner Mythologie ihren einzigartigen Stellenwert verleiht.

Von den vielen Lebewesen in seinem Werk ist eine große Anzahl übernatürlicher Herkunft, darunter Valar, Zauberer, Elben, Zwerge, Bombadil und Goldbeere, die Ents sowie böse Geschöpfe wie Sauron, Orks und Balrogs. Sie gehören Klassen von Wesen an, die irgendwann einmal in irgendeiner Form von den Kelten, Germanen und den meisten europäischen Völkern als Götter betrachtet wurden. Im *Herr der Ringe* bilden sie eine Hierarchie, die auf ihrer relativen Macht beruht, ohne dass sie eindeutig definiert wären. Spezielle Wettbewerbe zwischen diesen Wesen kommen fast gar nicht vor, und ihre Kräfte wechseln nach Zeit und Ort.

Als mächtigstes Wesen in Tolkiens Welt muss der Eine gelten, Eru genannt. Er bildet die Spitze des mythischen Götterhimmels. Von ihm leitet sich das Wort »Erusen« oder »Kinder Gottes« ab, mit denen Elben und Menschen gleichermaßen bezeichnet werden. Dem Einen sind die geringeren Götter untertan, die Valar, die manchmal ihre engelsgleichen Kräfte zeigen. Sie sind die eigentlichen Gestalter der Welt, hüten sie und wachen über ihr Schicksal und über das der Sterblichen und Unsterblichen von Mittelerde, die sie dafür verehren.

Tolkiens Elben sind unsterblich und besitzen überirdische Macht. Sie verdanken sie im Großen und Ganzen ihren mythischen Vorbildern. Im englischen Original ist allerdings von »elves« die Rede, einem falschen Plural, den der Autor in Abgrenzung zu den gängigen Lichtgestalten erschuf. Auf Deutsch wurden daraus »Elben«. Tolkien hatte das Angebot, das seine Übersetzerin Margaret Carroux ihm mit der untypischen deutschen Variante für »Elfen« machte, dankbar angenommen, um seinem Volk einen eigenen Status zu verleihen. Das Wort »Elfen« hätte diese Wesen näher in die Gefilde der Feenmärchen gerückt.

Auch die Zauberer Gandalf, Saruman und Radagast sind bei Tolkien verschiedenen europäischen Göttern vergleichbar, wie dem nordischen Odin und dem keltischen Merlin. Die Waldbewohner Bombadil und Goldbeere weisen Merkmale von Schutzgeistern des Waldes und Wassers auf. Ents und Trolle sind altenglischen und nordischen Begriffen für »Riese« entlehnt. Hier vertiefte Tolkien die mythischen Vorgaben allerdings, in denen sie einmal Bäumen, dann wieder Steinen gleichen, klug und töricht, gut und böse sind. Er verlieh den Ents die Würde der Bäume und ihre Macht, selbst Felsen zu sprengen, während er den Trollen die geistlose Trägheit von belebtem Stein zuschrieb. Zwerge erscheinen bei Tolkien im Zusammenhang mit ihren halb magischen Künsten des Schmiedewesens und sind der nordischen Mythologie nachempfunden, in der sie Götter mit Insignien und Waffen ausstatten.

Auch die bösen Kreaturen in Tolkiens Werk finden ihre Entsprechung in existierenden Mythen. Sauron lässt sich mit einer Anzahl dunkler und bösartiger Götter vergleichen: Pluto, Balar und vor allem Odin. Wie sie wirkt er stets aus der Ferne, vermag

Trugbilder zu erschaffen und alles in seiner langen Reichweite zu verderben. Die Orks sind ein Abglanz all der Dämonen, die den Menschen in der europäischen Mythologie heimsuchten. Ihr Name geht auf »Orcus« zurück, einen römischen Gott der Unterwelt. Der Balrog von Moira, der sich am Ausgang des Dritten Zeitalters des Zwergenreichs bemächtigt, gleicht Surt, dem Gegner der nordischen Götter, der im Bericht von Ragnarök, dem Weltenbrand, der alten Götterwelt ein endgültiges Ende bereitet.

Die Völker in Tolkiens Werken, ihr Verhältnis zueinander und ihre Motive, sind äußerst komplex, sogar bei den weniger wichtigen. Sie leben in erstaunlicher Vielfalt in Mittelerde und existieren nicht nur, um den Protagonisten Hilfe oder Hindernis zu sein, sondern handeln aus eigenem Antrieb und nachvollziehbaren Gründen. Sind es Menschen, so wollen sie meist verlorenes Land wiedererlangen, Städte beschützen oder Reiche gründen, Motive, die zwangsläufig zu Konflikten führen. Aber auch Feinde sind nie grundlos böse. Die Orks, Trolle und Balrogs wurden von einer bösen Macht schon böse erschaffen und haben keinen freien Willen, der nötig wäre, um ihre Lebensart in Frage zu stellen. Selbst die unfassbarste und unmenschlichste Kreatur in Tolkiens Werk, die Riesenspinne Kankra, hat ihre Motivation: Verrückt und monströs, wie sie war, lässt sich ihre Besessenheit nachvollziehen.

Die mythologischen Themen, die Tolkiens Werk durchziehen und seinem Schreiben Vielfalt und Tiefe verleihen, sind Legion: Gier nach Gold, nach Macht, pure Rastlosigkeit und Unzufriedenheit mit dem Bestehenden, die Suche nach innerer Erfülltheit – Gedanken und Vorstellungen, die bis an den Anfang der Menschheit zurückreichen. Dahinter stehen die grundlegenden Herausforderungen, denen der Mensch sich schon immer stellen musste: Liebe, Schicksal und Tod. Ihre ungewöhnlich detaillierte Ausarbeitung und der Reichtum der mythischen Aspekte verdankt sich einer Anzahl von Werken, denen Tolkien bei seiner akademischen Beschäftigung mit alten Mythen und Sprachen begegnete.

Am meisten beeinflusste ihn zweifellos das Epos *Beowulf*, seiner Einschätzung nach irgendwann um das Jahr 700 geschrieben. Dabei handelt es sich um den Bericht über die Heldentaten eines Gotenfürsten, der ein menschenfressendes Ungeheuer, dessen Mutter und gegen Ende noch einen Feuer speienden Drachen tötet. Tolkien verwendete aber auch die altenglischen Gesänge *The Ruin*, *The Wanderer* und *The Battle of Maldon*, zu dem er sogar einen fiktiven Schluss schrieb. Das Gedicht *Exodus* übersetzte er selbst; es galt ihm als Beispiel für christliches Material, das auf alte Weise und im Heldenstil gestaltet wurde. Sein eigenes Schaffen war eine ähnliche Mischung aus moderner Bearbeitung nach Motiven von Märchen und Heldensagen.

Auch der nordischen Mythologie kommt bei Tolkien größte Bedeutung zu. Er befasste sich mit dem altisländischen Heldenroman *Völsungasaga*, um 1400 entstanden, der das Schicksal Sigurds des Drachentöters schildert. Erheblich einflussreicher war noch die *Edda*, eine Liedersammlung des 13. Jahrhunderts. Sie enthält Märchen und Mythen, die allein der norwegisch-isländischen Tradition angehören und sich durch die Fahrten der Wikinger über ganz Europa verteilten. Die *Ältere Edda* entstand schon um 1200 und ist eine isländische Sammlung von Götterliedern, gewidmet den Gruppierungen um den älteren Thor und den späteren Odin, sowie Heldenliedern, deren wichtigstes das Nibelungenlied ist. Zentralen Stellenwert hat auch *Der Seherin Weissagung* oder *Völuspa*, ein Lied, dem Tolkien die Namen der Zwerge im *Hobbit* entnahm. Andere Lieder dienten als Vorlage für Bilbos Gespräch mit dem Drachen Smaug und als Fundus für Begriffe wie »Stämme der Orks« und »Nebelgebirge«. In der uns bekannten Form wurde die *Edda* – der ältere wie der jüngere Teil – von Snorri Sturluson (1178–1241) gesammelt und niedergeschrieben. Der Autor war ein Christ, der aus poetischen Gründen und für seine Landsleute heidnisches Material bewahren wollte. Eines der »verschollenen« Gedichte aus der *Edda*, die nur durch Zitate überliefert sind, bildet die Vorlage für Tolkiens Erzählung »Aldarion und Erendis«, in *Nachrichten aus Mittelerde* enthalten. Diese gewaltige Saga ist erheblich stärker als *Beowulf* dem Ideal des Heldentums verpflichtet.

Zu den Märchensammlungen des 19. Jahrhunderts ist es ein großer Sprung, doch Tolkien folgte offenbar Jakob Grimms Argumenten einer Ähnlichkeit zwischen deutschen Märchen und der nordischen *Edda*, die auf etwas Älteres verweist, was beidem zu Grunde liegt. Ob das nun stimmt oder nicht, Märchen hatten einen großen Einfluss auf Tolkiens Welt. Er las die Sammlungen der Brüder Grimm auf Deutsch, bezog sich in seinem Werk aber auch auf Sammlungen altnordischer Märchen von P. C. Abjörnsen und J. I. Moe sowie englischer Märchen von Joseph Jacobs. Neben Geschichten über die Western Highlands gehörten zu seinen Einflüssen außerdem englische, schottische und dänische Balladen – sogar folkloristische Lieder aus Amerika.

Überhaupt hatte Tolkien, wie Professor Tom Shippey, sein direkter Nachfolger an der Universität Oxford und Autor zweier Standardwerke über ihn, erklärt, eine mehr oder minder geheime Neigung zur Folklore der USA. Das Auenland im *Hobbit* weist starke Ähnlichkeit mit dem Bergland von North Carolina auf, das in Liedern beschrieben wird, die Tolkien kannte. Und Guy Davenport, ein ehemaliger Klassenkamerad, erinnert sich, wie Tolkien einmal einen Mitschüler drängte, ihm Geschichten über Kentucky zu erzählen, »wegen Barfuß, Boffin, Beutlin und all den tollen Familiennamen auf dem Land.« Er war vermutlich der Meinung, dass es mit Kentucky eine Zeit lang einen Ort gegeben hatte, an dem Engländer und ihre Traditionen sich unbeeinflusst von der Vorherrschaft des Lateinischen, Keltischen und Französischen frei entfalten konnten. So kommt es, dass die Reise der

Ringgefährten von Lórien nach Tol Brandir mit ihren Kanus ein fernes Echo von James Fenimore Coopers *Der letzte Mohikaner* ist und sich Aragorn und Éomer, als die Reisenden wie einst die amerikanischen Pioniere vom Wald in die Prärie wechseln, sich als verstohlene Nachfolger des Wildtöters und der Sioux erweisen.

Tolkien befasste sich mit den Mythen aller Zeiten in den unterschiedlichsten Ländern. Einer der wichtigsten Einflüsse neben *Beowulf* und *Edda* war sicher das finnische Nationalepos *Kalevala*, das Volkslieder, Sagen und Zaubersprüche vereint, die sein Herausgeber Andreas Lönnrot noch selbst bei Volkssängern sammelte. Die Beschäftigung mit mittelalterlichen Mythen führte Tolkien auch zur Übersetzung der Gedichte *The Pearl*, *Sir Gawain* und *Sir Orfeo*. Er arbeitete viele Jahre an *Ancrene Wisse*, das ca. 1225 entstand und die Regeln eines religiösen mittelalterlichen Frauenordens enthält. Ähnlich einflussreich waren *The Travels of Sir Mandeville* von 1375 und das deutsche *Nibelungenlied* sowie die keltische Seefahrersaga *The Voyage of Bran Son of Febal*, aber auch Gibbons *Geschichte des Verfalls und Untergangs des Römischen Reiches* aus dem 18. Jahrhundert.

Interessanterweise zeigt sich bei Tolkien immer wieder eine besondere Schwäche für das Gotische, die älteste germanische Sprache. Unter den vielen Geschichtssammlungen, die er las, war auch *The Gothic History of Jordanes*. Und der Allround-Künstler William Morris, Maler, Romancier, Lyriker und Verleger in einem, der selber Isländisch konnte und sich ausgiebig mit Mythen und Heldensagen befasste, beeinflusste Tolkien wenigstens durch seine halbhistorischen Spätwerke. *The House of the Wolfings* (1888) handelt von Goten, ein Protagonist in *The Roots of the Mountains* (1889) weist Züge von Gollum auf, ein anderer welche des Ostlings Brodda in Tolkiens *Silmarillion*. Die Novelle *The Glittering Plain* (1891), in der eigenen Druckerei gesetzt und ähnlich einem mittelalterlichen Manuskript mit ornamentalen

Rahmen und Initialen im Holzschnitt versehen, beschreibt eine Fahrt in die Unsterblichen Lande.

Man kann sich unschwer vorstellen, dass Tolkiens Beschäftigung mit alten Sprachen und Mythen ein Gefühl von Verlust in ihm wach rief. Es waren vergangene Welten. Aber ihre zeitlosen Merkmale bleiben stets aktuell, und Mythen erschaffen Welten – es bedarf lediglich der Verwendung von Sprache.

Schon früh machte sich Tolkien in geselliger Runde einen Spaß daraus, Lieder auf Altenglisch und Lateinisch zu singen. Er dichtete auch ein Lied auf Gotisch, das 1936 in dem Bändchen *Songs for the Philologists* in kleiner Auflage gedruckt erschien. Das Gotische wurde seit dem Niedergang der gotischen Völker nicht mehr gesprochen, aber schriftliche Fragmente sind der Nachwelt erhalten geblieben.

Und jetzt auch dieses Zeugnis aus neuerer Zeit –

BAGME BLOMA

Brunaim bairiþ Bairka bogum
laubans liubans liudandei,
gilwagroni, glitmunjandei,
bagme bloma, blauandei,
fagrafahsa, liþulinþi,
fraujinondei fairguni.

Wopjand windos, wagjand lindos,
lutiþ limam laikandei,
slaihta, raihta, hweitarinda,
razda rodeiþ reirandei,
bandwa bairhta, runa goda,
þiuda meina þiupjandei.

Andanahti milhmam neipiþ,
liuhteiþ ljuhmam lauhmuni;
laubos liubai fliugand lausai,
tulgus, triggwa, standandei
Bairka baza beidiþ blaika
fraujinondei fairguni.

ZIERDE DER BÄUME

Die Birke trägt zarte Blätter an leuchtenden Zweigen,
sie wächst fahlgrün und glänzt, Zierde der Bäume in Blüte,
blond und geschmeidig, Herrscherin des Berges.

Die Winde rufen, rütteln sie sanft, sie neigt ihre Zweige
verspielt zu Boden; glatt, gerade und mit weißer Borke
spricht sie eine bebende Sprache, strahlendes Zeichen,
ein gutes Rätsel, das mein Volk segnet.

Der Abend senkt sich durch Wolken herab, Blitze zucken,
die zarten Blätter lösen sich, doch fest und aufrecht steht die
weiße Birke nackt und wartet, Herrscherin des Berges.

SPRACHEN FÜR MITTELERDE

Tolkien liebte Sprachen. Er liebte die walisischen Namen auf den Kohlewagons, die hinter dem Landhaus, in dem er als Neunjähriger mit seiner Mutter und seinem Bruder lebte, dahinratterten. Er liebte das »Oberflächen-Glitzern« des Griechischen, die seltsamen Formen der gotischen Wörter, das Finnische der *Kalevala* – sein Biograf Humphrey Carpenter stellt sicher zu Recht fest, »dass er in höchst ungewöhnlichem Maß empfänglich war für den Klang und das Äußere der Wörter. Sie füllten für ihn die Stelle aus, die im Leben vieler anderer Menschen die Musik einnimmt. Im Grunde waren die Regungen, welche die Wörter in ihm weckten, fast ganz und gar emotional.«

Tolkien hatte schon in seiner frühesten Kindheit Sprachen erfunden und eine besondere Liebe für die West Midlands entwickelt, die Heimat seiner Mutter. Als ihm bewusst wurde, dass ein großer Teil der Dichtung und Prosa des Angelsächsischen und frühen Mittelalters in dem Dialekt geschrieben war, den die Vorfahren seiner Mutter gesprochen hatten, übten besonders diese Sprachen eine starke Anziehungskraft auf ihn aus. Er wurde zu einer der größten Koryphäen der Welt für Altenglisch und Mittelenglisch und ein Spezialist für altenglisches Sagengut und das damit verwandte Germanische und Keltische – und hatte als solcher eine virtuose Kontrolle über Sprache.

Nicht weniger als fünfzehn Sprachen tauchen in Tolkiens Werken auf, modernes Englisch und Mittelenglisch nicht mitgerechnet. Er spielte sein Leben lang mit umfassenden linguistischen Systemen, ganzen Sprachfamilien, die es außerhalb seiner Aufzeichnungen nie gab. Er arbeitete sie in einem Maß aus, sehr viel detaillierter, als er in seinen erzählenden Werken jemals unterbringen konnte. Sicher gibt es einige Gedichte auf Elbisch und eine Fülle exotischer Namen in den Annalen von Mittelerde, aber das ist nichts im Vergleich zu dem Aufwand, den er betrieb. Schätzungen der elbischen Wörter, die er in seinem Werk verwendet, reichen von zehntausend bis sechzigtausend.

Tolkien begann mit seiner Arbeit an Sprache und Schrift der Elben schon 1904, als Schüler an der King Edward VI. School. Aber was war geschehen, um den damals Zwölfjährigen zu einer lebenslangen Besessenheit anzuregen, die ihn nicht nur den Beruf eines Linguisten ergreifen ließ, sondern überhaupt erst sein literarisches Werk ermöglichte?

Er hatte um die Jahrhundertwende herum verblüfft gehört, wie sich einige Kinder in einer eigenartigen Sprache unterhielten, auf *Animalisch*. Es war eine einfache Spielsprache, die vor allem aus Wörtern für Tiere bestand. Die Erfinder des *Animalischen* machten daraus kein Hehl, sodass Tolkien diese Sprache schnell erlernte. In seinem Aufsatz »Ein heimliches Laster« erklärte er ihren Aufbau. Der Satz *Hund nachtigall specht vierzig* zum Beispiel bedeutete »Du bist ein Esel«. Das Prinzip war denkbar einfach: »hund« stand für »du«, »nachtigall« für »bist« und so weiter. Die Worte eines vorliegenden Satzes wurden eins zu eins durch eine willkürlich erfundene Nomenklatur ersetzt.

Das *Animalische* starb bald aus, aber einige Kinder setzten ihre Sprachspiele fort und erfanden *Newbosh*, eine Kurzform für »neuer Unsinn«. Dabei handelt es sich um eine Mischung aus stark entstellten englischen, französischen und lateinischen Wörtern, die sich nicht besonders weit von diesen Sprachen entfernten. Tolkien nennt als Beispiel ein Gedicht, das er auf *Newbosh* schrieb:

> Dar fys ma vel gom co palt, »hoc
> Pys go iskili far maino woc?
> Pro si go fys do roc de
> Do cat ym maino bocte
> De volt fac soc ma taimful gyróc!«

Der Reim bleibt auch im Englischen erhalten:

> There was an old man who said, »How
> can I possibly carry my cow?
> For if I was to ask it
> to get in my pocket
> it would make such a fearful row!«

(Da war ein alter Mann, der sagte: »Wie soll ich nur meine Kuh befördern? Denn wenn ich sie bäte, zu mir in die Tasche zu kommen, würde das einen unglaublichen Aufruhr bewirken!«)

Wie bei Tolkien nicht anders zu erwarten, trug er zu Vokabular und Rechtschreibung des *Newbosh* einiges bei, was es zu einem brauchbaren Verständigungsmittel machte. Aber die bloße Entstellung von Wörtern (wie *woc* = *cow* für »Kuh«) genügte ihm nicht. Die Sprache ließ sich nicht fließend sprechen.

Es dauerte nicht lange, bis die *Newbosher* eine Lösung gefunden hatten: Wörter, die keinen erkennbaren Ursprung hatten, sondern rein assoziativ nur deshalb auftauchten, weil die Bedeutung zu dem Wort zu passen schien – weil die Verbindung von Sinn und Klang den Kindern gefiel. Tolkien erwähnt als Beispiel das Wort *lint* (= »rasch, gescheit«), das ihn offenbar sehr faszinierte. Vierzig Jahre später ließ er die holde Elbenschönheit Galadriel singen, dass die Jahre in Mittelerde verstrichen *ve lintë yuldar lissë-miruvóreva* – »wie rasche Schlücke süßen Mets«. Aber auch *Newbosh* wurde wie Lateinisch und Gotisch schließlich auf die Liste der toten Sprachen gesetzt.

Tolkien war an einer Sprache interessiert, die »Freude am gegliederten Laut und seiner symbolischen Verwendung [vermittelte], von Kommunikation unabhängig, obwohl immer mit ihr verwoben«. Ein Schritt in diese Richtung war seine erste völlig private Sprache, *Naffarin*. Als Textprobe nennt er in »Ein heimliches Laster«:

O Naffarínos cutá vu navru cangor
luttos ca vúna tiéranar,
dana maga tíer ce vru encá vún' farta
once ya merúta vúna maxt' amámen.

Leider gibt er keine Übersetzung, und man kann lediglich vermuten, welche heimlichen Witzeleien er hier öffentlich machte. Obwohl *Naffarin* noch ein Gutteil *Newbosh* aufwies, zeigte es auch schon Spuren des Elbischen. *Naffarin* war hingegen vom Lateinischen und Spanischen beeinflusst, was auch Tolkiens spätere Vorliebe für die Kunstsprache Esperanto erklärt, aber es sollte noch zu viel tief greifenderen Einflüssen kommen.

Er konnte Sprachen regelrecht schmecken, und sein Geschmack war auserlesen. Wie bei jedem Feinschmecker waren auch bei ihm alle Sinne an dem Erlebnis beteiligt. Für Tolkien bedeutete das: Sprachen mussten schön sein. Sie mussten angenehm klingen. Nur dann gefielen sie ihm. Latein, Spanisch und Gotisch erfüllten diese Voraussetzung. Griechisch war großartig, Italienisch einfach wunderbar. Französisch, so oft als schöne Sprache gelobt, sagte ihm weniger zu, aber Walisisch war für ihn der Himmel auf Erden.

In seinem Aufsatz »English and Welsh« erinnert Tolkien sich, dass er als Kind einmal die Worte *Adeiladwyd 1887* auf einem Grabstein sah – für ihn eine Offenbarung grenzenloser Schönheit. »Es durchstieß mir das linguistische Herz«, schrieb er. Wie sich herausstellte, wimmelte das Walisische nur so von herrlichen Wörtern, aber es fiel Tolkien immer schwer, anderen zu vermitteln, was er gerade an dieser Sprache so einzigartig fand. In »English and Welsh« unternimmt er einen ehrlichen Versuch: »Die meisten Englisch sprechenden Menschen werden zugeben, dass *cellar door* (= »Kellertür«) ein schönes Wort ist, besonders wenn man es von seinem Sinn und seiner Schreibweise löst. Schöner als, sagen wir, *sky* (= »Himmel«) und viel schöner als *beautiful*

(= »schön«). Im Walisischen stoße ich sehr oft auf Kellertüren, und auf einer höheren Ebene gibt es eine Fülle von Wörtern, die Vergnügen bereiten, wenn man über ihre Verbindung von Form und Inhalt nachdenkt.« Er nennt als Beispiel das walisische Wort *wybren* für »Himmel«, in seinen Ohren ungleich schöner und himmlischer als das englische *sky*.

Auf dem Weg zu seinen Elbensprachen sollte er noch ein zweites Mal unsägliches Vergnügen empfinden. Als er in der Bibliothek des Exeter College eine Grammatik des Finnischen entdeckte, verging er fast vor Entzücken. »Es war, als hätte ich einen kompletten Weinkeller gefunden, gefüllt mit Flaschen eines erstaunlichen Weins und Geschmacks, den ich noch nie zuvor gekostet hatte. Es machte mich ganz betrunken.« Im Rausch des Finnischen gab er sein neuestes Projekt, die Entwicklung einer germanischen Sprache, auf, denn jetzt hatte er noch mächtigere Inspiriationen gefunden. Viele Jahre später erklärte er, dass er mit den Elbensprachen »die Absicht verfolgte (a) in Stil und Struktur definitiv europäischer Art zu sein, und (b) besondere Freude zu bereiten. Ersteres ist nicht schwer zu erreichen, wohl aber Letzteres, da die persönlichen Vorlieben eines Individuums, besonders in der phonetischen Struktur von Sprachen, sich stark unterscheiden. Ich bin deshalb meinen eigenen Freuden gefolgt.« Die Entdeckung des Walisischen und Finnischen waren die Haupteinflüsse für Tolkiens linguistische Konstruktionen.

Nichts verrät mehr über ein Volk als die Sprache, in der es spricht und schreibt. Sie ist der Ursprung seiner psychologischen Eigenarten, seiner Traditionen und Institutionen, der ganzen Weltanschauung. Im Bewusstsein dieser Wahrheit versah Tolkien den *Herr der Ringe* mit Abhandlungen über Sprachen, die er für zahlreiche Rassen von Mittelerde erfunden hatte, eine Tour de Force philologischer Vorstellungskraft – die Entsprechung des erwachsenen Philologen zu seinen Knabenspielen mit Privatsprachen. Das Material – kunstvoll gestaltete Alphabete, Ausspracheregeln und bis zu einem gewissen Grad auch die Grammatik der Elbendialekte Quenya und Sindarin – stammt geradewegs aus einer »Geschichte der Elbensprachen«, die Tolkien schon in den Dreißigerjahren vor der Niederschrift des *Herr der Ringe* verfasste. Als diese Abhandlung sich als unveröffentlichbar erwies, suchte er nach einem Weg, das Thema anschaulich zu machen. Er begann mit einer narrativen Ausarbeitung über ihre Benutzer. So wurde das Epos geboren.

Sprachen sind ständiger Veränderung unterworfen, niemand wusste das besser als Tolkien, dessen Weg zum Linguisten dafür ein Beispiel ist. Vielleicht ging er deshalb in den Anhängen des *Herr der Ringe* auch auf die Entwicklung des Elbischen ein, der Ursprache von Mittelerde, und seiner Übernahme ins Númenorische und ins Westron, der »Gemeinsamen Sprache« des Westens. Natürlich entsprachen die Gesetze der Sprachentfaltung, die Tolkien in seiner fiktiven Welt am Wirken sah, dabei jenen, die die moderne Philologie bei der Entwicklung der indoeuropäischen Sprachen in den letzten Jahrtausenden entdeckte. Wieder zeigt sich eine Parallele zwischen den Ereignissen von Mittelerde und jenen, die wir aus unserer Wirklichkeit kennen.

Elbensprache muss von Elbenwahrnehmung kommen. Die Entwicklung der Sprachen in Mittelerde bestätigt andere Aspekte ihrer Geschichte und verleiht ihr Substanz – das führt zu größerer Glaubwürdigkeit.

Baumbart zufolge, dem ältesten der Ents, dessen wahrer Name unaussprechbar lang war, weil er beim Verstreichen der Zeitalter mitgewachsen war, erschufen die Elben alle alten Wörter. Als sie in der Dunkelheit von Mittelerde erwachen, fällt ihr erster Blick auf die Sterne. »Ele!«, entfährt es ihnen, ein Ausruf, der so viel heißt wie »Siehe da!« Und plötzlich existiert ein Unterschied zwischen Wort und Wahrnehmung – übergangslos. »Es ist ihre erste Wahrnehmung und Ursache der Spaltung«, schreibt die Anglistikprofessorin Verlyn Flieger in dem Buch *Splintered Light*,

»es trennt die Sehenden vom Gesehenen und charakterisiert sie gleichzeitig durch das Wahrgenommene und die Art ihrer Wahrnehmung. *Ele* ist der Auslöser ihrer Wahrnehmung, und schon sind wir auf dem Weg zur Metapher, wie schrittweise der Weg auch verläuft, als die Elben diese Wahrnehmung in ihr Leben übernehmen und verwenden, um durch Sprache ihre Kultur zu formen, sie zu zersplittern und neu zu verbreiten.«

So wie das Schimmern der walisischen Ortsnamen auf den Eisenbahnwagons seiner Kindheit den jungen Tolkien die Liebe zur Sprache lehrt und bei ihm aus der Finsternis gestaltlosen Denkens die Struktur von Sprache herausschält, so bildet das »Ele!« der Elben die Triebkraft hinter dem Elbischen. Es verleiht ihm Form und Richtung und dem Sprecher ein Gefühl seiner selbst als wahrnehmendes Wesen. Abgeleitet von *quen* (= »reden«, »sprechen«) nennen sie ihre Sprache Quenya und sich selbst Quendi, »jene, die mit Stimmen sprechen.« Das Licht der Sterne bricht die Wahrnehmung auf – und aus der Erfahrung der Konfrontation mit der Welt erwachsen Selbstwahrnehmung und Sprache. Metaphorisch, also durch den Vergleich und die Übertragung von Bedeutung, wird aus *ele* das ganze Universum. So verleihen die Elben sich Identität.

In der Sprache wie in allem anderen sind die Elben der Urquell von Kultur in Mittelerde, besonders die Noldor, jener Stamm, der auszog, um die Götter zu finden. Die göttlichen Valar, die sie erwachen ließen, nennen sie Eldar, »Volk der Sterne«, und rufen sie zu sich ins Gesegnete Land. Später bringen die Noldor ihre Sprache nach Mittelerde zurück – und das erste geschriebene Alphabet, von Feanor erfunden, der auch die Silmaril erschuf, in denen das Licht der Welt eingefangen wird.

Der Kontakt mit den Sindar-Elben, die auf dem Kontinent geblieben sind, verändert ihre Sprache und Schrift und dehnt ihren Einfluss nach Osten und zu dem »zweiten Volk« im Norden aus, den Menschen oder Edain, sowie zu den Zwergen von Moira im

Süden. Als die Edain die Insel Númenor zum Geschenk bekommen, lassen sie zu Gunsten des Elbischen auch ihre frühere Sprache zurück. Dass sie mit der Zeit alles Elbische wieder abstreifen und zu einer Version ihrer früheren Sprache zurückkehren, zeigt ihre Arroganz und Rebellion. In den Ländern Gondor und Arnor wenden sie sich in der Zeit ihres Untergangs der Lingua franca des Westens zu, Westron. Sie ist vom Einfluss primitiver menschlicher Stämme, die dort schon vor ihnen ansässig waren, und anderer Völker geprägt, die mit den wenigen verbliebenen Elbenkolonien Handel treiben.

Die Rivalität zwischen Westron und der Schwarzen Sprache Saurons, die all seine Diener sprechen, versinnbildlicht die Feindschaft beider Kulturen.

Das Verhältnis zwischen den Völkern im *Herr der Ringe* drückt sich stets auch in ihrem Vokabular aus. Quendi und Sindar, die beiden Elbenstämme gemeinsamer Herkunft, besaßen auch viele gemeinsame sowie eine größere Anzahl verwandter Wörter. Die Elbensprachen wurden außerdem von den Númenórern benutzt, und die Nähe der Menschen von Gondor beeinflusste sogar die Sprache der Orks in Mordor, die sich sonst der Schwarzen Sprache bedienten. Zum Beispiel benutzten die Orks das Wort *tark* für einen Menschen aus Gondor, ursprünglich eine Abkürzung für das Quenya-Wort *tarcil*, »einer von númenorischer Abstammung«.

Zur Abbildung der Gemeinsamen Sprache, des Westron, die von den meisten freien Völkern in Mittelerde gesprochen wird – auch von den Hobbits – benutzte Tolkien allerdings das Englische. Um diesen Ansatz zu rechtfertigen, gab er sich als Übersetzer seiner Werke aus. Der Hintergedanke war der, dass Hobbits natürlich nicht Englisch gesprochen haben können. Sie sprachen Westron. Tolkien »übersetzte« diese Sprache ins Englische, was eine Anpassung aller Ortsnamen der Gemeinsamen Sprache in entsprechende englische Ortsnamen erforderlich machte. Mit dieser Übung verfolgte er eine bestimmte Absicht: Namen in der Gemeinsamen Sprache, die den Hobbits vertraut waren, wurden englisch wiedergegeben, damit sie dem Leser vertraut waren, Namen in anderen Sprachen – gewöhnlich Sindarin – wurden beibehalten, damit sie den Hobbits und dem Leser gleichermaßen unvertraut waren. Da die Geschichte weitgehend aus Sicht der Hobbits erzählt wird, war es durchaus erstebenswert, dass wir diese linguistische Wirkung auf sie teilen.

Die Verwandschaft des Englischen mit anderen Sprachen in unserer Welt findet ihre Entsprechung im Verhältnis der Sprachen von Bewohnern Mittelerdes zu den Hobbits. Im Auenland war das Englisch, das Tolkien benutzte, oft salopp und ungeschliffen, beinahe provinziell. In Rohan wurden echte altenglische Wörter, Namen und Redewendungen benutzt, um zu zeigen, dass ihre Verwandschaft zum modernen Englisch die Ähnlichkeiten zwischen den Sprachen des Auenlands und der Mark widerspiegelt. Diese beiden Sprachen hatten ihre gemeinsame Wurzel in der Sprache der Menschen von Wilderland, aus dem Hobbits und Rohirrim stammen. Im Königreich Gondor wurden französische und andere auf dem Lateinischen beruhende Wörter benutzt, um eine Sprache nahe zu legen, die noch edler als die Gemeinsame Sprache war. Aus dem gleichen Grund sprachen die Bewohner von Gondor bei Tolkien nicht nur Westron, sondern auch Elbisch.

Bei der Vergabe seiner Sprachen von Mittelerde trieb Tolkien dieses Verfahren sogar noch weiter. Das eindrucksvollste Beispiel ist sicher die Verwendung des Angelsächsischen für das Rohirrische. Der Gedanke dahinter war, dass der Hobbitdialekt des Westron entfernt mit dem Rohirrischen verwandt war. Wenn die Hobbits Rohirrisch hörten, klangen zwar viele Worte vertraut, doch das Gesagte blieb ihnen unverständlich. So versuchte Tolkien die sprachliche Wahrnehmung der Hobbits zu doppeln, indem er sie durch Angelsächsisch ersetzte, eine Sprache unserer

Welt, die mehr oder weniger das gleiche Verhältnis zum Englischen aufweist wie Rohirrisch zur Hobbit-Version von Westron.

Es gibt viele Details in dem aufwändigen und subtilen sprachlichen Geflecht, das Tolkien entwarf – stets, wie er vorsichtig erklärte, im Interesse einer »Wiedergabe« der sprachlichen Landkarte von Mittelerde, die der moderne englische Leser rasch begreift.

So benutzte er bei der Gemeinsamen Sprache für Ortsnamen nicht nur archaische englische Wurzeln. Manche Starre, einer der drei Stämme der Hobbits, die später in Bockland und den Marschen siedelten, lebten einmal in Dunland. Auch die Menschen von Bree kamen ursprünglich aus dieser Region. Da das Überdauern von Resten der älteren Sprache der Starren und der Breemenschen dem Überdauern der keltischen Elemente in England ähnelt, sind die Ortsnamen in Bree keltischen Ursprungs. Aus dem gleichen Grund tragen die Bockland-Hobbits auch walisische Namen wie Madoc und Berilac. Bei den Hobbits gaben sich einige der älteren Fahlhäute-Familien gern großartig klingende Namen aus der legendären Vergangenheit. Tolkien drückte sie durch Namen fränkischen oder gotischen Ursprungs wie Isengrim, Rudigar, Fredegar und Peregrin aus.

Die meisten Namen und Titel von Personen, Orten und Gegenständen, wenn sie nicht dem modernen, alten oder Mittelenglischen entstammen, sind allerdings aus dem Sindarin oder Quenya der Elben abgeleitet. Sindarin ist die Sprache der Elben, die westlich des Flusses Anduin leben. Die meisten Elben, Wächter und Verwalter von Gondor tragen Sindarin-Namen wie Aragorn, Denethor und Galadriel. Die zeremonielle Sprache der Elben und Dúnedain ist jedoch Quenya, ihr entstammen auch die Fürstennamen von Gondors Königen und die Namen der treuen Monarchen in Númenor.

Christopher Tolkien beschreibt die Strategie seines Vaters als Erfinder raffinierter Sprachsysteme in einem bemerkenswerten

Satz: »Er ›erfand‹ neue Wörter und Namen nicht willkürlich: Im Prinzip entwarf er sie aus ihrer historischen Notwendigkeit heraus, wobei er von der ›Basis‹ oder einfachen Wortstämmen ausging, sie mit Suffixen oder Präfixen versah oder Komposita bildete, beschloss – oder ›herausfand‹, wie er gesagt hätte – wann das Wort in die Sprache eingetreten war sowie seine regelmäßigen Änderungen in der Form nachvollzog, die es dabei durchgemacht hatte, und den Möglichkeiten der formalen und semantischen Einflussnahme durch andere Wörter in seiner Historie nachging.« Das Ergebnis: »Ein solches Wort existierte dann für ihn, und er kannte es.«

Aber Tolkiens Sprachen veränderten sich noch auf andere Weise, nicht nur im Rahmen der erfundenen Geschichte und ihrer sprachhistorischen Vergangenheit. Wie beiläufig er auch mit ihrer Erfindung begonnen hatte, als sein mythologisches Konzept von Mittelerde sich entfaltete, betrachtete er es nicht mehr als bloße Fingerübung, sondern als Grundvoraussetzung für eine Welt und ihre Entwicklung, für Mythen und Geschichte.

»Wenn man seine Kunstsprache nach ausgesuchten Prinzipien aufbaut«, schrieb er einmal, »kann man in dieser Sprache Gedichte schreiben – sofern man sie festlegt, tapfer an den Regeln fest hält und der Versuchung des obersten Despoten widersteht, sie jemals zu ändern.« Tolkien erlag dieser Versuchung immer wieder, seine Sprachen wurden nie fertig. Sogar in den unterschiedlichen Auflagen seiner Werke nahm er noch Veränderungen vor. Einen Abschluss fanden sie erst durch seinen Tod im Jahr 1973.

In dem Materialienband *Sauron Defeated*, Band 9 der *History of Middle-Earth*, lässt Tolkien die Figur Lowdham etwas über ihn selbst sagen: »Bei der Erfindung einer Sprache bist du frei: zu frei. Es ist schwierig, an jedes gegebene Lautmuster eine Bedeutung anzupassen. Ich sage anpassen. Damit will ich nicht sagen, dass man Formen oder Bedeutungen nicht willkürlich zusprechen kann. Sagen wir, man will ein Wort für Himmel haben. Ohne im linguistischen Geschmack oder der Sprachkunst geübt zu sein, könnte man ihn *jibberjabber* oder sonst wie nennen, wie es einem gerade beliebt. Aber so stellt man einen Code her, keine Sprache. Es ist etwas ganz anderes, ein Verhältnis zu finden, Laut plus Sinn, das befriedigt, das anschließend von Dauer ist. Wenn man nur erfindet, liegt das Vergnügen oder der Spaß im Moment der Erfindung; aber wenn man der Herr ist, dann ist die eigene Laune Gesetz, dann will man den Spaß immer neu haben. Dann wird man immer wieder daran herumtüfteln, etwas verändern, verbessern, schwanken, je nach linguistischer Stimmung und wechselndem Geschmack.«

Genau das tat Tolkien. In den Worten seines Sohnes wurden »die Sprachen von einem Erfinder geschaffen, dem es freistand, ihre Historie zu verändern, da es ihm freistand, die Geschichte der Welt zu verändern, in der sie ihren Platz haben, und das tat er in reichem Maß«. Und so dienten alle Veränderungen und Tüfteleien lediglich dem Zweck, Tolkiens Welt für den Leser anschaulicher zu machen.

Sprachen sind wachsende und sich entwickelnde Gebilde. Sie sind lebendig und Ausdruck der geistigen Haltung ihrer Benutzer. Der musikalische Fluss der elbischen Worte und Namen zeigen, dass die Elben ein edles Volk mit viel Liebe für Schönheit und Musik sind, wie geschaffen für die grünen Hügel der West Midlands. Der heisere und unvertraute Klang des Zwergischen macht deutlich, wie vollständig diese Sprache von denen der Menschen und Elben getrennt ist. Der gedehnte, flötenähnliche Klang der Ents ist ein Ausdruck ihres Lebens als Teil des Waldes ohne Hetze und Stress. Und die gekrächzten Flüche der Orks entlarven sie als raues, grausames und fantasiearmes Volk.

Tolkiens Sprachen für Mittelerde sind ein Ausdruck seiner Träume und Albträume – wobei die Träume überwiegen. Sie sind eine Schöpfung ureigener Fantasie.

DIE BÜCHER IM PORTRÄT

Tolkien gab vor, dass seine Werke über Mittelerde – also *Hobbit*, *Herr der Ringe* und *Silmarillion* – in Wahrheit alte Manuskripte seien, geschrieben von Frodo und Bilbo. Er habe sie lediglich übersetzt und herausgegeben, sei also genauso damit verfahren wie bei einigen altenglischen Dichtungen, die er für den modernen Leser bearbeitete und kommentierte. Er hat es zwar niemals schriftlich behauptet, aber das geht indirekt aus der Art und Weise hervor, in der viele Abschnitte von *Herr der Ringe* außerhalb der Geschichte angelegt sind. So ist der Prolog aus der Sicht eines heutigen Herausgebers geschrieben, der eine vergangene Welt schildert. Andere Beispiele sind die Überarbeitung des *Hobbit*, das Vorwort zu *Tom Bombadil* sowie die einführenden Bemerkungen zu mehreren Anhängen von *Herr der Ringe*. Am aufschlussreichsten ist hier sicher seine »Anmerkung zu den auenländischen Geschichtsbüchern« im Prolog: Tolkien erfindet ein Manuskript und simuliert so eine reale Situation. Er äußert die Vermutung, dass Frodos Originalmanuskript nicht überdauerte, aber eine Anzahl Kopien angefertigt wurden, von denen eine Tolkien in die Hände fiel.

Der Gedanke ist keineswegs neu: Viele Autoren taten so, als wären ihre Fantasien »wahre« Begebenheiten aus einer früheren Zeit. Doch nur wenige waren dabei so erfolgreich wie Tolkien, weil nur wenige so gründlich vorgingen. Der wirkungsvollste Bestandteil seiner Fiktion waren die lingustischen Aspekte von Mittelerde, denn als anerkannter Experte für alte Sprachen war Tolkien auf einzigartige Weise prädestiniert, als »Übersetzer« der Mittelerde-Manuskripte aufzutreten.

Der Hobbit oder Hin und zurück

Eines schönen Frühlingstages im Auenland steht der Zauberer Gandalf vor der Tür des Hobbits Bilbo Beutlin und lädt ihn freundlich zum Tee am nächsten Nachmittag ein. Bilbo unterhält mit seinen Geschichten schließlich nicht nur Gandalf, sondern auch den berühmten Zwerg Thorin Eichenschild und zwölf seiner Gefährten. Die Teezeit wird zu einer Feier, die die ganze Nacht hindurch andauert. Dabei erfährt Bilbo auch, wie der Drache Smaug vor langer Zeit einmal in die Heimat der Zwerge einbrach und ihre Schätze raubte. Thorin will sie möglichst zurückholen, doch dazu benötigt er einen Meisterdieb. Gandalf hat Bilbo für diese Aufgabe vorgeschlagen.

Am nächsten Morgen treten Bilbo, die Zwerge und Gandalf ihre Reise an, als es schrecklich zu regnen beginnt. Gandalf verschwindet überraschend, und die Gesellschaft sucht Schutz vor dem Unwetter. Dabei stoßen sie auf Trolle, die sich um ein behagliches Feuer herum versammelt haben. Bilbo verpfuscht seinen ersten Versuch als Dieb, und die Zwerge werden von den Trollen gefangen genommen, die den Rest des Abends im Streit darüber verbringen, wie man die dreizehn Zwerge und den verängstigten Hobbit am besten zubereiten und verspeisen sollte. Im letzten Augenblick kehrt Gandalf zurück und verleitet die törichten Trolle dazu, bis zum Tagesanbruch zu streiten, worauf sie sich in Stein verwandeln. In der Schatzhöhle der Trolle findet die Reisegesellschaft uralte Schwerter, und Bilbo nimmt das kleinste an sich. Als sie wenig später die Elbenzuflucht Bruchtal erreichen, begegnet er dort Elrond Halb-Elb, einer sehr alten und weisen Person. Elrond entziffert eine alte Karte des Einsamen Bergs und entdeckt einen geheimen Zugang in die Zwergenhallen darunter. Die Gesellschaft bepackt ihre Ponys mit neuen Vorräten und reitet den Weg ins Nebelgebirge hinauf.

Abermals muss die Gruppe Schutz vor einem Unwetter suchen und ruht sich in einer Höhle aus, die sich als Eingang zum unterirdischen Reich der Orks herausstellt. Mitten in der Nacht greifen Orksoldaten sie an, und bis auf Gandalf werden alle gefangen genommen und in dunkle Höhlen getrieben, wo sie vor den Orkkönig geführt werden. Wieder taucht gerade noch rechtzeitig Gandalf auf und befreit die Zwerge und Bilbo. Kopflos stürmen sie durch die verwirrenden Tunnel und versuchen den Orks zu entkommen. An einer Weggabelung stürzt Bilbo und wird von seinen Freunden getrennt. Er bleibt bewusstlos in der Dunkelheit liegen.

Stunden später erwacht der Hobbit und sucht sich im Licht seines magischen Schwerts langsam einen Weg den dunklen Tunnel hinab. Er sieht etwas glitzern und hebt einen goldenen Ring vom Höhlenboden auf. Er steckt ihn ein und geht weiter. Tief unter dem Berg endet der Weg jäh am Rand eines unterirdischen Sees. Bilbo will gerade kehrtmachen, als sich in einem kleinen Boot über den See paddelnd ein abscheuliches Wesen nähert. Es heißt Gollum, eine traurige und arglistige Gestalt, die seit vielen Jahren auf einer Insel in der Mitte des Sees lebt. Sie besteht darauf, Bilbo Rätsel aufzugeben, wobei Bilbo um seine Freiheit spielen muss.

Gollum wird wütend, als der Hobbit das Spiel durch Glück und Einfallsreichtum gewinnt. Eigentlich sollte er ihm jetzt den Weg nach draußen weisen, denn das war der Preis, doch Gollum beschließt, dass er den armen Bilbo lieber aufessen will. Dazu kehrt er zu seiner Insel zurück, um seinen goldenen Zauberring zu holen, der ihn unsichtbar macht. Als er feststellt, dass er ihn verloren hat, glaubt er, dass Bilbo ihn haben muss, und kehrt rasch zurück, um den Hobbit zu töten. Doch Bilbo streift sich den Ring gerade noch rechtzeitig über, und Gollum läuft an ihm vorbei, ohne ihn zu sehen. Der Hobbit folgt der bösen Kreatur und flüchtet ins Sonnenlicht.

Bilbo findet seine Freunde wieder und stellt fest, dass sie alle auf der anderen Seite des Nebelgebirges herausgekommen sind. Sie eilen weiter, damit die Orks sie nicht einholen, die bei Einbruch der Nacht bestimmt die Verfolgung aufnehmen werden. Nur zu bald geht die Sonne unter, und die Orks kommen heraus. Sie treiben die Gesellschaft rasch vor fünf hohen Bäumen zusammen, verlieren ihre Beute jedoch, als Adler aus den Bergen, langjährige Freunde von Gandalf, rettend eingreifen. Die Adler setzen die dankbare Gruppe am großen Fluss Anduin ab und entbieten ihnen ein Lebewohl.

Der Zauberer Gandalf führt Bilbo und die Zwerge weiter zu Beorn, einem argwöhnischen, aber ehrlichen Mann, der am Rand des Düsterwalds lebt. Beorn hilft ihnen, den richtigen Weg zu finden. Als sie den Düsterwald betreten, verabschiedet Gandalf sich und erklärt, dass ihn wichtigere Aufgaben erwarten. Die Gruppe protestiert. Ohne ihn fänden sie doch nie durch den schrecklichen Wald. Aber am Ende müssen sie betrübt und schimpfend ohne Gandalf weiterziehen.

Im Düsterwald erwartet sie nichts als Ärger. Erst fällt Bombur, ein reichlich übergewichtiger Zwerg, in einen giftigen Strom, der ihn in tiefen Schlaf sinken lässt, sodass die Gruppe gezwungen ist, ihn zu tragen. Dann sehen sie in der Ferne Elben, die im Wald feiern. Aber jedes Mal, wenn sie sich nähern, verschwinden sie in einem blendenden Lichtblitz. Schließlich geben sie es auf, die Elben erreichen zu wollen. Dann gelangen sie in die Gewalt von Riesenspinnen, die die Zwerge zur Vorbereitung auf ihr Mahl von Bäumen hängen lassen. Nur Bilbo gelingt die Flucht. Er befreit die Zwerge und verjagt die Spinnen, muss aber feststellen, dass während er gegen die Spinnen kämpfte, die Zwerge von den Waldelben gefangen genommen wurden. Bilbo verschafft sich Zugang zu den Elbenhallen und findet die armen Zwerge, die tief in den Kerkern eingesperrt sind. Mit Hilfe des Rings kann er sich wochenlang verborgen halten und die Zwerge schließlich befreien. Um aus den Höhlen zu entkommen, steckt er jeden in ein leeres Fass, das in den Fluss gerollt wird. Dem letzten Fass springt er hinterher und steuert es wie ein Floß bis zur Stadt Esgaroth auf dem Langen See.

Die Menschen der auf Pfählen erbauten Seestadt leben schon lange im Schatten eines Berges, in dem ein Drache haust. Sie helfen der Gruppe gern, als Thorin Eichenschild ihnen von seinen Plänen berichtet, versorgen sie mit Lebensmitteln und Ausrüstung und schicken sie rasch auf den Weg. Als die Gruppe bald darauf am geheimen Eingang des Bergs eintrifft, benutzt Thorin den Schlüssel, den sein Vater ihm gab. Jetzt wird es Zeit für Bilbo, seine Fähigkeiten als Meisterdieb unter Beweis zu stellen.

Lautlos kriecht er den dunklen, engen Gang hinter dem geheimen Tor hinab. Er mündet in eine riesige, mit einem Schatz angefüllte Höhle. Auf dem Schatz liegt laut schnarchend Smaug der Prächtige. Ängstlich schnappt der Hobbit sich den nächsten Gegenstand und eilt den Gang wieder hoch, um seinen Freunden einen wunderschönen goldenen Pokal zu zeigen.

Ihre Freude verwandelt sich jäh in Entsetzen, denn beim Erwachen bemerkt der Drache sofort, dass sein Pokal fehlt. Sie hören ihn brüllen und wissen, dass er bald aus seinem Versteck kommen und sie schutzlos an der Bergflanke vorfinden wird. Sie haben kaum noch Zeit, sich in Sicherheit zu bringen, als Smaug schon mit Flammen und lodernder Wut angreift, das geheime Tor zerstört und sie im Berg einsperrt.

Stundenlang kauert die Gruppe ängstlich in der Dunkelheit. Endlich beschließt Bilbo nachzusehen, ob der Drache sich nicht schon wieder am alten Platz aufhält. Er schleicht nach unten und findet Smaug wie beim ersten Mal auf seinem Stapel gestohlener Schätze liegen. Aber diesmal ist er wach und spürt den Hobbit, obwohl er ihn wegen des Zauberrings nicht sehen kann. Noch immer wütend, aber auch neugierig, will er herausfinden, wer die Dreistigkeit besitzt, ihn zu bestehlen. Er ist müde, weil er alle Ponys der Gruppe gefressen hat. Statt also den Hobbit anzugreifen, unterhält er sich mit ihm.

Bilbo erzählt Smaug prahlerisch und in rätselhaften Worten von seiner Reise zum Berg, sodass der Drache in ihm einen Seemenschen oder wenigstens einen Freund der Bewohner von Seestadt vermutet. Er erhebt sich, um dem Eindringling seine mächtigen Klauen und den Schuppenpanzer zu zeigen. Bilbo bemerkt eine verwundbare Stelle, von der Smaug nichts weiß. Eine Schuppe fehlt, sodass er eine kahle Stelle gleich über dem Herzen aufweist. Aber nun ist der Drache wütend auf Bilbo. Er jagt den kleinen Hobbit mit einem Feuerstrahl aus seinen Nüstern wieder den Gang hinauf und fliegt davon, um die Stadt Esgaroth auf dem Langen See zu bestrafen.

Die Zwerge verbergen sich viele Stunden, ohne dass der Drache zurückkommt, und langsam werden sie wieder wagemutig. Sie entzünden Fackeln, um sich einen Weg durch den Gang zu bahnen – hinunter zum Schatz. Bald stapften die Zwerge begeistert zwischen Gold, Silber und Juwelen umher wie Kinder durch einen Spielzugladen. Als Bilbos scharfe Augen weit hinten in der großen Höhle ein Glitzern entdecken, geht er hin und findet dort mitten in einem Haufen mit Schätzen den Arkenstein, das größte Juwel, das jemals im Berg gefunden wurde. Er weiß, dass Thorin es über alle Maßen begehrt, beschließt seinen Fund einstweilen aber geheim zu halten.

Smaug ist unterdessen von Rachegedanken beseelt wie ein Meteor auf Esgaroth hinabgefahren, hat die Stadt größtenteils zerstört und viele ihrer Bewohner getötet. Aber Bard der Bogenschütze, der von der verwundbaren Stelle dicht unter dem Herzen des Drachen erfahren hat, holt ihn mit seinem Schwarzen Pfeil vom Himmel und macht der Gefahr ein Ende.

Der Drache ist tot! Und während die Zwerge ihre alte Heimat unter dem Berg erforschen, marschieren Heere der Menschen vom Langen See und der Elben aus Düsterwald zum Berg, um einen Teil des Schatzes für sich zu fordern. Als sie dort eintreffen, weigert Thorin sich, etwas davon herauszugeben, und versperrt das Tor zu ihrem Reich. Und wieder einmal zeigt sich, dass Bilbo eine kluge Wahl als letztes Mitglied der Gruppe war. Um zu verhindern, dass die Zwerge eine Schlacht anfangen, die sie unmöglich gewinnen können, gibt er den Menschen und Elben den

Arkenstein. Aber Thorin weigert sich weiterhin, auch nur eine einzige Münze an die belagernden Armeen herauszurücken. Er weiß, dass sein Vetter Dain aus den Eisenbergen mit einer Heerschar Zwergenkrieger zu ihm unterwegs ist.

Die Armee der Zwerge nähert sich, und es sieht so aus, als ließe sich ein Krieg nicht vermeiden. Doch die Schlacht der drei Heere wird zu einer der vier Heere, als eine riesige Armee Orks aufmarschiert. Die Menschen, Elben und Zwerge verbünden sich rasch und wenden sich der neuen Bedrohung zu. Die Schlacht währt viele Stunden und läuft für die drei verbündeten Armeen nicht gut. Als alles verloren erscheint, greift eine fünfte Armee ein. Die Adler der Berge kommen herbei und retten die Situation, töten die meisten Orks und verjagen die wenigen Überlebenden.

Smaug ist tot und der König unter dem Berg endlich zurück. Aber es ist nicht Thorin Eichenschild, denn der wurde in diesem später als Schlacht der Fünf Heere bezeichneten Kampf getötet. Sein Vetter Dain nimmt statt seiner den Thron ein. Und Bilbo bekommt seinen gerechten Anteil am Schatz, nämlich so viel er tragen kann, und tritt den langen Heimweg nach Auenland an.

Nach vielen Wochen einer vergleichsweise ereignislosen Reise trifft Bilbo wieder in Begleitung von Gandalf in Hobbingen ein. Erstaunt stellen sie fest, dass die Bewohner der Stadt Bilbo für tot halten und gerade sein Haus und seine Besitztümer versteigern. Seine bekümmerten Verwandten, die Sackheim-Beutlins, sind alles andere als froh, ihre Annahme unbegründet zu sehen. Bilbos Haus wird wieder in Ordnung gebracht, der Hobbit lässt sich nieder und erfreut sich an Plaudereien mit Gandalf. Er schmaucht sein Pfeifchen und bläst selbstvergessen Rauchringe in die Luft.

Tolkien erfand die Geschichte vom Hobbit für seine Kinder und hatte anfangs nicht die Absicht, sie zu veröffentlichen. Es war schlicht und einfach eine Gutenachtgeschichte – und nicht die einzige, die er seinen Kindern erzählte. Aber es war wohl die beste, weshalb er sie auch zu Papier brachte. Dass er dabei Komponenten seiner Mythologie von Mittelerde mit einfließen ließ, an der er seit seiner frühesten Jugend arbeitete, scheint eher nebensächlich gewesen zu sein. Als Tolkien den Verlag George Allen & Unwin bei der Herausgabe einer Übersetzung des altenglischen Heldengedichts *Beowulf* beriet, las ein Redakteur das Manuskript und empfahl es zur Veröffentlichung. Tolkien hatte noch nicht einmal die letzten Kapitel geschrieben.

Nach dem Erscheinen des *Hobbit* im Jahr 1937 bat der Verlag Tolkien um eine Fortsetzung – und Tolkiens Kreativität führte ihn auf eine unerwartete Reise. Siebzehn Jahre dauerte es, bis der erste Teil des *Herr der Ringe* erschien, der einen völlig eigenständigen Charakter aufweist. Um den Zusammenhang zum *Hobbit* stärker herauszuarbeiten, nahm Tolkien in späteren Auflagen rückwirkend einige wesentliche Veränderungen an seinem ersten Roman vor.

In der Erstausgabe des *Hobbit* war Gollum noch bereit gewesen, seinen Ring zu wetten, als er Bilbo sein Rätsel stellte. Der reiselustige Hobbit sollte ihn geschenkt bekommen, wenn er gewann. Gollum war sogar verärgert, als er sein Versprechen nicht halten konnte, weil der Ring verloren gegangen war. Als Alternative zeigte er Bilbo den Weg nach draußen, und sie verabschiedeten sich freundlich voneinander und gingen getrennte Wege.

Auch der Ring veränderte seine Natur drastisch. Aus dem »praktischen Zaubergerät« wurde ein unwiderstehlicher Gegenstand der Macht, sodass das Verhalten Gollums, der ja im *Herr der Ringe* wieder auftaucht, jetzt unerklärlich und regelrecht unmöglich erschien. In der Rohfassung des Kapitels »Schatten der Vergangenheit« muss sich Gandalf noch einiges einfallen lassen, um das glaubwürdig erscheinen zu lassen. Tolkien löste das Problem schließlich dadurch, dass er das Kapitel in die heutige Form brachte, in der Gollum nicht mehr die geringste Absicht hat, den Ring herauszugeben, sondern Bilbo nur den Weg nach draußen zeigen will, wenn er verliert. Außerdem machte Tolkien diese Gestalt zu einem noch viel größeren Schurken, gequält und versklavt vom Herrscherring.

Damit existierten jetzt zwei Versionen der Episode. Tolkien machte das geschickt zum Bestandteil der Geschichte, indem er vorschlug, dass Bilbo beim ersten Mal – unter dem Einfluss des Rings – gelogen hatte, um seine Behauptung zu erhärten. Bilbo hatte diese Version in sein Tagebuch geschrieben, das Tolkien »übersetzte« und als *Hobbit* veröffentlichte. Daher der Irrtum in den frühen Ausgaben, der später »korrigiert« wurde. Diese neue Abfolge der Ereignisse innerhalb der Geschichte wird im Prolog des *Herr der Ringe* (»Vom Ringfund«) deutlich gemacht und anschließend für die restliche Geschichte als Voraussetzung genommen.

Der Hobbit, wie er heute vorliegt, passt erstaunlich gut in das neue Szenario, obwohl Tolkien aus nachvollziehbaren Gründen Bilbos Unaufrichtigkeit weglässt. Es wäre eine völlig unwesentliche Komplikation gewesen, die das Gesamtbild des Werks aus dem Gleichgewicht gebracht hätte.

Der Herr der Ringe

Die Geschichte beginnt sechzig Jahre nach den Ereignissen im *Hobbit* mit einem rauschenden Fest, dessen Anlass ein Doppelgeburtstag ist: Bilbo Beutlin wird »einundelfzig« und Frodo, seit zwölf Jahren sein Adoptivsohn, dreiunddreißig und damit »jährig«. Am Ende der Feierlichkeiten verabschiedet Bilbo sich von seinen Gästen und wird, getarnt durch einen Blitz, schlagartig unsichtbar. Er hinterlässt Frodo seinen goldenen Ring, der gewaltige Zauberkräfte besitzt.

Siebzehn Jahre später kommt der Zauberer Gandalf ins Auenland und berichtet Frodo, dass der Ring in seinem Besitz einst von

Sauron, dem Dunklen Herrscher, geschmiedet wurde, um die übrigen Ringe der Macht zu beherrschen. Sauron, wieder erstanden und zurückgekehrt ins Land Mordor, trachte jetzt danach, mit diesem Ring seine äußerste Macht wiederzuerlangen und alle Lande zum zweiten Mal in Finsternis zu hüllen. Frodo erkennt die schwere Bürde dieses Erbes und verlässt mit seinen Freunden, den Hobbits Sam Gamdschie, Pippin und Merry, das Auenland, um den Ring Saurons Zugriff zu entziehen. Doch unterwegs begegnen ihnen neun Reiter, große Gestalten auf schwarzen Pferden, die Gesichter von Kapuzen verhüllt. Es sind die »Ringgeister«, Saurons Diener, die bereits nach dem Ring suchen und sich an die Fersen der Freunde heften.

Der Tonfall des Buches wird allmählich bedrohlicher, während die Hobbits durch den Alten Wald ziehen. Als Merry und Pippin von einem Weidenbaum gefangen genommen werden, begegnen sie Tom Bombadil, der sie befreit und ihnen Obdach bietet. Nach zwei Übernachtungen ziehen sie weiter und erreichen dank Bombadils Hilfe den Ort Bree, wo sie auf Aragorn treffen, einen adligen Menschen, der dort als Waldläufer unter dem Namen Streicher bekannt ist. Streicher weiß um ihre Mission und bietet ihnen an, sie als ihr Führer in die Elbensiedlung Bruchtal zu bringen. Nur knapp entrinnen sie in Bree den Schwarzen Reitern. Als Frodo und seine Freunde auf dem Berg Wetterspitze übernachten, werden sie von den Schwarzen Reitern entdeckt, die Frodo mit einer verfluchten Waffe schwer verwunden. Dank dem Elben Glorfindel erreichen sie aber noch die Bruinenfurt vor Bruchtal. Gejagt von Saurons Dienern kann Frodo sie mit letzter Kraft durchqueren, während die Schwarzen Reiter von einer jähen Flutwelle erfasst werden.

In Bruchtal lebt der weise Halb-Elb Elrond, dem der Ernst der Lage sofort klar ist. Nachdem Frodo in seinem Haus gesund gepflegt wurde, beruft er eine Versammlung von Vertretern Mittelerdes ein, die über das Schicksal des Ringes entscheiden sollen. Auch Gandalf nimmt daran teil, der erst hier zu Frodo stoßen konnte und berichtet, er sei von Saruman gefangen gehalten worden, einem früheren Verbündeten der guten Mächte, der sich jetzt Sauron zugewandt habe. Der böse Ring muss vernichtet werden, und so erklärt Frodo sich bereit, ihn nach Mordor zu bringen und in den lodernden Schlund des Schicksalsbergs Orodruin zu werfen. Nach zwei Monaten des Aufenthalts bestimmt Elrond, wer den tapferen Frodo auf dieser Mission begleiten soll – außer den Hobbits noch der edle Aragorn, der Zwerg Gimli, der Elbenprinz Legolas, Boromir aus dem Land Gondor und der Zauberer Gandalf.

Unterwegs stellen sich den Gefährten schon bald viele Gefahren entgegen. Als sie den Gipfel des Caradhras überqueren wollen, werden sie durch Wölfe und Schneestürme zur Umkehr gezwungen. Sie wählen den Weg durch das unterirdische Zwergenreich Moria. Dort finden sie die Überreste des Zwergenfürsten Balin, müssen gegen Orks kämpfen und begegnen einem Balrog, dem Dämon eines früheren Zeitalters. Sie erleiden einen furchtbaren Rückschlag, als Gandalf scheinbar sein Leben verliert. Er stürzt im Kampf mit dem Balrog von einer Brücke, über die die anderen gerade noch mit knapper Not ins Freie gelangen. Erschüttert durch diesen Verlust erreichen sie das Elbenreich Lórien mit seiner schönen Herrin Galadriel und setzen ihre Reise nach einigen Tagen der Rast, von den Elben reich beschenkt, auf dem Großen Strom Anduin fort, der sie zur Insel Zinnenfels führt. Hier müssen sie sich entscheiden, welchen Weg sie weiter einschlagen wollen. Frodo erkennt, dass die Macht des Ringes schon Boromir in seine Gewalt gebracht hat, und setzt daraufhin seine Reise mit Sam allein fort.

Am Anfang von *Die zwei Türme*, dem mittleren Teil des *Herrn der Ringe*, steht Aragorns Suche nach Frodo, während auf die übrigen Gefährten ein Angriff von Orks erfolgt, bei dem Pippin und Merry gefangen genommen werden. Als Boromir in

Aragorns Armen an den Folgen ihrer Pfeilschüsse stirbt, beschließt Aragorn, den vermissten Frodo ziehen zu lassen und stattdessen die beiden Hobbits zu befreien. Er folgt den Orks mit Legolas und Gimli ins Land der Rohirrim, eines menschlichen Reitervolkes, während Merry und Pippin auf einem Gewaltmarsch gen Isengart geschleppt werden. Doch unterwegs werden die Orks von den Rohirrim angegriffen, wobei den Hobbits die Flucht gelingt und die Orkgruppe fast vollständig aufgerieben wird. Merry und Pippin verschlägt es zu den Ents, über vier Meter hohen Baumwesen, denen sie von den Geschehnissen berichten. Die Ents beschließen daraufhin, gegen Saruman und die Orks zu marschieren.

Auch Aragorn und seinen Begleitern Gimli und Legolas ist das Schicksal gewogen. Sie sind auf den tot geglaubten Gandalf getroffen, der dem Balrog nach zähem Ringen entkommen konnte. Als »der Weiße«, wie er seines Gewandes wegen fortan genannt wird, nimmt er nun einen höheren Rang unter den Zauberern auf Mittelerde ein. Gemeinsam suchen sie Théoden auf, den König von Rohan, überzeugen ihn, gegen Sarumans Truppen in den Krieg zu ziehen, und so kommt es an der Festung Helms Klamm zu einer gewaltigen Schlacht, in der die dunklen Heere nur durch das Eingreifen der Ents besiegt werden können. Aber Saruman ist noch frei, und so brechen Gandalf, Aragorn und Théoden zu seiner Festung auf. Dort angekommen, stellen sie fest, dass Isengart von den Ents schon weit gehend zerstört wurde und der böse Zauberer gefangen in seinem Turm sitzt. Es gibt ein freudiges Wiedersehen mit Merry und Pippin, und als Beute fällt der Gruppe ein Palantír in die Hände, eine uralte Kristallkugel. Durch sie hatte Saruman vom Dunklen Herrscher Sauron seine Anweisungen erhalten.

Zur selben Zeit machen Frodo und Sam sich über eine kleine, widerwärtige Kreatur Gedanken, die ihnen seit geraumer Zeit folgt. Sie trug den Ring, bevor Bilbo Beutlin ihn fand. Es ist

Gollum, einst ein Hobbit vom Stamm der Starren. In dem Gebirge Emyn Muil ergreifen die beiden Freunde ihn und nehmen ihm das Versprechen ab, sie bis an die Grenzen von Mordor zu führen. Zu dritt durchqueren sie die düsteren Totensümpfe und erreichen das Schwarze Tor von Mordor. Da es stark bewacht wird, folgen sie Gollum auf einem verborgenen Gebirgspfad zur Festung Cirith Ungol und begegnen unterwegs Faramir, Boromirs Bruder, einem Heerführer aus Gondor. Nach gemeinsamen Gefechten gegen eine Orkgruppe nimmt er die beiden Hobbits mit in sein verborgenes Quartier Henneth Annûn und versorgt sie mit Proviant.

Bald sind Frodo und Sam ausgeruht und gestärkt. Sie setzen ihre Reise nach Cirith Ungol fort, überwinden steile Felstreppen und gelangen schließlich in den Tunnel Torech Ungol, auch »Spinnenpass« genannt. Dort erwartet sie das Spinnenungeheuer Kankra, an das Gollum die Hobbits verraten hat. Es verfolgt die beiden und sticht Frodo schließlich mit seinem Giftstachel. Sam kann es zwar vertreiben, doch er hält seinen Freund für tot. Er nimmt gerade noch rechtzeitig den Ring an sich, bevor eine Orkpatrouille Frodo findet. Als Sam ihnen heimlich in ihren Wachturm folgt, wo sie seinen Freund in einen Kerker werfen, vernimmt er, was er eigentlich hätte wissen müssen: Frodo ist vom Spinnengift nur betäubt.

Im dritten Teil des Epos, *Die Wiederkehr des Königs*, tummeln sich alle Gefährten bis auf Frodo und Sam im Königreich Gondor. Gandalf sucht mit Pippin die Stadt Minas Tirith auf, die in großer Gefahr schwebt, da Saurons graue Truppen im Anzug sind. Auch Aragorn und seine Gruppe wollen Minas Tirith zu Hilfe eilen. Sie reiten Théoden und den Reitern von Rohan auf dem Pfad der Toten voraus, wobei Aragorn als künftiger König von Gondor auftritt und ein Heer von Totengeistern um sich schart. Mit ihrer Hilfe zerschlägt er jenen Teil von Saurons Truppen, der sich auf dem Wasserweg nähert.

In Minas Tirith tobt derweil schon eine gewaltige Schlacht. Denethor, der Statthalter, hat sich in seiner Verzweiflung umgebracht, und Gandalf entdeckt, dass es auch in dieser Stadt einen Palantír gibt, durch den Sauron wirken konnte. In letzter Minute eilen die Reiter Rohans der Stadt zu Hilfe, Théoden fällt im Kampf, Merry tötet den Anführer der Ringgeister und wird dabei zusammen mit Éowyn, der Tochter Théodens, verletzt. Das Schlachtenglück wendet sich erst für Gondor, als Aragorn sich mit weiteren Truppen an Bord von Schiffen nähert. Sodann heilt er Faramir, Merry und Éowyn und gibt sich damit als rechtmäßiger König von Gondor zu erkennen. Dann, nach kurzer Rast, bricht er mit Gandalf, den anderen Gefährten und dem Rest des Heeres nach Mordor auf. Sie hoffen, dadurch Saurons Aufmerksamkeit auf ihr kleines Heer zu ziehen und von Frodos Marsch zum Schicksalsberg abzulenken. Doch vor Saurons Schwarzen Toren zeigt ihnen ein Gesandter hohnlachend Frodos Kleidung. Als gleich darauf der Angriff auf sie eröffnet wird, stürzen sie sich verzagt und hoffnungslos in den Kampf gegen einen übermächtigen Feind.

Sie ahnen nicht, dass noch nichts verloren ist. Im Turm von Cirith Ungol ist unter den wachhabenden Orks nämlich ein Streit um Frodos kostbares Kettenhemd entbrannt. Sam nutzt die Gunst des Augenblicks, um seinen Freund zu befreien. Die beiden setzen ihren Marsch fort und trotzen tapfer Durst, Hunger und allen Gefahren durch die Orks. Sie sind erschöpft und besonders Frodo leidet schwer unter der Last des Ringes. Als sie den Schicksalsberg erreichen, muss Sam Frodo sogar das letzte Stück Wegs auf dem Rücken schleppen.

Am Schlund des Orodruin erliegt Frodo der letzten und größten Versuchung. Er streift sich den Ring über, um durch ihn selbst Macht zu gewinnen. Da stürzt sich der verzweifelte Gollum auf ihn, der den Ring für sich beansprucht, und setzt sich in seinen Besitz, indem er Frodo einen Finger abbeißt. Aber in seinem

Freudentaumel stürzt Gollum in die schwarze Tiefe des Schicksalsberges, so dass Frodos Auftrag sich schließlich doch noch erfüllt: Der Ring wird vernichtet!

Unverzüglich geraten Saurons Truppen ins Wanken und das Reich des Dunklen Herrschers zerbricht. Aragorn tritt seine Herrschaft als König an und stellt das Reich der Menschen wieder her, und die Hobbits kehren ins Auenland zurück. Aber dort hat der aus Isengart entkommene Saruman inzwischen ein Schreckensregime errichtet. Unter Merrys und Pippins Führung befreien sich auch die tapferen Hobbits von der Übermacht des Bösen und Saruman findet sein verdientes Ende. Das Auenland wird wieder aufgebaut, Sam heiratet seine Jugendliebe Rosie und Frodo verfasst eine Chronik der Ereignisse, die als das »Rote Buch« in die Geschichte von Mittelerde eingeht.

Alles wäre nun gut, wenn Frodo nicht düstere Erinnerungen heimsuchen würden und kränkeln ließen. Und so reitet er an seinem Geburtstag mit Sam nach Bruchtal, um Bilbo wiederzusehen – der ihm in Begleitung vieler Elbenfürsten schon unterwegs begegnet. Frodo wird klar, dass er als Ringträger Wunden davongetragen hat und im Auenland keinen Frieden mehr finden kann. Er setzt seinen treuen Freund Sam als Erben ein und zieht mit den Elben, die Mittelerde verlassen, nach Westen übers Meer in die Unsterblichen Lande.

Es sei angemerkt, dass bei dieser Zusammenfassung lediglich der Haupthandlungsfaden verfolgt werden konnte. So nachvollziehbar die episodisch reihende Erzählstruktur in *Herr der Ringe* auch ist, versteht es Tolkien doch, eine Fülle von Details über die Eigenarten der verschiedenen Völker und Lebewesen Mittelerdes, ihre Geschichte, Kultur und Sprache so mit der Erzählung zu verweben, dass sich dem Leser immer neue fantastische Welten erschließen. Die Helden handeln dabei nicht so sehr auf Grund subjektiver Entscheidungen, sondern eher von äußeren Anlässen getrieben, die sich letztlich als Vorsehung erweisen, über die ein höheres Wesen bestimmt, nämlich der Dunkle Herrscher Sauron. Er ist der »Herr der Ringe« und hat den einen Zauberring erschaffen, der ihm Macht über alle Mächtigen verleiht.

Als Tolkien mit der Niederschrift des Romans begann, glaubte er noch, eine Fortsetzung zum *Hobbit* zu schreiben. Aber im Laufe der siebzehn Jahre, die er an dem Manuskript arbeitete, entwickelte es sich zu etwas, was nichts mehr mit dem Kinderbuch gemein hatte, das sein Verleger erwartete. Die ersten Kapitel weisen noch das Ambiente einer Erzählung für Kinder auf. Mit dem Auftritt der Schwarzen Reiter und Gandalfs geschichtlichen Darlegungen über Mittelerde und den Ring setzt jedoch ein erhabenerer Tonfall und eine düsterere Stimmung ein, obwohl weniger ernsthafte Elemente wie die Figur des Tom Bombadil ihren Stellenwert behalten. Man vergleiche nur das vorletzte Kapitel des Romans, »Die Säuberung des Auenlandes«, mit dem Einstiegskapitel »Ein langerwartetes Fest«.

Sicher hing das auch mit Tolkiens Arbeitsmethode zusammen. Wie sein Biograf Humphrey Carpenter nachzeichnet, schrieb Tolkien ohne vorweg überlegten Plan. Er begann dort, wo der *Hobbit* geendet hatte, im Auenland, und zunächst sah es so aus, als variiere er nur den unvorhergesehenen Aufbruch und die Abenteuer Bilbo Beutlins, ergänzt um die seines Neffen Frodo. Erst nach einem halben Jahr, als Tolkien sich über die Funktion des Ringmotivs klar geworden war, entwickelte er einen gedanklichen Rahmen, den des Herrscherrings. Damit war auch der Titel des Romans gefunden und zugleich der Rahmen einer Kindergeschichte weit überschritten, denn anders als im *Hobbit* münden die Ereignisse im *Herr der Ringe* in einen grausamen Krieg, der die gesamte Mittelerde zu verderben droht.

Seltamerweise fügte Tolkien bei seinen Überarbeitungen zwar neue Details hinzu, änderte aber nie den Tonfall des ersten Teils. Er behauptete, die sprachlichen und atmosphärischen Veränderungen seien Absicht und sollten die sich verändernde Wahrnehmungsweise der Hobbits zum Ausdruck bringen. Aber man darf bezweifeln, dass Tolkien schon bei der Niederschrift an eine sich ändernde Erzählperspektive dachte.

Vielleicht liegt der wahre Grund darin, dass *Der Hobbit* lange nach dem Ersten Weltkrieg entstanden war und auf Tolkiens Beschäftigung mit seinen Kindern beruhte, während *Der Herr der Ringe* nach dem Zweiten Weltkrieg geschrieben wurde, dessen Schrecken dem Autor noch frisch vor Augen standen. Die zentrale Figur Sauron lässt darauf schließen. Sie ist nicht nur ein christliches Teufelssymbol, sondern auch der Inbegriff eines Gewaltherrschers. Und der Roman erzählt von der gefährlichen Ausbreitung einer wiedererstarkten schattenhaften Macht, des personifizierten Ur-Bösen, nie fassbar, nie sichtbar, die aber ganz Mittelerde zu beherrschen trachtet.

Wie der Tolkien-Übersetzer Wolfgang Krege in seinem *Handbuch der Weisen von Mittelerde* erklärt, war Frodo »in zweifacher Hinsicht eine Verlegensheitsfigur, ein Ersatzmann: zum einen für Bilbo, der als Held weiterer Abenteuer mit dem Ring, die sich nun in ganz andere (literarische) Sphären erheben sollten, ungeeignet erschien; zum andern für die Weisen und Mächtigen von Mittelerde, die selbstkritisch genug waren, den Ring nicht für sich haben zu wollen. Frodo ist daher eine weniger scharf umrissene Figur als Bilbo, aber nachdenklicher, widersprüchlicher, offener für Stimmungen, Träume, Vorahnungen und Eingebungen: fast wie ein moderner Romanheld. Wäre Sam Gandschie nicht bei ihm, könnte man oft vergessen, dass er ein Hobbit ist.«

Als Tolkien das Manuskript von *Herr der Ringe* seinem Verleger präsentierte, war es so umfangreich, dass Raynor Unwin beschloss, es in drei Bände aufzuteilen, die je zwei der sechs »Bücher« enthielten. Er war der Meinung, einen einzigen dicken Band herauszubringen, sei zu riskant, da man sich auch bei kleinster Auflage nicht sicher sein konnte, dass er sich genügend verkaufe. Außerdem streute er das Erscheinen der Bände über drei Jahre, damit ein eventueller hoher Verlust nicht auf einmal eintrete. Und da bei einer Fortsetzungsreihe der Verkauf pro Band erfahrungsgemäß abnimmt, plante er für jede weitere Folge eine geringere Auflagenhöhe ein.

Tolkien war ursprünglich dagegen gewesen, den *Herr der Ringe* in drei Bänden herauszubringen. Seiner Meinung nach war es ein geschlossenes Werk und sollte auch als solches veröffentlicht werden. Aber da das finanzielle Risiko auf Seiten des Verlags lag, fügte er sich Unwins Entscheidung. Das Äußerste, was er jemals an Klage verlauten ließ, war einem amerikanischen Journalisten gegenüber: »Es ist natürlich keine Trilogie. Das war ein Kunstgriff des Verlegers.«

Allerdings sollte sich Unwins Vorsicht als grundlos erweisen. Die erste Auflage war schnell ausverkauft und wurde zu einem gesuchten Sammlerstück. Im Laufe der Jahre erschienen unzählige Neuauflagen, limitierte Auflagen, Ausgaben auf Indiapapier, Paperbacks, einbändige Ausgaben, Prachtausgaben im Schuber, Ausgaben in Kassette und mehrbändige Ausgaben, die den *Hobbit* und später auch noch andere Werke über Mittelerde mit einschlossen. Mit Verkäufen in fast jedes Land der Welt ist *Der Herr der Ringe* wahrlich eines der größten Werke des 20. Jahrhunderts. Er wurde zu einem der wichtigsten Bücher, die Lehrer und Bibliothekare heute regelmäßig Jugendlichen empfehlen, um sie zur Erwachsenenliteratur zu bringen.

Dabei hatte Tolkien sich eigentlich als Märchenerzähler verstanden, der es für lebensnotwendig hielt, immer wieder aus der bedrückenden Alltagswirklichkeit in die Weite fantastischer Welten zu entfliehen. Eine Flucht, die er nicht als Eskapismus verstand, sondern – wie man seinem Vortrag »Über Märchen« entnehmen kann – als »Ausbruch des Gefangenen« aus dem Gefängnis. Seine Chronik von Mittelerde ist der Versuch, die als zerrissen und bedrohlich empfundene Realität literarisch zu überschreiten.

Der Anglist Karl W. Bauer erklärte einmal in einem Porträt des Autors: »Die Konstruktion einer Vorgeschichte ermöglichte Tolkien die Imagination einer sicheren Einbindung in ein historischkontinuierliches Weltganzes, was ihm außerhalb von Literatur nicht mehr erreichbar schien. Es war eine romantische Grundhaltung, die den Philologen Tolkien zum Schreiben drängte.«

Sie könnte auch ein zentrales Motiv seiner unzähligen Leser sein, sich auf sein Werk einzulassen.

Das Silmarillion

Tolkiens zu Lebzeiten erschienene Romane *Hobbit* und *Herr der Ringe* werden für gewöhnlich als seine Hauptwerke angesehen. In Ersterem dient Bilbo als Bindeglied zwischen modernen Zeiten und der archaischen Welt der Zwerge und Drachen, in Letzterem spielen Frodo und seine Gefährten im Auenland eine ähnliche Rolle, obwohl die Welt, in die sie hinausziehen, erheblich mythischer angelegt ist. Außerhalb dieser beiden Werke sind bei Tolkien keine Hobbits anzutreffen.

Das Silmarillion erzählt von den Ereignissen des Ersten Zeitalters der Welt, jener fernen Epoche von Mittelerde, auf welche die Helden des *Herr der Ringe* immer wieder mit Ehrfurcht zurückblicken. Es erzählt von der Erschaffung der Welt und davon, welche Absichten der eine Gott verfolgte, dem Melkor, der Dunkle Herrscher, sich entgegenstellte, und wie der Eine trotzdem aus dem Bösen das Gute hervorbrachte. In dieser Welt wurden zuerst die Elben erschaffen, dann Menschen, Zwerge und Ents, während Melkor die Schöpfung entstellte und Orks, Trolle und andere Wesen wie Drachen schuf. Elben und Menschen kämpften wegen der Silmaril, die er gestohlen hatte, gegen Melkor, der später Morgoth hieß, doch Morgoths rechte Hand Sauron brachte weiteres Verhängnis über Mittelerde, besonders den Untergang Númenors, der

Insel, die die Valar den Menschen als Belohnung dafür geschenkt hatten, dass sie gegen Morgoth kämpften.

Das Silmarillion hatte seine sechzig Jahre lange Reifezeit 1914 begonnen, lange vor dem *Hobbit*, kurz bevor Tolkien in den Ersten Weltkrieg zog. In einen an seinen Sohn Christopher gerichteten Brief erklärte er dreißig Jahre später, während des Zweiten Weltkriegs: »Mit dem Schreiben begann ich erstmals in überfüllten Armee-Baracken, inmitten von Grammophonlärm.« Aber schon 1929 war sein Werk über das Erste Zeitalter in den Grundzügen abgeschlossen, obwohl der Titel *Silmarillion* erstmals 1938 auftaucht, als er seinem Verleger Raynor Unwin ein Nachfolgeprojekt zum *Hobbit* anbot. Es wurde jedoch erst 1977 veröffentlicht, vier Jahre nach Tolkiens Tod.

Christopher Tolkien berichtet, dass das *Silmarillion* sich beim Tod seines Vaters in einem Zustand der Unordnung befand: »Die früheren Teile waren stark überarbeitet oder größenteils neu geschrieben worden, die Schlussteile waren noch so, wie er sie etwa zwanzig Jahre zuvor hatte liegen lassen; doch in der letzten Niederschrift gibt es keinen Hinweis auf einen ›Plan‹ oder ›Rahmen‹, in den das Ganze eingebetet werden sollte.« Sein Sohn verbrachte mehrere Jahre damit, die Notizbücher und Schriften zu sichten und zu einem geschlossenen Werk zu vereinen. Alles wurde so ausgewählt und angeordnet, dass eine möglichst zusammenhängende Geschichte herauskam.

Das Ergebnis ist eine Anzahl Erzählungen, so unterschiedlich in Tonfall und Perspektive, dass der flüchtige Tolkien-Leser sie erheblich schwieriger finden wird als den *Hobbit* oder den *Herr der Ringe*, die aber nichtsdestotrotz eine ebenso große Leistung wie sein übriges Hauptwerk darstellen.

Die umfangreiche Kerngruppe heißt »Quenta Silmarillion« (Die Geschichte von den Silmaril) und bildet auch den Hauptteil des Buchs. Sie berichtet von der Herstellung der drei großen Juwelen, von deren Raub durch den Schwarzen Feind Morgoth und von den Kriegszügen, in denen die Elben sie wiederzuerlangen versuchen. Das geschieht in Form zahlreicher genealogischer Berichte, unter denen besonders die ältesten hervorstechen: »Von Beren und Lúthien«, »Von Túrin Turambar« und »Von Tuor und dem Fall von Gondolin«. Daneben enthält das *Silmarillion* noch vier kürzere Erzählungen: In der »Ainulindale« und der »Valaquenta« wird auf archaisierende, oft an die Bibel erinnernde Weise die Erschaffung der Welt und ihrer hierarchisch gegliederten Bewohner und besonders die Entstehung des Bösen erzählt, während in der Erzählung »Akallabêth« der Stoff der »Quenta Silmarillion« variiert wird. Hatte Tolkien dort vom Untergang der sündhaft überheblichen Noldor-Elben berichtet, so geht es hier um den Zerfall des menschlichen Volkes der Númenórer. Der letzte Teil des Buchs, »Von den Ringen der Macht«, bringt eine Zusammenfassung der Ereignisse, die im *Hobbit* und in *Herr der Ringe* detailliert ausgebreitet wurden. Sie wurde erst nach Fertigstellung der beiden Romane ins *Silmarillion* aufgenommen und soll den großen inneren Zusammenhang der Chronik von Mittelerde unterstreichen.

Als Tolkien den *Hobbit* schrieb, zehrte er von dieser Mythologie und siedelte seine Geschichte in einer späteren Zeit derselben Welt an. Dann begann er, als er die »Fortsetzung« *Herr der Ringe* schrieb, immer mehr Verbindungen zum *Silmarillion* herzustellen. Er hatte schon gesagt, dass Bilbos Schwert in Gondolin entstanden war, einer Elbenstadt, die gegen Morgoth Krieg führte. Nun stellte er fest, dass Bilbos Zauberring von Sauron angefertigt worden war und es sich um den Herrscherring handelte, der alle anderen regierte, und Sauron niemand anderer als der Nekromant war, jener Zauberer, den Gandalf im *Hobbit* besiegt hatte.

Das *Silmarillion* bietet eine detaillierte Schilderung der Geschichte der Ältesten Zeit oder des Ersten Zeitalters. Es ist eine Allegorie der Habgier und enthält die Göttersagen und Heldengeschichten von Mittelerde. Es handelt sich um jene »Bücher des Wissens«, die Bilbo in der ersten Ausgabe des *Herr der Ringe* Frodo als Abschiedsgeschenk gab, »ein Werk von großer Sachkenntnis und Gelehrsamkeit«.

Tolkien sah das *Silmarillion* als eine Sammlung an, als ein Kompendium von Erzählungen, das viel später aus höchst unterschiedlichen Quellen, welche die Zeitalter überdauert hatten – Gedichten, Geschichtswerken, mündlichen Berichten –, zusammengestellt worden war. Er arbeitete die meiste Zeit seines Lebens daran. Er hatte mit der Niederschrift während eines blutigen Kriegs begonnen, das Werk in einer wissenschaftlichen Umgebung reifen lassen und beschäftigte sich damit bis ins hohe Alter, bevor er es als unvollendbar zur Seite legte.

Im Grunde handelt es sich um den Versuch, ein Werk im klassischen Stil der alten nordischen Sagas zu schreiben. Es ist ein Heldenepos, erstaunlich reich und fantasievoll, vergleichbar mit Sagas wie *Beowulf* oder der *Älteren Edda*. Sprache und Stil legen die Vermutung nahe, dass Tolkien sich wohl vorgestellt hatte, seine gewaltige Mythologie müsse laut vorgetragen werden – von einem Geschichtenerzähler an einem prasselnden Jütfeuer oder auf einer Waldlichtung.

DIE ABENTEUER DES TOM BOMBADIL

Unter den vielen Geschichten, die Tolkien zur Belustigung seiner Kinder erzählte, war auch die von Tom Bombadil. Ihre Niederschrift kam über wenige Zeilen nicht hinaus. Sie spielte »in den Tagen des Königs Bonhedig«, und ihr Held war einer der ältesten Einwohner des Königreichs, »ein reger und rüstiger Bursche. Vier Fuß groß war er in Stiefeln und drei Fuß breit. Er trug einen spitzen Hut mit einer blauen Feder, seine Jacke war blau, und seine Schuhe waren gelb.«

Im Haushalt der Tolkiens gab es eine holländische Puppe dieses

Namens, die seinem Sohn Michael gehörte. Mit der Feder am Hut sah sie ganz prächtig aus, doch sein Bruder John konnte sie nicht leiden und versuchte sie eines Tages durchs WC zu spülen. Tom wurde gerettet und von Tolkien zum Helden eines Gedichts gemacht, das 1934 im *Oxford Magazine* erschien. »The Adventures of Tom Bombadil« erzählt von Toms Begegnungen mit Goldbeere, der Tochter der Flussfrau, einem alten Weidenmann, einer Dachsfamilie und einem Grabunhold.

Als Tolkien nach dem Erscheinen des *Hobbit* über einen Folgeband nachdachte, kam ihm Tom Bombadil wieder in den Sinn. Er schlug dem Verlag vor, das Gedicht zu einer Geschichte zu erweitern. Tom sollte den Geist der verschwindenden Landschaft um Oxford und Berkshire darstellen. Stattdessen fanden Tom und seine Abenteuer schließlich ihren Weg in den *Herr der Ringe*. Dazu musste nur wenig an ihm verändert werden – aus der Pfauenfeder an seinem Hut wurde ein Schwanenflügel, da es Pfauen in Mittelerde nicht gibt.

Viele Leser halten Tom Bombadils Anwesenheit im ersten Teil des *Herr der Ringe* für eine unnötige Störung der Erzählung, auf die man ohne weiteres verzichten könnte. Tolkien war sich dieses Eindrucks bewusst und stimmte teilweise zu. In einem Brief von 1954 schrieb er jedoch: »Ein paar Rätsel muss es immer geben, sogar in einem mythischen Zeitalter. Tom Bombadil ist eines (absichtsgemäß).«

Im Jahr 1961 wandte Tolkiens Tante Jane Neave, zu der Zeit neunzig Jahre alt, sich mit dem Vorschlag an ihn, »ob Du nicht ein kleines Buch mit Tom Bombadil im Mittelpunkt herausbringen könntest«. Die Idee gefiel ihrem Neffen, obwohl er keine Lust hatte, noch mehr über ihn zu schreiben – möglicherweise auf Grund der Reaktion seines Verlages einige Jahre zuvor. Also griff er zu seinem Lieblingstrick und gab einen Gedichtband heraus, der dem Vorwort nach von Hobbits zusammengestellt wurde und lustige, alberne, aber auch traurige und sentimentale Beiträge enthält. Sie stehen durch Ereignisse, Personen oder Orte in loser Verbindung zum *Herr der Ringe*.

Da nur die ersten beiden Gedichte etwas mit dem munteren Naturgeist zu tun haben, wählte er den Titel *Die Abenteuer des Tom Bombadil und andere Gedichte aus dem Roten Buch*. Drei davon sind wörtlich dem Epos entnommen: »Der Mann im Mond kam viel zu früh«, gesungen von Frodo im Gasthaus von Bree, Sams »Steintroll«, gesungen, um seine Gefährten auf dem langen Weg nach Bruchtal aufzuheitern, und Sams »Olifant«, rezitiert, als er so eine Bestie zum ersten Mal in der Schlacht im Tal von Ithilien mit eigenen Augen sieht. Tolkien wählte die Gedichte vermutlich ihrer albernen Nonsens-Reime wegen aus, die so gut zum Tonfall seiner Sammlung passten.

»Irrfahrt«, das dritte Poem in dem Bändchen, bezieht sich auf ganz andere Weise auf den *Herr der Ringe*. Es ist eine Parodie. Tolkien weist im Vorwort selbst darauf hin, dass die Reimform mit der identisch ist, die Bilbo benutzte, als er Frodo in Bruchtal die Saga des Helden Earendil vorsang. Inhaltlich handelt es sich um die ziellosen Wanderungen eines Fahrensmannes, den seine wunderbaren Abenteuer so sehr auslaugen, dass er nach der Heimkehr nur durch Vergessen wieder zu Kräften kommt.

»Schattenbraut« ist eine kleine Geschichte über einen verzauberten Mann ohne Schatten, der einer Dame begegnet, die ihren Schatten um ihn legt, während »Die Muhlipps« den Leser vor merkwürdigen Geschöpfen warnt, die man nicht aufsuchen sollte, weil sie einen sonst auffressen.

Gegen Ende der Sammlung werden die Gedichte immer düsterer. »Der Hort« könnte zum Beispiel die Variante einer traurigen númenorischen Erzählung aus dem Ersten Zeitalter über den Menschen Túrin und den Zwerg Mîm sein. »Muschelklang« ist ein Gedicht über die Einsamkeit eines Menschen, der weder mit seinesgleichen noch mit den Feengestalten leben kann, die seiner Fantasie entspringen.

Das schmale Bändchen enthält noch einige weitere Gedichte, die ein wahrer Lesespaß sind und allen Fans der Hobbits interessante neue Eindrücke vermitteln.

NACHRICHTEN AUS MITTELERDE

Dieses Buch ist das erste einer Reihe von Büchern, die so niemals von Tolkien geplant gewesen waren. Es handelt sich um eine Sammlung von Texten aus seinen letzten fünfundzwanzig Lebensjahren, unterschiedlich in Form, Intention, Ausführung und Entstehungszeit, die Númenor und Mittelerde zum Gegenstand haben. Sie wurden auf Grund des Interesses der Öffentlichkeit von Christopher Tolkien aus dem verstreuten Nachlass seines Vaters zusammengestellt und sind zu einem großen Teil Ausarbeitungen von Themen, die anderswo kürzer behandelt oder zumindest angerissen wurden. Die Erzählungen umspannen alle drei Zeitalter der Welt und sind sämtlich unvollendet, wenn auch in unterschiedlichem Maße.

Das Buch gliedert sich in vier Teile, die nach den verschiedenen Zeitaltern geordnet sind. Herausragenden Stellenwert hat dabei gleich die erste Erzählung im ersten Teil, die der Herausgeber auf das Jahr 1951 datiert. »Von Tuor und seiner Ankunft in Gondolin« besitzt den klaren, ernsthaften Stil der später entstandenen Texte im *Silmarillion*, zuweilen aber auch eine traumhafte Intensität und Rätselhaftigkeit, die dem Sammelband ansonsten fehlt. Tuors Reisen führen ihn erst zum Großen Meer und dann zu der verborgenen Stadt und dem letzten Bollwerk der Elben mit seinen sieben Toren, die alle eindrucksvoll geschildert werden. »Narn I Hîn Húrin«, die Geschichte von den Kindern Húrins, wurde vom Herausgeber aus Fragmenten, die stellenweise nur Entwürfe für eine mögliche Weiterführung waren, zu einer zusammenhängenden Erzählung kompiliert.

Teil zwei des Buches umfasst vier Texte über die Insel Númenor, von der auch eine Karte enthalten ist, nach einer flüchtigen Skizze Tolkiens entstanden. Den Anfang macht eine Beschreibung des versunkenen Königreichs, die schon 1965 existierte und vermutlich lange davor geschrieben wurde, gefolgt von »Aldarion und Arendis«, neben der »Akallabêth« die einzige Geschichte, die aus den langen Zeitaltern Númenors überdauerte, und genealogischen Auflistungen der Könige von Númenor. Den Abschluss bildet die essayistisch angelegte »Geschichte von Galadriel und Celeborn«, die inhaltlich eng mit anderen Sagen und Historien des Zweiten Zeitalters verwoben ist – wie Lothlórien und die Waldelben, Amroth und Nimrodel, Celebrimbor, der die drei Elbenringe schmiedete, dem Krieg gegen Sauron und dem Eingreifen der Númenórer.

Der dritte Teil setzt sich vorwiegend aus Fragmenten und Varianten zusammen, die sich auf den *Herr der Ringe* beziehen. »Das Verhängnis auf den Schwertelfeldern« ist darunter die einzige abgeschlossene Erzählung. Sie wird durch das Erzählfragment »Cirion und Eorl und die Freundschaft zwischen Gondor und Rohan« ergänzt, die einen weiteren Baustein zu einer ausführlichen Geschichte Gondors und Rohans darstellt, für die Tolkien sich nach der Niederschrift des *Herr der Ringe* besonders interessierte. Es folgen Gandalfs Schilderung der Reise zum Einsamen Berg, ein Bericht über die Beweggründe des Auftauchens der Schwarzen Reiter im Auenland und einer über die Schlacht an den Furten des Isen.

Den Abschluss des Buchs bilden im vierten Teil essayistische Darlegungen über die Wilden Männer des Drúedain-Waldes, die Istari und die Palantíri genannten alten Kristallkugeln sowie eine ausfaltbare Karte Mittelerdes, die alle wichtigen in diesem Buch genannten Ortsnamen enthält.

Brian Rosebury von der Universität Lancashire schreibt in seinem Buch *Tolkien: A Critical Assessment*: »Die verstreuten

Texte in Nachrichten aus Mittelerde sind von unterschiedlicher Qualität. Mehrere sind Kommentare zu Handlungselementen im *Hobbit* und in *Herr der Ringe*, gegen die gelegentlich eingewendet werden kann, dass sie die ursprüngliche Geschichte, die so durchaus annehmbar ist, lediglich auf pedantische Weise erklären und verdeutlichen. Der Leser von *Herr der Ringe* braucht zum Beispiel keine Erklärung, warum Saurons Schwarze Reiter gerade zu diesem Zeitpunkt im Auenland auftauchen. Es genügt zu wissen, dass die Verfolger aus Mordor früher oder später auftauchen müssen – zumal der Eindruck, dass die Mächte des Bösen nach dem Auenland greifen, aus großer Entfernung und mit einer Geschwindigkeit, die nicht vorhersagbar ist, getrieben von einem böswilligen Geist, dessen Wissen und Absichten teilweise unbekannt sind, wesentlich ist für die literarische Wirkung.«

Wie Christopher Tolkien in der Einleitung zu *Nachrichten aus Mittelerde* freimütig bekennt, erläutern die versammelten Texte Aspekte der Geschichte Mittelerdes und der Motivationen einzelner Charaktere. Sie wurden aus dem Wunsch heraus zusammengestellt, alte Bekannte aus dem Hauptwerk noch einmal zu erleben und Details über Hintergründe zu erfahren. Tolkiens unzählige Fans werden das 1980 bei der Veröffentlichung des Buchs ebenso empfunden haben. Auch auf den heutigen Leser übt der nahezu intime Blick darauf, wie Tolkien mit seiner Fantasywelt umging und sie im Laufe der Jahre entwickelte, noch immer einen eigentümlichen Reiz aus.

Das Buch der verschollenen Geschichten

Es begann mit einer Kladde, auf der »The Book of Lost Tales« stand, und zerschlissenen Notizbüchern, die eine Vielzahl von Geschichten, linguistischen, historischen und philosophischen

Skizzen enthielten. Mit ihrer Niederschrift hatte Tolkien 1916/17 während des Ersten Weltkriegs begonnen, als er 25 Jahre alt war. Zehn Jahre später verfasste er noch einmal eine kurze Übersicht seiner so zusammengetragenen Mythologie und brach die Arbeit an diesem Projekt ab, um mehrere seiner Erzählungen zu Stabreimgedichten umzuschreiben. Das gesamte Prosamaterial ging in jene Fassung des *Silmarillion* ein, die sich Ende 1937 der Vollendung näherte, bevor Tolkien es als möglichen Folgeband zum *Hobbit* beim Verlag Allen & Unwin einreichte.

Die *Verschollenen Geschichten* sind Tolkiens erstes großes fantastisches Werk und stehen am Anfang des Konzepts von Mittelerde und Valinor, dem Unsterblichen Land. Eingebettet in eine Rahmenhandlung um einen Seefahrer werden zehn Geschichten aus der Frühzeit Mittelerdes erzählt, im zweiten Band noch einmal sieben weitere. Jeder Geschichte folgt ein Kommentar in Form eines Essays, der Wortlaut von Gedichten, die damit in Zusammenhang stehen, und Informationen über Namen und Vokabular der Elbensprachen. Es sind großartige Geschichten, farbig und kraftvoll, dem *Herr der Ringe* näher als dem *Silmarillion* mit seiner archaischen Sprache.

Tolkien hatte nicht alle Erzählungen fortlaufend geschrieben, sondern während der Entstehung des Werks eine neue Anordnung vorgenommen. »Der Fall von Gondolin« war die erste und »Die Geschichte von Tinúviel« die zweite, doch die Ereignisse finden gegen Ende der Ältesten Tage statt und die Texte wurden mehrfach überarbeitet, bei anderen gab es nur vorläufige Entwürfe, oder sogar nur Notizen und Pläne. Die *Verschollenen Geschichten* erhielten zu Tolkiens Lebzeiten nie eine Gestalt, die eine Veröffentlichung ermöglicht hätte.

Nach dem Tod des Autors begann sein Sohn Christopher das Material zu sichten und die Geschichten in der chronologischen Abfolge ihrer Ereignisse anzuordnen, so getreu wie möglich nach den Originalmanuskripten. Er schildert, dass sie experimentell und provisorisch waren, mit teilweise winziger Bleistiftschrift in Notizbücher und auf einzelne Blätter gekritzelt, darunter Formblätter des englischen Militärs.

In diesen siebzehn Texten wird deutlich, dass Tolkien schon seit seiner frühesten Jugend an einem einheitlichen Korpus von Mythen und Legenden arbeitete. Seine mythische Weltgeschichte, die im *Silmarillion* schließlich ihre klarste Form annimmt, bildet den Hintergrund für alle in Mittelerde angesiedelten Werke – vom *Hobbit* bis zu *Tom Bombadil*.

Mittelerde hat eine »unendliche Geschichte«, die weit über den Tod ihres Erfinders hinaus ihre Wirkung entfaltet. Der Grund ist das anhaltende Interesse an Tolkiens Werk, das sich in hohen Auflagenzahlen all seiner Bücher niederschlägt. Es führte nicht nur zur Herausgabe des *Silmarillion*, der *Nachrichten aus Mittelerde* und schließlich der *Verschollenen Geschichten* aus den Jahren 1983/84. Letzteres Werk, aus Umfanggründen in zwei Bänden vorgelegt, bildete gleichzeitig den Anfang einer groß angelegten, komplexen Studie, die bis 1997 unter dem Titel *History of Middle-earth* in zwölf dickleibigen Büchern erschien.

Sie enthalten Gedichte und Prosa, Karten und Chronologien, Irrungen und Wirrungen während der Niederschrift – Unmengen Archivmaterial, das Tolkien bei der Erschaffung seiner Welt verwendete, eine Fundgrube für jeden, der sich eingehender mit Mittelerde beschäftigen will. Sie wurden von Christopher Tolkien aus dem Nachlass seines Vaters herausgegeben und sehr sorgfältig mit Anmerkungen versehen.

Die Titel der zehn noch nicht auf Deutsch vorliegenden Bände lauten: *The Lays of Beleriand, The Shaping of Middle-earth, The Lost Road and Other Writings, The Return of the Shadow, The Treason of Isengard, The War of the Ring, Sauron Defeated, Morgoth's Ring, The War of the Jewels* und *The Peoples of*

Middle-earth. Inhaltsangaben enthält die Bibliografie am Ende des vorliegenden Buchs.

FABELHAFTE GESCHICHTEN

Tolkien schrieb auch Märchen. Ein Märchen ist eine Geschichte über ein geheimnisvolles Land, in dem Zauberer, Feen, Riesen und andere wundersame Geschöpfe leben, die aus dem Geist der gedachten Welt heraus glaubwürdig erscheinen. Häufig haben diese Geschichten eine Moral, doch werden sie vor allem immer wieder erzählt, weil sie die Vorstellungskraft herausfordern.

Tolkien beschäftigte sich sein Leben lang mit Märchen, schon weil sie eine starke Bindung an Mythos und Religion haben. Er gibt eine ebenso eigenwillige wie nachvollziehbare Erklärung dafür, was für ihn ein Märchen ist. Ausgehend von dem englischen Wort *fairy-story* definiert er erst einmal, was die Natur der *faërie* ist: »das Reich der Fährnisse selbst und der Luft, die dort weht«. Anschließend erklärt er: »Eine *fairy-story* ist eine Geschichte, die an die *faërie* rührt oder sich ihrer bedient, gleichgültig welches im Übrigen die Hauptabsicht der Geschichte sein mag: Satire, Abenteuerlichkeit, Moral oder Fantasie. Der *faërie* selbst kommt vielleicht die Übersetzung mit ›Magie‹ am nächsten – aber sie ist eine Magie von einer besonderen Kraft und Gestimmtheit, am extremen Gegenpol zu den vulgären Künsten des emsigen, wissenschaftlich vorgehenden Magiers. Dabei ist jedoch eines zu beachten: Wenn die Geschichte etwas Satirisches enthält, muss die Magie selbst von der Verspottung unbedingt ausgenommen bleiben. Sie ist in dieser Geschichte ernst zu nehmen, nicht zu verlachen oder wegzuerklären.«

Man könnte einwenden, dass der *Hobbit* nach dieser Definition auch ein Märchen ist, da Magie dort ernst genommen wird und er gewiss an die Faërie rührt. Aber der *Hobbit* entwickelte sich zu einem längeren Roman, bei dem Magie in Frage gestellt wird und sich schließlich als natürliche Fähigkeit erweist, die in allen Wesen schlummert, ähnlich der Fähigkeit von Fledermäusen und Delfinen, sich durch Schallwellen zu orientieren, oder der Fähigkeit von Glühwürmchen, von innen heraus zu leuchten. Wir können diese Fähigkeiten durch Technologie simulieren, aber wir können sie nicht selbst erwerben.

Tolkien verfasste drei Geschichten, die eindeutig Märchen sind. Sie bleiben dem Geist der gedachten Welt treu und stellen Magie nicht in Frage: *Bauer Giles von Ham, Blatt von Tüftler* und *Der Schmied von Großholzingen*. Eine gesammelte Ausgabe aller drei Märchen erschien bislang nur auf Deutsch unter dem Titel *Fabelhafte Geschichten*.

Bauer Giles ist ein armer Mann, der mit seiner Frau auf einem Hügel im Dörfchen Ham lebt. Als er eines Tages versehentlich einen etwas beschränkten und kurzsichtigen Riesen in die Flucht schlägt, bekommt er vom König das Schwert eines legendären Drachentöters geschenkt. Nun erwarten alle, dass er sie auch von einem Drachen befreit, der in der Gegend sein Unwesen treibt und gegen den kein Ritter des Königs vorzugehen wagt. Ungewollt verletzt er den Drachen mit seinem Schwert, sodass er nicht mehr fliegen kann, und hetzt ihn ins Dorf. Die jubelnden Bewohner verlangen vom Drachen, ihnen zur Strafe seine Schätze zu bringen, deren Besitz der König sich sogleich ausbedingt. Als der Drache nicht erscheint, muss Giles eine Rittertruppe anführen, die dem Untier zum Opfer fällt. Giles zwingt den Drachen, ihm einen Teil seines Schatzes zu überlassen, gibt ihn aber nicht an den König weiter, der dagegen machtlos ist, weil der Drache den Bauern schützt. Giles wird jetzt von allen verehrt und steigt im Laufe der Zeit sogar selbst zum König auf.

Die erste Fassung des Märchens, das im »Kleinen Königreich« spielt, der Gegend von Oxfordshire und Buckinghamshire, war noch eine geradlinige Erzählung, die Tolkien seinem Verlag als Nachfolger zum *Hobbit* anbot. Nach ihrer Ablehnung legte er sie einige Monate zur Seite, bis er im Januar 1938, einen Monat nach dem Beginn seiner Arbeit an *Herr der Ringe,* vor Studenten der Oxford College Literary Society einen Vortrag über Märchen halten sollte. Da der Text noch nicht fertig war, nahm er sein Märchen wieder zur Hand und brachte Verbesserungen an, die es wesentlich länger ausfallen ließen. Sein Vortrag löste wahre Begeisterungsstürme aus. Auch der Verlag war jetzt zu einer Veröffentlichung bereit, die wegen Papierknappheit aber erst 1949 erfolgte.

Leider fand *Bauer Giles von Ham* bei seinem Erscheinen keine große Beachtung. Dabei steckt das Märchen voller Witz und zeigt Tolkiens satirische Neigungen. Bauer Giles ist kein Ritter, trägt aber ein Schwert, seine Rüstung ist lächerlich, aber er ist keine traurige Gestalt. Und im Vorwort nimmt Tolkien seine Mitarbeiter am *Oxford English Dictionary* aufs Korn und überhaupt alle Gelehrten, die es mit den Tatsachen nicht allzu genau nehmen, damit sie ihre Theorien aufrechterhalten können.

Er verspricht, den Ursprung einiger schwieriger Ortsnamen zu erhellen, etwa den von »Thame«, einem kleinen Ort in der Umgebung von Oxford, auf das sich das erfundene »Ham« aus dem Märchen beziehe. Er führt aus, dass Bauer Giles unter anderem den Titel Dominus de Domite Serpente trage – »Herr des Zahmen Wurmes«, auf Englisch »Lord of the Tame Worm«, kurz Tame. Giles wird aber auch »Lord of Ham« genannt (= »Herr des Schinkens«, Synonym für Bauer). Die natürliche Verschmelzung von »Tame« und »Ham« ergebe das Wort »Thame« – und mit Blick auf den »Schinken« setzt er hinzu: »Thame mit ›h‹ ist eine ungerechtfertigte Torheit.« Damit hat er den Namensursprung des Flusses »Thames« erklärt, der Themse, die durch den Regierungssitz London fließt.

Eine Weile hatte Tolkien über eine Fortsetzung nachgedacht.

Es sollte darin um Giles' Sohn George und einen Knappen gehen, auch der Drache sollte wieder auftauchen und das Ganze in der gleichen Landschaft spielen. Aber 1945 war die Landschaft um Oxford vom Krieg gezeichnet, und so teilte Tolkien dem Verlag mit, die Fortsetzung sei skizziert, aber ungeschrieben, weil das Herz des Kleinen Königreichs dahin sei.

Blatt von Tüftler, geschrieben um 1939, aber erst 1945 gedruckt, erzählt die Geschichte eines Malers namens Tüftler, der einen Wettlauf gegen den Tod führt, um seine großartigste Arbeit zu vollenden, das Bild eines Baums vor einem Hintergrund aus Wald und fernen Bergen. Durch Ablenkungen aus der Außenwelt stirbt er, bevor er seine filigrane Arbeit zu Ende bringen kann. Nach dem Tod durchläuft er im Fegefeuer eine Phase der Züchtigung und findet sich danach in der Landschaft seines Gemäldes wieder, das er mit Hilfe seines Nachbarn Parish, der zu Tüftlers Lebzeiten ein Haupthindernis für die Vollendung seines Werks war, endlich abschließen kann. Danach steht es ihm frei, zu den fernen Bergen zu ziehen, einem Symbol für die nächsthöhere Stufe seines geistigen Wachstums.

Diese kurze Geschichte ist eine vordergründig einfache, in Wahrheit jedoch recht komplizierte Vision der Kämpfe eines Künstlers, eine Fantasiewelt zu erschaffen, und darüber, was nach seinem Tod aus ihm und seinem Werk wird. Sie wurde binnen kürzester Zeit geschrieben und schon fast genau in der heute vorliegenden Form. Die Idee dazu war Tolkien durch eine große Pappel im Garten seiner Nachbarin gekommen, die er von seinem Schlafzimmerfenster aus oft bewundert hatte. Eines Tages stellte er fest, dass der Baum gestutzt und verstümmelt worden war. Schließlich wurde er ganz gefällt, als Strafe für ein Verbrechen, meinte Tolkien, »dessen er offenbar angeklagt war und das so barbarisch nicht gewesen sein kann – vermutlich dass sie groß und lebendig war.«

Sein Biograf Humphrey Carpenter weist darauf hin, dass Tolkien letztlich in Sorge um seinen eigenen inneren Baum war, der Mythologie, die seit Jahrzehnten in ihm wuchs und gedieh und sich im *Herr der Ringe* nicht recht Ausdruck zu verschaffen mochte. Wie Tüftler spürte er, dass er von seiner Arbeit weggeholt werden würde, lange bevor sie beendet war.

»Es ist nicht wirklich oder im strengen Sinn eine ›Allegorie‹, sondern vielmehr ›mythisch‹«, schrieb Tolkien 1962 in einem Brief an seine Tante Jane Neave. Schon fünf Jahre zuvor hatte er in einem anderen Brief geschrieben: »Wenn ich es jetzt aus einigem Abstand betrachte, würde ich sagen, dass es zwar auch aus meiner Baumliebe heraus kam, vor allem aber aus meinem Beschäftigtsein mit dem *Herr der Ringe*, aus dem Wissen, dass er entweder in sehr vielen Einzelheiten oder gar nicht fertig werden würde.« Nicht zuletzt durch den Zweiten Weltkrieg befürchtete er, dass es wohl gar nicht geschehen werde.

Der Schmied von Großholzingen, sein drittes Märchen, berichtet wieder von einem kleinen Dorf, irgendwann und irgendwo in der Nähe eines Märchenreichs. Die Menschen in diesem Dorf glauben nicht so recht an Feen und meinen, man wachse aus so etwas heraus. Aber der König der Feen lädt den Sohn des Schmieds ein, in sein Märchenreich zu kommen. Dort lebt er lange und erlebt viel, bis er eines Tages auf Grund seines Alters aufgefordert wird, das Land für immer zu verlassen.

Das ist der Inhalt der letzten kleinen Geschichte, die Tolkien veröffentlichte, und es ist durchaus berechtigt, in ihr und ihrem traurigen Ende seinen eigenen Abschied vom Märchenreich zu sehen. Sie hat das gleiche Hauptthema wie *Blatt von Tüftler*. Beides sind kurze erzählerische Meditationen über das Geschenk der Fantasie: was sie eigentlich ist, woher sie kommt und was sie mit dem Leben und Charakter des Menschen anstellt, dem sie in den Schoß fällt.

Tolkien schickte das Manuskript wie gewöhnlich an seinen

Verlag, doch für Stanley Unwin schien dieses Märchen die Begleitung anderer Geschichten zu erfordern, damit es ein hinreichend dickes Buch ergäbe. Damit konnte Tolkien nicht aufwarten, sodass der *Schmied von Großholzingen* erstmals im Jahr 1967, als *Der Herr der Ringe* seinen Autor gerade zu einer Kultfigur gemacht hatte, als Einzelveröffentlichung in den USA erschien.

Ein befreundeter Rezensent schrieb über dieses Märchen: »Nach einem Sinn zu suchen hieße den Ball aufschneiden, um zu sehen, wie er es macht, dass er springt.« Tolkien bedankte sich daraufhin in einem Brief besonders »für die Bemerkung über die Suche nach dem Ursprung des Sprunges« und fügte hinzu, die kleine Geschichte sei natürlich nicht für Kinder gedacht. Sie sei »ein Altmännerbuch, schon befrachtet mit der Vorahnung von Trauer«.

Vielleicht ist es kein Zufall, dass Tolkien gerade 57 Jahre alt war, als er den *Herr der Ringe* beendete. Genauso alt war der Held seiner kleinen Geschichte. Es mag auch purer Zufall sein, dass Tolkien fast so alt war wie Bilbo, als *Der Hobbit* zum ersten Mal veröffentlicht wurde. Aber vielleicht empfand er jetzt einfach den Verlust von Unschuld. Er wollte, dass das Land der Feen, Märchen und Sagen weiterexistierte.

DIE BRIEFE VOM WEIHNACHTSMANN

Auch Tolkiens weihnachtliche Briefe an seine Kinder können als Märchen angesehen werden, denn sie übten einen gewaltigen Zauber aus, der keinen Zweifel an ihrer Echtheit ließ. Die schneebestäubten Umschläge trugen sauber ausgeschnittene Briefmarken der Nordpolpost, und manchmal gab es Beförderungsvermerke wie »Eilzustellung durch Gnome, sehr dringend!« Der erste Brief traf 1920 ein, als John, der Älteste, drei Jahre alt war, dann folgten zwanzig Jahre lang regelmäßig weitere Briefe, die auch die ganze Kindheit der drei jüngeren Geschwister Michael, Christopher und Priscilla begleiteten. Dabei war der Weihnachtsmann sehr darauf bedacht, dass seine Briefe nicht verloren gingen. Er lieferte sie anfangs sogar persönlich ab und hinterließ auf dem makellos sauberen Teppich einen schmutzigen Fußabdruck, ein unwiderlegbarer Beweis für die Echtheit der Briefe, die sich dann irgendwo im Haus fanden. Später wurde der Postbote als Verbündeter gewonnen. Und Briefe, die die Kinder an den Weihnachtsmann schrieben, verschwanden einfach vom Kamin.

S.T.R.O. d'Ardenne von der Universität Lüttich, eine Bekannte von Tolkien, die häufig bei ihm zu Besuch war, weiß in *Scholar und Storyteller* zu berichten, dass unter den vielen Aspekten seiner Menschlichkeit einer besonders herausragte, der des Familienvaters. Er hatte seine Eltern früh verloren, weshalb er wohl besonders um Gesundheit, Wohlergehen und Zukunft seiner Kinder besorgt war. Stets fand er Zeit, nach Hause zu eilen und ihnen noch einen Gutenachtkuss zu geben. »Seine Liebe zu seinen Kindern war so groß, dass er sich für sie die hinreißenden Hobbits ausdachte. Sie wurden am Frühstückstisch und im Kinderzimmer heftig diskutiert.«

Schließlich hörte auch der Weihnachtsmann von den Hobbits und zeigte sich sehr interessiert – so sehr, dass künftig zu jeder Weihnacht ein Brief eintraf, geschrieben in Tolkiens schöner, wenn auch zittriger Handschrift und mit herrlichen Aquarellen versehen, die seine Erlebnisse illustrieren. So erfuhren Tolkiens Kinder im Laufe der Jahre immer mehr über das Leben des Weihnachtsmannes. Er teilte es mit einem Nordpolarbären, dessen Neffen Paksu und Valkotukka, mit Roten Zwergen und Schneemännern und einem Elf namens Ilbereth, der sein Sekretär war und Heim und Hof gegen Angriffe der bösen Kobolde verteidigte. Einmal schickte er ihnen sogar das Kobold-Alphabet, das der Polarbär an den Wänden entdeckt hatte, als er sich in eine ihrer Höhlen verirrte.

Diese liebevoll gestalteten Briefe vereinen Tolkiens Talente als

Erzähler und Illustrator. Es sind wahre Kleinode erzählerischer Magie, von den Kindern guten Glaubens angenommen, bis sie durch Zufall oder Logik herausfanden, dass ihr Vater der Verfasser war. Aber auch dann wurde nichts gesagt, was den Jüngeren die Illusion hätte nehmen können.

hERR GLÜCK

Zum Vergnügen seiner Kinder schrieb und illustrierte Tolkien irgendwann zwischen 1932 und 1937 auch das kleine Bilderbuch von Herrn Glück und seinen Abenteuern. Es ist die Geschichte eines Exzentrikers: Ein dünner Mann, der in einem dünnen Haus wohnt, berühmt wegen seiner Vorliebe für hohe Hüte, hält das haushohe Giraffinchen in seinem Garten geheim, weil er das Geld für ihre Haltung nicht bezahlen will. Eines Tages beschließt er, ein Automobil zu kaufen. Seine erste Fahrt soll dem Besuch von Freunden gelten, doch die Hindernisse, die sich ihm in den Weg stellen, führen zu allerlei Querelen. Manches verdankt sich den mangelnden Fahrkünsten von Herrn Glück, doch für anderes kann man ihn wirklich nicht verantwortlich machen, etwa dass sich ihm plötzlich drei diebische und habgierige Teddybären in den Weg stellen. Sie lassen sich von Herrn Glück aufs Land mitnehmen, fressen den Moppels ihren ganzen Rotkohl weg und treiben erschreckend rüde Scherze. Aber das geschieht den Moppels ganz recht. Und selbst das gelbe Automobil mit den roten Rädern, das Herrn Glück verhasst ist und ständig seinen Geist aufgibt, erfüllt schließlich doch noch seinen Zweck.

Der Erwerb eines Autos im Jahr 1932 und seine Missgeschicke beim Fahren brachten Tolkien auf das Thema dieser Geschichte. Er schrieb in Schönschrift den Text, illustrierte ihn reich mit Tusche und Farbstiften und band das Ganze dann zu einem Buch zusammen. Als er es 1937 seinem Verlag zeigte, wollten sie es mit

Freuden herausbringen, vorausgesetzt, er könne die Zahl der Farben in den Zeichnungen verringern, damit die Druckkosten nicht so hoch würden. Doch dafür fand keine Tolkien keine Zeit, sodass das Bilderbuch bis 1982 unveröffentlicht blieb.

Brian Rosebury schreibt in *Tolkien: A Critical Assessment*: »Die Geschichte ist randvoll mit Zusammenstößen, Bruchschäden und öffentlichen Streitgesprächen. Der Humor hat die Qualität selbstsicherer Absurdität, die dadurch erreicht wird, dass die Gewohnheiten Erwachsener aus einem kindlichen Blickwinkel betrachtet werden. Mindestens die Hälfte seiner Wirkung bezieht *Herr Glück* aus den seltsamen, amateurhaften, manchmal aber auch hinreißenden Zeichnungen. Tolkiens begrenzte Fähigkeiten beim Abbilden der menschlichen Gestalt führt auf vielen seiner Bilder und Illustrationen zu einer irgendwie reduzierten Darstellung der Gestalten zu Gunsten der Landschaft.«

Aber in dem komischen Kontext des Büchleins werden die unbeholfenen Haltungen fast zu einer Tugend. Herrn Glücks steifgelenkige Umklammerung seines Lenkrads passt zum Dialog und lässt seine unsichere Beherrschung des Fahrzeugs erahnen, die Schilderung der absurden Ereignisse während einer ganz normalen Autofahrt tun ein Übriges, dem Kinderbuch einen unverwechselbaren Charme zu verleihen.

ROVERANDOM

Ein junger und ungebärdiger Hund namens Rover beißt einen Zauberer in die Hose, der ihn daraufhin zornig in ein Spielzeug verwandelt, das ständig Männchen macht. Rover landet in einem Spielzeugladen und wird von einem Jungen gekauft, der ihn am Strand verliert. Dort findet der Sandzauberer Psamathos Psamathides ihn und verleiht ihm die Kraft, sich zu bewegen. Er schickt ihn auf dem Rücken einer Möwe zum Mann im Mond, der schon einen Hund namens Rover hat. Um Verwirrungen zu vermeiden, tauft er den Blei-Rover auf den Namen Roverandom. Außerdem erhält der kleine Hund Flügel und tobt bald mit dem Mondrover um den Mondturm, lauert Mondstrahlen auf, begegnet Riesenspinnen und Drachenmotten und weckt den fürchterlichen, grünes Feuer speienden Weißen Drachen. Aber Roverandom möchte wieder ein richtiger Hund werden. Zurück auf der Erde, bringt ihn ein weiser Wal zum Schloss des Meerkönigs tief auf dem Boden des Ozeans, denn Roverandom hat gehört, dass Artaxerxes, der ihn zum Spielzeug machte, hier eine Aufgabe übernommen hat. Er erlebt noch Abenteuer mit einem Meerhund namens Rover, bevor der Zauberer ihn erlöst. Roverandom kehrt zu dem netten Jungen zurück, der ihn im Spielzeugladen kaufte.

Als Tolkien im Sommer 1925 mit seiner Familie an der Küste von Yorkshire Urlaub machte, verlor der vierjährige Michael sein Spielzeug, einen kleinen Bleihund, den er nur widerstrebend zum Spielen an den Strand mitgenommen hatte. Zum Trost dachte sein Vater sich eine Geschichte aus – die Geschichte von Rover, der nach vielen fantastischen Abenteuern endlich sein Hundeleben zurückerhält. Die Kinder waren davon so begeistert, dass Tolkien einzelne Episoden sofort aufzuschreiben begann. Im Dezember 1927 lag das Manuskript vermutlich erstmals vollständig vor. Nach mehreren Überarbeitungen bot Tolkien es Ende 1936 seinem Verlag an, als eine von mehreren möglichen Veröffentlichungen im Anschluss an den erfolgreichen *Hobbit*.

Obwohl Raynor Unwin die Geschichte »gut geschrieben und lustig« fand, entsprach sie nicht ganz seinen Vorstellungen als »Fortsetzung«. Sie sei ein »Märchen im wechselnden Stil«, bemerkte er eher ablehnend, da sie viele mythologische Anspielungen enthalte. Seitdem wurde *Roverandom* weder von Tolkien noch vom Verlag Allen & Unwin jemals wieder in Betracht gezogen. Erst 1998 erschien das Buch in den USA mit fünf herrlichen Farbtafeln, Zeichnungen des Autors aus der Entstehungszeit.

Die Geschichte vom kleinen Hund Roverandom gehört mit zum Schönsten, was Tolkien je geschrieben hat. Sie verweist deutlich auf die Drachen und Spinnen späterer Werke, und die auftretenden Zauberer haben sogar eine gewisse Ähnlichkeit mit Gandalf. Zweifellos war Roverandom ein stiller Weggefährte Tolkiens bei seiner Arbeit am *Hobbit* und *Herr der Ringe*.

Die Ungeheuer und ihre Kritiker

Tolkien war seinem ganzen Temperament nach Universitätslehrer und passte ungeheuer gut in die weit gehend männliche Welt des Lehrens, Forschens und des kameradschaftlichen Austauschs von Ideen und gelegentlicher Veröffentlichungen. Dabei ist die Zahl seiner akademischen Veröffentlichungen sehr gering, was auch in jenen Tagen bei der Beurteilung, ob eine Karriere erfolgreich verlief, durchaus Stirnrunzeln hervorrufen musste. Den wenigsten war bekannt, dass Tolkien in jeder freien Minute am Schreibtisch saß, um seine Mythologie weiterzuentwickeln und Kinderbücher zu schreiben.

Seine größten akademischen Erfolge waren neben der Herausgabe und Übersetzung einiger angelsächsischer und mittelenglischer Prosadichtungen wie *Exodus*, *Finn and Hengest*, *Sir Gawain*, *Sir Orfeo* und *The Pearl* besonders die gedruckten Fassungen seiner Vorträge, die auf Deutsch als *Gesammelte Aufsätze* in *Die Ungeheuer und ihre Kritiker* vorliegen. Sie waren teilweise sehr einflussreich und entwickelten sich in akademischen Kreisen zu Klassikern, allen voran seine Abhandlungen über Märchen und das Heldenepos *Beowulf*. Seine manchmal fast beiläufig wirkenden Bemerkungen haben oft dazu beigetragen, das Verständnis eines bestimmten Bereichs tief greifend zu verändern.

Mit seinem Vortrag »Beowulf: Die Ungeheuer und ihre Kritiker«, gehalten am 25. November 1936 vor der British Academy, legte Tolkien die Grundlage für eine moderne Betrachtung des Werks. Zuvor war das lange Gedicht über das Leben und Sterben eines Drachentöters vor allem von Historikern und Sprachforschern als Quelle benutzt worden. Tolkien verweist auf die literarischen Dimensionen und fordert, *Beowulf* als Literatur ernst zu nehmen. In diesem Essay legt er unter anderem dar, dass ein echter und glaubwürdiger Held auch einen glaubwürdigen Gegner braucht. Wenn er übermenschlich erscheinen und handeln soll (sonst ist er kein Held), muss auch sein Widersacher übermenschlich sein. Ein Ritter, der einen anderen Ritter besiegt, ist Alltag, ein Ritter, der einen Drachen tötet, hingegen ein Held.

Der Aufsatz »Zur Übersetzung des Beowulf« erschien erstmals 1940 in einer neuenglischen Bearbeitung des Gedichts. Es geht besonders auf die sprachlichen Strukturen ein und erläutert die Gefahren, die es mit sich bringt, ein Werk in gewöhnlicher Prosa zu präsentieren, das im Original zu Recht als größtes erhaltenes Werk altenglischer Dichtkunst gilt.

Bei »Sir Gawain und der Grüne Ritter«, das in dieser Aufsatzsammlung von 1983 erstmals gedruckt erscheint, handelt es sich um Tolkiens wichtigste Äußerung über das Artus-Gedicht gleichen Titels aus dem späten vierzehnten Jahrhundert, ein Liebesgedicht, das zu den heitersten Werken des Mittelalters zählt und von demselben anonymen Zeitgenossen des Dichters Geoffrey Chaucer stammt, der auch das Traumgesicht *The Pearl* schrieb. Tolkien beschäftigt sich in dem Aufsatz, der nach einem Vortrag am 15. April 1953 an der Universität Glasgow entstand, besonders mit dem Stellenwert des Gedichts als Märchen und Träger moralischer Belehrung. Er hielt den Vortrag auf der Grundlage seiner eigenen Übersetzung des *Sir Gawain* in neuenglischen alliterierenden Versen, die von der BBC im Dezember des Jahres 1953 in dramatisierter Form ausgestrahlt wurde. Gedruckt erschien sie erstmals 1975 in einem Sammelband zusammen mit Tolkiens anderen Übersetzungen, *Sir Orfeo und The Pearl*.

Der umfangreiche Essay »Über Märchen« geht auf einen Vortrag zurück, den Tolkien am 8. März 1939 an der St.-Anna-Universität in Schottland hielt. Er erschien erst acht Jahre später gedruckt und gilt heute als seine wichtigste Arbeit auf diesem Gebiet. Tolkien entwickelt darin eine grundlegende Theorie des Märchens als literarische Form und bekennt, dass in ihm an der Schwelle zum Mannesalter die Philosophie ein Gefühl für Märchen und Geschichten geweckt und der Krieg dieses Gefühl verstärkt hat. Das Bedürfnis nach fantastischer Literatur stehe für ihn in direktem Zusammenhang mit den immer unerträglicher werdenden Zuständen in der Welt und dem Wunsch, an einem Ort leben zu können, der nicht voller Kriege, Armut und Krankheit ist. Deshalb wendeten wir uns dem Fantastischen zu, um die Gegenwart erträglich zu machen und die Angst vor der Zukunft zu bannen. Alle Drachen, Hexen und verzauberten Wälder seien nicht so böse wie unsere Welt mit ihren Kriegen und Maschinengewehren.

Einige seiner Aussagen – vor allem jene, dass Märchen nicht nur für Kinder geschrieben werden sollten – gehen auf seine Erfahrungen beim Schreiben des *Hobbit* zurück. »Über Märchen« ist eine Art Resümee des Romans und steht am Beginn des *Herr der Ringe*, in dem Tolkien vieles umsetzte, was er im Aufsatz fordert. Er legt darin auch dar, wieso Elfen heute zusammen mit Feen für kleine, durchsichtige und geflügelte Wesen gehalten werden, während die großen alten Elben oder Alben (noch erhalten in dem deutschen »Albtraum« oder dem englischen Wort »Albion« für England) verschwunden sind.

»Ein heimliches Laster«, in diesem Buch erstveröffentlicht, entstand vermutlich schon 1931. Das Besondere an diesem Aufsatz ist, dass hier Tolkiens »erfundene Welt« der Privatsprachen und seiner philologischen Ausarbeitungen thematisiert wird, etwa seine Vorliebe für Esperanto. Tolkien entwickelt darin die

These, dass Sprachkonstruktionen stets eine Mythologie gebären. Seine Darlegungen folgen einem privaten Ansatz, der dem Schreiben seiner Prosa vorausgeht und ihren Unterbau bildet. Erfundene Sprachen treten im *Hobbit* noch nicht auf, wohl aber im *Herr der Ringe*.

Den Abschluss der *Gesammelten Aufsätze* bildet die »Rede zum Abschied von der Universität Oxford«, die Tolkien nach seiner Pensionierung 1959 am 5. Januar des Folgejahres in der Merton College Hall hielt. Sie erschien erstmals gedruckt zwanzig Jahre später in *Tolkien, Scholar and Storyteller*. Er wiederholt darin einige Gedanken, die er schon in seinem berühmten Vortrag über das Heldenepos *Beowulf* äußerte, und brandmarkt die Neigung der Akademiker, bei ihrer akribischen Beschäftigung das Werk aus den Augen zu verlieren. Sie sollten lieber endlich anfangen, die alten Sagas und Epen wirklich zu lesen, statt melodramatische Tiraden über das Angelsächsische von sich zu geben. Der donnernde Applaus, als Tolkien seinen Vortrag beendet hatte, zeigt wohl, dass er das in den Augen seines Publikums ein Leben lang getan hatte.

Die Originalausgabe dieses von Christopher Tolkien herausgegebenen Sammelbandes enthält darüber hinaus noch den Aufsatz »English and Welsh«. Er beruht auf einem Vortrag, den sein Vater im Jahr 1954 gleich nach Erscheinen des ersten Teils von *Herr der Ringe* in Oxford hielt. Darin erläutert er die Beziehungen zwischen der englischen und walisischen Sprache und deutet den Ursprung des Begriffs *welsh* (= »walisisch«). Die Studie entstand etwa zeitgleich mit einer Weiterentwicklung seiner Elbensprachen während der Niederschrift des *Herr der Ringe* und macht noch einmal deutlich, welches Vergnügen Tolkien an »den phonetischen Elementen einer Sprache und ihren stilistischen Vorbildern« empfand.

BEOWULF

Auf einer Klippe über dem Meer befindet sich der Herrschaftssitz des alten Königs Hrothgar, eine mächtige Methalle. Dahinter hausen in einer wüsten Moorlandschaft zahlreiche Ungeheuer. Vom Lärm der Feiernden und den Gesängen der Barden angelockt, überfällt eines der Ungeheuer namens Grendel die Halle und tötet mehrere Gefolgsleute Hrothgars. Der junge Draufgänger Beowulf kommt dem jütländischen König per Schiff aus Schweden zu Hilfe. Er verbirgt sich mit vierzehn Kriegern in der Methalle und kämpft gegen das Ungeheuer, einen Nachfahren Kains, bis es tödlich verwundet flieht. Aber Grendels Mutter will Rache für ihren Sohn und überfällt den König erneut. Sogleich dringt Beowulf in ihre Behausung auf dem Grund eines tiefen Moorsees ein und besiegt sie mit einem geheimnisvollen Schwert, das er dort findet. Jetzt ist sein Ruhm gesichert. Er wird selber zum König gekrönt, und es folgt eine fünfzig Jahre dauernde friedliche und glückliche Regierungszeit. Bis ein flüchtiger Sklave auf der Suche nach einem Versteck in einen unterirdischen Bau kriecht und dort einen schlafenden Drachen entdeckt, der einen gewaltigen alten Schatz bewacht. Trotz seiner Angst raubt der Sklave dem Ungeheuer einen juwelenbesetzten Pokal, um sich von seinem Herrn freizukaufen. Aber der Drache bemerkt den Verlust sofort, und da er den Dieb nicht fangen kann, zieht er in der Nacht mordend und sengend durchs Land. Dabei zerstört er auch Beowulfs königliche Halle. Mit einigen seiner tapfersten Gefolgsleute macht der greise König sich nun auf, den Drachen zu töten. Einer nach dem anderen bleiben seine Gefährten angsterfüllt zurück. Nur den jungen Wiglaf hält es bei Beowulf. In einem langen, erbitterten Zweikampf besiegt der König den Drachen, wird aber selbst durch dessen giftigen, versengenden Atem tödlich verwundet. Er stirbt in Wiglafs Armen und lässt sein Volk schutzlos in einer Welt voller Gefahren zurück. Das Epos endet mit einer Totenklage und der Schilderung der Beisetzung des Helden, die mit all seinen Schätzen erfolgt.

Beowulfs Kämpfe, Anfang des achten Jahrhunderts gedichtet, um das Jahr 1000 von einem Geistlichen niedergeschrieben, gehören zu den eindrucksvollsten literarischen Zeugnissen des frühen Mittelalters. Sie bilden das größte erhaltene altenglische Heldengedicht und zugleich das älteste erhaltene Versepos in einer germanischen Volkssprache. In westsächsischem Dialekt, mit mythischen Elementen durchsetzt schildern sie historische Ereignisse in der ersten Hälfte des sechsten Jahrhunderts aus dem mittelschwedischen Reich der Gauten, einem der beiden großen Stammesverbände, aus denen es sich in jener Zeit zusammensetzte. Zahlreiche Einzelheiten finden Parallelen in den Literaturen und der Sagenwelt der anderen germanischen Völker.

Tolkien, Professor für Literatur und Angelsächsisch, verdankt diesem Epos, in dem erstmals von Drachenkampf und ritterlicher Treue erzählt wird, eine Unmenge stofflicher und sprachlicher Anregungen. Er beschäftigte sich Zeit seines Lebens wissenschaftlich damit – niedergelegt in seinem bahnbrechenden Aufsatz »Die Ungeheuer und ihre Kritiker« und vier Jahre später in einem Vorwort zu einer Beowulf-Neuausgabe, die heute noch spannend zu lesen ist und die Lebensauffassung des frühen Mittelalters anschaulich macht. Durch die von Tolkien korrigierten Übersetzungsschnitzer und eine genaue Erklärung altenglischer Wörter versteht man nicht nur die Figur des Beowulf besser, sondern bekommt auch einen Einblick in Tolkiens eigenen mythologischen Weltentwurf.

Das Epos hatte unmittelbare Auswirkungen auf Tolkiens Hauptwerke. Bilbos Konfrontation mit dem Drachen im Einsamen Berg und die anschließenden Ereignisse im *Hobbit* folgen der Handlungslinie der Drachensequenz des *Beowulf*, eine ebenso bewusste wie augenzwinkernde Parallele, die Tolkiens gelehrten Kollegen jener Zeit nicht entgangen sein kann. Allerdings unterscheidet seine Bearbeitung sich hinsichtlich des Gerechtigkeitsgefühls, das in *Beowulf* herrscht. Tolkiens Drache hat es verdient, beraubt zu werden, die Zwerge wollten nur den Schatz ihrer Ahnen zurück. Deshalb war es durchaus angemessen, dass sie und Bilbo entkommen kommen. Der Tod des Drachen ist gerecht, weil sein Angriff auf die Seestadt unprovoziert erfolgte. An die Stelle von Beowulfs Heldentod setzt Tolkien den Bogenschützen Bard, der nach der Tötung des Drachen mit seinem Anteil am Schatz das Königreich Thal wiederherstellt. Der Zwergenheld Thorin Eichenschild stirbt, weil er sich mit der Aufteilung des Schatzes nicht zufrieden gibt. Auf dem Sterbebett sieht er seinen Fehler jedoch ein und vergibt Bilbo, dass er seinem Willen zuwider handelte.

Auch ein anderer Hobbit zeigt deutliche Spuren des *Beowulf*. Der Name Frodo ist germanischen Ursprungs und leitet sich vermutlich von Frô ab, eine Namensversion für die skandinavische Fruchtbarkeitsgöttin Freya. Er bedeutet »weise« oder »reich« und erscheint in *Beowulf* als Froda. Frodo und der legendäre König Fródi von Dänemark, ein weiterer Namensvetter und zugleich Nachkomme Odins, lebten beide in Zeiten wachsenden Wohlstands ihrer Länder. Das Jahr 1420 nach Auenland-Zählung hat eine ausnehmend gute Ernte, die Gesundheit, viele Geburten und Eheschließungen brachte. In Dänemark war die Herrschaft Fródis ebenfalls eine Zeit des Überflusses. Fródi bewirkte das durch zwei magische Mühlsteine, die alles mahlten, was er sich wünschte. So ließ er sie Gold, Frieden und Reichtum mahlen, weshalb Gold früher auch »Fródis Mehl« genannt wurde.

Seit Tolkiens Aufsatz »Die Ungeheuer und ihre Kritiker« werden in den übernatürlichen Gestalten des *Beowulf* Wirkungsdimensionen erkannt, die die Zuhörer mit archetypischer Kraft in ihren Bann ziehen. Beowulf kämpft nicht wie andere germanische Helden gegen menschliche Feinde. Seine Größe wird durch den besonderen Status seiner Gegner unterstrichen, auch wenn er als Mensch sein sterbliches Ende nicht abwenden kann.

Eine Prosa-Ausgabe des *Beowulf* mit Tolkiens Vorwort zur Problematik der Übersetzung aus dem Angelsächsischen liegt auch auf Deutsch vor. Eine großartige Umsetzung des Originals ins Neuenglische, die den begehrten englischen Booker-Preis gewann und sich sogar auf den Bestsellerlisten etablieren konnte, leistete erst vor wenigen Jahren der irische Lyriker Seamus Heaney.

MITTELERDE VON A – Z

ein Lexikon mit
Schwerpunkteinträgen

ARAGORN

Zur Zeit des Ringkriegs war Aragorn der sechzehnte und letzte Stammesfürst der Dúnedain, die von der versunkenen Insel Númenor nach Mittelerde gekommen waren.

Im Jahr 2931 des Dritten Zeitalters als einziger Sohn der schönen Gilraen und des fünfzehnten Stammesfürsten Arathorn geboren, übernahm er den Rang seines Vaters, als Arathorn nur zwei Jahre nach seiner Geburt in einer Schlacht starb. Seine Mutter brachte ihn nach Bruchtal, wo der junge Dúnadan von dem Halb-Elb Elrond aufgezogen wurde, der diesen Ort einst gegründet hatte. Dort trug er den Namen Estel (»Hoffnung«), um seine wahre Herkunft vor Saurons Gesandten zu verbergen, die den Norden nach dem letzten Erben von Isildur durchstreiften, dem Gründer des Königreichs Gondor. An seinem zwanzigsten Geburtstag enthüllte Elrond ihm seinen wahren Namen, seine Herkunft und die alten Hoffnungen seines Hauses und gab Aragorn seine Erbstücke: den Ring Barahir und die Scherben von Narsil, dem Schwert Elendils, des Gründers von Arnor. Mit zwanzig Jahren begegnete er auch Elronds Tochter Arwen Abendstern, und sie verliebten sich ineinander. Elrond wollte jedoch nicht irgeneinen kleinen König als Schwiegersohn akzeptieren, sondern verlangte, dass Aragorn der rechtmäßige König von Arnor und Gondor würde. Um das zu erreichen, bereiste der junge Dúnadan die Länder des Westens und kämpfte für die Rechte der Freien Völker.

Er trug damals viele Namen: Thengel, Ecthelion, Thorongil, Elbenstein, Elessar und Streicher, der »Waldläufer«. Als Herrscher der Dúnedain war er mit einer dreimal längeren Lebensspanne als gewöhnliche Menschen gesegnet und wurde zu einem der kühnsten und weisesten unter ihnen. Aber wegen der vielen

Bürden, die er trug, wurde er auch traurig und seine Miene ernst. Als Wächter des Nordens kleidete er sich stets in schlichtes Grün und Braun.

Im Jahr 2956 begegnete er dem Zauberer Gandalf, und sie wurden Verbündete und Freunde. Im Jahr 3018 kam er nach Bree, wo er die Bekanntschaft des Ringträgers Frodo Beutlin machte, und schloss sich in Bruchtal der Gemeinschaft des Rings an. Als Gandalf von dem Balrog im Zwergenreich Moira scheinbar tödlich verletzt wurde, übernahm Aragorn die Führung der Gefährten. Im Ringkrieg trug er entscheidend dazu bei, das Heer Sarumans in der Schlacht von Hornburg in die Flucht zu schlagen. Er sammelte die Toten Krieger von Dunharg um sich und eroberte die Flotte der Korsaren bei Pelargir. Sein Eingreifen in die Schlacht auf den Pelennor-Feldern rettete Gondor, und er befehligte die Truppen der westlichen Streitkräfte vor dem Schwarzen Tor von Mordor. Nach dem Krieg wurde Aragorn als König Elessar (»Elbenstein«) des Wiedervereinigten Königreichs gekrönt, sodass Elrond nichts mehr gegen eine Vermählung mit seiner Tochter Arwen einzuwenden hatte. Während des nächsten Jahrhunderts weitete Aragorn seine Herrschaft auf die meisten westlichen Länder von Mittelerde aus.

Aragorns Gemahlin Arwen, im Jahr 241 des Dritten Zeitalters geboren, Tochter Elronds und Königin Celebrians, galt als schönste Frau ihrer Zeit, als Wiedergeburt der hinreißenden Lúthien Tinúviel aus den alten Legenden, und lebte fast dreitausend Jahre lang. Den Elben war sie als Abendstern bekannt, von den Menschen wurde sie gewöhnlich Undómeniel, die »Abendmaid«, genannt. Als sie sich mit Aragorn vermählte, beschloss sie, das Schicksal der Menschen zu teilen und sterblich zu werden. Sie schenkte ihrem Gemahl mehrere Töchter und einen Sohn, Eldarion, der nach dem Tod seines Vaters im Jahr 120 des Vierten Zeitalters König wurde und lange und gerecht regierte. Arwen kehrte im Jahr nach Aragons Tod ins Elbenkönigreich Lothlórien östlich des Nebelgebirges zurück, wo sie auf dem Cerin Amroth starb – dem Hügel, an dem sie sich mit Aragorn verlobt hatte.

Aragorn wird manchmal auch der Zweite genannt, weil es zuvor schon einen Dúnedain-Stammesfürst von Arnor dieses Namens gab. Nachdem das Nördliche Königreich der Dúnedain im Jahr 1974 des Dritten Zeitalters vom Hexenkönig von Angmar zerstört worden war, gab es insgesamt sechzehn Stammesfürsten. Der fünfte war der erste Aragorn. Wenig wird über jene dunkle Zeit berichtet. Bekannt ist nur, dass dieser Aragorn, nachdem er acht Jahre als Stammesfürst geherrscht hatte, im Jahr 2327 von Wölfen in Eriador getötet wurde.

Die Geschichte des Menschen Aragorn und der Halb-Elbin Arwen ist eigenartig. Das Thema der Liebe zwischen Sterblichen und Frauen aus der Anderswelt ist in der Folkore weit verbreitet, besonders in der irischen Tradition. Solche Ehen enden selten gut, und auch Aragons und Arwens gemeinsame Herrschaft von über sechzig Jahren nimmt einen tragischen Ausgang. Für gewöhnlich erlässt die elbische Braut ein Verbot, das ihr Gemahl versehentlich bricht, sodass die Braut für immer verschwindet. Bei Tolkien kommt es zu der einzigartigen Wendung, dass die Elbenbraut ihrer Unsterblichkeit vollends abschwört und einsam stirbt. Das ruft Tolkiens Postulat in seinem Vortrag »Über Märchen« in Erinnerung: Wenn Elben Märchen schrieben, wäre ihr zu Grunde liegendes Motiv nicht die Flucht vor dem Tod, sondern die Flucht vor der Todlosigkeit.

Aragorn II. ist eine typische Heldenfigur, die von vielen als eigentliche Hauptperson in *Herr der Ringe* betrachtet wird, gehört aber auch zu den unzugänglichsten Charakteren von Mittelerde. Er taucht zum ersten Mal in einem Bericht Gandalfs auf, als Freund, der ihm auf der Suche nach Gollum zu Hilfe kam: »Aragon, der größte Jäger und Fahrensmann dieses Weltzeitalters«. Seinen ersten Auftritt hat er als fremdländisch und wetterfest aussehender Mensch namens Streicher in einem Gasthaus von

Bree, wo Frodo auf ihn aufmerksam wird und sich sagen lassen muss, dass er bisher als Ringträger recht unvorsichtig war. So stiehlt Aragorn sich allmählich in die Geschichte, bis er am Ende des Epos die Menschen in ein neues Zeitalter führt.

Als er Aragorn und die Hobbits irgendwann 1938/39 zusammenbrachte, bekennt Tolkien in der Einführung zu seiner Sammlung *Baum und Blatt*, »war ich genauso ahnungslos wie sie, wer Streicher war, und bemühte mich fortan verzweifelt, es herauszufinden.« Es gab noch keine Hinweise auf Aragorns wahre Identität, die Gründe für sein Interesse am Ring und seine jahrelangen Reisen durch die Wildnis. Erst mehrere Kapitel später erfahren wir von Isildurs Erbe und begreifen im Rückblick Aragorns Handlungen und Gefühle. Es gibt auch kaum Hinweise auf seine Liebe zu Arwen, die das Hauptmotiv seiner Queste durch Mittelerde bildet. So kommt es überraschend, als in *Die Wiederkehr des Königs* von der bevorstehenden Vermählung mit Arwen Abendstern die Rede ist, deren große Bedeutung für sein Wirken erst durch eine Geschichte in den Anhängen des *Herr der Ringe* deutlich wird.

Zweifellos hat Tolkien aus seinem spontanen Einfall einer schicksalhaften Begegnung im Gasthaus eine literarische Tugend gemacht. Sein sicherer Instinkt sagte ihm, dass er einen bedeutenden Charakter »entdeckt« hatte, auf den er nicht verzichten sollte, und so war er gezwungen, Aragorn als heimlichen Haupthandlungsträger sozusagen von hinten her aufzurollen. »Er ist der ehrgeizige, müde und besorgte Prinz«, schreibt Paul H. Kocher in seinem Buch *Master of Middle-earth*, »der ungeduldig die närrischen Possen der Hobbits unter den argwöhnischen Blicken der Menge im Gasthaus beobachtet. Seiner Ansicht nach haben die Hobbits es dringend nötig, an die Hand genommen zu werden, wie Kinder, die mit dem Schicksal von Mittelerde spielen.« Da sie im Besitz des Herrscherrings sind, wie er von Gandalf weiß, muss Aragorn sie sicher nach Bruchtal geleiten und lässt Frodo deshalb im Gasthaus ein Schriftstück zukommen, das seinen wahren Namen nennt. Widerwillig akzeptieren sie ihn als Führer, obwohl er ihnen klar macht, wie sehr sie in ihrer Naivität die Gefährlichkeit der Lage unterschätzen.

Aragorn markiert den Übergang der Idylle des märchenhaften *Hobbit* zum mythischen Romanepos *Herr der Ringe*, den Übergang von der Kindhaftigkeit zum Erwachsenenleben, von der Flucht in Träume zur Schöpfung einer Welt. Dabei ist er die Verkörperung eines mythischen Helden, der zur Erreichung grundsätzlicher Ziele bestimmte Leistungen erbringen muss.

Wie Baron FitzRoy Richard Somerset Raglan in seinem Buch *The Hero* feststellt, zeichnet sich ein Held stets durch die gleichen Merkmale aus: Seine Mutter ist adliger Herkunft, sein Vater ein König und mit der Mutter verwandt. Die Umstände seiner Geburt sind ungewöhnlich, und er gilt als Sohn eines Gottes. Seine Geburt soll verhindert werden, er wird fortgeholt und wächst bei Pflegeeltern auf. Von seiner Kindheit ist nichts bekannt, doch als Mann kehrt er in sein künftiges Königreich zurück. Nach einem großen Sieg heiratet er eine Prinzessin, oft eine Tochter seines Vorgängers, und wird König, herrscht eine Weile ereignislos und erlässt Gesetze, verliert jedoch schließlich die Gunst der Götter oder seiner Untertanen, wird vertrieben und erleidet einen rätselhaften Tod häufig auf einem Hügel. Sein Leichnam wird nicht verbrannt, aber es gibt mindestens eine heilige Grabstätte.

Im Fall Aragorns liest sich das folgendermaßen: Seine Mutter Gilraen stammt in direkter Linie von Aranarth ab, dem ersten Stammesfürsten der Dúnedain, und sein Vater Arathorn leitet seine Herrscherwürde als fünfzehnter Stammesfürst ebenfalls von ihm ab. Seine Eltern heiraten auf eine Weissagung von Gilraens Mutter Ivorwen vier Jahre vor dem Tod seines Vaters. Der unsterbliche Halb-Elb Elrond adoptiert ihn, weil Aragorn als Erbe Isildurs getötet werden soll. Er zieht ihn heimlich in Bruchtal auf, wo er in Elronds Haus den Namen Estel erhält. Dann hört man erst wieder von Aragorn, als er Hauptmann in Gondor ist, seinem künftigen Königreich. Als er Sauron bezwungen hat, heiratet er Elronds Tocher Arwen und wird gekrönt. Von seiner Zeit als Herrscher erfährt man nichts, doch am Ende des Ringkriegs fällt er seine Urteile, um dann an seinem Geburtstag, dem 1. März, durch eigene Hand auf dem Hügel Minas Tirith zu sterben. Sein Leichnam bleibt lange Zeit unbestattet.

Aragorn ist ein Held nach Art von Sigurd, Perseus und Moses, doch am meisten gleicht er König Artus, der ebenfalls Erbe großer Königreiche war. Auch sein Anspruch auf den Thron wurde bestritten, und er musste sich des Reichs erst würdig erweisen, indem er eine Weissagung erfüllte und sich in der Schlacht bewährte. Beide Könige hatten Zauberer mit prophetischen Kräften als Ratgeber, von denen sie geschickt angeleitet wurden. Beide begingen viele Heldentaten, ohne dass sie für eine besonders berühmt geworden wären.

Tolkien versah Aragorn noch mit einer Anzahl weiterer mythischer Elemente, die sein übernatürliches Wesen stärker herausarbeiten. So folgt der Dúnadan im weit verzweigten Höhlensystem unter dem Dwimorberg unweit des Dunklen Tors von Mordor den Pfaden der Toten und steigt damit wie Herkules, Odysseus, Orpheus, Theseus, Aeneas und viele andere in die Unterwelt hinab. Außerdem besitzt er mit dem Stern des Nordkönigreichs, dem Elbenumhang und dem Elbenstein aus Lórien mehrere Gegenstände von mythischer Bedeutung bei sich und heilt Menschen mit Athelas, einer Pflanze aus Númenor, so wie die englischen Könige angeblich durch bloße Berührung Skrofulose heilen konnten, tuberkulosebedingte Geschwülste im Bereich der Lymphknoten von Gesicht und Hals. Und als Aragorn die Königswürde erhält, sind zahlreiche Rituale keltischen Traditionen entlehnt.

Auch der Tod des erfolgreichen Herrschers ist vor einem mythischen Hintergrund längst nicht mehr so rätselhaft. Wenn der

König gesund und kräftig starb, in frühen oder primitiven Kulturen manchmal als rituelles Opfer, ging seine Seele auf seinen Nachfolger über. Dadurch wurde verhindert, dass sein Land litt, sobald seine Kräfte schwanden. Aragorns Tod von eigener Hand scheint dieser Tradition zu folgen.

AUENLAND

Westlich des Brandyweinflusses und östlich der Fernen Höhen erstrecken sich die grünen Hügel von Sûza, so der Name der Hobbits für ihre Heimat. Etwa vierzig Wegstunden sind erforderlich, um den 18.000 Quadratmeilen messenden Herrschaftsbereich ihrer dreizehn Thains zu durchqueren, wie sich die Stellvertreter des Königs nannten, die nach dem Ende des Nordkönigreichs der Dúnedain bis ins Zeitalter der Menschen auf seine Wiederkehr warteten. Einst gehörte Auenland zum Königreich Arnor, später zu Arthedain, doch seit dem siebzehnten Jahrhundert des Dritten Zeitalters der Sonne ist es die Heimat der Hobbits.

Damals lebten die Halblinge, wie sie wegen ihrer geringen Körpergröße auch genannt wurden, unter beengten Umständen in Bree, einer der ältesten Niederlassungen der im Zweiten Zeitalter nach Westen gezogenen Menschen, und sehnten sich danach, das nach dem Untergang der Dúnedain-Reiche verwaiste Gebiet westlich des Flusses Baranduin zu besiedeln. So wandten sich die Brüder Marcho und Blanco, Hobbits aus der Sippe der Fahlhäute, an den Dúnedain-König Argeleb II. von Arthedain, der ihnen diese Liegenschaften im Jahr 1601 übereignete. Eine große Schar Hobbits wanderte daraufhin über die Steinbogenbrücke, die in der Blütezeit des Nördlichen Königreichs erbaut worden war, und nahm das ersehnte Land in Besitz. Der König stellte keine strengen Bedingungen, sie sollten nur alles, was sie vorfanden, in Stand halten, und seine Herrschaft anerkennen.

Die Auenland-Hobbits führten bald ein ruhiges, friedliches und gedeihliches Leben. Ihre genügsame Lebensweise war den fruchtbaren Ländern gut angepasst, und durch harte Arbeit auf ihren bescheidenen Höfen gelangten sie zu einem gewissen Wohlstand. Im Jahr 1630 lebten die meisten Hobbits von Mittelerde im Auenland, das sie in vier Hauptgebiete unterteilt hatten, so genannte Viertel, nach den Himmelsrichtungen benannt. Die Städte und Dörfer mit ihren oft in die Erde gegrabenen Hobbithöhlen – Hobbingen, Buckelstadt, Michelbinge, Tiefenhain, Froschmoorstetten – wurden größer und reicher. Das Leben der Hobbits in ihrem neuen Land war idyllisch und frei von Angst. Sie ignorierten die Außenwelt so lange, dass sie fast vergaßen, dass es eine gab, obwohl die Große Oststraße mitten durch das Auenland führt. Ihre Sicherheit verdankten sie dem ständigen Schutz der Wächter des Nordens, der Dúnedain, die das Land vor Orks und wilden Tieren bewahrten.

Die gesellschaftliche Struktur in Auenland scheint recht einfach gewesen zu sein. Es gab Angehörige des Landadels, die wohlhabend genug waren, um nicht arbeiten zu müssen, doch die meisten Hobbits waren Bauern, Händler oder Arbeiter. Einige waren sehr arm, doch bedeutete das keine übermäßige Härte. Das Auenland lebte vorwiegend von der Landwirtschaft, und es handelte sich um eine Welt mit Straßen, Postämtern und säuberlich beschnittenen Gartenhecken.

Die Widrigkeiten, mit denen die Hobbits es im Dritten Zeitalter zu tun bekamen, beschränkten sich fast völlig auf Naturkatastrophen. Im Jahr 1636 kam die Große Pest »mit dunklen Winden aus dem Osten« und kostete viele das Leben, im Herbst des Sonnenjahrs 2496 begann ein harter Winter, der bis weit in den nächsten Frühling anhielt. Ein weiterer bösartiger Winter 2911 ließ den Baranduin und viele Flüsse im Norden gefrieren, und über das Eis drangen Rudel weißer Wölfe in die Nachbarländer ein. Doch nur einmal mussten die Hobbits auf dem Boden des

Auenlandes ihre Kriegstüchtigkeit beweisen. Im Jahr 1147 nach der Besiedlung stürmte eine Orkbande heran und wurde bei Grünfeld von Bandobras Tuk, genannt »Stierbrüller«, vernichtend geschlagen. Angeblich schlug er ihrem König mit einer hölzernen Keule den Kopf ab, sodass er hundert Meter weit flog und in ein Kaninchenloch fiel – das war die Geburtsstunde des Golfspiels.

Eine ernste Gefahr während des Ringkriegs war die Herrschaft von Lotho Sackheim-Beutlin über das Auenland. Anfänglich nur Besitzer einiger Pfeifenkraut-Pflanzungen, kaufte der »Pickel« genannte Hobbit mit dem Geld des mächtigen Saruman im ganzen Land Mühlen, Malzereien und Bauernhöfe auf und ließ Bäume fällen, um auf Geheiß des Zauberers, dem jedes Hinterwäldlertum verhasst war, eine Industrialisierung zu erwingen. Er ließ auch Bier und Pfeifenkraut verbieten und sich »Oberst« nennen, bis Saruman schließlich seinen Tod befahl.

Die lange Friedenszeit bis zum Beginn des Ringkriegs führte zu Isolation und Inseldasein. Als Helden galten für gewöhnlich nicht jene unter den Hobbits, die große Taten vollbrachten, sondern jene, die ein besonders hohes Alter erreichten oder eine große Anzahl Kinder zeugten. Kriegerische Aktivitäten jedweder Art, wozu man auch die Neigung zu »Abenteuern« zählte, wurden im Allgemeinen nicht gern gesehen, auch wenn man Bandobras Tuk für seine militärischen Fähigkeiten lobte. Das Land war fruchtbar, und die Hobbits wurden immer dicker – und die Echos der wachsenden Gefahr von außen drangen nicht bis über den Baranduin.

Wegen Überbevölkerung überquerte im Jahr 2340 die Familie Altbock den Grenzfluss Auenlands und ließ sich in Bockland nieder, in unmittelbarer Nähe zu nicht geheuren Gebieten, wie die Hobbits aus der alten Heimat fanden. Die Altbocks wagten sich sogar aufs Wasser hinaus und konnten schwimmen, was sie den Auenländern noch absonderlicher machte. Nach dem Ringkrieg gliederte König Elessar, der als mythischer Held Aragorn Sauron bezwungen hatte, Bockland dem Auenland an und erweiterte es auch um die Westmark, die von den Fernen Höhen bis zu den Turmbergen reichte. Er erklärte Auenland zu Freien Gauen, stellte es unter seinen Schutz und verfügte, dass Menschen es nicht betreten durften.

Bis zum Tod von Arvedui, dem »letzten König« der Dúnedain, hatte das Auenland die Herrschaft des Nördlichen Königreichs anerkannt. Ihre Gebiete waren so abgelegen, dass ohnehin keinerlei Einfluss ausgeübt wurde. Jetzt wählten die Hobbits jedoch einen Thain, der bis zur Wiederkehr des Königs herrschen sollte. Seine Pflichten waren eher zeremonieller Art. Tätig werden musste eigentlich nur der Bürgermeister in Michelbinge, dem größten Weiler von Auenland, der für die Wache und den Botendienst verantwortlich war.

So entging das Auenland den Auseinandersetzungen im Dritten Zeitalter, bis es zur Zeit des Ringkriegs historische Bedeutung erlangte, weil hier Bilbo Beutlin lebte, der an der Schatzsuche nach dem Zwergenhort der Könige teilnahm und dabei in den Besitz des Einen Rings gelangte. Dieser Zufallsfund verwickelte ihn, seinen Erben Frodo Beutlin und alle Hobbits des Auenlands in das größte Drama ihrer Zeit, das den Stoff des *Hobbit* und des *Herr der Ringe* bildet.

Das Auenland besitzt eine eigene Zeitrechnung, die sich nicht an den Zeitaltern der Welt orientiert, sondern mit der Besiedelung des Landes einsetzt. Die Jahre werden von der ersten Überquerung des Flusses Baranduin an gerechnet, sodass das Jahr 1 von Auenland dem Jahr 1601 des Dritten Zeitalters entspricht. Obwohl die Hobbits eigene alte Namen für Tage und Monate haben, sehen sie das von ihnen verwendete System als Variante des ehrwürdigen númenorischen Kalenders an, Königs-Zeitrechnung genannt, den die Dúnedain nach dem Untergang ihrer Insel nach Mittelerde mitbrachten.

Die Monate haben alle die gleiche Länge von dreißig Tagen,

und es kommen noch fünf Tage hinzu, die als Festtage gelten. Drei davon bilden ein Mittsommerfest, das im Auenland Lithe gekannt wird, die höchste Festlichkeit, die anderen beiden das Jule-Fest. Bei Schaltjahren wird zwischen dem Mittjahrstag und dem 2. Lithe ein Tag eingeschoben.

Später im Dritten Zeitalter, um das Jahr 1100 nach Auenland-Rechnung, nahmen die Hobbits eine weitere Veränderung an ihrem Kalender vor. Sie wurde Auenland-Reform genannt und verfolgte die Absicht, die Namen der Tage und ihre Daten so festzulegen, dass ein Datum in allen Jahren die gleichen Namen der Wochentage hat. Das geschah denn auch, und seitdem braucht das Auenland-Volk in seinen Briefen und Tagebüchern die Wochentage nicht mehr anzugeben.

Anfang 1900 unserer Zeitrechnung lebte der achtjährige Tolkien mit seiner verwitweten Mutter und seinem jüngeren Bruder in einem Backsteinhaus in Sarehole, einem kleinen Dorf in der Grafschaft Warwickshire. Obwohl es nur sechs Kilometer vom Industriezentrum Birmingham entfernt war, handelte es sich bei Sarehole mit seinen nahen Gutshöfen, seiner Mühle am Fluss, die von einem Wasserrad betrieben wurde, den Weiden und Teichen mit Schwänen und dem Brombeertal um eine friedliche, nahezu ländliche Enklave, in das sich nie eines der damals ohnehin noch seltenen Autos verirrte. Die Tolkiens lebten dort dreieinhalb Jahre – eine lange Zeit aus Sicht eines Kindes –, und später wurde aus Sarehole Tolkiens geliebtes »Shire«, das Auenland, und aus seinen Bewohnern wurden die Hobbits.

»Die Idee zu den Hobbits kam mir durch die Dorfbewohner und Kinder«, sagte Tolkien einmal in einem Interview und fügte hinzu: »Die Hobbits sind genau das, was ich gerne gewesen wäre und niemals gewesen bin.« Das Dörfchen Beutelsend wanderte geradewegs aus Tante Janes Apfelpflanzung ins Auenland, desgleichen die Erntefeste, die Bauern und viele andere Örtlichkeiten der Gegend.

»Das Auenland«, erklärte Tolkien, »hat viel Ähnlichkeit mit

der Welt, in der mir die Dinge zum ersten Mal bewusst geworden sind.« Und in einem Brief bekannte er: »In Wahrheit ist Auenland mehr oder weniger ein Dorf in Warwickshire.« Allerdings blieb es bei äußerlichen und stimmungsmäßigen Ähnlichkeiten. »Das Auenland«, schreibt Tolkien, »hat keinen besonderen Bezug zu England – abgesehen davon, dass ich, als ein in einem ›nahezu ländlichen‹ Dorf von Warwickshire aufgewachsener Engländer, am Rande der wohlhabenden Bourgeoisie von Birmingham, meine Modelle wie jeder andere auch aus dem ›Leben‹ nehme.«

Im englischen Original trägt das Auenland den Namen »Shire«, was auf Deutsch »Grafschaft« heißt, eine noch heute in England gebräuchliche Bezeichnung. In seinem *Guide to the Names in The Lord of the Rings*, der postum 1975 erschien, gibt Tolkien einige Erläuterungen zur Bedeutung des Begriffs, die deutlich zeigen, dass ihn weniger die Historie als der sprachliche Hintergrund bei der Gestaltung dieses Landes leitete: »Shire, altenglisch *scír*, scheint sehr früh das alte deutsche Wort für ›Bezirk‹ ersetzt zu haben, das man in seiner ältesten Form im gotischen *gawi* findet und nun im holländischen *gouw* und deutschen *Gau* überdauert. Im Englischen überdauerte es nur in einigen wenigen alten Ortsnamen, von denen Surrey (von Suerge; südlicher Bezirk) der bekannteste ist. Dieses Wort scheint seinem Alter und allgemeinen Sinn nach die nächste Entsprechung zum Shire meiner Geschichte zu sein. Die holländische Version verwendet *Gouw*; *Gau* schiene mir im Deutschen passend zu sein, wenn seine kürzliche Verwendung bei der regionalen Umorganisation unter Hitler dieses sehr alte Wort nicht verdorben hätte. In den skandinavischen Sprachen (in denen es kein verwandtes Wort gibt) sollte ein anderes (vorzugsweise altes) Wort für ›Bezirk‹ oder ›Provinz‹ verwendet werden. Die schwedische Version verwendet *Fylki*, das sich anscheinend dem altnordischen (besonders norwegischen) *fylki* ›Bezirk, Provinz‹ verdankt. Eigentlich hatte ich das altnordische und modern-isländische *sýsla* (schwedisch *syssla*, dänisch *syssel*, nun veraltet mit der Bedeutung *amt*, das in manchen Ortsnamen noch auftaucht) im Sinn, als ich sagte, dass der richtige unübersetzte Name von Shire *Sûza* sei; deshalb äußerte ich auch, dass es als ›Bezirk wohl geordneter Geschäfte‹ so genannt wurde.«

Der Begriff Auenland für »Shire« wurde von Margaret Carroux, der ersten deutschen Übersetzerin von *Herr der Ringe*, übrigens mit Tolkien abgesprochen, und auch Wolfgang Krege, der 1999 eine großartige Neuübersetzung vorlegte, fand es »besser als das dürre englische Shire. Das Auenland ist ein Idyll und hat einen ironischen Kosenamen verdient«.

Es war auch Zeit seines Lebens Tolkiens Idyll, der gern ein Hobbit gewesen wäre.

Bäume

Telperion und Laurelin

Aus den von Yavanna, der Spenderin der Früchte, geschaffenen Samen wuchsen in den Zeitaltern der Lampen die Bäume der großen Wälder von Arda heran. Es waren vorwiegend Eichen, Erlen, Ebereschen, Föhren, Buchen und Birken, die noch heute verbreitet sind. Als der abtrünnige Melkor in Valinor die Lampen vernichtet und die Welt in Dunkelheit getaucht hatte, errichteten die Valar ihr zweites Königreich Nalinor, und durch die Tränen von Nienna der Weinenden entstand erst ein silberner Baum und dann ein goldener, die beide strahlendes Licht aussandten. Telperion, auch Ninquelóte oder Silpion genannt, war der ältere. Seine dunkelgrünen Blätter schimmerten silbern, und aus unzähligen Silberblüten fiel Silbertau. Von den Ästen Laurelins, dem »Lied aus Gold«, auch Culúrien und Malinalda genannt, fiel ein Regen aus goldenem Licht. Seine goldgeränderten Blätter waren blassgrün, die Blüten wie Trompeten und goldene Flammen geformt.

Aus dem Rhythmus des Lichtwechsels der Bäume kam die Zeitrechnung, die Tage und Jahre ins Leben rief und viele Alter lang andauerte, ohne dass das Licht in den Unsterblichen Landen jemals erlosch. Aber während die Valar davon mit immer größerer Weisheit erfüllt wurden, stürzte der abtrünnige Melkor Mittelerde in Dunkelheit. Darauf nahm Varda, die mächtigste Königin ihres Volkes, die im Licht der Bäume Brunnen gegraben hatte, den Tau von Telperion, erklomm das Himmelsgewölbe und entfachte die Sterne neu.

Voll Freude erwachten die Elben in ihrem silbernen Glanz, doch dann schloss Melkor einen Pakt mit Ungoliant. Er setzte die Bäume in Brand, bis nur noch verkohlte Stümpfe übrig waren, während die Große Spinne Vardas Lichtbrunnen ihren Lebenssaft entsog. Die ganze Welt versank in Dunkelheit, nur in den drei Silmaril genannten Juwelen blieb ein wenig Licht erhalten. Um sie kämpfte Melkor lange Zeit.

Als Yavanna über den toten Bäumen ihr grünes Lied sang und Nienna Tränen der Hoffnung weinte, entstiegen den verkohlten Stümpfen eine goldene Frucht und eine Silberblüte – Anar, das Goldene Feuer, und Isil, der Silberne Schein. Die Valar schenkten diese kleinen Bruchstücke des lebenden Lichts der ganzen Welt. Sie hießen fortan Sonne und Mond.

Die Bäume traten wieder ins Leben, als Yavanna nach Telperions Vorbild Galathilion schuf, den sie den Elben schenkte. Er strahlte kein Licht aus, doch hatte der Weiße Baum der Eldar viele Sämlinge, darunter Celeborn, von dem jene Sämlinge stammten, welche die Elben den Menschen von Númenor schenkten. Daraus entstand Nimloth der Schöne, der im Hof des Königspalastes von Númenor wuchs, bis seine Vernichtung den Untergang der Insel besiegelte. Aber ein Prinz namens Elendil hatte ihn schon nach Mittelerde gebracht, wo sein Sohn die Frucht in Minas Ithal einpflanzte. Bis ins Vierte Zeitalter erblühten dort die Weißen Bäume von Gondor.

IMMERGRÜNE VON NÚMENOR

Als jenes Stück Land aus dem Meer gehoben wurde, machten die Valar und Elben den Bewohnern viele immergrüne Bäume zum Geschenk, die wegen des herrlichen Dufts ihrer Blüten, Blätter und Rinde sehr geschätzt wurden. Die beschenkten Sendari oder See-Elben pflanzten sie im bewaldeten Westteil von Númenor an, in einem Forst namens Andustar, der später so dicht bewachsen war, dass sie ihm den Namen Nísimaldar, »Land der Duftenden Bäume«, gaben. Hier wuchsen der Lairelosse, was »Sommerschneeweiß« heißt, und der Nessamelda, »Baum Nessas«, der tanzenden Valargöttin der Wälder und Schwester des Jägers Orome, aber auch der Vardarianna, einer der Lieblingsbäume Vardas, der Königin des Himmels, und die Yavannamire, das »Juwel Yavannas«, nach der Königin der Erde benannt. Dieser Baum lieferte eine köstliche, runde scharlachrote Frucht. Es gab auch noch den Taniquelasse, der ursprünglich an den Hängen des Taniquel, des Heiligen Bergs Manwes, in den Unsterblichen Landen stand, und den Laurinque, dessen goldene Blüten in dichten Trauben von den Zweigen hingen und an dem die Númenórer besonders sein Holz schätzten, das ihnen zum Bau ihrer berühmten Schiffe diente.

OIOLAIRE

Damit ein Schiff sicher in den Heimathafen zurückkehrte, segneten die Seekönige von Númenor es mit einem Zweig des duftenden Baums Oiolaire, den sie abschnitten und am Bug befestigten. Er wurde »Grüner Zweig der Wiederkehr« genannt und war eine Opfergabe an Osse, den Herrn der Wogen, und Uinen, die Herrin der Stillen Gewässer. Auch der Oiolaire, was »immer währender Sommer« bedeutet, war ursprünglich ein Geschenk der Elben von der Insel Tol Eressa.

BRETHIL UND NELDORETH

Diese beiden Bäume gehörten zu den beliebtesten von Mittelerde: Birke und Buche. Im verlorenen Elbenland Beleriand gab es einmal riesige Birkenwälder, deren Schönheit die Grauelben sehr bewunderten. Sie tauften die Bäume auf den Namen Brethil. Den Neldoreth, den die Menschen Buche nannten, liebten sie über alles, weil er Laurelin ähnelte, dem Goldenen Baum der Valar, der die Unsterblichen Lande mit seinem Licht erfüllt hatte. Deshalb standen in den großen Hallen von Menegroth, den Tausend Grotten, auch geschnitzte Säulen, die wie jene Buchen aussahen, die in Taur-na-Neldor wuchsen, dem weiten Wald von Beleriand. Die größte Neldoreth von Mittelerde erhob sich allerdings im Land Donath, eine dreistämmige Buche, Hirilom genannt. In sie war Lúthiens Haus hineingebaut.

TASARION

Im Zeitalter der Sterne befand sich der größte Wald dieser Bäume im Nan-tasarion, einem Tal in Beleriand. Der Baum war ursprünglich auf Wunsch Yavannas, der Königin der Erde, im Zeitalter der Lampen in die Welt gekommen. Stark und langlebig, überdauerte er alle Veränderungen der Welt. Heute wird er von den Menschen Weide genannt.

REGION

Unter den Bäumen von Mittelerde gab es einen, den die Elben Region und die Menschen Hulstbaum oder Stecheiche nannten. Ein Teil des Grauelbenreiches war nach ihm benannt, der Wald von Ost-Beleriand im Reich Doriath, in dem er besonders dicht wuchs. Dort in Eregion, dem »Land der Stecheichen«, lebten im Zweiten Zeitalter der Sonne die Elbenschmiede. Sie markierten mit diesem Baum, der zu ihrem Zeichen wurde, die Grenzen ihres Reiches, weshalb Eregion den Menschen von Eriador im Dritten Zeitalter auch als Hulsten bekannt war.

CULUMALDA

Dieser Baum erinnerte die Elben stets an Laurelin. Er wuchs in der bewaldeten Provinz Nord-Ithilien im Königreich Gondor auf der Insel Car Andros. Das Wort Culumulda heißt »rotgolden«, denn so schimmert das Blattwerk des Baums.

MALLORN

Die höchsten und lieblichsten Bäume von Mittelerde wuchsen östlich des Nebelgebirges an den Ufern des Silberlaufs im Goldwald von Lothlórien. Ihre Rinden waren wie Silber und ihre Blüten wie Gold, von Herbst bis Frühling glänzten ihre Blätter goldfarben. Ihr Holz durfte nicht geschlagen und nicht verbrannt werden, sie waren Nachfahren der göttlichen zwei Bäume. Dort, wo der Stamm sich nahe dem Wipfel verzweigte, bauten die Galadhrim genannten Waldelben ihre Wohnungen, die Telain oder Fletts. König und Königin lebten zusammen in einer großen Halle im höchsten Mallorn. Und über allem lag wie sonst nirgends auf Arda der Goldhauch der Elbenmacht.

BALROGS

In der Hauptfestung Utumno des Dunklen Herrschers Morgoth lauerten zur Zeit seines Kampfes gegen die Valar nicht nur Wesen, die er selbst erschaffen hatte, sondern auch noch andere, die sich ihm von Anfang an, schon in den Tagen seines ersten Ruhms, angeschlossen hatten. Sie waren seine mächtigsten Diener, gleich nach Sauron, dem Kommandanten seiner Festung, fast so verrucht wie er selber, die schrecklichsten unter den Maiar, den niederen Ainur. Sie hatten beschlossen, an der Schöpfung teilzuhaben und sich in den Dienst des Schwarzen Feindes der Welt zu stellen.

Sie waren große Feuergeister, Träger der dunklen Flamme, vermutlich sieben an der Zahl, und von erschreckend großer Gestalt. Keine Kreatur außer den Drachen war zu ihrer Zeit gewaltiger. Riesig und wuchtig, mit langen Feuermähnen und flammenden Nüstern kamen sie einher und schienen sich in Wolken aus schwarzen Schatten zu bewegen. Ihre Glieder schnürten sich wie Schlangen um jeden Feind. Auf Hochelbisch wurden sie Valaraukar genannt, was so viel wie »Dämonen der Macht« heißt, aber auch Dämonen des Schreckens, Flamme von Udun und Durins Fluch, weil der Ahnherr einer der sieben Zwergenstämme sie beim Bau einer mächtigen Halle in seinem Königreich Khazaddûm geweckt hatte, wo sie tief im Inneren des Gesteins schliefen. Obwohl sie auch Morgenstern, Axt und Flammenschwert zu führen verstanden, waren sie vor allem für ihre gefährlichste Waffe bekannt, die Flammenpeitsche, die ihnen den Namen Feuergeißler eintrug. Durch deren lodernde Hiebe ließ sich sogar die rebellische Riesenspinne Ungoliant aus Morgoths Reich vertreiben.

Im Ersten Zeitalter waren die Balrogs wohl bekannt. Sie traten in allen großen Schlachten von Beleriand als Morgoths Elitetruppe oder als Kommandanten der Ork-Bataillone in Erscheinung. Am meisten gefürchtet war Gothmog, ihr Anführer und Feldherr von Angband, der drei hohe Elbenfürsten erschlug. Feanor, den Schöpfer der Silmaril, Erfinder des Tengwar und Fürst der Noldor, tötete er nach der Schlacht unter den Sternen am Tor von Angband. Fingon, Hoher König der Noldor und Nachfolger seines Vaters Fingolfin, tötete er in der Schlacht des Jähen Feuers. Beide hatten sich zu blindwütigen Sturmangriffen hinreißen lassen. Als Anführer der Trollgarde, der Orklegionen und ihrer Drachenbrut verwundete Gothmog bei der Eroberung des Königreichs Gondolin den Elb Ecthelion tödlich, fiel dem Hauptmann und Torwächter jedoch vor dessen Hinscheiden noch selber zum Opfer.

Bei allen Aufständen und Schlachten Morgoths standen die Balrogs stets in vorderster Front. Als der Krieg des Zorns der Herrschaft des Dunklen Feindes ein Ende machte, wurden damit auch die meisten Balrogs vernichtet. Es heißt, sie hätten sich »unter die Wurzeln der Erde« verkrochen.

Viele tausend Jahre lang hörte man nichts mehr von ihnen, und es wurde allgemein angenommen, sie hätten die Erde für immer verlassen. Aber im Dritten Zeitalter der Sonne stießen die auf der Suche nach dem kostbaren Metall Mithril in die Tiefe vordringenden Zwerge von Moria – oder Khazad-dûm, wie sie das Reich in ihrer Sprache nannten – zufällig auf einen begrabenen Balrog. Der Diener Morgoths, der sich nach dem Krieg des Zorns dort versteckt hatte, erwachte aus seinem Schlaf und hütete mehr als zweitausend Jahre lang das Osttor des Zwergenreiches.

Äußerlich war er ein riesiger Geist aus Feuer und Schatten, der ein Flammenschwert trug. Er besaß entsetzliche Kräfte, die sogar den Helfern in seiner Nähe Angst einflößten. Kaum hatte er seine Höhle verlassen, erschlug er den Zwergenkönig und seinen Sohn, sammelte Orks und Trolle um sich und vertrieb die Zwerge für immer aus ihrem Land. Zwei Jahrhunderte oder länger wurde sein Herrschaftsgebiet nicht angegriffen, bis der Zauberer Gandalf ihn nach der Schlacht an der Brücke von Khazad-dûm in den Abgrund stieß.

»Die Balrogs«, schreibt Tolkien 1954 in einem Brief an Naomi Mitchison, »deren Hauptwaffe die Peitsche war, waren urzeitliche Geister des vernichtenden Feuers, die wichtigsten Diener der urzeitlichen Dunklen Macht des Ersten Zeitalters. Es wurde angenommen, dass sie sämtlich bei der Niederwerfung von Thangorodrim, der Festung des Dunklen Herrschers im Norden, vernichtet worden seien. Aber hier stellt sich heraus, dass einer entkommen war und unter den Bergen des Nebelgebirges Zuflucht gefunden hatte. Der Balrog ist ein Überlebender aus dem *Silmarillion* und den Sagen des Ersten Zeitalters. Es ist zu bemerken, dass nur der Elb weiß, was das für einer ist – und zweifellos auch Gandalf.«

Die beste Beschreibung eines Balrogs findet sich im *Herr der Ringe*, als die Gefährten die Brücke überqueren: »Irgendetwas kam hinter ihnen heran. Was oder wer es war, konnte man nicht sehen: etwas wie ein großer Schatten, in dessen Mitte sich ein dunklerer Körper abzeichnete, entfernt menschenähnlich, aber größer; Macht und Schrecken schienen in ihm zu toben und vor ihm herzugehen. (…) Seine flatternde Mähne fing Feuer und wehte lodernd hinter ihm drein. In der rechten Hand hielt es eine Klinge, die wie eine Stichflamme aussah, in der linken eine Peitsche mit vielen Riemen. (…) Ihm gegenüber blieb das Unwesen wieder stehen und breitete die Schatten, von denen es umgeben war, wie zwei große Schwingen aus. Es hob die Peitsche und ließ die Riemen sausen und knallen. Aus den Nüstern schnob es Feuer.«

Die Balrogs sind eine gewaltige, elementare Kraft, die sich an übernatürlicher Macht sogar mit dem Zauberer Gandalf messen kann, und scheinen Tolkiens Leser von allen Geschöpfen der Finsternis in seinem Werk am meisten zu faszinieren. Das liegt einerseits sicher an der spannenden Darstellung des Kampfes zwischen Gandalf und dem Balrog des Zwergenreichs, dürfte seinen Grund aber auch darin haben, dass der große Widersacher Sauron nie persönlich auftritt. Die Balrogs sind seine Sendboten, und viel von seiner Faszination geht auf sie über.

Außerdem besitzen sie faszinierende Kräfte. Sie waren wie Morgoth ursprünglich Maiar und damit unsterblich. Als Feuergeister hatten sie Gewalt über Flammen, konnten sich als niedere Götter aber auch der Magie bedienen. Das zeigt die Auseinandersetzung zwischen Gandalf und dem Balrog. Als der Zauberer die Tür zur Grabkammer des Zwergenhelden Balin zuhalten will, setzt der mächtige Balrog einen Gegenzauber ein, um sie zu öffnen, wodurch sie zerbricht.

Das scheint im Widerspruch zu Tolkiens Aussage zu stehen, dass Balrogs nicht reden. Im Juni 1958 schrieb er anlässlich der ersten Verfilmung des *Herr der Ringe* an Forrest J. Ackerman, einen Spezialisten für Fantasy und Science-Fiction: »Der Balrog *redet nie und gibt überhaupt keinerlei Stimmlaute* ab. Vor allem lacht oder grinst er *nicht* ... Vielleicht glaubt Z. über Balrogs besser Bescheid zu wissen als ich, aber er kann nicht erwarten, dass ich ihm da zustimme.« Obwohl zweifellos intelligent, verständigten Balrogs sich untereinander und mit anderen Geschöpfen nur durch Flammenzeichen, Drohgebärden und Suggestion. Das lässt den sicheren Schluss zu, dass der Gegenzauber in der Buchvorlage von Gandalfs Verfolger nur gedacht wurde.

Die mächtigen Balrogs sind zwar eine Erfindung Tolkiens, weisen jedoch Parallelen zu Surt dem Dunkelhäutigen auf, dem Widersacher der germanischen Götter. Beide waren Riesen, die Finsternis ballten und Feuer verzehrten. Beide trugen ein Flammenschwert als Waffe und kämpften auf einer hohen, zerbrechlichen Brücke, die sie einrissen. Surt gehört zu den großen zerstörerischen Kräften, die der Weissagung nach an Ragnarök auftauchen, dem Ende der Welt. Es hieß, dass Surt mit seinem Heer über Bifröst, die Regenbogenbrücke, in den Himmel reiten werde, um ihn zu zerstören. Er werde gegen die Götter kämpfen und sie vernichten und die Welt mit Feuer heimsuchen. Nach dem großen Brand werde das Meer die Welt bedecken, doch schließlich werde sich die Welt wieder neu aus dem Meer erheben, die Söhne der alten Götter gebären und Baldur aus Hel wiederauferstehen lassen.

Die Auseinandersetzung des vermutlich letzten überlebenden Balrogs mit Gandalf, bei der es zu Erdbeben und Stürmen in den Bergen kommt, spiegelt die entscheidende Schlacht Ragnaröks wider. Auch der Ausgang ist ähnlich, bei dem der Zauberer beim Sieg über seinen Gegner scheinbar vernichtet wird, aber dann in höherer Form ins Leben zurückkehrt.

BLUMEN

IMMERTREU

So nannten die Menschen sie, doch auf Rohirrisch hieß sie Simbelmyne: eine schöne weiße Blume, die dicht gedrängt im grünen Gras auf den Grabhügeln der Könige der Mark wuchs, unweit von Edoras in Rohan. Sie blühte zu allen Jahreszeiten, erstrahlte im Licht der Sterne wie glitzernde Schneekristalle, eine fortwährende Erinnerung an die Macht dieser Könige.

ALFIRIN UND MALLOS

In den Ebenen von Lebennin am Delta des langen Flusses Anduin wuchsen zwei Blumenarten, die in den vielen traurigen Liedern der Grauelben mit den großen goldenen Glocken von Valinor verglichen wurden. Erblicken die Kinder des Sternenlichts sie auf den Feldern, wenn der Seewind blies, so weckte das in ihnen die Sehnsucht nach den Unsterblichen Landen. Die Alfirin hielten sie für Miniaturen der Glocken, die immer so wohltuend in ihren Ohren geklungen hatten, und die herrlichen Blüten des Mallos, dem Elbenwort für »goldener Schnee«, verwelkten nie.

NIPHREDIL UND ELANOR

Am Ende des Zeitalters der Sterne wurde der Maia Melian und ihrem Gemahl Thingor die bezaubernde Lúthien geboren, das einzige Kind, das jemals aus einer Verbindung von Eldar und Maiar hervorging. Daraufhin kam die weiße Blume Niphredil in das Waldland von Neldoreht, um das Kind zu begrüßen, als »Stern der Erde«. Die schöne Erdentochter war schon lange aus der Welt gegangen, doch Niphredil wuchs zur Erinnerung an Lúthien auch im Dritten Zeitalter noch im Goldwald von Lothlórien, dicht an dicht mit einer neuen Blume namens Elanor, was »Sternensonne« heißt. Da teilte das schönste Mädchen jener Zeit, Arwen Abendstern, die man ebenfalls Lúthien nannte, das tragische Schicksal ihrer Vorgängerin. Sie verliebte sich in einen Sterblichen und wählte Jahre später den Hügel Cerin Amroth, auf dem sie sich verlobt hatten und diese Blumen am dichtesten wuchsen, um auf einem Bett aus goldenen und weißen Sternen zu sterben.

LISSUIN

Viele der schönsten Blumen in Mittelerde wurden den Sterblichen von den Elben geschenkt, so auch die süß duftende Lissuin. Die Geschichten der Númenórer berichten, dass die Elben von Tol Eressa sie gemeinsam mit der Blume Elanor in die Sterblichen Lande brachten. Die eine wegen des Duftes, die andere wegen der Farbe, wurden sie zu Kränzen geflochten und bei Hochzeiten als Krone getragen.

Tom Bombadil

Er ist der Herr des Waldes, des Wassers und der Berge, das älteste aller lebenden Geschöpfe in Mittelerde und wohnt im Alten Wald östlich des Auenlandes, einem der letzten großen ursprünglichen Wälder aus den Ältesten Tagen. In den Annalen des Auenlandes ist nicht verzeichnet, was für ein Wesen er ist, aber auf seine Art ist er sicher einzigartig, »der älteste und vaterlos«, wie die Elben über ihn sagten. Er war den Eldar schon im Ersten Zeitalter bekannt, als er noch nicht im Alten Wald lebte. Sie nannten ihn Iarwain Ben-adar und hielten ihn für einen gütigen Waldgeist, eine wahrhaftige Inkarnation der alten Lebenskraft, die hier am Wirken war und keinen anderen Gesetzen als seinen eigenen gehorchte, keinen anderen Meister über sich hatte. Nur die Elben kannten seine wahre Herkunft – doch am Ende des Dritten Zeitalters hatte sogar Elrond vergessen, dass es ihn jemals gab.

Als Tom Bombadil in *Herr der Ringe* nach seiner Herkunft gefragt wird, erwidert er rätselhaft: »Kennst du meinen Namen noch nicht? Das ist die einzige Antwort.« Aber er lässt sich erweichen und fährt fort: »Der Älteste, der bin ich. Tom war früher hier als der Fluss und die Bäume; Tom hat den ersten Regentropfen fallen gesehn und die erste Eichel. Tom hat Pfade ausgetreten, ehe die Großen Leute da waren, und die Kleinen Leute hat er kommen gesehn. Als die Elben gen Westen fuhren, bevor die Meere gekrümmt wurden, war Tom schon da.«

Aber als die mächtigen Wälder der Ältesten Tage im Laufe der Zeit schrumpften, zog er sich immer weiter zurück, bis er »unten am Berg« im Alten Wald seinen Wohnsitz aufschlug. Dort lebte er seither, spazierte umher, jätete Unkraut und ließ seinen Blick übers Land schweifen. Schließlich wurden die Hobbits auf ihn aufmerksam, vor allem die Bockländer, und gaben ihm den

Namen Tom Bombadil. Von den Zwergen wurde er Forn genannt, ein Wort, das Jakob Grimm auf die Begriffe »alt« und »Zauberei« zurückführt. Auch Orald, sein Name bei den Nordmenschen, steht für »sehr alt, ursprünglich«, ähnlich wie sein Elbenname. Im Laufe der Zeit lernten die Hobbits viele seltsame Geschichten und Lieder über diesen alten Mann, den es schon immer gab.

Tom war ursprünglich eine Puppe mit blauer Jacke und gelben Stiefeln, die Tolkiens Sohn Michael gehörte, und bot den Anlass zu einer Geschichte, die Tolkien für seine Kinder erfand. Die Niederschrift kam nur wenige Sätze weit, bildete aber die Grundlage für das Gedicht »The Adventures of Tom Bombadil«, das im Jahr 1934 erschien. Darin tauchen zum ersten Mal Toms Gefährtin Goldbeere, die Grabunholde und der Alte Weidenmann auf, die alle in das Rote Buch der Westmark eingingen, wie die Hobbits den *Herr der Ringe* nannten. Jahre später wurde Tolkien von einer Tante aufgefordert, doch ein Büchlein über diesen heiteren Gesellen zu verfassen, und so entstand *Die Abenteuer des Tom Bombadil*, ein schmaler Band mit sechzehn Gedichten, von denen nur die ersten beiden in direktem Zusammenhang mit Tom stehen. Es wurde angeblich von den Hobbits zusammengestellt.

Pauline Baynes, die den Gedichtband im Original illustrierte, wies darauf hin, dass Tom im Titelgedicht eine Pfauenfeder am Hut trage, während im *Herr der Ringe* von einer Schwanenfeder die Rede sei. »Die Pfauenfeder stammt aus einer alten Fassung des Gedichts«, erwiderte Tolkien in einem Brief. »Weil sie nicht in den *Herr der Ringe* passt, wird daraus dort ›eine lange blaue Feder‹. In den Gedichten, wie sie nun erscheinen sollen, erscheint Tom mit einer ›Schwanenflügelfeder‹: um die Flussnähe stärker zu betonen und um den Vorfall im zweiten Gedicht zu ermöglichen, wo ihm der Eisvogel eine blaue Feder schenkt. Dieser Vorfall erklärt auch die Feder im *Herr der Ringe*. Gedicht eins ist offensichtlich eine Hobbit-Wiedergabe von Dingen lange vor der Zeit des *Herr der Ringe*. Aber das zweite Gedicht bezieht sich auf die Zeit des wachsenden Schattens, bevor Frodo aufbrach. Als Tom im *Herr der Ringe* aufbricht, trägt er daher eine blaue Feder.«

Tolkien führte Tom schon in einem sehr frühen Stadium in den *Herr der Ringe* ein, als er das Buch noch – im Gegensatz zum *Silmarillion* – als Fortsetzung des *Hobbit* betrachtete. Der heitere Geselle passte gut zu dem etwas kindlichen Tonfall der ersten Kapitel. Im Verlauf der Geschichte wurde die Sprache zwar erhabener und düsterer, aber Tom fiel den umfassenden Überarbeitungen des Autors nicht zum Opfer. Tolkien behauptete später: »Ich hätte ihn jedoch nicht dringelassen, wenn er nicht irgendeine Funktion hätte. Ich könnte so sagen: So, wie die Geschichte angelegt ist, gibt es eine gute Seite und eine böse Seite, Schönheit gegen gnadenlose Abscheulichkeit, Tyrannei gegen Königtum, maßvolle Freiheit mit Zustimmung gegen einen Zwang, der längst jeden Zweck außer dem bloßen Machtstreben verloren hat, und so weiter.« Damit bringt Tom in Tolkiens Augen die Geschichte zwar nicht wesentlich voran, hat für ihn jedoch eine Bedeutung als Kommentar. Er steht für etwas ein, was Tolkien wichtig findet, obwohl er nicht bereit war, dieses Gefühl genauer zu analysieren.

Die Frage, wer oder was Tom ist, beschäftigt die Gemüter schon seit Erscheinen des *Herr der Ringe*. Wenn man bedenkt, wie viel Sorgfalt Tolkien gerade auf dieses Werk verwandte, besonders auf die historischen Beziehungen zwischen Lebewesen, Gegenständen und Ereignissen, kann es wohl nicht angehen, dass Frodos Frage »Wer ist Tom Bombadil?« ohne Antwort bleibt. Auch wenn Tolkien es den Lesern nicht frei heraus sagen wollte, wusste er es doch sehr genau.

Es gibt mehrere Auffassungen über Toms wahre Natur. Die meisten Interpreten sind der Ansicht, er sei ein Maia. Der Grund ist einfach: Von allen Charakteren, die in Mittelerde eine Rolle spielen, entsprechen sie Tom und Goldbeere am meisten – und die meisten anderen Charaktere rätselhafter Herkunft wie Gandalf, Sauron, die Istari und Balrogs stellten sich irgendwann als Maiar heraus. Dagegen lässt sich zwar einwenden, dass Tom und Goldbeere nicht gerade wie Maiar aussehen, sondern eher den Eindruck übergroßer Hobbits machen, aber Maiar könnten, wenn sie die Hobbits besuchen wollten, durchaus deren Gestalt annehmen – und Tom besitzt zumindest die Fähigkeit, seine Umgebung zu verändern.

Robert Foster scheint in seinem *Complete Guide to Middle-earth* auf der richtigen Spur zu sein, wenn er feststellt: »Möglicherweise handelt es sich um einen Maia, der auf Eingeborener macht.« Das Problem ist nur, dass es im ganzen *Silmarillion* nicht einen einzigen Maia gibt, der auch nur näherungsweise Toms Charakter entspricht.

Andere behaupten, es handele sich bei ihm um Ilúvatar, den Schöpfer der Welt. Der Grund dafür ist theologischer Art und hat als einziges Argument Goldbeeres Antwort auf Frodos Frage auf seiner Seite, wer Tom sei: »Er ist.« Das wird von vielen als eine Form des christlichen »Ich bin, der ich bin« gedeutet, was natürlich den Weltenschöpfer nahe legt. Tolkien wies diese Auffassung jedoch streng zurück.

Viele halten Tom Bombadil auch für einen Charakter wie Puck oder Pan, einen Naturgott in abgeschwächter Form, halb lustig, halb göttlich. Seit Ende der Sechzigerjahre, als Neil Isaac und Rose Zimbardo das Buch *Tolkien and the Critics* vorlegten, wird diese Auffassung heftig diskutiert. Edmund Fuller behauptet darin, dass »man ihn nur als ursprünglichen Naturgeist einordnen« könne. Patricia Meyer Spacks ergänzte, er besäße eine natürliche Macht: »Er steht mit Naturkräften in innigster Verbindung, er besitzt die Macht der ›Erde selbst‹.« R. J. Reilly erklärte Tom sogar zu »einer Art archetypischem ›Vegetationsgott‹« und meinte zur Begründung: »Wenn Tom Bombadil spricht, ist das, als spräche die Natur selbst – irrational, nur am Leben und Wachstum der

Dinge interessiert.« Ruth S. Noel beginnt in *Mythology of Middle-earth* ihre ausführliche Erörterung von Tom Bombadil mit der Bemerkung, »dass Tom und Goldbeere unverhüllte Verkörperungen eines von Menschen unberührten Landes sind, versehen mit einer großen verborgenen Macht, welche die Gefahren der Wildnis, aber auch ihr Potenzial zeigt, den Menschen zu dienen.« Anne C. Petty fasst diese Diskussion in ihrem 1979 erschienenen Buch *One Ring to Bind Them* mit der Feststellung zusammen, Tom sei »der Naturgeist schlechthin«. Diese Sichtweise auf ihn als eines göttlichen Wesens, das keiner Vernunft folgt, sondern die reine Verkörperung der Natur ist, hat sich seitdem durchgesetzt.

Sein Wesen als Naturgeist wird auch als Antwort auf die häufig gestellte Frage angesehen, warum der Herrscherring, der doch alle in Mittelerde kontrolliert, keine Macht über Tom hat. Verlyn Flieger bringt das 1983 in ihrem Buch *Splintered Light* miteinander in Verbindung: »Tom Bombadil, auf den der Ring keine Wirkung hat, ist eine Naturkraft, eine Art Erdgeist, weshalb die Macht über den Willen, die der Ring ausübt, keine Bedeutung für ihn hat.« Als reine Naturkraft sollte Tom den gleichen Status haben wie ein fallender Stein, wie Wind oder Regen, meinte sie, blinde Aktivität, richtungslos und ohne Ziel.

Aber Toms Macht über den Ring ist anderer Art. Er kann seine normalen Wirkungen überwinden. Wenn er ihn überstreift, wird er nicht unsichtbar, als Frodo ihn überstreift, kann er den Hobbit weiter sehen: »So blind bin ich noch nicht.« Außerdem kann Tom den Ring mühelos auf eine Weise benutzen, die sein Schöpfer nicht beabsichtigte. Tom geht aktiv mit dem Ring um, irgendwie neugierig und interessiert. Seine Macht über ihn, fast wie Taschenspielertricks dargeboten, kann man nicht damit abtun, dass man Tom zu einem Naturgeist erklärt.

Gandalf sieht das ganz ähnlich: Im ersten Teil des *Herr der Ringe* fragt ihn einer der Gefährten, als sie in Bedrängnis geraten, ob sie Tom nicht eine Botschaft zukommen lassen und ihn um Hilfe bitten sollten, da seine Macht anscheinend der des Rings ebenbürtig sei. Aber Gandalf erklärt, dass es sich ganz anders verhalte. Der Ring habe keine Macht über Tom, weil er sein eigener Herr sei. Deshalb könne er den Ring aber noch lange nicht ändern oder seine Macht über andere brechen. Der Ring kann Tom nichts anhaben, weil er außerhalb der Frage von Macht und Herrschaft steht.

Wenn Toms Existenz eine Aussage über das Wesen von Macht und Herrschaft ist, kann auch die größte Machtquelle in Mittelerde nicht an ihm rühren. Seine Funktion in der Geschichte besteht demnach darin, eine bestimmte Haltung gegen Kontrolle und Macht zu zeigen. Tolkien verwendet ihn als Allegorie, dass sogar dieser heftige Kampf zwischen Gut und Böse lediglich ein Teil des Gesamtbilds jeder Existenz ist.

»Beide Seiten, die konservative wie die destruktive, erfordern ein gewisses Maß an Herrschaft«, erklärt Tolkien in einem Brief. »Wenn man aber sozusagen ein ›Armutsgelübde‹ abgelegt hat, auf Herrschaft verzichtet und sich an den Dingen um ihrer selbst willen, ohne Bezug auf uns selbst, erfreut, sie beobachtet, ihnen zusieht und sie bis zu einem gewissen Grad kennt, dann könnte einem die Frage nach dem Recht und Unrecht von Macht und Herrschaft völlig sinnlos werden, und die Machtmittel würden ziemlich wertlos.«

Tom soll also zeigen, dass es Dinge gibt, die über Herrschaft und Kontrolle hinausgehen und nichts damit zu tun haben. Das ist nicht die Funktion eines Erdgeistes, der reinen Verkörperung der Natur, sondern weist ihm einen Stellenwert außerhalb der Welt zu, in der er lebt. Er nimmt herrschaftsfrei an ihr teil, unabhängig von den Ereignissen und Dingen.

»Er ist auf eine besondere Weise ein Meister«, erklärt Tolkien. »Er hat keine Furcht und überhaupt kein Verlangen nach Besitz oder Herrschaft. Er weiß und versteht nur von den Dingen etwas, die ihn in seinem natürlichen kleinen Reich angehen. Er ist der

Geist, der nach Wissen von anderen Dingen, ihrer Geschichte und Natur verlangt, und den es überhaupt nicht interessiert, was mit dem Wissen zu ›tun‹ wäre.«

Tom steht für eine Existenz, der es um das bloße Begreifen geht. Er will dieses Begreifen nicht benutzen. Macht und Herrschaft sind für ihn unwichtig und bedeutungslos. Er lebt und wirkt durch unerbittlichen Frohsinn und gesungene Zaubersprüche, die mehr durch ihre Melodie als durch ihren Inhalt wirken. Diese einfachen, überzeugenden Zauber retten ihn vor allen Fallen, die in dem Titelgedicht seiner Sammlung für ihn ausgelegt werden, und später auch die Hobbits vor den Grabunholden und dem Alten Weidenmann.

Er ist gegenüber dem Einfluss des Rings immun, nicht weil er als Naturgottheit Unnahbarkeit oder eine höhere Autorität verkörpert und auch nicht wegen einer hohen moralischen Wesensart, sondern weil er einen anderen Zugriff auf die Welt hat, in der er sich bewegt. Er bestaunt ihre Zusammenhänge und beobachtet das Ineinandergreifen der einzelnen Momente, die sich zu einem immer größeren Vexierbild entwickeln.

In *The Road to Middle-earth* schlägt Tom Shippey vor, Bombadil einfach als einzigartiges Wesen zu betrachten, als »one-of-a-kind«. Diese Überlegung wird von Tolkien indirekt gestützt. Er meinte, dass in einer guten Geschichte vieles unerklärt bleiben müsse: »Ein paar Rätsel muss es immer geben, sogar in einem mythischen Zeitalter. Tom Bombadil ist eines (absichtsgemäß).« Wenn man ihn als Beobachter auffasst, der aus seiner Faszination an der Struktur von Welt ihren Wirkungszusammenhang begreifen will, ist es kein weiter Weg mehr, ihn sich als Stellvertreter des Autors vorzustellen, der zwar Schöpfer dieser Welt ist, aber aus einer anderen, seiner eigenen heraus handelt.

Der Name Tom Bombadil, den die Hobbits, mit denen Tolkien sich so sehr identifizierte, dieser Gestalt gaben, scheint von den mittelenglischen Worten für »Summen« und »verborgen« abgeleitet zu sein. Sie deuten das Rätselhafte an Tom und seinen Melodiereichtum an, verweisen aber auch auf die Haltung des Autors, der für seine Figuren verborgen die Charaktere entwickelt und an ihrem Schicksal Anteil nimmt.

In einem Brief an die Schriftstellerin Naomi Mitchison schreibt Tolkien: »Natürlich gibt es einen Zusammenstoß zwischen der ›literarischen‹ Technik und der Faszination durch die detaillierte Ausführung eines imaginären mythischen Zeitalters.« Und daran schließt sich ebenjene Aussage an, dass Tom Bombadil ein Rätsel sei – absichtsgemäß. Absichtsgemäß deshalb, weil er eine bewusst geschaffene Figur ist, aus Sprache entstanden, in Kenntnis der Funktionsweise der Mythologien, die so tief greifend Einfluss auf unsere Welt genommen haben.

Ruth S. Noel weist in *Mythology of Middle-earth* darauf hin, dass Tolkien sich bei Toms Schöpfung auch einer germanischen Göttersaga bediente. In dem Gedicht »Tom geht rudern« wird beiläufig auf eine Sequenz aus der *Völsungasaga* Bezug genommen. Die Bemerkung kommt als Spottgesang daher, den Tom einem Otter entgegenbringt, und ist im Original gereimt:

»Ich geb dein Otterfell den Grabunholden.
Die werden dich schon gerben!
Und dich unter goldenen Ringen begraben!
Wenn deine Mutter dich so sähe,
würde sie ihren eigenen Sohn nicht erkennen,
es sei denn an einem Schnurrhaar.
Nee, zieh nur den alten Tom nicht auf,
da werd erst mal gescheiter!«

Es geht um Toms Bemerkung über das Schnurrhaar. Er bezieht sich damit auf den Sohn Hreidmars, der sich in einen Otter verwandeln konnte. In dieser Gestalt wurde er von dem Gott Loki getötet. Als dieser sich später in Hreidmars Haus seines Fangs rühmte, verlangte Hreidmar, dass die Otterhaut als Entschädigung mit Gold gefüllt und vollständig bedeckt werde. Um seine Forderung zu erfüllen, bemächtigten sich Loki und Odin, der ihn begleitete, des Goldschatzes des Zwergs Andvari. Aber als das Otterfell von Gold überquoll, blieb noch ein Schnurrhaar sichtbar. Um die Vereinbarung einzuhalten, musste Odin auch noch auf Andvaris Ring verzichten, der ihm den Goldschatz eingebracht hatte – zu seinem Glück, denn der Zwerg hatte ihn mit einem Fluch belegt, der jedem seiner Besitzer Unglück brachte.

Durch seine Kenntnis der *Völsungasaga* verweist Tom hier auf eine andere Welt, nämlich unsere – wie Tolkien im *Herr der Ringe* auf seine. Tom ist der Beobachter seiner Welt und kennt den Lauf der Dinge, weiß, was sie zusammenhält. Er herrscht nicht und er kontrolliert nicht. Jemand, der Autor, sorgt dafür, dass er schon vor den Elben da ist und bei ihrem Weggang übers Meer vergessen wird. Er kennt das Große wie das Kleine Volk und begleitet alles mit Wohlgefallen und einer tiefen Liebe zur Natur.

Zweifellos setzte Tolkien sich mit Tom Bombadil selbst ein Denkmal. Es entspricht seinem verschmitzten Humor, sich in diese Welt, die sich bei der Niederschrift durch eine immer ausgeklügelte Mythologie zusehends vor ihm entfaltete und Gestalt annahm, zu integrieren und seinen erfundenen Stellvertreter als »rätselhaft« zu bezeichnen.

DÄMONEN

GROSSE SPINNEN

Sie gehörten zu den widerwärtigsten Wesen, die jemals Arda bewohnten. Die größte ihrer Art hieß Ungoliant, ein mächtiger und böser Maia-Geist, der noch vor den Bäumen der Valar in diese Welt gekommen war. Ungoliant lebte lange Zeit allein zwischen den Pelori-Bergen und dem kalten Meer des Südens, sog jegliches Licht in sich auf und wob daraus dunkle Netze von würgender Finsternis, Unlicht genannt, die nicht einmal Manwes scharfe Augen durchdringen konnten. Sie verließ ihren Wohnsitz, um Melkor nach Valinor zu begleiten, vernichtete die Bäume der Valar und wollte sogar den Dunklen Herrscher verzehren, doch die Balrogs eilten ihm zu Hilfe und trieben sie nach Beleriand. Dort traf sie in Nan Dungortheb, dem Tal des Abscheulichen Todes, auf andere ihrer Art, die Melkor zusammen mit weiteren Ungeheuern erschaffen hatte, lange bevor das Licht der Bäume die Welt erhellte. Ungoliant vermehrte sich auf erschreckende Weise, doch dann zog sie über Beleriand hinaus weiter in die Länder des Südens. Sie war von unersättlicher Gier, und es heißt, zuletzt habe sie sich vor Hunger selbst aufgefressen.

Als Nan Dungoreth im Krieg des Zorns unterging, konnten sich nur wenige Töchter Ungoliants vor den heranrollenden Wogen retten, darunter Kankra, auch Shelob genannt. Sie zogen über die Blauen Berge und fanden Unterschlupf im Schattengebirge. Hier erstarkten sie wieder und zogen in den Großen Grünwald weiter, den sie mit ihren Netzen so verdunkelten, dass er fortan Düsterwald hieß. Sie brachten Unheil über das ganze Land, wobei sie sich der Menschensprache bedienten, wenn auch nach Art der Orks, undeutlich und voll böser Worte.

Zwei Zeitalter hindurch lebte Kankra dort in Cirith Ungol, dem »Spinnenpass«, und wuchs fast zu Ungoliants majestätischer Größe heran. Niemand konnte es mit ihr aufnehmen – bis Sam Gamdschie des Weges kam. Ihr großer Schnabel und die Hörner waren voller Gift, ihre Beine endeten in eisenharten Klauen, und sie spie Dunkelheit aus ihrem dicken Bauch – doch der Hobbit löschte eines ihrer großen Augen aus und erstach sie mit seinem Elbenschwert.

Noch vor Ablauf des Dritten Zeitalters war auch der größte Teil der übrigen Spinnen aus der Welt verschwunden, denn nach der Vernichtung von Mordor und Saurons Festung Dol Guldur gingen sie einfach elend zu Grunde.

Geflügelte Untiere

Als im Jahr 3018 des Dritten Zeitalters der Ringkrieg begann, wurden Saurons unsterbliche Geister, auch Nazgûl genannt, von Wesen durch die Luft getragen, für die Elben und Menschen keinen Namen hatten. Melkor, Saurons Herr, hatte sie vor Beginn der Zeitrechnung in Utumnos fauligen Gruben gezüchtet, zusammen mit Schlangen, Kraken und anderem ekligen Gewürm. Obwohl schwarz und böse, waren sie doch keine Untoten oder Geister wie ihre Herren, die Nazgûl, sondern lebende Kreaturen wie Drachen, nur sehr viel älter. Sie hatten Schnäbel, Klauen und Schwingen, waren jedoch keine Vögel, nicht einmal Fledermäuse. Es heißt, sie hätten sich von Orkfleisch ernährt und seien deshalb viel größer als andere Flügelwesen des Dritten Zeitalters gewesen.

So alt und Furcht erregend sie auch waren, ihre Zeit in Mittelerde ging mit dem Ringkrieg zu Ende. Ein Flügeltier wurde von dem Elben Legolas erschlagen, ein zweites von der Schildtochter Éowyn, die restlichen wurden bei der Katastrophe vernichtet, die Mordor den Untergang brachte.

Kraken

Der schreckliche Melkor züchtete viele Ungeheuer, für die es während der Zeit der Dunkelheit keinen Namen gab. Einige überlebten auf dem Grund tiefer Seen in einem traumlosen, ungestörten Schlaf sogar bis ins Dritte Zeitalter der Sonne. Zur selben Zeit, als ein wilder Balrog im Zwergenreich Moria seine Gräueltaten verrichtete, soll ein anderes Wesen aus den tiefen Wassern gekommen sein, ein gewaltiger Krake mit vielen Fangarmen. Da er hässlich schleimig glänzte, wirkte er noch größer, zumal er grünlich zu leuchten schien. Wie ein Schlangennest lag er in den dunklen Tiefen am Fuß der Berge, doch später gelangte er in das klare Wasser des Flusses Sirannon. Er staute ihn durch einen Damm, und aus seinem mächtigen Leib drang scheußliche, stinkende Tinte, dann verbarg er sich in dem schwarzen Tümpel, der so entstanden war. Dieses Wesen bewachte das Westtor von Moria, sodass niemand ungesehen das Zwergenreich betreten konnte. Deshalb wurde es auch der Wächter im Wasser genannt.

Werwölfe, Vampire und Werwürmer

Im ersten Zeitalter der Sonne gelangte eine Rasse gepeinigter Wesen nach Beleriand. Niemand weiß, ob sie Melkors Gruben entstiegen oder von anderer Art waren, vielleicht abtrünnige Maiar wie der Dunkelherrscher. Ihre Augen glühten in grausigem Zorn, sie sprachen das gröbste Orkisch wie das herrlichste Elbisch und hatten die Gestalt von Wölfen. In den langen Kriegen von Beleriand versammelten sie sich unter dem Banner Saurons und griffen den Noldor-Turm auf dem Fluss Sirion an. Er wurde in Tol-in-Gaurhoth umbenannt, »Insel der Werwölfe«, und während Sauron über die tiefen Verliese herrschte, hielten auf den Zinnen die Werwölfe Ausschau nach Feinden.

Später gelangte Huan, ein Wolfshund der Valar, auf der Suche nach dem Silmaril zu diesem Turm. Draugluin, der Herr und Meister der Werwölfe, lieferte ihm einen furchtbaren Kampf, der damit endete, dass Draugluin in die Gemächer von Sauron floh und ihm den geweissagten Eindringling meldete, dann starb er. Der dunkle Fürst wurde nun selbst zum Werwolf, größer und stärker als Draugluin, doch Huan packte ihn an der Kehle. Sauron nahm Vampirgestalt an und floh, worauf der böse Zauber von Tol-in-Gaurhoth abfiel und die gemarterten Geschöpfe die Gestalt der Werwölfe abstreiften.

Auch Vampire, Blut saugende Fledermäuse mit Schwingen und stählernen Klauen, traten erstmals in den Kriegen von Beleriand in Erscheinung. Niemand weiß, ob der Dunkelfeind Melkor sie aus Vögeln oder Raubtieren züchtete. Einen weiblichen Vampir, Thuringwethil, die »Frau vom Geheimen Schatten«, setzte Sauron jedenfalls bei der Suche nach dem Silmaril als wichtigste Botin ein. Sie flog zwischen seinen Festungen Angband und Tol-in-Gaurhoth hin und her. Der Mantel, der Thuringwethil die Macht verlieh, die Gestalt einer Fledermaus anzunehmen, fiel erst bei Saurons Tod von ihr ab, als auch viele andere Bannsprüche zerbrachen und ihr furchtbarer Vampirgeist entfloh.

Die Hobbits haben wie gewöhnlich eine exotische Dreingabe zu bieten. Sie erzählen sich von einem Volk von Werwürmern, das während der Kriege von Beleriand in der Letzten Wüste im Osten von Mittelerde lebte. Aber außer ihrer Chronik berichtet keine Sage des dritten Zeitalters davon. Vielleicht handelt es sich ja nur um Erinnerungen an Gekreuch auf Erden zu Zeiten, als es noch heimlich durch die Lande strich.

DRACHEN

Von allen bösen Geschöpfen in Mittelerde waren die Großen Würmer sicher die ältesten und furchterregendsten. Sie waren riesig und mit Schuppen bedeckt, hatten lange, gewundene Schwänze und waren unglaublich stark, schlagfertig, gewitzt, habgierig und über alle Maßen hinaus abgebrüht.

Es scheint drei Arten gegeben zu haben: große Schlangen, die auf dem Boden dahinkrochen, solche, die sich auf Beinen fortbewegten, und solche, die auf Schwingen durch die Lüfte flogen. Diese unterteilten sich wiederum in zwei Arten: in die wenig angesehenen Kaltdrachen, die lediglich mit Fängen und Klauen kämpften, und in die wundersamen Feuerdrachen oder Urulóki, die höchstes Ansehen genossen, weil sie von allen am meisten Klasse hatten und mit den Flammenstößen aus ihrem Rachen gewaltige Verwüstungen anrichteten.

Melkor soll das Volk der Drachen schon lange vor dem Ende der Ältesten Tage auf den Pfad des Bösen gebracht haben. Er begann sie zu züchten, als er mit den Silmaril nach Angband zurückkehrte. Sie konnten hervorragend sehen, noch besser hören und andere Wesen schon aus der Ferne riechen. Ihre Klugheit wurde nur durch ihre Eitelkeit geschmälert, und sie besaßen magische Fähigkeiten wie ein »befehlendes Auge« und eine Stimme, der alle gehorchen mussten. Sie waren für ihre Unersättlichkeit berühmt, stellten und beantworteten gern Rätsel und hatten schwarzes Blut.

Von allen Völkern, die unter ihnen zu leiden hatten, traf es die Zwerge am schwersten. Die natürliche Weisheit der Drachen hätte sie nie in Konflikt mit ihnen gebracht, wenn ihre Charakterzüge sich nicht so sehr geglichen hätten. Auch die Zwerge versuchten ihren großen Reichtum beständig zu mehren, sodass beide Rassen um den Besitz der gleichen Schätze kämpften. Meistens gewannen die Drachen.

Obwohl es früher angeblich viele Drachen auf Arda gab, wie die Elben ihre Welt nannten, sind nur wenige Namen überliefert. Melkor fing mit den Urulóki an, den Feuerdrachen des Nordens, sie waren in den Ältesten Tagen am meisten verbreitet. Als »Vater« der Drachen galt Glaurung der Goldene, ein mächtiges Reptil ohne Flügel. Er kämpfte in mehreren Schlachten und zog ein Kielwasser des Todes hinter sich her.

Noch nicht ausgewachen, suchte Glaurung im Jahr 260 des Ersten Zeitalters Ard-galen heim und pflasterte die weite Ebene zwischen Dorthonion und dem Grauen Gebirge mit Leichen, bevor berittene Bogenschützen ihn vertrieben. Seinen nächsten Auftritt hatte er in der Schlacht des Jähen Feuers, als er voll ausgewachsen Morgoths Armeen anführte. In der Schlacht der Ungezählten Tränen wendete er das Blatt zu Morgoths Gunsten und trennte die östlichen und westlichen Armeen der Noldor, die er auch vernichtet hätte, wenn Azaghâl, der Zwergenherrscher von Belegost, ihn nicht verwundet und zum Rückzug gezwungen hätte. Die Zwerge von Belegost konnten ihm in dieser Schlacht als Einzige widerstehen, weil sie sich Eisenmasken geschmiedet hatten. Im Jahr 496 des Ersten Zeitalters führte er schließlich den Feldzug gegen das Elbenkönigreich Nargothrond an. Er wurde aus dem Hinterhalt angegriffen und starb an einer Bauchwunde. Túrin erschlug ihn, der Sohn Húrins, dessen Schicksal es war, dass er auf all seinen Wegen immer nur Böses fand.

Die Flügeldrachen, die ebenfalls Feuer spien, tauchten zum ersten Mal im Krieg des Zorns auf. Der Erste trug den Namen Ancalagon der Schwarze. Ihn tötete der legendäre Halb-Elb Earendil in der Großen Schlacht, die Morgoth den Untergang brachte. Beim Absturz des Drachen wurde Thangorodrim zerstört, die drei Gipfel vor dem Südtor seiner Festung.

Nach dieser Schlacht zogen die überlebenden Drachen sich aus der Welt zurück und tauchten erst im Jahr 2570 des Dritten Zeitalters im Grauen Gebirge wieder auf. Scatha der Wurm war der mächtigste von ihnen. Er hatte sich dort versteckt gehalten und gierte nach den Schätzen der Zwerge. Deshalb vertrieb er sie und richtete großes Unheil an – bis Fram, der Herrscher von Éothéod, erschien und ihn tötete. Als die Zwerge einen Teil des Drachenhorts forderten, weil er ihnen geraubt worden sei, ließ Fram ihnen ein paar Drachenzähne zukommen, mit der Empfehlung, sich daraus eine Kette zu machen. Angeblich sollen die Zwerge ihn dafür erschlagen haben.

Sie konnten sich des Friedens nicht lange erfreuen, denn wenig später drangen Kaltdrachen in ihr Land und in die Einöden dahinter ein. Im Jahr 2589 wurde König Dáin I. zusammen mit seinem Sohn Frór von einer solchen Bestie erschlagen, was sein Volk veranlasste, die Heimat zu verlassen und nach Erebor zu ziehen, dem Einsamen Berg östlich des Düsterwalds – wo ein weiterer Drache auf sie aufmerksam wurde.

Er kam im Jahr 2770 des Dritten Zeitalters aus dem Norden und eroberte Erebor. Er war der größte seiner Art: Smaug, wie Glaurung wegen seines rot glühenden inneren Feuers der Goldene genannt. Einhundertsiebzig Jahre lang ruhte er im Einsamen Berg auf einem mächtigen Schatz, mit dem er sonst nichts anzufangen wusste, bis – wie die Chronik vom *Hobbit* berichtet – der Meisterdieb Bilbo Beutlin bei ihm eindrang und seine verwundbare Stelle am Bauch entdeckte. Der mächtige Smaug starb im Jahr 2941 durch den Pfeil des Bogenschützen Bard, als er Vergeltung für den Raub seiner Schätze suchte, und stürzte zwischen den Trümmern der Stadt Esgaroth ins Wasser.

Drachen haben eine lange und bewegte Geschichte. Sie waren nicht schon immer die bösen, heimtückischen Ungeheuer, als die wir sie in Europa kennen. Im fernen Osten neigte ihre Bedeutung mehr zum Guten hin, vielleicht weil einer von ihnen Yü, dem Besiedler Chinas, bei seinem Werk der Besiedlung half, der ihm zuvor seine neun Köpfe abgeschlagen hatte. In China ist der Drache nationales Wappentier, und als Symbol der kaiserlichen Familie hat er fünf Klauen, der gewöhnliche vier und der japanische Drache *tatsu* sogar nur drei. Dafür besitzt er die magische Fähigkeit, seine Größe beliebig verändern zu können – bis zum völligen Verschwinden.

Vermutlich hat der Mythos vom Drachen seinen Ursprung in Asien. Dort werden diese Fabelwesen als Glückssymbole geschätzt und setzen sich in ihren Attributen aus einer Vielzahl symbolischer oder magischer Tiere zusammen. Angeblich sollen die Römer die Gestalt des Drachen in den Westen gebracht haben, als sie von ihren Eroberungszügen in den Osten mit Drachenbannern als Standarten zurückkehrten. Sie hatten die Form von Luftsäcken, die eindrucksvoll hoch über ihren Köpfen wehten. Vielleicht handelte es sich auch schon um Kastendrachen aus Papier, ein chinesischer Brauch aus dem fünften Jahrhundert, der anderen Quellen zufolge zu Beginn der Neuzeit über die Niederlande Europa erreichte und bis heute im herbstlichen Drachensteigen erhalten geblieben ist. Die Europäer übernahmen die Wesen auf den Bannern in ihre Legenden und verliehen ihnen eigene mythische Züge.

Bei den Ägyptern, Phöniziern und Chaldäern galt der Drache als Symbol der Mächte des Chaos und der Finsternis. Ganz anders hingegen im Christentum, wo er durch die örtliche Nähe bedingt auch Einzug ins Alte und Neue Testament hielt: Hier stehen Drache, Schlange, Teufel und Satan auf gleicher Stufe. Der Erzengel Michael reiht sich als Drachentöter in eine stattliche Reihe von Heiligen und Helden ein, für die die gleiche Aufgabe zum Prüfstein ihrer Tapferkeit wurde: Georg, der Schutzheilige Großbritanniens, Beowulf in der nordischen Heldensage, Siegmund, Siegfried, Dietrich von Bern, Wigalois und Tristan. Im griechischen Mythos heißen die Helden Kadmos, Herakles, Apollo, Perseus und Jason. Die Drachen, die sie bekämpften, horteten allesamt Schätze, und ihre Grausamkeit, die sich darin zeigte, dass sie sich gern Jungfrauen zum Fraß vorwerfen ließen, forderte die jungen Recken heraus und stürzte die Drachen meist ins Verderben.

Den Griechen haben wir auch das Wort für Drache zu verdanken: »Drakon« kommt von *derkomai* (= »sehen«) und heißt sowohl »Drache« als auch »der Scharfäugige«. Das weist darauf hin, dass der Drache erst unter dem Einfluss des Christentums zum Untier wurde, bei den Griechen aber durchaus noch seine guten Seiten besaß. Sie kannten Drachen auch als hellsichtige Bewohner tiefer Höhlen, die in Orakeln die Zukunft verkünden und den Menschen als Schutzmächte zur Seite stehen.

Wo immer in Tolkiens Werken ein Drache auftaucht, steht er voll in der Tradition der europäischen Mythen. Er ist von ungeheurer Grässlichkeit, aus seinen Nüstern bläht giftiger Atem, er züngelt mit gespaltener Zunge, der riesige Leib ist von Schuppen bedeckt, und er hockt, eifersüchtig über Schätze wachend, in dunklen Höhlen. Dabei weisen die europäischen Drachen durchaus ihre Eigenarten auf. Sie besitzen Flügel, manchmal sogar gleich zwei oder drei Paar, die faltig wie Fledermausflügel sind, haben einen unersättlichen Appetit auf Menschenfleisch und speien Feuer. Chrysophylax, der Drache in *Bauer Giles von Ham*, und Smaug im *Hobbit* sind verschlagene, habgierige, humorlose und fast zu raffinierte Vertreter für den ehrbaren Bauern und den Meisterdieb.

Tolkien nahm noch zwei andere Arten von Drachen in seine Mythologie auf: Kaltdrachen, die genau wie Feuerdrachen in der Handlung des *Herr der Ringe* vorkommen, und Werwürmer, die im *Hobbit* lediglich erwähnt werden. Letztere könnten auf den nordischen Gott Fafnir zurückgehen, der als flügelloser Drache Wurm genannt wurde, nach dem skandinavischen Wort *orm* für Schlange. Lindwürmer nennt man Drachen noch heute in Bayern, und die Österreicher bezeichnen sie – zweifellos im Anklang an den japanischen *tatsu* – als Tatzelwürmer.

Als die Sagen von Beowulf und Sigurd erzählt wurden, die Tolkiens Werk so maßgeblich beeinflussten, hatten Drachen schon eine sehr menschliche Gier nach Gold. Vielleicht hängt das damit zusammen, dass man früher glaubte, sie lebten unter der Erde in Grabhügeln und beschützten die Grabbeigaben der Toten. Diese Schätze gehörten zu Tolkiens Lieblingsthemen. Sie spielen eine große Rolle in *Bauer Giles von Ham* und im Gedicht »Der Hort« aus den *Abenteuern des Tom Bombadil* – ganz zu schweigen vom *Hobbit*, in dem Smaug der Goldene seinen großen Auftritt hat.

Tolkiens Zeichnungen nach besaß er die typische nach oben gerichtete Nase, die ein gemeinsamer Zug aller Drachen von den Wikingern im Nordwesten bis zu den Japanern im Südosten ist, obwohl sie außer beim Krokodil sonst bei keinem anderen Reptil auftritt. Das schützte Smaug jedoch nicht vor seinem verhängnisvollen Sturz ins Wasser.

In den Schöpfungsmythen verkörpert der Drache feindliche Mächte, die Gott seine Schöpfung nicht gönnen: Er hält die fruchtbaren Wasser zurück, will Sonne und Mond verschlingen, bedroht die Mutter des heilbringenden Helden und muss getötet werden, damit die Welt entstehen oder bestehen kann. Bei den Ägyptern besiegte der Sonnengott Ra seinen Widersacher Apophis, die große Schlange der Finsternis, doch das Weltuntergangsbild der *Edda* zeigt zum Schluss den Drachen Nidhögg, der am Fuß der Weltesche haust und an ihren Wurzeln nagt. Die christliche Mythologie, der Tolkien besonders nahe stand, kennt wieder Bilder, in denen ein Drache zu Füßen der Jungfrau Maria liegt, was auf die Überwindung der Erbsünde hinweist. Sie sieht im Drachen schlichtweg die Tod und Verderben bringende Verkörperung des Bösen.

Dunkle Reiche

Angband

Morgoth, der Dunkle Feind der Welt, gründete Angband. Es handelt sich eigentlich um eine unterirdische Festung, deren Sindarin-Name »Eisenkerker« bedeutet. Aber bevor es sie gab, errichtete er im Frühling der Welt Utumno, ein unterirdisches Bauwerk, in dem sich die Balrogs sammelten und in dessen stinkenden Gruben er Riesenspinnen und Heerscharen von Orks züchtete. Sie war die erste und bedeutendste Festung des satanischen Vala, bevor er in den Zeiten der Dunkelheit, die der Vernichtung der Leuchten der Valar folgten, im Norden Belerianhds seine Festung Angband errichtete.

Angband war so gewaltig, dass sie mit ihren Gefängnissen, Baracken, Schächten und Fabrikanlagen ein eigenes Reich bildete. Sechshundert Kilometer nördlich von Menegroth, dem Höhlenpalast des Elbenreichs Doriath im Herzen von Beleriand hinter den südwestlichen Ausläufern der Eisenberge gelegen, war ihr erster Befehlshaber Sauron. Er sollte Utumno vor den Angriffen der Valar schützen. Am Ende des Ersten Zeitalters der Sterne wurde Utumno geschleift und Melkor in Ketten geschlagen, doch die Höhlen und Verliese von Angband blieben während des Krieges der Mächte unzerstört.

Während Melkor vier Alter der Sterne hindurch gefangen gehalten wurde, verbargen sich seine Diener und bösen Geister, angeführt von seinem Heermeister Sauron, in den Tiefen Angbands. Als Melkor wieder freikam, die Bäume der Valar zerstörte und die Silmaril stahl, suchte er – der jetzt den Namen Morgoth trug – abermals Zuflucht in Angband, das er mit Hilfe seiner Dämonen stärker denn je ausbaute. Um die drei gestohlenen Juwelen besser bewachen zu können, mit denen er seine Eiserne Krone verziert hatte, türmte er über der Festung als starkes Bollwerk die drei Gipfel des Vulkans Thangorodrim auf.

Oft belagert, wurde Angband erst im Krieg des Zorns in der Großen Schlacht eingenommen, wobei die Heere der Valar, Maiar und Eldar ihre letzten Reserven aufbieten mussten, um die gewaltige Festung zu schleifen, Morgoths Dämonen zu zermalmen und ihn selbst in die Leere zu verbannen. Bei dieser Schlacht wurde nicht nur Angband völlig zerstört, sondern auch Beleriand vom Meer verschlungen.

MORDOR

Gegen Ende des ersten Jahrtausends des Zweiten Zeitalters gründete Sauron im Osten des unteren Anduin ein Reich des Bösen, das er Mordor nannte, das Schwarze Land oder Land der Schatten. Zwei Zeitalter hindurch diente es ihm als Machtbasis bei seinem Bestreben, ganz Mittelerde unter seine Herrschaft zu bringen. Schon vor seiner Übernahme durch Sauron war Mordor ein ödes und leeres Land gewesen, karg und unfruchtbar. Einhundert alte Meilen, etwa das Vierfache in Kilometern, maß es vom Nordwall bis zum südlichen Ende und einhundertfünfzig Meilen von Westen nach Osten, wo es sich zur Welt hin öffnete.

Sein Hauptvorteil aus Saurons Sicht lag in den unzugänglichen Bergketten, die Mordor als mächtige natürliche Bollwerke auf drei Seiten umgaben und schützten: das Aschengebirge oder Ered Lithui im Norden und das noch größere Schattengebirge oder Ephel Dúath im Süden und Westen. Nur zwei Pässe führten durch diese Berge, der Cirith Ungol im Westen und der Cirith Gorgor im Nordwesten. Im Nordwesten trafen die Gebirge aufeinander und umschlossen das Tal von Udûn mit seinen tiefen Schatten. Südöstlich davon lagen die beiden großen Gebiete des Landes, die riesige, öde Hochebene Gorgoroth im Norden und die südlichen Felder von Nurn, von vier Flüssen durchzogen, die alle ins Nûrnen-Meer mündeten, einen Binnensee. In der Mitte der von Schlackehaufen und Orkhöhlen übersäten Hochebene erhob sich der Schicksalsberg oder Orodruin und bedeckte die weite Ebene schon seit Anbeginn aller Zeiten mit einer dicken Rauchwolke.

Während der ersten Jahre des Zweiten Zeitalters musste Sauron den Eindruck gehabt haben, dass dieses Land wie geschaffen für ihn war: Seine Hauptgegner waren damals noch stärker als er, und er sehnte sich nach einem Reich, das er sich ohne große Mühe aneignen konnte. Er befestigte die Pässe und errichtete an der

Südseite der Ered Lithui auf einer mächtigen Zinne eine noch mächtigere Festung: Barad-dûr, den Dunklen Turm, der die Hochebene Gorgoroth beherrschte. Südlich davon erstreckte sich fruchtbares Ackerland, von Sklaventreibern und Sklaven bevölkert, die freudlos die riesigen Felder bestellten, um Saurons Heere mit Nahrungsmitteln zu versorgen.

In kürzester Zeit schwang Sauron sich zum Herrn über das Schwarze Land auf und bevölkerte es mit Wesen, die er zu seinen bösen Zwecken züchtete. Er lernte das Feuer des Schicksalsbergs nutzen und schmiedete im Jahr 1600 den Einen Ring, baute den Dunklen Turm weiter aus und begann seinen Krieg gegen die Elben. Im Bewusstsein seiner neuen Macht schickte er Heere in die Länder des Westens und suchte für den Rest des Zweiten Zeitalters die Länder im Süden heim. Obwohl er am Ende den Streitkräften der Númenórer weichen musste, gelang es ihm nach seiner Gefangennahme, die Dúnedain durch List zu überwinden. Als die Insel Númenor in den Fluten versank, kehrte er nach Mittelerde zurück und begann langsam damit, seine Macht wiederherzustellen. Im Jahr 3429 des Zweiten Zeitalters überzogen Saurons Heere Gondor mit Krieg, doch zerbrachen fünf Jahre später die vereinigten Heere des Letzten Bündnisses von Elben und Menschen das Schwarze Tor und drangen in Mordor ein. Sauron verging, und sein Geist zog sich weit in den Osten Mittelerdes zurück.

Zu Beginn des Dritten Zeitalters war Mordor öd und leer, bis auf ein paar Garnisonen von Gondor. Die Menschen errichteten die Wehrtürme, die Festung Durthang am nördlichen Pass und die Festung Cirith Ungol am westlich gelegenen, um Saurons verstreute Verbündete daran zu hindern, das Land erneut zu betreten. Nach der Großen Pest im Jahre 1636 gab Gondor diese Festungen jedoch auf, und sie wurden von Orks eingenommen. Die Macht des Schwarzen Landes war gleichwohl erloschen, und auch der Schicksalsberg spie vorerst kein Feuer mehr.

Aber Mordors Schicksal hatte stets das seines Herrn Sauron widergespiegelt, und als der Dunkle Herrscher in der ersten Hälfte des Dritten Zeitalters wieder erwachte, schmiedete er heimlich Pläne, sein altes Reich zurückzuerobern. Von Dol Guldur im Düsterwald schickte er um 1980 die Ringgeister aus, um seine Feinde zu schwächen, und in den nächsten tausend Jahren wuchs seine Macht, bis er schließlich im Stande war, Mordor wieder zu betreten und seine Herrschaft neu zu errichten. Doch im anschließenden Krieg zerstörte der Hobbit Frodo den Einen Ring in den Klüften des Amon Amarth, und Sauron wurde abermals in die Leere geworfen. Diesmal war seine Niederlage indes endgültig, und sein Schwarzes Land bedrohte nie mehr den Frieden von Mittelerde. Die Äcker des Südens am Nûrnen-Meer gingen in den Besitz der befreiten Sklaven über, die Hochebene im Norden blieb öde und trostlos zurück: Gorgoroth war wieder die leere Wüste wie vor dem Beginn von Saurons Herrschaft.

ANGMAR

Das Zauberreich Angmar oder »Eisenheim« entstand im Jahr 1300 des Dritten Zeitalters der Sonne, über tausend Jahre nach Saurons Niederlage im Krieg des Letzten Bündnisses. Hoch im Norden zu beiden Seiten des Nebelgebirges gelegen, wurde es von Orks und den barbarischen Bergstämmen der Ettenöden bewohnt. Der Herrscher des Reichs, der Hexenkönig von Angmar, ließ seine Hauptstadt Carn Dûm zur Festung ausbauen. Er war ehemals Anführer der Ringgeister und erster Diener Saurons gewesen und hatte sich nach dessen Verlust des Herrscherrings dort eine eigene Machtbasis errichtet.

Der Hexenkönig überzog Arnor, das Nordkönigreich der Dúnedain, beständig mit Krieg. Seine Aufgabe, den Norden von den Feinden seines Dunklen Herrn zu säubern, wurde stark erleichtert durch die Spaltung Arnors in drei Staaten – die vierhundert Jahre zuvor erfolgt war, nach Earendurs Tod im Jahr 861 des Dritten Zeitalters. Das hatte die Dúnedain schon erheblich geschwächt, aber der Hexenkönig wollte ihre Vernichtung. In Kriegen, die siebenhundert Jahre lang währten, zerstörte er erst Rhudaur, dann Cardolan und Anfang 1974 des Dritten Zeitalters endlich auch Arthedain, die letzte Erinnerung an das einst prächtige Arnor. Aber schon im nächsten Jahr schlugen die vereinten Heere der Bewohner von Gondor und der Elben die Armee des Hexenkönigs in der Schlacht von Fornost, um Angmar in Schutt und Asche zu legen.

Der Hexenkönig hatte sein Hauptziel erreicht: die Vernichtung des Nordkönigreichs. Er verließ den Norden und ging nach Mordor, in die Schatten, wie es heißt, wo er die anderen Nazgûl um sich sammelte. Angmar blieb eine verrufene Gegend, in der die Orks, Wölfe und Trolle jetzt unter sich waren.

ELBEN

Am Anfang der Zeit, lange bevor Gut und Böse in Mittelerde Einzug hielten, als einzig wilde Tiere und alte Bäume die Wälder und Täler bewohnten, erwachten die Quendi, die »Sprechenden«, aus tiefem Schlaf und blickten staunend am See von Cuiviénen, dem »Wasser des Erwachens«, zum Sternenzelt hinauf. Sie waren die Erstgeborenen, die Ältesten Kinder von Ilúvatar – die unsterblichen Elben.

Ihr Haar war wie gesponnenes Gold oder gewebtes Silber, aus ihren Augen strahlte das Sternenlicht, ihre Stimmen klangen schön und zart wie Wasser, und unter allen Künsten glänzten sie am meisten in Sprache, Gesang und Poesie.

Niemand weiß, wie lange sie durch die Wälder streiften, das Leben zu verstehen versuchten und miteinander und mit allem –

ob Tier, Pflanze oder Stein – redeten, als die Valar sie in ihre Heimstatt riefen, zu den Unsterblichen Landen jenseits der See des Westens, »Elbenheim« genannt. Sie wollten dieses schöne Volk als Gefährten und wünschten, sie sollten im Unvergänglichen Licht der heiligen Bäume in Valinor leben.

Aber nicht alle Elben wollten Mittelerde verlassen, und so wurden sie zum ersten Mal geteilt. Während eine große Anzahl nach Westen zog, blieben andere zurück. Sie verstanden sich auf die Natur und wurden Waldelben oder Avari genannt, was »Die Widerstrebenden« heißt. Ihre Liebe galt den Wäldern im Osten von Mittelerde, doch ihr Land wurde später von dunklen Mächten und bösen Wesen bevölkert, sodass sie sich verstecken mussten und dahinschwanden. Sie bauten niemals Städte und hatten keine Könige, und einige wenige folgten viele Zeitalter später ihren Verwandten, die nach Westen gezogen waren.

Die Westelben, die dem Ruf der Valar gefolgt waren und lange vor dem Aufgang von Sonne und Mond ins »sternbeschienene« Beleriand zogen, wurden Eldar genannt, das »Volk der Sterne«. Sie gliederten sich in drei Sippen – die Vanyar mit Ingwe als König, die Noldor mit Finwe als Herrscher und die Teleri, die von Elwe Singollo regiert wurden. Ihre Sippennamen bedeuten »Die Hellen«, »Die Weisen« und »Die Letzten«, weil die Vanyar blond waren, die Noldor tüchtige Gelehrte und die Teleri als zahlenmäßig größte Gruppe auf ihrer Reise am langsamsten vorankamen. Viele von ihnen kehrten um, aber die meisten Eldar drängten nach Westen und erreichten das Große Meer.

Von denen, die umkehrten, waren die Nandor die ersten. Ihr Name bedeutet »sich abwenden«. Bei einer Rast am Großen Fluss Anduin erblickte die Schar der Westelben das Nebelgebirge, und ein Anführer der Telerisippe namens Lenwe führte seine Leute, denen eine Überquerung zu gewagt erschien, am Großen Fluss entlang nach Süden. Sie wurden ein wanderndes Waldvolk und hervorragende Jäger und lebten länger als zwei Zeitalter der Sterne in den Tälern des Großen Flusses. Als jedoch immer mehr durch streunende Orks, Steintrolle und böse Wölfe starben, nahmen sie den Marsch nach Westen wieder auf.

Sie hatten von der Macht der Grauelben oder Sindar gehört, die von Elwe Singollo, dem einstigen König aller Teleri, angeführt wurden. Also zogen sie über die Blauen Berge, gelangten nach Beleriand und schlossen sich den Sindar an. Statt Nandor hießen sie nun Grünelben, weil sie sich in grüne Kleidung hüllten, aus Liebe zu den Wäldern und zum Schutz vor dem Feind, oder Laiquendi, weil sie schöner singen konnten als jede Nachtigall. So lebten sie im Zeitalter vor der Ankunft der Sonne glücklich im waldreichen Gebiet von Ossiriand, dem Land der Sieben Flüsse.

Der größte Teil der Westelben hatte allerdings die Küste von Beleriand erreicht und war mit Hilfe einer Flotte, die ihnen der Herr der Meere schickte, in die Unsterblichen Lande weitergezogen. Dort lebten sie jetzt im Licht zweier Bäume, die Weisheit und Macht verliehen. Ihre Lehrer waren die Valar und die Maiar, von denen sie viele Künste lernten. Es herrschte Friede, denn das Böse in Form des abtrünnigen Maia Melkor war angekettet.

Das war die Zeit, zu der in Mittelerde die Grauelben das größte Volk in den Sterblichen Landen wurden. Ihnen gehörte ganz Beleriand. Sie hatten es aufgegeben, in das verheißene Land zu ziehen, weil das Zwielicht, die Dämmerung unter den Sternen, sie glücklich machte. Sie stießen auf einen weiteren kleinen Rest der Teleri, der nicht übers Meer gegangen war, Falathrim (»Küstenbewohner«) genannt, der die Sindar willkommen hieß. Ihr Herrscher Círdan schwor dem König der Grauelben ewige Treue. Zusammen mit den Grünelben und Laiquendi entwickelten sie im Laufe der Zeit eine neue Sprache, in der der König nicht mehr Elwe Singollo hieß, sondern Elu Thingol oder König Graumantel. Sie begegneten den Zwergen der Blauen Berge, mit denen sie die mächtige Stadt Menegroth oder »Tausend Grotten« erbauten. Sie glich einem Wald voll goldener Laternen, und in den Silberbrunnen lachte das kristallklare Wasser. Das Reich der Grauelben war ein Zauberkönigreich von unermesslicher Pracht.

Nie wieder sollten in Mittelerde und den Unsterblichen Landen so herrliche Zeiten herrschen. Die Eldar und Valar glaubten, auch Melkors böser Schöpferwille sei bei dieser Pracht und Glückseligkeit geschwunden, und ließen den abtrünnigen Maia frei. Aber der Schurke verbündete sich mit der Riesenspinne Ungoliant und vernichtete die Bäume der Valar, sodass für immer das Licht in den Unsterblichen Landen erlosch. Und in der Langen Nacht stahl er das größte Kunstwerk, das jemals auf Arda entstanden war, die Silmaril, drei Juwelen wie Diamanten, die das Licht der Bäume der Valar einfingen.

Feanor, der Schöpfer der Silmaril und Führer der Noldor, verfolgte Melkor, dem sie den Namen Morgoth gaben: »Dunkler Feind der Welt«. Seine Sippe kaperte die Schwanenschiffe der Teleri von Alqualonde und erschlug die Elbenbrüder in ihrem rasenden Zorn. Sie brachte den Krieg nach Beleriand, der erst endete, als die Valar und viele Eldar aus den Unsterblichen Landen kamen und Morgoth für immer vernichteten. Dabei wurde auch Beleriand zerstört, und alle großen Königreiche des Landes verschwanden – nur ein kleiner Teil von Ossiriand namens Lindon überlebte die Katastrophe.

Die meisten Eldar, die den Krieg des Zorns überlebt hatten, gingen nach »Elbenheim« zurück, und die zweitgeborenen Menschen suchten ihr Heil auf einer Insel namens Númenor in der Mitte des Großen Meeres Belegaer, auf halber Höhe zu den Gesegneten Küsten. Keiner der Eldar kehrte jemals zurück, um vom weiteren Geschick dieses Landes zu berichten.

Aber in Mittelerde erstarkte ein neues Reich der Elben, nämlich Lindon unter der Führung des Letzten aller Hochkönige der Eldar, Gil-galad. Hier lebten jene, die es nicht in die Unsterblichen Lande zurückzog, weil ihr Schicksal ihnen noch nicht erfüllt zu sein schien, bis zum Ende des Zweiten Zeitalters in Frieden und wachsendem Wohlstand. Schließlich wanderten einige Noldor und Sindar nach Osten aus und errichteten gemeinsam mit den Waldelben neue Königreiche. Thranduil herrschte über den Großen Grünwald, das Paar Celeborn und Galadriel über den Goldenen Wald Lothlórien. Die größte Kolonie der Eldar bildete allerdings Eregion, von den Menschen Hulsten genannt. Hierhin gingen viele große Edelleute der Noldor, die sich später den Namen Waith-i-Mirdain gaben, besser bekannt als Volk der Elbenschmiede.

Eregion sollte schicksalgebend für die Zukunft Mittelerdes werden. In dieses Land kam nämlich der verkleidete Sauron, Morgoths größter Diener, und ließ von den Elbenschmieden die Ringe der Macht anfertigen. Ihretwegen entbrannte eine Schlacht, bei der Eregion zerstört wurde. Die Elben flohen nach Imladris, das im Dritten Zeitalter Bruchtal hieß, denn solange Sauron den Herrscherring hatte, konnten sie seine Macht nicht brechen. Da kamen die Númenórer in ihren Schiffen, nahmen den Dunklen Feind gefangen und brachten ihn auf ihre Insel. Aber wie weiland Melkor die Valar und Elgar getäuscht hatte, so trieb jetzt Sauron sein Intrigenspiel mit den Númenórern. Sie erhoben sich gegen die Valar und wurden zur Vergeltung vom großen Meer verschlungen – nur wenige überlebten.

Sauron kehrte in sein Königreich Mordor zurück und suchte Mittelerde weiter nach den drei Elbenringen ab. Um seinen bösen Machenschaften ein Ende zu setzen, schlossen Elben und Menschen das Letzte Bündnis und besiegten Sauron. Gil-galad, der letzte König der Elben in Mittelerde, starb dabei, und abermals gingen viele von ihnen auf die Große Reise übers Meer.

Die Elben, die in Mittelerde blieben, führten nur noch ein Schattendasein. Lindon hielt sich von allem Hader fern, und im Osten der Blauen Berge wurden Lothlórien, Bruchtal und Grünwald, das später Düsterwald hieß, von den Elgar regiert – versteckte Gegenden fern der Menschenwelt. Im Ringkrieg kämpften die Elben wieder, bis der abscheuliche Sauron abermals besiegt war, diesmal endgültig. Aber als sein Herrscherring zerstört wurde, verblasste auch die Macht der Eldar. Ihr Schicksal hatte sich erfüllt, und sie begaben sich mit dem letzten weißen Schiff, das der angesehene Círdan von den Grauen Anfurten baute, auf den Geraden Weg in die Unsterblichen Lande.

Tolkiens Elben waren hoch gewachsen und schöner als Sterbliche. Sie hatten dunkle Haare und graue Augen, bis auf die Artgenossen von Galadriel und Glorfindel, die zum Haus der Finrod gehörten und goldenes Haar besaßen. Die größten unter den Elben hatten übernatürliche Kräfte und die Gabe der Vorausschau. Sie hielten sich von Menschen fern und antworteten, um Rat gefragt, zweideutig nach Art von Orakeln.

Auch die Elben aus den germanischen Mythen und Sagen, meist Elfen genannt, sind betörend schön. Sie leben in abgelegenen Winkeln der Natur und führen dort in glänzenden, weißen Gewändern ihren Reigentanz auf. Sie schweben und schwirren durch die Lüfte, mit Vorliebe in hellen Mondnächten, und gelten als bezaubernde Geschöpfe. Sie sind sehr klug und weise und den Menschen meistens gewogen. Aber es kann gefährlich werden, sie bei ihren Spielen zu stören oder unaufgefordert ihr Gebiet oder ihren Wohnraum zu betreten. Es wurde schon manchem Jüngling zum Verhängnis, sich auf eine Elfenhöhe zu legen und einzuschlafen. Sie locken ihn in ihr Reich, und er wird nie mehr gesehen. Andere werden von den Elfen zum Tanz aufgefordert; weigern sie sich, siechen sie zur Strafe an gebrochenem Herzen dahin. Solche verführerischen Kräfte werden auch den Wassernixen zugesprochen, die an Wasserfällen und in stillen Teichen, an Seen und Brunnen zu finden sind und bei Tolkien Flussfrauen genannt werden. Ihr bekanntestes Beispiel ist Goldbeere, die Gefährtin von Tom Bombadil.

Im Allgemeinen gleichen Tolkiens Elben am ehesten den irdischen Sídhe und den Lichtelben der nordischen Göttersaga *Edda*.

Die Sídhe waren die letzten Überlebenden der Tuatha Dé Danann, der alten Götter Irlands, geschwächt, aber noch im Besitz ihrer überirdischen Kräfte. Sie waren hoch gewachsen, manchmal größer als Sterbliche. Im Allgemeinen waren sie unsterblich und beherrschten ähnlich den Eldar die Gabe der Magie und Vorausschau. Sie drangen nicht in die Welt der Menschen vor, und die Menschen riefen sie nicht herbei.

Auch die germanischen Lichtelben bilden eine Gemeinschaft fern den Menschen, die ihnen die Gabe der Weissagung und Zukunftsschau zusprechen. Sie können einem bei der Geburt großes Glück bringen, erfüllen Wünsche und spinnen Schicksalsfäden. Sie sind hinreißend schön und symmetrisch gebaut, im Gegensatz zu den missgestalteten Zwergen oder Dunkelelben. Alle Elben sind Weber, während die Zwerge Schmiede und Bergleute sind. Sie nennen ihr wahres Alter nicht gern, aber kann man es ihnen entlocken, dann stellt sich heraus, dass sie so alt wie die ältesten Wälder und Berge sind. Genau wie die Eldar lieben sie Musik, Gesang und Tanz.

Tolkiens Begeisterung für Elfen geht möglicherweise auf ein Erlebnis zurück, dass er als Achtzehnjähriger in Birmingham hatte. Er sah damals in einem Theater *Peter Pan* und schrieb in sein Tagebuch: »Unbeschreiblich, werde es aber mein Lebtag nicht vergessen. Wollte, E. wäre dabei gewesen.« Er befasste sich in jener Zeit auch mit den Gedichten des katholischen Dichters Francis Thompson, eines Mystikers, der in seinem Buch *Sister Songs* erst einen einzelnen Elb und dann gleich einen ganzen Schwarm Waldgeister auf einer Lichtung sieht – sobald er sich bewegt, verschwinden sie.

In seinen eigenen frühen Gedichten wimmelte es bei Tolkien von Elben, doch haben die gleichnamigen Gestalten des *Silmarillion* nichts mehr mit seinen Anfängen zu tun. Sie sind im Grunde Menschen, genauer gesagt, Menschen vor dem Sündenfall, der sie ihrer schöpferischen Kräfte beraubte. Seinem Biografen

Humphrey Carpenter nach glaubte Tolkien nämlich fest daran, »dass es einmal ein Eden auf Erden gegeben habe und dass die Ursünde des Menschen und seine Verstoßung aus dem Paradies an den Übeln der Welt schuld seien.« Seine Elben jedoch, obwohl der Sünde und des Irrtums fähig, sind nicht in diesem theologischen Sinn »gefallen«. Sie sind Handwerker, Dichter, Schriftkundige und Schöpfer von Kunstwerken, die alles von Menschenhand Gefertigte weit übertreffen. Tolkien sagte von den Elben des *Silmarillion* und des *Herr der Ringe*, sie seien »vom Menschen nach seinem Bilde und ihm ähnlich geschaffen, doch frei von jenen Beschränkungen, von denen er selbst sich am stärksten bedrückt fühlt. Sie sind unsterblich, und ihr Wille bewirkt direkt, dass Vorstellungen und Wünsche sich erfüllen.«

Bei den Kelten und Germanen gab es nicht nur gute und schöne, sondern auch böse und missgebildete Elfen. Manche halfen den Menschen nur dann, wenn man sie auf besondere Weise behandelte. In Häusern und auf Höfen verrichteten Elfen bestimmte Aufgaben, sofern man ihnen Lebensmittel überließ, doch gab man ihnen Kleidung, betrachteten sie sich als ausbezahlt und kamen nie zurück. Manche waren böse und verhedderten gesponnene Fäden oder führten nachts Reisende in die Irre. Selbst die Sídhe, das Blonde Volk der Kelten, konnte gnadenlos sein.

In der nordischen Mythologie kamen die Elben gleich nach den Göttern. Im Märchen haben sie oft Flügel wie Peter Pan und verbringen viel Zeit mit Unfug und Schabernack. Sie setzen ihre Kräfte auch oft für böse Zwecke ein. Tolkien verlieh den Elben ein neues Ansehen, als er sein Volk schuf. Im Grunde ist es eine ganz eigene Schöpfung, die jedoch viel den irischen Tuatha Dé Danann verdankt, einem Elbenvolk, das Irland vor den Menschen bewohnt haben soll. Wie Tolkiens Elben waren sie unsterblich, konnten aber getötet werden. Sie waren auch von so großer Statur, besaßen so viel Weisheit und waren so schön, dass die Menschen es gar nicht fassen konnten. Sie konnten mit Tieren sprechen und erschienen ihnen wie Zauberer. Sie liebten Musik und Poesie und hatten einen Feind namens Balor, der ein einzelnes »böses Auge« besaß, das voll böser Macht war. Er erinnert an Sauron und sein feuriges Auge, das beständig nach dem Einen Ring sucht. Die Tuatha Dé Danann zogen sich allmählich aus Irland zurück, als der Mensch aus dem Osten einwanderte. Genau wie Tolkiens Elben wurde dieses Volk immer kleiner und verschwand schließlich aus der Geschichte der Welt.

Tolkien war von diesem keltischen Mythos zweifellos stark beeinflusst. Am Schluss des *Herr der Ringe* setzen seine Elben Segel nach den Unsterblichen Landen und verschwinden ebenfalls. Von den einst mächtigen Thuatha Dé Danann blieben die Sídhe zurück, das Volk der Hügel. Unter den Bergen versteckten sie sich vor den Sterblichen und mischten sich nur selten in die Belange der Menschen ein. Im *Herr der Ringe* halten Tolkiens Elben sich ebenso sehr zurück und befassen sich nicht gern mit anderen Völkern wie Menschen, Zwergen oder Hobbits. Die Elben bleiben außerhalb jeder menschlichen Reichweite.

Tolkiens Vorstellung von ihrem Reich hinter den Wellen ist allerdings ebenso vage wie bei den Kelten. Ruth S. Noel erläutert in *Mythology of Middle-earth*, dass er offenbar zwei Vorstellungen von »Elbenheim« und den Königinnen der Elben hatte. Die eine war eine unsterbliche Insel jenseits der Welt, regiert von einer engelsgleichen Göttin auf dem Gipfel eines Berges. Die andere war ein verzauberter Ort in der Welt, regiert von einer Unsterblichen, die zwar keine Göttin war, aber Magie beherrschte und durchaus gefährlich werden konnte. Diese beiden Versionen verschmolzen in Tolkiens Erzählung *Der Schmied von Großholzingen* miteinander und verbinden sich auch in der Sequenz, in der Galadriel eine Vision von sich als Herrscherin des Einen Rings hat. In diesem Moment scheint sie sie selbst und die Göttin Varda zu sein.

Diese Doppeldeutigkeit entspricht dem keltischen Mythos, wo keine klare Unterscheidung getroffen wurde zwischen dem Elysium und »Elbenheim« und von beiden verschiedene Berichte gemacht wurden. Die Welt der Sídhe war manchmal mit dem Gesegneten Land eins. Einerseits lebten sie unter den Hügeln Irlands, andererseits in Tír nan Og, dem Land der Jugend, einer Insel in Richtung der untergehenden Sonne. Die Königin der Anderswelt galt wie Varda im Allgemeinen als wichtiger denn der König, was auf ein Matriarchat in jener Zeit hinweist. Aber bisweilen war angeblich Manannán Mac Lir ihr Herr und Gebieter, der Sohn des Meeres, nach dem die Isle of Man benannt ist. Der Name Manannán stand vielleicht auch Pate für Manwe, den Höchsten der Valar, Statthalter Ilúvatars und Herrscher der Unsterblichen Lande.

Die Elben lebten bei Tolkien einerseits in der »wirklichen« Welt von Mittelerde, hatten aber gleichzeitig Zugang zu jener anderen Welt. Glorfindel, ein Elb aus Bruchtal, kann als Beispiel dienen. Er war es, der sich den neun Schwarzen Reitern des Herrn der Ringe entgegenstellte und den Hexenkönig von Angmar aus dem Norden vertrieb. Seine Reiter waren Phantome und unterlagen dem Einfluss des Einen Rings. Glorfindel widerstand ihnen nicht einfach deshalb, weil er ein Elbenherrscher war, sondern weil er ihnen auf der gleichen geistigen Ebene begegnen konnte. Er hatte einst in Valinor auf dem Kontinent Aman gelebt, in den Unsterblichen Landen, und war in der Welt der Geister so sehr zu Hause wie in der wirklichen Welt. Auch der Elb Legolas zeigte im *Herr der Ringe* auf den Pfaden der Toten nicht die geringste Angst vor Geistern und Phantomen. Man bedenke auch, dass er mitunter gar nicht schlief. Stattdessen ließ er sich in diese andere Welt treiben und kehrte erfrischt zurück.

Tolkien selbst hielt seine Elben nicht für übernatürliche Wesen, sondern behauptete, dass sie durchweg natürlich seien, erheblich natürlicher als der Mensch. Aber er sprach ihnen großes

Wissen über das Leben nach dem Tod zu – denn bei ihrem Aufenthalt in den Unsterblichen Landen, erklärte er, hätten sie viel von den Valar gelernt.

Sie glaubten aus zwei Hälften zu bestehen, aus Körper und Geist, *hroa* und *fea*, die nicht aneinander gebunden sind. Aber den Geist hielten sie ohne Körper für machtlos und den Körper ohne Geist für tot. Zwar lebten die Elben so lange wie die Welt, aber sie nannten sie Arda Sahta, die Verdorbene. Innerhalb ihrer Grenzen konnte Morgoth, der Dunkle Feind der Welt, alles beeinflussen, sodass Elben und Menschen, die schließlich aus Ardas Materie bestanden, immer auf die eine oder andere Weise leiden mussten. Daher neigte der Geist dazu, den Körper »aufzuzehren«, bis nur noch ein verschwommener Schemen übrig war, den nichts zerstören konnte. Der körperlose Geist wurde zu den Hallen Mandos' gerufen, des Hüters der Totenhäuser im Westen von Valinor, und folgte dem Ruf aus freien Stücken. Nur jene, die von Morgoth beeinflusst waren und deshalb die Strafe des Schicksalsrichters fürchteten, versuchten einen anderen Körper mit einem fremden Geist zu übernehmen. Wer Mandos' Ruf folgte, konnte in einem neuen Körper wieder geboren werden, identisch mit dem früheren, die anderen mussten bis zum Ende der Welt in seinen Hallen bleiben. Ein wieder geborener Elb war in jeder Hinsicht wie ein Kind und erinnerte sich erst an sein früheres Leben, wenn er genug Erfahrung und Wissen gesammelt hatte. Aber dann wurde sein Leben doppelt reich, weil er zwei Kindheiten durchlebt und die Erinnerung an zwei Leben hatte.

Tolkiens Elbenreich ist eine gewaltige Errungenschaft. Seine Mythologie ist ausgereifter und umfassender als alles, was an Wissen über die Sídhe und die Thuatha Dé Danann überliefert wurde. Er erfand mehrere Sprachen für die Elben und gab ihnen eine lange und komplizierte Geschichte. Unter den vielen Völkern, die er erfand, gab es sicher keines, das ihm so sehr am Herzen lag wie das Volk der Elben.

ELBENREICHE

BELERIAND

Am Anfang aller Zeiten kamen die drei Stämme der Elben über die Blauen Berge und zogen nach Westen in die weiten und herrlichen Länder, die sich dahinter erstreckten. Alle Eldar durchquerten dabei Beleriand, und zwei Gruppen segelten schließlich mit Schiffen in den Äußersten Westen weiter, die dritte Gruppe jedoch, die Sindar oder Grauelben, verliebte sich so sehr in dieses Land, dass sie an den Küsten und in den Wäldern wohnen blieb und nicht der Sehnsucht nach dem Meer nachgab, so sehr begeisterten sie die Buchenwälder, Weidenhaine und Berge ihres neuen Landes.

Viele der Noldorin, der Hochelben von Eressea und Eldamar, rebellierten gegen die Valar und kehrten am Ende des Ersten Zeitalters der Sonne nach Mittelerde ins Exil zurück. Bei ihren Versuchen, die gestohlenen Silmaril von Morgoth zurückzuerlangen, halfen ihnen die Grauelben in Beleriand und später auch die Menschen. Aber die Hochelben-Festungen Narghotrond und Gondolin, am Beginn der Kriege im Norden gegründet, wurden nach Jahren der erbitterten Belagerung geschleift, und die geliebte Heimat der Grauelben wurde mit dem Bösen aus Angband und Thangorodrim infiziert.

Als die Valar, die Mitleid mit dem Elend der Elben und Menschen in Mittelerde hatten, zu ihrer Rettung eingriffen und Morgoths Machenschaften endlich ein Ende setzten, kam es zur Katastrophe, und Beleriand, das Land der Grauelben während der Ältesten Tage und wahrscheinlich das älteste Elbenreich in Mittelerde, wurde vom Meer verschlungen.

Nur noch Lindon war am Anfang des Zweiten Zeitalters

geblieben, in die beiden Hälften Forlindon und Harlindon unterteilt. Damals wurden dort Häfen eingerichtet für jene Elben, die endlich dem Ruf der Valar folgten und übers Meer nach Westen segelten.

ELDAMAR

Die Länder der Eldar in den Unsterblichen Landen wurden Eldamar genannt, »Elbenheim«. Sie wurden im Zweiten Zeitalter der Bäume gegründet, als die ersten Eldar eintrafen. Hier lebten die drei Geschlechter der Vanyar, Noldor und Teleri Seite an Seite mit den mächtigen Valar.

Eldamar lag östlich von Valinor und westlich des Großen Meeres. In der Mitte wurde es von den hoch aufragenden Pelóri-Bergen geteilt. Das durch die Calacirya-Schlucht einfallende Licht der Valar-Bäume erhellte die fruchtbaren Länder unmittelbar westlich des Gebirges, während die große Insel Tol Eressea sowie die Küstengebiete an der Bucht von Eldamar ihr Licht von den Sternen erhielten.

Die Länder und Städte Eldamars waren unvergleichlich reich und prächtig. Juwelen und Edelmetalle schmückten sie, und die Bewohner waren glücklich, wohlhabend und weise. Es heißt, selbst die Strände seien mit Diamanten, Opalen und Kristallen übersät gewesen. Doch die schönste von allen Städten und Siedlungen war das mit weißen Mauern und Terrassen auf dem grünen Hügel von Túna errichtete Tirion.

Aber nach dem Untergang Númenors und der Umwandlung der Welt am Ende des Zweiten Zeitalters der Sonne wurde Eldamar mit dem Rest der Unsterblichen Lande den Sphären der Welt entrückt und entzog sich fortan menschlichem Verstehen.

GONDOLIN

Als die Noldor von Eldamar nach Mittelerde zurückkehrten und im Jahr 52 des Ersten Zeitalters der Sonne Beleriand betraten, errichtete ihr Fürst Turgon im Tal von Tumladen in den Umzingelnden Bergen im Norden der Wälder Doriaths eine Stadt von blendender Pracht: Gondolin, das Verborgene Königreich. In der Sprache der Hochelben hieß diese Stadt Ondolinde, »Felsen der Wassermusik«. Sie wurde von den Großen Adlern bewacht, die alle Diener Morgoths, die sich dem Ort näherten, vertrieben oder töteten.

Fünf Jahrhunderte lang konnte Gondolin, das nach dem Vorbild Tirions mit weißen Marmortürmen auf der Kuppe eines prächtigen Felsens stand, sich ungestört entwickeln, dann wurden im Jahr 511 die geheimen Pässe an Morgoth verraten. Schrecklich waren die Schlachten an den unteren Wällen der Stadt, als ein gewaltiges Heer von Orks, Trollen, Drachen und Balrogs in das Königreich einfiel. Schließlich wurde Gondolin genommen, und seine Bewohner fanden den Tod. So fiel das letzte Reich der Hochelben in Beleriand.

NARGOTHROND

Im Ersten Zeitalter der Sonne ließ Finrod, ein edler und weiser König der Noldor, am Fluss Narog eine mächtige Festung bauen, von der aus er den größten Teil West-Belerianfs beherrschte. Sie bildete zu ihrer Zeit das größte Königreich der Elben im ganzen Land. Nach dem Vorbild der Tausend Grotten Menegroths von Zwergen der Blauen Berge in den Fels gehauen, blieb Nargothrond bis weit ins fünfte Jahrhundert hinein unentdeckt – trotz der zahlreichen Gefechte, die seine Bewohner sich mit Morgoths Truppen lieferten.

Im Jahr 496 zog jedoch ein gewaltiges Orkheer auf, verstärkt durch den Drachen Glaurung, und bevor die in die Festung führende steinerne Brücke zerstört werden konnte, gelang es Glaurung, in Nargothrond einzudringen. Alle Bewohner wurden niedergemetzelt oder versklavt, und fünf Jahre lang herrschte Glaurung in den Höhlen, bevor er selbst getötet wurde.

Kurz danach kehrte Mîm, der Letzte der Kleinzwerge, in die Heimat seiner Vorfahren zurück; aber als auch er erschlagen wurde, blieben die alten Hallen für immer leer.

Falas

An der Westküste Beleriands gab es einen Küstenabschnitt, den die Teleri oder See-Elben zu ihrer Heimat machten. Sie nannten ihn Falas, »Brandungsstreifen«. Er wurde von Círdan regiert, einem alten und weisen Elb, der später Círdan der Schiffsbauer hieß, da sein Volk das Erste in Mittelerde war, das die Kunst des Schiffsbaus beherrschte. Lange leisteten die beiden Häfen Brithombar und Eglarest im Juwelenkrieg Widerstand, bis Morgoth sie schließlich zerstörte. Die Falathrim selbst – wie die Elben sich nach dem Gebiet der Falas nannten – setzten jedoch rechtzeitig auf ihren weißen Schiffen zur Insel Balar über, wo sie vor dem Dunklen Feind sicher waren. Als Beleriand später im Meer versank, segelte Círdans Volk weiter in den Süden, zum Golf von Luhn, wo es eine neue Hafenstadt erbaute, die Grauen Anfurten.

Doriath

Im Zweiten Zeitalter der Sterne gründeten der Grauelben-König Thingol Graumantel und seine Gemahlin, die Maia Melian, ein Königreich in Beleriand. Es lag tief im gebirgigen Inneren zwischen den mächtigen Buchen des Waldes Neldoreth, bewacht vom Gebirge des Schreckens. Die königliche Residenz in den Tausend Grotten von Menegroth war vier Zeitalter der Sterne hindurch die prächtigste von Mittelerde – bis der Juwelenkrieg die Länder zum Schlachtfeld zwischen den Nordor und Morgoth machten. Um die Grauelben zu schützen, umgab Melian ihr Reich mit einem Banngürtel, der verhinderte, dass Böses eindrang. So wurde Doriath (»Land des Zauns«) bei seinen Verbündeten als das Verborgene Königreich bekannt.

Doch dann gelangte Thingol in den Besitz eines Silmaril. Die Zwerge von Nogrod verrieten ihre Verbündeten und erschlugen den König, worauf Melian Mittelerde verließ und ihr Zauber seine Wirkung verlor. Auch König Dior, Thingols Enkel, konnte das Reich nicht mehr retten, denn auf dem Besitz des Silmaril lag ein Fluch. Als auch er starb und Menegroth ein zweites Mal geplündert wurden, verließen die Grauelben ihr Reich, und nach dem Krieg des Zorns am Ende des Ersten Zeitalters der Sonne versank Doriath rettungslos in den Fluten.

OSSIRIAND

Der Name des im Osten Beleriands gelegenen Waldlands bedeutet »Land der Sieben Flüsse«, wegen des großen Stroms Gelion und sechs seiner Nebenflüsse. Da die Laiquendi oder Grünelben, die hier bis zum Ende des Ersten Zeitalters siedelten, für ihre Sangeskunst berühmt waren, wurde es aber auch Lindon, das »Land der Musik«, genannt.

Nach dem Untergang Beleriands war der kleine Teil Ossiriands, der die Katastrophe überstand, nur noch unter diesem Namen bekannt. Als letzter verbliebener Teil des Landes wurde Lindon das Herrschaftsgebiet der Eldar unter Gil-galad, dem letzten König der Hochelben in Mittelerde.

Lindon

Im Zweiten Zeitalter der Sonne war Lindon ein schmaler Küstenstreifen im Westen Eriadors, das nach dem Untergang Belerianus gewissermaßen nach Westen gerückt war und jetzt den wichtigsten Lebensraum der Elben in Mittelerde bildete. Der Golf von Luhn teilte es in zwei Hälften, das nördliche Forlindon mit seiner Hafenstadt Forlond und das südliche Harlindon mit Harlond als Hafen. Der wichtigste Hafen war Mithlond, die Grauen Anfurten.

Seit dem Beginn des Zweiten Zeitalters herrschte Gil-galad über Lindon, der letzte Hochkönig der Noldor, während Círdan, der Schiffsbauer der Falathrim, in Mithlond regierte. Als zweihundert Jahre später der Krieg mit Sauron ausbrach, schickten die Númenórer eine Flotte und halfen Gil-galad bei seiner Vertreibung, doch gegen Ende des Zweiten Zeitalters musste der König mit dem Heer des Letzten Bündnisses erneut gegen Sauron zu Felde ziehen. Er starb den Heldentod, und das Reich wurde fortan von Círdan regiert.

Während des Dritten Zeitalters schwand die Macht der Elben. In wachsender Zahl segelten sie in die Unsterblichen Lande. Aber wann immer er konnte, schickte Círdan den Menschen Hilfe, und in der Schlacht von Fornost wendeten die Elben von Lindon das Kriegsglück und brachen die Macht des Hexenkönigs. Im Vierten Zeitalter nahm die Zahl der Elben in allen Königreichen der Eldar weiter ab. Círdan versammelte sein Volk um sich und segelte mit dem letzten weißen Schiff nach Westen.

Eregion

Dieses Elbenreich lag im Zweiten Zeitalter der Sonne westlich des Nebelgebirges. Es wurde im Jahr 750 von den Gwaith-i-Mírdain besiedelt, den Elbenschmieden, die mit Sauron die Ringe der

Macht schufen. Unter Führung Celebrimbors wanderten sie ins östliche Eriador ein, nachdem sie von der Entdeckung einer großen Mithril-Ader unter Khazad-dûm erfahren hatten, und gründeten ihre Kolonie vor dem Westtor des Zwergenreichs, um mit dem kostbaren Metall zu handeln. Beide Völker arbeiteten lange in Freundschaft und wachsendem Wohlstand zusammen, doch im Jahr 1697 des Zweiten Zeitalters wurde Eregion in den Krieg mit Sauron verstrickt. Die Zwerge von Khazad-dûm waren hinter ihren Felsmauern geschützt, doch das Elbenreich wurde zusammen mit seiner Hauptstadt Ost-in-Edhil völlig zerstört.

Übrig blieben nur die Hulsten oder Stechpalmen, das Wappen der Noldorschmiede, die sie überall pflanzten, um die Grenzen ihres Reichs zu markieren. Aus diesem Grund war Eregion den Menschen im Dritten Zeitalter auch als Hulsten bekannt.

Lothlórien

Im Goldenen Wald östlich des Nebelgebirges, zu beiden Seiten des Flusses Celebrant westlich des Großen Stroms Anduin, unterhalb des Tors von Khazad-dûm, lag das schönste Elbenreich, das es im Dritten Zeitalter in Mittelerde gab. Es trug viele Namen: Lothlórien, das »Land der träumenden Blüten«, Lórien, das »Traumland«, und Laurelindórinan, »Land des Tals des singenden Goldes«. Hier wuchsen die Mallorn, die höchsten und schönsten Bäume von Mittelerde, auf deren Zweigen die Elben von Lothlórien, Galadhrim oder »Baumvolk« genannt, ihre Wohnungen auf Fletts oder Telain genannten Plattformen errichteten. So gut wie unsichtbar bewegten sie sich zwischen den hohen Zweigen und trugen die magischen Mäntel der Grauelben, die chamäleonartige Eigenschaften besaßen. Hier herrschten die Noldor-Königin Galadriel und der Grauelbenkönig Celeborn.

Auf dem Kamm eines umwallten und mit gewaltigen Bäumen bewachsenen Berges stand ein großer Palast, der Caras Galadhon oder die »Stadt der Bäume«. Nach dem Vorbild von Doriath war auch der Goldene Wald durch einen Zauber geschützt, den Galadriel, die reinblütigste noch in Mittelerde lebende Eldar, mit ihrem Ring Nenya gewebt hatte. So blieb das Land von den Kämpfen der anderen Reiche in Mittelerde verschont.

Aber während der letzten Jahre des Dritten Zeitalters betraten die Ringgefährten auf der Flucht vor Saurons Dienern das himmlische Lothlórien. Die Königin stärkte ihren Willen durch magische Gaben. Als sie im Ringkrieg dreimal von Saurons Dienern in Dol Guldur angegriffen wurden, zerstörten die Elben den Dunklen Turm nach Saurons Fall und benannten den Düsterwald in den Wald der Grünen Blätter um.

Zu Beginn des Vierten Zeitalters verließ Galadriel Mittelerde, um in die Unsterblichen Lande zu segeln, und Celebrant zog mit dem größten Teil der Galadhrim in den Wald der Grünen Blätter und gründete dort Ost-Lórien. Im Goldenen Wald von Lothlórien verblasste allmählich das Licht, und Galadriels Zauber verlor seine Macht.

BRUCHTAL

Als der Halb-Elb Elrond im Jahr 1697 mit den letzten überlebenden Gwaith-i-Mírdain aus Eregion floh, nahm seine Schar in den tiefen Tälern im äußersten Osten Eriadors am Fuß des Nebelgebirges Zuflucht. Dort, zwischen den Flüssen Weißquell und Lautwasser, gründete sie Imladris, von den Menschen Bruchtal genannt. Der Hobbit Bilbo Beutlin und die Ringgefährten fanden hier später Schutz.

Über dem Haus und dem gesamten Tal hing ein Zauber, der im Falle einer Gefahr die Flüsse an beiden Seiten ansteigen ließ und

Eindringlinge abwehrte. Auch die Stammesfürsten des Nördlichen Königreichs der Menschen weilten hier zu Besuch. Nach dem Ringkrieg verließ Elrond sein Haus, um in die Unsterblichen Lande zu ziehen, aber Elrohir, Elladan, Celeborn und viele andere Elben blieben, bis das letzte Schiff aus den Grauen Anfurten auslief.

GRÜNWALD

Das ausgedehnteste Waldgebiet in Rhovanion und in den Tälern des Anduin war im Dritten Zeitalter der mächtigste Wald in Mittelerde, mehr als sechshundert Kilometer lang und dort, wo die Alte Waldstraße von Wilderland zum Großen Strom führte, dreihundert Kilometer breit. Im Nordosten befand sich das Reich des Elbenkönigs Thranduil, im Südwesten gab es vereinzelte Siedlungen der Waldmenschen.

Im Jahr 1050 drang eine fremde Macht in den südlichen Teil des Waldes ein, um dort die Dol Guldur genannte Festung zu errichten. Noch wusste niemand, dass es sich um Sauron handelte, der den einst herrlichen Wald mit einem bösen Zauber überzog. Wegen der Schatten, die den Ort verdunkelten, wurde der Grünwald zwei Jahrtausende lang Düsterwald genannt. Aber am Ende des Ringkrieges gelang es einem Elbenheer aus der Nordhälfte zusammen mit einem Heer aus Lothlórien die bösen Mächte zu vertreiben. Danach wurde der Grünwald in Eryn Lasgalen umbenannt, »Wald der Grünen Blätter«.

ENTS

Am Anfang aller Zeiten, fern in den Ältesten Tagen, noch bevor die Elben die weiten Wälder durchstreiften, entstanden die Ents. Sie waren halb Mensch, halb Baum, über vier Meter hoch und kamen aus den Gedanken Yavannas, der Königin der Erde, der sie als Hirten und Wächter dienten. Weil sie jeweils aus bestimmten Bäumen entstanden waren, sah jeder Ent anders aus – Höhe, Umfang und Farbe unterschieden sich, ihre Rinde war verschieden dick und fest, und die Zahl der knorrigen Zehen und Finger schwankte zwischen drei und neun.

Die Elbengeschichten erzählen, dass sie in den Großen Wäldern von Arda gemeinsam mit den Elben erwachten, als Varda, die Herrin der Gestirne, die Sterne entfachte. Damals konnten sie noch nicht sprechen, aber sie lernten diese Kunst von den Elben und waren fortan begierig, so viele Sprachen wie möglich zu lernen, sogar die zirpende Sprache der Menschen. Am meisten liebten sie aber ihre eigene Sprache, die sie selbst erfunden hatten und die außer ihnen nie jemand meisterte. Sie rollte tief und voll wie Donner, denn für die Ents verging die Zeit sehr langsam, und so formten sie ihre Gedanken in ganz uneiligem Denken, das wie das zeitlose Dröhnen der Wogen an einer einsamen Küste klang.

Der Herrscher der Ents war Fangorn, in der Gemeinsamen Sprache Baumbart genannt. Er war riesig und uralt, sein rauer Stamm wie Eiche oder Buche, doch seine Astarme waren glatt und die Hände langfingrig. Sein fast halsloser Kopf saß auf einem hohen und dicken Körper. Seine großen braunen Augen mit dem klugen Blick schimmerten in einem grünen Licht, und der zottige graue Bart war wie eine Matte aus Zweigen und Moos. Obwohl er aus dem Holz der Bäume bestand, bewegte er sich sehr flink auf steifen Beinen, die wie lebende Wurzeln aussahen.

Die Ents versammelten sich gelegentlich zu gemeinsamen Beratungen, den Entthings, aber für gewöhnlich blieben sie in den Wäldern für sich. Enthäuser nannten sie ihr Zuhause, bei denen es sich oft um Höhlen in den Bergen handelte, durchströmt von frischen Quellen und umgeben von schönen Bäumen. Dort nahmen sie den Enttrunk ein, eine grün und golden schimmernde Flüssigkeit, die sie in großen Steinkrügen verwahrten. In den Enthäusern schliefen sie auch, erfrischten sich aber gern, indem sie sich nachts unter die kristallene Kühle eines Wasserfalls stellten.

Die Ents waren beinahe unsterblich, und die vielen Völker der Erde um sie herum welkten und vergingen, ohne ihre Größe zu beeinträchtigen. Nur wenn die bösen Orks mit ihren Waffen aus Stahl kamen, wurden sie zornig, und forderte etwas ihren Zorn heraus, so waren die Ents schrecklich und konnten mit bloßen Händen Stein und Stahl zermalmen. Auch die Zwerge verabscheuten sie sehr, denn sie waren Axtträger und schlugen auf Holz ein. Angeblich wurden im Ersten Zeitalter die Zwergenkrieger von Nogrod, als sie gerade die Zitadelle Menegoth geplündert hatten, von den Ents gefangen und ausgelöscht, aber im Grunde waren die Baumhirten ein sanftes und weises Volk. Sie liebten alle Olvar, wie die wachsenden Dinge mit Wurzeln in der Erde genannt wurden, und beschützten sie vor Schaden.

In den Zeitaltern der Sterne gab es männliche und weibliche Ents, doch als die Sonne am Himmel erschien, verliebten sich die Entfrauen ins offene Land, wo sie kleinere Olvar pflegen konnten – Obstbäume, Sträucher, Blumen und Gräser –, während die Entmänner nur hohe Waldbäume liebten. Sie begegneten den Menschen und lehrten sie die Kunst, die Früchte der Erde zu pflegen. Aber noch vor dem Zweiten Zeitalter der Sonne wurden ihre Gärten zerstört, und die Entfrauen zogen weiter – auch Baumbarts Gemahlin Fimbrethil, Weidenast die Leichtfüßige genannt. Keine Geschichte erzählt von ihrem Schicksal. Vielleicht zogen die Entfrauen nach Süden oder Osten, aber wohin sie auch gingen, die Männer wussten es nicht und wanderten auf der Suche nach ihnen viele Jahre umher.

Obwohl die Baumhirten nicht auf menschliche Weise sterben konnten, verschwanden sie doch allmählich vom Angesicht der Erde. Sie waren nie sehr zahlreich gewesen, kamen durch Äxte und Feuer um, und nach dem Verschwinden der Entfrauen gab es keinen Nachwuchs mehr. Im Dritten Zeitalter waren auch die großen

Wälder von Eriador, in denen viele gelebt hatten, abgeholzt oder niedergebrannt, sodass außer Baumbarts Entwald nur noch der Alte Wald blieb. Er bildete den Rest eines Urwalds, der sich einst über riesige Gebiete von Mittelerde erstreckte, und war außerdem die Heimat einer weiteren pflanzlichen Rasse neben den Ents und den Bäumen – den Huorns.

Die Huorns waren »entisch« gewordene Bäume oder »baumisch« gewordene Ents, die meist finster in den Wäldern standen, knorrig und unbewegt. Ihr Zorn war noch leichter zu entfachen und viel heftiger als jener der Ents. Einige waren sogar rachsüchtig und böse. Flink bewegten sie sich auf ihren Wurzeln dahin und fielen unbarmherzig über Feinde her. Einer dieser Huorns, der Alte Weidenmann, wohnte an den Ufern des Flusses Weidenwinde. Er wollte verhindern, dass sein Reich weiter eingeengt wurde, und wob durch die Kraft seines Gesangs einen Zauber um den Wald, der Reisende anlockte, die er dann mit seinen geschmeidigen Ästen umschlang.

Am Ende des dritten Zeitalters gehörte Baumbart zu den drei ältesten Ents, die seit dem Erwachen der Baumhirten auf Erden wandelten. Außer ihm gab es noch Finglas, was »Lockenblatt« bedeutet, und Fladrif, das heißt »Borkenhaut«. Aber Finglas war in sich selbst versunken und »baumisch« geworden, sodass ihn kaum noch etwas von den Bäumen ringsum unterschied, und Fladrif hatte allein gegen die Orks gekämpft, die seine Buchenwälder erobert und viele junge Ents erschlagen hatten. Die Äxte der Feinde hatten ihn schwer verwundet, er war geflohen und lebte seitdem allein an hohen Berghängen.

Zur Zeit des Ringkriegs war von den ältesten nur noch Baumbart aktiv, und unter den verbliebenen Ents herrschte Unzufriedenheit, denn die Diener Sarumans aus dem benachbarten Isengart ließen sie nicht in Ruhe. Als die Gefahr durch den Zauberer immer größer wurde, machten sie sich mit den Huorns auf den langen Marsch. Sarumans Festung wurde eingenommen und die

Macht des Zauberers gebrochen. Wie ein riesiger Wald zogen sie nun gemeinsam in die Schlacht an der Hornburg, um auch dort Sarumans Orkheere zu vernichten. Nach dem Ringkrieg lebten sie wieder friedlich im Entwald, aber ihre Rasse siechte weiter dahin, sodass die Ents im Vierten Zeitalter schließlich ausstarben.

In den germanischen Mythen gibt es gute und böse Riesen, die von größeren Versionen harmloser Helfer in Häusern und auf Höfen bis zu schrecklichen Menschenfressern reichen. Tolkien unterschied zwischen diesen beiden Naturen, nannte die bösen Riesen Trolle und machte die gütigen, die zwar gefährlich, aber nicht böse waren, zu Ents – Bewahrern des Waldes.

Ent ist ein altenglisches Wort mit der Bedeutung »Riese«. Riesen sind alte Naturgötter und werden wie die Ents als älteste aller Wesen angesehen. In der *Edda*, die von Macht und Ohnmacht der alten germanischen Götter und deren tragischem Untergang berichtet, ist der Riese Ymir das erste Wesen, geformt aus Raureif. Tolkiens Ents sind die riesigen, wilden, behaarten Waldgeister der germanischen Mythologie. Sie hinterließen wie Riesen Abdrücke von Händen und vom Sitzen im Stein und waren ungeheuer stark und alt. Sie waren Hüter des Waldes, die beispielsweise Baumfäller mit ihrem Hass verfolgten.

Es mutet seltsam an, dass die alten, unbeholfenen Ents so bezaubernde und anmutige Frauen hatten, aber in den Mythen haben düstere Riesen oft schöne Frauen und Töchter. Unter den hinreißendsten Riesinnen war die Jungfrau Gerd, die strahlende Tochter des Riesen Gymir. Sie war so schön, dass der nordische Gott Frey sich in sie verliebte. Im Artus-Mythos hatte Carl von Carlisle, ein Sterblicher, der durch einen Zauber die Gestalt eines Riesen erhielt, eine bezaubernde Frau und eine noch schönere Tochter. Sir Gawain erlöste Carl, indem er ihn köpfte, und gewann die Tochter zur Frau.

Die Entfrauen, die so gern Pflanzen züchten und die Menschen ihre Verwendung lehren, sind typisch für Göttinnen wie Demeter und Ceres, die das Geschenk des Ackerbaus brachten. Auch sie werden mit weizenblondem Haar und apfelroten Wangen geschildert. Die Trennung von ihren Männern erinnert an den nordischen Gott Njörd und seine Gemahlin Skadi, Tochter des Riesen Thjazi. Sie versuchten jeweils in der Heimat des anderen zu leben, doch Njörd erhob Einwände, da der Gesang der Schwäne ihm schöner dünkte als das Heulen der Wölfe in den Bergen von Skadis Heimat Thrymheim. Sie wiederum beschwerte sich, dass die kreischenden Möwen an der Küste, wo Njörd lebte, sie am Einschlafen hinderten. Auch Njörd und Skadi trennten sich und lebten fortan in ihren bevorzugten Ländern.

Tolkien schrieb bei Erscheinen des zweiten Teils von *Herr der Ringe* im November 1954: »Die Ents scheinen allgemein gut angekommen zu sein. Wie gewöhnlich bei mir sind sie eher aus ihrem Namen hervorgewachsen als umgekehrt. Ich hatte schon immer das Gefühl, man müsste mal etwas über das eigentümliche angelsächsische Wort *ent* machen – für einen ›Riesen‹ oder eine mächtige Person aus ferner Vergangenheit, dem alle alten Werke zugeschrieben wurden. Sollte es einen leicht philosophischen Ton haben, so hat mich das auch interessiert.«

Die Ents sind ein gutes Beispiel dafür, wie Tolkien noch aus den dürftigsten Mythen ein eigenständiges Volk erschuf. Er begann mit dem altenglischen Ausdruck für Riesen und verlieh den Ents Charakter, Geschichte, die Tragik ihrer Frauen und besondere Kräfte. Sie besitzen sogar eine gewisse Würde und ein eigenes Pathos: ein vergessenes Volk, das kurz vor dem Aussterben noch einmal in Erinnerung gerät.

GÖTTER

Am Anfang war Eru, der Eine, der in der Leere wohnte und der auf Elbisch Ilúvatar heißt. Er sprach das Schöpfungswort »Ea«

(»Es sei!«) und die Welt erhielt die Eigenschaft der Wirklichkeit. Durch die Unverlöschliche Flamme erdachte Ilúvatar Ewiges Leben und nannte die Sprösslinge seiner Gedanken Ainur, was »Heilige« heißt. Sie waren die ersten Geschöpfe und wohnten als reine Geister in den Zeitlosen Hallen, die Er für sie errichtet hatte. Jeder erhielt eine mächtige Stimme, damit er zu Seiner Freude vor Ihm singen konnte. Das war die Musik der Ainur, deren Konzert die Welt formte, Arda genannt – »Reich«. Als nun manche Ainur zu Arda hinabsteigen wollten, machte Ilúvatar ihnen zur Auflage, dass ihre Kräfte in Arda eingeschlossen bleiben müssten, bis die Welt und ihre Geschichte vollendet waren.

In den alten Büchern »Ainulindale« und »Valaquenta« heißt es, dass die Ainur, als sie zur Erde hinabstiegen, entsprechend ihrer Natur und den Elementen, die sie liebten, sichtbare Gestalt annahmen. Obgleich sie nicht daran gebunden waren, trugen sie diese oft wie ein Gewand und wurden den irdischen Bewohnern späterer Zeitalter in männlicher und weiblicher Form und ihren hervorragenden Eigenschaften nach vertraut. Sie teilten sich in zwei Völker, von den Elben später Valar und Maiar genannt, von den Menschen Götter. Zahlreicher waren die Maiar (Singular: Maia), doch die größte Macht hatten die fünfzehn Valar (Singular: Vala). Gemeinsam formten Maiar und Valar die groben Umrisse der Welt und wollten ihr dann jene Schönheit verleihen, die ihnen in ihren Visionen vorschwebte. Aber es kam zum Streit unter den Valar, der ihre Arbeit beeinträchtigte, denn Schönheit ist etwas, worin sich auch die Ansichten von Göttern scheiden.

Sie schufen das erste Königreich der Valar, die Insel Almaren inmitten eines gewaltigen Sees in Mittelerde. Im Norden und Süden wurden zwei Leuchten errichtet, die die ganze Welt erhellten. Doch ein Vala namens Melkor, zu Anfang der mächtigste unter ihnen, erhob sich gegen seinesgleichen, warf die Leuchten um und zerstörte Almaren und die schönen Gärten. Verärgert verließen die anderen Valar Mittelerde und zogen nach Westen zur Landmasse Aman. Dort umgaben sie sich auf drei Seiten mit den Pelóri, den höchsten Bergen der Welt, und schufen ein zweites Reich mit herrlichen Gärten und Palästen, das sie Valinor nannten, »Land der Valar«, und das im Westen an Ekkaia grenzte, das unermessliche Außenmeer. Sie schufen auch zwei Bäume des Lichts, die golden und silbern ihr Reich in den Grenzen der Pelóri erleuchteten. Es war ein prächtiges Reich – doch auch hierher kam Melkor und vernichtete die Zwei Bäume. Also schufen die Valar Sonne und Mond und versetzten sie an den Himmel, um der ganzen Welt Helligkeit zu verleihen.

Der Erste unter den Valar war Manwe, Statthalter Ilúvatars, der auf dem höchsten Berg von Arda lebte, dem Taniquetil. Er saß in himmelblaue Gewänder gehüllt mit einem Szepter aus Saphiren in der Hand auf seinem polierten Thron und sah alle Welt unter den Himmeln. Sein Zorn war das Gewitter, alle Vögel der Luft waren sein, und an Künsten liebte er besonders Gesang und Poesie. Sein bevorzugtes Element war die Luft, weshalb er auch Súlimo genannt wurde, »der Atmer«.

An seiner Seite saß in den Kuppelhallen von Illmarin, der »Wohnung der Hohen Lüfte«, Varda, die Herrin der Gestirne. Sie erfüllte die beiden Leuchten mit Licht und nahm den Tau von den Bäumen der Valar, damit die Sterne noch strahlender wurden. Ihr Name lag auf den Lippen all jener, die wollten, dass die Finsternis sich in Luft auflöste. Besonders die Elben schlossen sie ins Herz, denn sie hatte die Sterne erschaffen, die sie zum Leben erweckten. Sie war ein Lichtgeist, einem Springquell aus Diamanten gleich, und so nannten die Elben sie auch Elentári und Elbereth, »Sternkönigin«.

Nach Varda war der Herr der Ozeane der höchste, Ulmo, der »Benetzer« oder »Regenmacher«. Alle Seefahrer kannten und alle Zwerge und Orks fürchteten ihn, denn wenn er mit seiner Rüstung aus Smaragd und strahlend poliertem Silber aus den Wellen stieg, lief eine mächtige Flutwelle an die Küste. Er hob das Muschelhorn Ulumúri an die Lippen und blies tief und lange. Seine Stimme war wie das Rauschen der See, sein Helm von gischtenden Wogen gekrönt. Sein Element war das Wasser, ob im Regen des Frühlings oder in den Brunnen, ob gebändigt von Ufern oder frei an der Küste, stets kam es zu ihm.

Ernährerin der Welt war Yavanna, die »Spenderin der Früchte«, auch Kementári genannt, »Königin der Erde«. Sie nahm viele Gestalten an, und oft stand sie hoch aufragend da, grün gewandet und strahlend von goldenem Tau, wie eine edle Zypresse. Sie ließ die Blumen wachsen, beschützte die Tiere von Wald und Feld, rief alle mächtigen Kräfte von Arda ins Leben. Doch ihr größtes Werk waren die zwei Bäume der Valar gewesen – nach ihrer Zerstörung entlockte sie den verkohlten Stümpfen eine Blüte und eine Frucht, aus denen Sonne und Mond wurden.

Ihr Gemahl, mit dem sie das Element der Erde teilte, war Aule der Schmied. Er war der Schöpfer der Berge, Meister aller Künste, Erschaffer von Metallen und Edelsteinen. Die Zwerge liebten ihn, weil er das Erz für die Esse brachte, und die Elben als Erbauer von glänzenden Türmen und Städten aus hellem Stein. Er schmiedete auch die Leuchten der Valar und baute die Schiffe, die das Licht von Sonne und Mond trugen. Seine größte Tat beging er gleich am Anfang der Zeiten, als er die Erde mit ihren Schluchten und Bergen schuf.

Tiefer noch als Aules Paläste lagen Mandos' Hallen an der Westküste, wo die Unsterblichen Lande ans Außenmeer grenzten. Dort lebte Námo, nach seinen Hallen meist Mandos genannt, was »Schicksalsrichter« oder »Sprecher des Unheils« heißt. Er kannte am besten von allen Valar den Willen Ilúvataras und das Schicksal allen Lebens, das in der Musik der Ainur verborgen lag. Er rief die Geister der Toten in seinen Palast, an einen Ort namens Halle des Erwartens.

Auch seine Schwester Nienna, die Weinende, lebte an der Westküste Valinors, eine verhüllte, trauernde Frau, der ständig

Tränen aus den Augen flossen. Sie trug die Bürde der Welt auf den Schultern, war ganz Weisheit und Erdulden über jede Hoffnung hinaus. Aus ihren Tränen wurde vieles geboren, was niemand zu hoffen wagte, etwa Isil und Anar, die Blume des Mondes und die Frucht der Sonne, die mit Yavannas Hilfe aus dem Kummer entstanden, dass die zwei Bäume nicht mehr das Licht der Welt beschienen.

Im Süden von Valinor lagen die Wälder von Orome, in denen der Jäger gleichen Namens wohnte. Er war der Bändiger wilder Tiere und die Reiter, Hirten und Waldhüter liebten ihn. Mit Speer und Bogen sprengte er auf seinem weißen Hengst Nahar dahin und blies in sein großes Horn, sodass alle bösen Wesen flohen. Die Menschen nannten ihn Araw und die Elben Aldaron oder Tauron, was »Herr des Waldes« heißt.

Das sind die Acht, die auch die Aratar oder »Erhabenen von Arda« genannt werden: Manwe, der Herr der Winde, Varda, die Herrin der Gestirne, Ulmo, der Herr der Meere, Yavanna, die Herrin der Erde, Aule der Schmied, Mandos der Richter, Nienna die Klagende, und Orome, der Herr der Wälder. Aber es gab noch sieben andere Valar, die zur Erde hinabstiegen und von den Elben und Menschen verehrt wurden.

Jene, die sich ewige Jugend wünschten, verehrten Vána, die »Ewigjunge«. Sie war die Gemahlin Oromes und jüngere Schwester Yavannas und ergötzte sich an Vogelgesang und Blumenblüten. Oromes Schwester Nessa wurde die »Tänzerin« genannt, ein wilder Geist, der alle Waldkreaturen liebte und unablässig auf Valinors grünem Gras tanzte. Ihr Gemahl war Tulkas der Starke, auch der »Ringer« genannt. Sein Haar und Bart war golden, und er trug selbst im Krieg keine Waffe, denn seine nackte Kraft überwältigte alle Feinde. Lórien, der eigentlich Irmo hieß, war der Bruder von Mandos. Als Herr der Träume hatte er den schönsten Garten von ganz Arda. Dort lag auch der See Lórellin, an dem die Heilerin Este lebte, die von allen gepriesen wurde. Mandos'

Gemahlin war Vaire, die in den Hallen ihres Gatten unermüdlich an einem Webstuhl das Schicksal der Welt spann.

Außer diesen sechs Valar gab es noch Melkor, der später Morgoth genannt wurde, der Dunkle Feind der Welt. Er besaß die gebündelte Macht aller anderen Valar, doch alles Böse nahm seinen Anfang bei ihm, denn er erhob sich in den Zeitlosen Hallen gegen Ilúvatar und kam im Zorn nach Arda, um sein eigenes Königreich zu errichten. Tief unter den Bergen von Mittelerde baute er die Festungen Utumno und Angband, führte fünf Kriege gegen die Valar und zerstörte die Leuchten und die Bäume der Valar, bis er als einziger Vala aus den Sphären der Welt in die Leere vertrieben wurde.

Es waren auch eine große Anzahl Maiar auf Arda herabgekommen, mindere Gottheiten, die das Gefolge und die Dienerschaft der Valar bildeten. Da sie selten mit den Sterblichen zu tun bekamen und bei den Valar in den Unsterblichen Landen wohnten, waren nur wenige von ihnen den Menschen bekannt.

Am mächtigsten unter ihnen war Eonwe, der Herold von Manwe, des Herrn der Winde, der mit Trompetenschall die Heere der Valar befehligte. Er war es auch, der die Drei Häuser der Menschen große Weisheit und umfassendes Wissen lehrte. Arien, die Lenkerin des Sonnenschiffs, wurde von den Menschen am meisten verehrt, weil ihr Erscheinen sie zum Leben erweckte. Tilion, der Jäger vom silbernen Bogen, war der nächtliche Wanderer, der den Mond über den Himmel trug. Ilmare, Vardas Zofe, schleuderte ihre Lichtspeere vom Nachthimmel. Das Maiar-Paar Osse und Uinen, Ulmos Diener, wurde von allen Seefahrern verehrt. Er war der Herrscher der Wogen von Belegaer und brachte die Kunst des Schiffsbaus auf die Welt, sie war die Herrin der ruhigen See und konnte als Einzige seine wütenden Launen bezähmen.

Es kamen noch andere Maiar nach Mittelerde, die nicht zum Gefolge der Valar gehörten. Vermutlich war Iarwein Ben-adar einer von ihnen, der bei den Menschen Orald und bei den Hobbits Tom Bombadil hieß. Ein seltsamer und fröhlicher Gesell, der absolute Herr des Alten Waldes von Eriador, sang und sprach er immer in Reimen. Seine Gemahlin war die Maia Goldbeere, Tochter der Flussfrau von der Weidenwinde, deren Gesang so lieblich wie Vogelgezwitscher war. Dann gab es noch weißbärtige Männer im Mantel, mit spitzem Hut und Stock, Abgesandte eines Ordens namens Istari, fünf an der Zahl. Sie hießen Gandalf, Saruman, Radagast, Alatar und Pallando und wurden von den Menschen Zauberer genannt.

Nicht alle Maiar waren gute und freundliche Geister, schon bei den Zauberern nicht. Zu den Bösen gehörten vor allem die Balrogs, die Melkor mit seiner Schlechtigkeit verdorben hatte, einst strahlende Feuergeister, so schön wie Arien, nun düster und zu Dämonen entstellt. Ihr Anführer war Gothmog. Sie hatten die Gestalt von Riesen, während Ungoliant die einer riesigen Spinne annahm. Auch die Vampire und Werwölfe von Angband waren Maiar, wie Thuringwethil und Draugluin. Doch sie alle waren nichts im Vergleich zu Sauron dem Abscheulichen. Er war der Gehilfe von Aule dem Schmied gewesen und diente jetzt Melkor. Nach der Verbannung seines Herrn in die Leere wurde er als dessen Nachfolger zur größten Bedrohung von Mittelerde – bis auch sein Geist in die Schatten gefegt wurde und sich diese Geißel des Bösen niemals wieder erhob.

Noch viele andere dienstbare Geister von der schlichtesten Art bevölkerten Arda und nahmen oft die Gestalt von Tieren an, Adlern, Hunden oder Pferden. Beim langen Tragen dieser Gestalt wurden sie jedoch irdisch und konnten sie nicht mehr ändern, sodass sie auch körperliche Nöte wie Hunger, Durst, Müdigkeit und alle Arten von Schmerzen ertragen mussten. Dann wies nichts mehr auf ihre göttliche Herkunft hin. Aber ausnahmslos schloss sich eines Tages der Kreislauf des Lebens, und sie suchten die Angehörigen ihrer Sippe in den Zeitlosen Hallen auf. Dort begegneten sie wieder allen anderen Eruhíni – den Kindern Ilúvatars, die nach Arda gekommen waren.

Die Valar wirken nach Art von Elementargottheiten an der Erschaffung und Einrichtung der Welt mit, jeder nach Maßgabe seiner unvollständigen Erinnerung an die Prophezeiungen der »Ainulindale«. Es sind engelhafte Mächte oder Gottheiten, wie Tolkien schreibt, »mit der Aufgabe, in ihrer jeweiligen Sphäre eine delegierte Autorität auszuüben. Ihre Macht und Weisheit gründen in ihrem Wissen von dem kosmogonischen Drama, das sie erst als ein Drama mit angesehen und später als ›Realität‹ erlebt haben.« Sie sind die Schöpfer der Welt und zugleich ihre Hüter. Sie unterstehen dem Höchsten Wesen, dem Einen, der starke Züge des christlichen Gottes besitzt.

»Hinsichtlich des rein erzählerischen Plans«, schreibt Tolkien in einem Brief von 1951, »sollen damit natürlich Wesen eingeführt werden, die ebenso schön, mächtig und hoheitsvoll sind wie die ›Götter‹ der höheren Mythologie, aber dennoch akzeptabel für – na, sagen wir's unverblümt – für jemanden, der an die Heilige Dreifaltigkeit glaubt.«

Diese Mischung ist Tolkien gelungen. Das Wort *vala* ist altnordisch. Es bedeutet »Seherin« und ist möglicherweise mit dem Wort *valkyrie* oder Walküre verwandt. So werden in der germanischen Mythologie die Botinnen des obersten Gottes Odin genannt, die über die Schlachtfelder reiten, um die Gefallenen durch ihren Kuss zu ewigem Leben zu erwecken und nach Asgard zu entrücken. Viele nordische Seherinnen tragen diesen Namen, auch die *Völuspa*, das erste Gedicht der *Älteren Edda*, ist danach benannt. Die Valar sind aber genauso mit den Nornen der skandinavischen Mythologie vergleichbar, den drei Göttinnen, die unter dem Weltenbaum Yggdrasil leben und das Schicksal der Sterblichen weben. Die Valar wachen auf ähnliche Weise über das Volk in Mittelerde.

Am meisten verehrt unter den Valar wurde Varda, ihre Königin. Bei Tolkien steht sie strahlend und fürstlich auf einem Berg, wacht über Arda und lauscht den Hymnen und Gebeten, die an sie ergehen. Sie besitzt Eigenschaften verschiedener Gottheiten. Ihren Titel »Die Erhabene« hat sie mit Brighid gemein, der obersten Göttin der Kelten. Als Sternentfacherin und Königin der Valar weist sie Züge der griechischen Göttin Eos auf, der Mutter der Gestirne, und der Jungfrau Maria, der Königin der Engel. Sie steht aber auch in der Tradition großer Gottheiten wie Demeter, die der Mythologie alter matriarchaler Kulturen entstammen. An Valar wandten sich die Elben in der Not, zu ihr sangen sie, während um Manwe, den Alten König und Herrn der Valar, wenig Aufhebens gemacht wurde. Gemeinsam wohnten sie auf dem höchsten Berg von Mittelerde, dem Olymp verwandt, der Heimstatt der griechischen Götter. Auch Odin hatte seinen Sitz auf einem Berg, dem Hlidskialf, von dem aus er alles überblicken konnte, was auf Erden geschah.

Die meisten Valar werden als Wesen geschildert, die der menschlichen Welt geistig wie körperlich entrückt sind. Bei Orome, dem Jäger der Valar, ist das anders. Er besuchte Mittelerde und jagte im Ersten Zeitalter in der Gegend von Rhûn. Bei den Elben war er als Araw und bei den Sterblichen als Béma bekannt. Er brachte der Menschheit zwei Geschenke – die weißen Rinder von Araw und die Vorfahren der weißen Pferde von Rohan. Solche Tiere werden von den Menschen schon lange verehrt. Griechen, Römer, Kelten und Germanen hielten weißes Vieh für besonders geeignet als Opfergabe. Die *Ältere Edda* berichtet von einer Kuh namens Adumbla, die an der Schöpfung teilhatte. Prächtige Pferde, die bei Opfern besonderen Eindruck schinden sollten, waren bei den Skandinaviern Freya und bei den Kelten der Göttin Epona heilig.

Der einflussreichste Vala in der Geschichte von Mittelerde war aber sicher Morgoth, der große Feind und Saurons Herr. Er wurde zum Verräter am Segensreich und verließ es, um in Mittelerde ein

Leben im Exil zu führen. Seine Sünde, eine der immer wiederkehrenden Todsünden in Tolkiens Werk, war Habsucht. Er begehrte und stahl drei Juwelen namens Silmaril und vergiftete die Zwei Bäume, die das Gesegnete Land mit Licht erfüllten. Aus seinen Handlungen entwickelte sich die Geschichte von Mittelerde, sodass man sie als Schöpfungsmythen betrachten kann. Morgoths Hochmut, seine Habsucht und das Exil erinnern an den gefallenen Engel Luzifer.

Tolkien machte nie ein Hehl daraus, dass er frommer Katholik war. Er widersprach dem Christentum in seinen Werken nicht, sondern verwendete es als Folie für eine mythologische Hierarchie, in der auf Gott die engelsgleichen Valar folgen, heilig und Ihm untertan, und auf diese wiederum Halbgötter und Geister, die in deren Diensten stehen. Er gab seinen Erzählungen diese Form, damit sie seine moralische Sicht der Welt widerspiegelten, ohne dass die Farbe der Legenden verloren ging, des Sagenhaften, das ewige Wahrheiten zum Ausdruck bringt.

HOBBITS

Als die Sonne Arien über Mittelerde aufging und die Menschen zum Leben erweckte, fiel ihr strahlendes Licht auch auf ein kleines Volk, das sich *holbytlan* oder Höhlenbauer nannte, kurz Hobbits, wegen der Wohnhöhlen, die sie aufwändig ins Erdreich gruben. Sie hatten breite, freundliche Gesichter, braunes Lockenhaar, rote Wangen und Münder, stets zum Lachen und Trinken bereit. Sie wurden nicht größer als einen Meter zwanzig, was ihnen bei den Menschen den Namen Halblinge einbrachte, und aßen sechs üppige Mahlzeiten am Tag. Ihre Lebenserwartung betrug hundert Jahre. Sie hatten lange Finger und seltsame übergroße Füße, an denen sie keine Schuhe trugen. Ihr fröhliches Wesen drückte sich durch eine Vorliebe für auffällig bunte Kleidung aus. Aber ansonsten waren sie eher bescheiden und konservativ. Abenteuerlust war bei ihnen verpönt und galt aus Ausdruck von Unvernunft. Ihre einzige Leidenschaft war das Rauchen von Pfeifenkraut, von dem sie behaupteten, es sei ein Beitrag zur Weltkultur.

Als das Sonnenschiff erstmals über den Hobbits hinwegzog, lebten sie noch bei den Nordmenschen, mit denen sie verwandt sein sollen, hoch oben in den Tälern des Großen Stroms Anduin zwischen dem Nebelgebirge und dem Grünwald. Es gab drei Stämme: die Harfüße, die Falbhäute und die Starren. Erstere waren am zahlreichsten, aber auch am kleinsten. Manche maßen nur sechzig Zentimeter. Sie hatten nussbraune Haut und Haare, liebten das Bergland und genossen oft die Gesellschaft der Zwerge. Zahlenmäßig am geringsten waren die Falbhäute, die jedoch körperlich größer und schlanker waren und auch schon mal zu einem Abenteuer neigten. Haut und Haare waren heller, sie hielten sich gern in den Wäldern auf und bevorzugten die Gesellschaft von Elben. Der dritte Stamm, die Starren, machte äußerlich am meisten her. Sie waren sehr männlich, schwer und gewichtig, und konnten sich zum Erstaunen der anderen Bärte wachsen lassen. Diese Hobbits wohnten weiter südlich in den Tälern des Anduin, liebten flache Auenlandschaften und konnten sogar schwimmen, fischen und Boote bauen. Sie trugen als Einzige Schuhe, bei Schmutzwetter sogar Stiefel.

Vor dem Jahr 1050 des Dritten Zeitalters ist vom Leben der Hobbits, ihren Triumphen und Niederlagen, nichts bekannt. Vermutlich führten sie ihrem Naturell gemäß eher ein beschauliches Leben. Doch dann erschien eine böse Macht im Grünwald, der daraufhin nur noch Düsterwald hieß. Vielleicht war es dieses Ereignis, das sie aus den Tälern des Anduin vertrieb, denn in den folgenden Jahrhunderten wanderten sie westwärts über das Nebelgebirge nach Eriador – erst die Harfüße, dann hundert Jahre später die Falbhäute, bis im Jahr 1300 auch die Starren über den

Rothornpass zogen. Sie behielten noch etwa zwölf Jahrhunderte später kleinere Siedlungen wie auf den Schwertelfeldern bei.

Die meisten Hobbits ließen sich auf der weiten Ebene von Eriador nieder, wo sie im Breeland lebten, das die Menschen gegründet hatten. Aber im Jahr 1601 zogen sie unter der Führung der Falbhäute Marcho und Blancho weiter westwärts, auf der Suche nach fruchtbarem Land hinter dem Brandyweinfluss. Sie siedelten in einem leicht bewaldeten Hügelland, das die Menschen des Königreichs Arnor ihnen überlassen hatten und das als Auenland zur eigentlichen Heimat der Hobbits wurde.

Außer der Großen Pest fünfunddreißig Jahre später und dem langen Winter 2758 sowie den folgenden Hungerjahren herrschte dort dreizehn Jahrhunderte lang Friede und Freude. Benachbarte Völker hielten die Hobbits für bedeutungslos, und wirklich waren die Heldentaten jener Zeit, die fleißig in die Annalen von Auenland eingetragen wurden, eher minderer Natur: Die Hobbits erlangten Souveränität von Arnor, dem Königreich, dem sie Treue geschworen hatten, und führten das Amt des Thains ein, einer Art Vogt der Volksversammlung, aber das verdankte sich dem rätselhaften Verschwinden des letzten Königs von Arnor, und das Amt beschränkte sich denn auch im Wesentlichen auf die Postzustellung. Isegrim Tuk, der zweiundzwanzigste Thain, erwarb gewaltiges Ansehen, wenngleich nur als Bauherr der prächtigsten Wohnhöhle im Auenland, und sein Enkel Bandobras Tuk, auch Bullenrassler genannt, wurde sogar zum Held von Grünfeld, als er im Jahr 2747 des Dritten Zeitalters fast im Alleingang eine gewaltige Schlacht gegen eindringende Orks führte – vermutlich vertrieb er die relativ kleine Bande durch sein cholerisches Gebrüll.

Bezeichnend ist, dass der größte Held der Hobbits zu jener Zeit ein bescheidener Bauer namens Tobold Hornbläser war, der im siebenundzwanzigsten Jahrhundert als Erster die Pflanze Galenas anbaute – Pfeifenkraut. Nach ihm ist die besonders feine Tabaksorte »Old Toby« benannt.

Vor dem dreizehnten Jahrhundert der Auenland-Rechnung war also wenig von den Hobbits und ihren Heldentaten zu berichten, aber das änderte sich schlagartig, als auf Bitten des Zauberers Gandalf und des Zwergenkönigs Thorin Eichenschild ein unbekannter kleiner Hobbit namens Bilbo Beutlin an der Suche nach dem Zwergenhort unter dem Einsamen Berg teilnahm und bei diesem Abenteuer in den Besitz eines Zauberrings gelangte, der das Schicksal von Mittelerde bestimmen sollte. Durch seine Heldentaten wurde Bilbo auf der ganzen Welt berühmt, nur im Auenland nicht. Hier war er nach seiner Rückkehr ein reicher, schrulliger Außenseiter. Er heiratete nicht und hatte keine Kinder, adoptierte aber seinen Neffen Frodo, der seine Eltern mit zwölf verloren hatte, als sie beim Bootfahren auf dem Brandywein ertranken.

Am 22. September 1401 der Auenland-Zeitrechnung gab Bilbo ein rauschendes Fest. Er war an diesem Tag hundertelf und sein Neffe, der zusammen mit ihm Geburtstag hatte, dreiunddreißig geworden. Seine ganze Habe, auch den Zauberring, den er im Nebelgebirge gefunden hatte, hinterließ er Frodo. Dann zog er von dannen und verbrachte die letzten zwanzig Jahre seines Lebens in Bruchtal, um seinem literarischen Ehrgeiz zu frönen. Er dichtete, übersetzte Lieder aus den Elbensprachen und stellte einen Teil des Roten Buchs der Westmark zusammen, dem er den Titel *Hin und zurück* gab. Dort werden Orks, Wölfe, Spinnen und ein Drache erschlagen – niemand hätte im Wesen eines Hobbits eine solche Stärke und Tapferkeit vermutet.

Das Schicksal von Frodo, der noch ein viel größerer Held als sein Onkel wurde, begann mit der Übernahme des Rings zu einer Zeit, als Sauron danach suchte. Der Ring musste den Flammen des Schicksalsberges übergeben werden, wenn die Welt nicht unrettbar verloren sein sollte, aber dieser Berg lag ausgerechnet in Saurons dunklem Reich. Acht Gefährten wurden auserwählt, die sich mit Frodo unter der Führung des Zauberers Gandalf auf den schweren Weg machten. Drei dieser Gefährten waren Hobbits wie Frodo, und ihr Ruhm sollte fast so groß werden wie der des Ringträgers.

Sam Gamdschie, Frodos Diener, trug den Ring kurze Zeit sogar selbst und befreite seinen Herrn aus einem Turm am Spinnen-Pass. Er war der Sohn von Bilbos Gärtner Hamfast und hatte von Bilbo Lesen und Schreiben gelernt. Am liebsten waren ihm Geschichten von Elben. Als er darum bat, Frodo begleiten zu dürfen, wollte er vor allem eines: die Elben sehen. Er war eine schlichte und treue Seele, die seinen Herrn und das ganze Unternehmen mehr als einmal rettete. Nach seiner Rückkehr heiratete er seine Jugendfreundin Rosie Hüttinger, bekam von ihr dreizehn Kinder und wurde sechsmal zum Bürgermeister gewählt.

Die anderen beiden Hobbits der Ringgemeinschaft waren Peregrin Tuk, der Erbe des Thains des Auenlandes, und Meriadoc Brandybock, der Erbe des Herrn von Bockland. Als ihre Aufgabe beendet war, wurden Pippin und Merry, wie sie gemeinhin genannt wurden, zu Rittern von Gondor geschlagen. Merry wurde außerdem zum Junker des Königs Théoden von Rohan ernannt, weil er zum allgemeinen Erstaunen in der Schlacht auf den Pelennor-Feldern zusammen mit seiner Schildmagd Éowyn den Hexenkönig von Morgul erschlug. Pippin, ein Wächter von Gondor, kämpfte mit den Heerführern des Westens und tötete im letzten Kampf vor dem Schwarzen Tor einen mächtigen Troll. Die beiden wurden zu den größten Hobbits in der Geschichte, denn auf der Reise nach Mordor nahmen sie Enttrunk zu sich, die Nahrung der riesigen Baumhirten. So überragten sie bald ihr Volk und waren nach menschlichem Maß fast ein Meter vierzig groß. Merry erwies sich außerdem als Gelehrter von Rang und verfasste eine Pflanzengeschichte des Auenlandes sowie ein Buch über die Berechnung der Jahre. Außerdem schrieb er einen viel beachteten Aufsatz über »Alte Worte und Namen im Auenland«.

Aber es blieb Frodo vorbehalten, einem ebenso bescheidenen

wie mutigen Hobbit, Mittelerde vor der Herrschaft des Bösen zu bewahren. Es waren keine heroischen Neigungen, die ihn dazu veranlassten, auch nicht Abenteuerlust wie bei Bilbo. Er war im Auenland nicht mehr sicher, und seine Heimat geriet durch ihn in Gefahr, sodass er fortziehen musste. Er wurde als einer der Edelsten seines Volkes bezeichnet, aber am Ende war nicht er es, der den Ring zerstörte, sondern ein anderer Hobbit. Es geschah auf eine Weise, die er so gar nicht beabsichtigt hatte. Frodo berichtet davon im größeren Teil vom Roten Buch der Westmark, dem er den Titel *Niedergang des Ringherrn und Wiederkehr des Königs* gab, jener Chronik von Mittelerde, die später als *Herr der Ringe* Berühmtheit erlangen sollte.

Sméagol sollte als Retter in der Not auftreten – ausgerechnet der einzige Hobbit, der sich je den bösen Mächten ergeben hatte. Ursprünglich gehörte er zu einem Stamm der Starren, der im fünfundzwanzigsten Jahrhundert des Dritten Zeitalters in der Nähe der Schwertelfelder lebte. Als sein Vetter Déagol den Einen Ring beim Fischen im Anduin fand, behauptete Sméagol, der an diesem Tag Geburtstag hatte, er stünde ihm als Geschenk zu, und erwürgte Déagol, als er ihn nicht hergeben wollte. Die Macht des Rings verlängerte sein Leben, verkrüppelte ihn aber auch und machte ihn abgrundtief hässlich. Sein Hass auf das Licht, das den Blick auf seine Untaten gewährte, trieb ihn in die Höhlen unter dem Nebelgebirge, wo er über vierhundert Jahre lang hauste. Im Jahr 2941 gelangte Bilbo Beutlin dorthin und fand zufällig den Ring, den Sméagol, der jetzt wegen der glucksenden Laute, die er beim Sprechen machte, Gollum hieß, dort verloren hatte. Bilbo gab den Ring an seinen Enkel Frodo weiter, doch in den ganzen achtzig Jahren, die Gollum ohne den Ring sein musste, hörte er nicht auf, nach ihm zu suchen.

Durch reinen Zufall begegnete Gollum der Ringgemeinschaft auf ihrem Weg nach Mordor in den Stollen von Moria. Dort hatte er vor einem Angriff der Orks Zuflucht gesucht. Als die Hobbits ihn gefangen nahmen, schwor er Frodo zu dienen und zu verhindern, dass der Ring in die Hände des abscheulichen Sauron fiel. Seine Seele hatte sich schon so sehr dem Bösen verschrieben, dass er nicht im Entferntesten daran dachte, sich an diesen Schwur zu halten. Aber im Moment der Entscheidung, als die Gruppe auf dem Schicksalsberg stand, konnte Frodo, von der Macht des Rings überwältigt, sich nicht von ihm trennen – da wurde ausgerechnet Gollum zum Werkzeug des Guten: Er biss Frodo in seiner Gier nach Macht den Finger samt Ring von der Hand. Dann stürzte er rücklings hinab in die schaurigen Eingeweide der Erde. Die Gefahr des Bösen war gebannt. Sauron verschwand in der Leere, und Gollum verging in den feurigen Lohen. So wurde der Herrscherring im Spannungsfeld zwischen dem edelsten und dem bösesten aller Hobbits vernichtet.

Am Ende des Dritten Zeitalters begab sich Frodo mit seinem Onkel Bilbo und den Trägern der drei Elbenringe auf den Geraden Weg in die Unsterblichen Lande. Bilbo hatte das für Hobbits sagenhafte Alter von hunderteinunddreißig Jahren erreicht.

Die Hobbits haben einen einzigartigen Stellenwert unter den Völkern in Tolkiens Werk. Sie sind seine ureigene Erfindung und entsprechen keinem mythischen Vorbild. Sie leben nach sehr menschlichen Idealen, im Gegensatz zu den glorifizierten Leben der weisen Elben und der menschlichen Dúnedain. Sie haben die knuddelige Anziehungskraft kleiner Wesen, führen ein einfaches, zufriedenes, provinzielles Leben auf dem Land, sind zügellos, kindlich und genügsam. Ihre Macht besteht in der unerwarteten Fähigkeit, sich dem Bösen entgegenzustellen.

Die Hobbits werden unverhofft zu Helden und sind deshalb umso anziehender. Das Schicksal erwählt sie an Stelle der Weisen und Mächtigen, und zu ihrem eigenen Erstaunen akzeptieren sie es. Im Großen und Ganzen besteht Frodos Heldentum nicht in verwegenen Taten wie bei seinem Onkel Bilbo oder auch bei Sam Gamdschie. Es besteht in der Anerkennung der Unmöglichkeit seiner Aufgabe, der er trotzdem nachkommt – der Fähigkeit, angesichts der vielen unerwarteten Hindernisse, die sich ihm in den Weg stellen, weiter beharrlich sein Ziel zu verfolgen und dabei der Macht und Versuchung des Rings zu widerstehen. Es gelingt ihm nur mit Mühe. Ohne das Eingreifen des Bösen hätte er den Ring vielleicht gar nicht vernichtet. Frodo ist also keine ungebrochene Gestalt. Er hat in der langen Zeit, die er den Ring seiner Vernichtung entgegentrug, seelische Wunden davongetragen.

»In allem, was das Dritte Zeitalter angeht, betrachte ich mich nur als ›Chronisten‹«, schrieb Tolkien einmal. Aber auf die Frage nach Frodos Zögern, das doch nicht damit vereinbar sei, dass er später mit Bilbo zu den Unsterblichen Landen zöge, antwortete er: »Frodo wurde übers Meer geschickt, damit er geheilt würde – sofern das möglich war, bevor er starb. Er würde schließlich hinscheiden müssen: Kein Sterblicher konnte oder kann für immer auf der Erde oder in der Zeit zu Hause sein. Also sah er sowohl einem Fegefeuer als auch einer Belohnung entgegen, für eine Weile: eine Zeit des Nachdenkens, des Friedens und der Erlangung eines richtigeren Verständnisses seiner Stellung im Kleinen wie im Großen, zu verbringen noch innerhalb der Zeit und inmitten der natürlichen Schönheit der ›unbeschädigten Arda‹, der Erde, die vom Bösen noch nicht verdorben ist.« Und Tolkien schließt, dass es Gandalfs Plan gewesen sein muss, dass Bilbo ihn begleitete, weil der Zauberer ihm große Zuneigung entgegenbrachte und Frodo ihn unter allen Gefährten am meisten liebte.

Ein hoher Anspruch an den Hobbit, sollte man meinen – sich Gedanken über sein Wesen zu machen. Fast zu viel für einen Auenland-Kleingeist. Aber die Erfahrungen, die Tolkien während der Niederschrift des *Herr der Ringe* in seiner Umgebung machte, führten dazu, dass es ihm in den Fingern juckte. Er musste seinen Beobachtungen Ausdruck verleihen. »Ich musste alle Protokolle und Beschlüsse aus einer langen und zänkischen College-Versammlung von gestern in Ordnung bringen«, bekennt er im

November 1954. »Obwohl niemand bösen Willens unter ihnen war, nur vierundzwanzig Personen von der üblichen menschlichen Absurdität. Ich fühlte mich ein wenig wie ein Beobachter bei einer Sitzung von Hobbit-Honoratioren, die den Bürgermeister hinsichtlich der Auswahl und Abfolge der Gänge bei einem Auenland-Bankett beraten wollten.«

Die Hobbits waren seine Welt: Karikaturen und Freunde – Wesen, denen er nie ein Leid zugefügt hätte, die er aber auch herzhaft veralbern konnte, weil er mit ihnen aufwuchs. Er mochte sie, es waren Engländer mit der gleichen Vergangenheit wie er. Das zeigt sich an der Herkunft von Bilbo Beutlin. Im *Hobbit* stellt Tolkien ihn als Sohn der lebhaften Belladonna Tuk vor, einer der drei klugen und munteren Töchter des alten Tuk –, und Tolkien war der Sohn der rührigen Mabel Suffield, einer der drei Töchter des alten John Suffield, der übrigens nach Hobbitmanier fast hundert Jahre alt wurde. Tolkien war sich deutlich bewusst, wie sehr er die Realität und seine Figuren miteinander verwob.

»Ich bin tatsächlich selber ein Hobbit«, bekennt er in einem berühmten Brief vom Oktober 1958, »in allem bis auf die Größe. Ich liebe Gärten, Bäume und Ackerland ohne Maschinen; ich rauche Pfeife, esse gern gute, einfache Sachen (nichts aus dem Kühlschrank) und verabscheue die französische Küche; ich getraue mich, in dieser grauen Zeit dekorative Westen zu tragen. Ich mag Pilze vom Felde, habe einen sehr einfachen Humor; ich gehe spät zu Bett und stehe spät auf (wenn möglich). Ich reise nicht viel.« Aber er ist nicht der einzige Hobbit. Als wollte er betonen, dass es um ganze Länder mit solchen Wesen geht, wählte er Beutelsend zu ihrem Wohnsitz. So nannten die Nachbarn den Bauernhof seiner Tante Jane im mittelenglischen Worcestershire, aus dem seine Familie mütterlicherseits stammte und in der sein Bruder Hilary damals Obst anbaute: eine Idylle, die alle Merkmale des naiven und sorgenfreien Auenlands hat.

Tolkien wertete diese Idylle und Sorglosigkeit, die er Auenland aus seinen Erinnerungen an die Kindheit heraus zuschrieb, durchaus nicht nur positiv. So konservativ er in seiner Lebensführung und seinen Weltanschauungen auch war, ihre Seichtheit und geistige Armut entging ihm nicht. Aber das konnte überwunden werden, ungeheure Energien ließen sich freisetzen, ungeahnte Leistungen vollbringen, sofern eine innere Kraft vorhanden war.

»Niemand ist ein ›Hobbit‹«, schrieb er 1965, »weil er ein ruhiges Leben und reichliche Mahlzeiten schätzt; schon gar nicht, weil er ein latentes Bedürfnis nach Abenteuern hat. Das Hauptmerkmal ihres Temperaments ist das fast gänzliche Erloschensein jedes versteckten ›Funkens‹. Die Geschichte und ihre Fortsetzung handeln nicht von ›Typen‹ oder der Heilung von bourgeoiser Selbstgefälligkeit durch ausgeweitete Erfahrung, sondern von den Leistungen besonders begabter und begnadeter Individuen.«

Tolkien hob sich zweifellos von dem Umfeld ab, in dem er wirkte, schon zu Kinderzeiten, als er nach der Rückkehr aus Afrika eine Leidenschaft für das Erfinden von Sprachen entwickelte. Später wurde er Universitätsprofessor und trug den trockenen Stoff einer vergangenen Sprachkultur nicht nur mit Leidenschaft vor, sondern kleidete ihn auch noch in Geschichten, die Leidenschaft und das Wachstum der Protagonisten zu persönlicher Größe zum Thema hatten. Aus dieser Leidenschaft bezog er seine innere Kraft, die ihn zu seinen Romanen und wissenschaftlichen Arbeiten trieb. Ihr Fehlen bei den meisten Menschen um ihn herum, das Fehlen jenes inneren Funkens, der sie zu besonderen Leistungen anspornte, musste ihn erstaunt haben – jedenfalls führte es dazu, dass er Frodo Beutlin deutlich mit weniger Tatendrang ausstattete als Bilbo.

Sein Biograf Humphrey Carpenter verweist darauf, dass Tolkien einmal in einem Zeitungsinterview sagte: »Die Hobbits sind einfach ländliche Engländer – klein im Wuchs, weil sie die im Allgemeinen kleine Reichweite ihrer Vorstellungen spiegeln, nicht jedoch klein an Mut oder an latenten Kräften.« Anders ausgedrückt, sie stellen die Verbindung eines engen Horizonts mit großem Mut dar, der allerdings erst geweckt werden muss. Das mag für den Engländer typisch sein, ist aber wohl das Merkmal eines jeden Menschen, der eine Möglichkeit finden muss, mit den Beschränkungen seines Lebens umzugehen.

Wenn Bilbo Tolkiens Haltung verkörpert, in ruhiger und maßvoller Umgebung nach Abenteuern zu streben, dann steht Frodo für den Versuch, die Fesseln dieser Beschränkungen abzustreifen. Der Lohn ist groß: Auch halbherzig vollbrachte Taten bieten die Chance auf Heilung in einem gesegneten Reich. Aber die Hobbits sind ein Menschenschlag, der sich nicht einfach aus seiner Lethargie reißen lässt – und wenn ihre größten Helden noch so viel Bedeutung für die Zukunft der Welt erlangen.

INSEKTEN

Es ist eine wenig bekannte Tatsache, dass Tolkiens imaginäre Welt Arda auch eine Anzahl Insekten beheimatet, die allerdings nur am Rande in Erscheinung treten. Von zwei Arten berichtet Bilbo Beutlin in seinem Gedicht »Irrfahrt«, das sich im Roten Buch der Westmark und den *Abenteuern des Tom Bombadil* findet. Den Kopf noch voll von elbischen Dingen, schrieb er es vermutlich gleich nach seiner Rückkehr aus dem Zwergenreich Erebor nieder, bevor er das stolze Volk der Elben besser kennen lernte. Anscheinend war er zu diesem Zeitpunkt erst in Ansätzen mit ihrer Sprache Quenya vertraut, da er zwei Insektenarten in dem Gedicht bei ihren Elbennamen nennt, nicht aber den Schmetterling.

Wir wissen inzwischen, dass die Valar im Frühling von Arda, der mit dem Zeitalter der Leuchten zusammenfiel, Wälder und viele Geschöpfe schufen, die keine Stimme hatten, jedoch wunderschön anzusehen waren. Eines dieser Geschöpfe war der Schmetterling. Als Varda die Erhabene, Gemahlin des Statthalters von Ilúvatar, in Vorbereitung auf das Erwachen der Elben den Silbertau von Telperion nahm, dem älteren der beiden Lichtbäume von Valinor, setzte sie den Umriss eines Schmetterlings zwischen die strahlenden Sterne am Himmel. Sie nannte dieses Wesen Wilwarin.

In Bilbos neckischem Gedicht »Irrfahrt« kommen außerdem noch die geflügelten Insektenarten Hummerhorn und Bienenbrand vor. Sie stürzen sich gleich scharenweise auf einen Fahrensmann. Ob diese bösartigen Kreaturen riesengroß oder der Reisende einfach ein Zwerg war, ist nicht überliefert, auch nicht, ob es sich dabei vielleicht nur um eine Ausgeburt der oft skurrilen Fantasie des Hobbits handelt.

In den übel riechenden Sümpfen im Norden Eriadors, in dessen Hügeln das Auenland liegt, lebten gleich mehrere Blut saugende Insekten, reichlich Fliegen und Mücken, aber auch Wesen, die anscheinend bösartige Verwandte der Grillen waren. Reisende, die durch die Sümpfe kamen, wurden schier wahnsinnig von ihrem unaufhörlichen »niiik-zriiek, niiik-zriiek«, weshalb man sie Tiere auch als Niiikerzriiiker bezeichnet.

Und im Schwarzen Reich Mordor hatte Sauron der Abscheuliche nicht nur Orks, Trolle und Menschen versklavt, sondern auch die einzige existierende Tierart. Es handelte sich um Blut saugende Fliegen, grau, braun und schwarz, die in ekelhaften Schwärmen auftraten, laut, hässlich und hungrig. Genau wie die Orks dieses Landes trugen sie alle ein Kennzeichen: ein rotes Augenmal auf dem Rücken. So hatte sich die Macht des Abscheulichen bis auf das kleinste Übel in seinem Land ausgebreitet.

KRÄUTER

GALGENKRAUT

In den Sümpfen von Mittelerde lauerten nicht nur böse Geister und aasfressende Krähen, dort wuchs auch das Galgenkraut, eine Pflanze, die in Schlingen von den Bäumen hing. Von ihren Eigenschaften wusste niemand etwas zu berichten, denn nur wenige kehrten je aus dieser verrufenen Gegend zurück.

SEREGON

Inmitten einer felsigen Ebene am Ostrand der Hochmoore erhob sich der Amon Rûdh oder Kahle Berg. Auf dem schrundigen Gipfel wuchs eine Pflanze mit dem Sandarin-Namen Seregon, was so viel wie »Blutstein« oder »Steinernes Blut« bedeutet. Sie besaß fleischige Blätter und fünfzählige rote Blüten, vermutlich ein Fettkrautgewächs, dem Felsenmauerpfeffer verwandt. Die Blätter schmeckten pfefferartig scharf.

ATHELAS

Aus dem Land der Númenórer kam eine Heilpflanze nach Mittelerde, die lange als Arznei gegen leichte Beschwerden an Kopf und Leib diente. In der Hochelbensprache hieß sie »Asea Aranion«, was »Blatt der Könige« heißt, weil sie den Herrschern von Númenor stets gute Dienste leistete. In den Elbenerzählungen wird gewöhnlich der Sindarin-Name Athelas benutzt.

GALENAS

Ein dreiblättriges Kraut aus Númenor, das wegen des herrlichen Dufts seiner Blüten berühmt war. Bevor die Insel unterging, wurde es dort eifrig angebaut. Aber erst die Hobbits erkannten die besonderen Eigenschaften der Pflanze. Sie trockneten und zerkrümelten die breiten Blätter und stopften sie in langstielige Pfeifen, die sie anzündeten. Sie nannten die Pflanze »Nikotiana« oder Pfeifenkraut. Nachdem bekannt geworden war, was die Hobbits damit taten, rauchten es auch Menschen und Zwerge im Allgemeinen voller Wohlbehagen.

MENSCHEN

Ein neues Zeitmaß wurde geboren, als die Sonne zum ersten Mal auf die Welt schien und ein Volk erweckte, das Ilúvatar ersonnen hatte, der Eine Gott. In Hildórien weit im Osten, dem »Land der Nachkömmlinge«, öffnete es seine Augen dem neuen Licht. Es waren sterbliche und kurzlebige Wesen, verglichen mit den Elben von geringer Körperstärke und geistiger Armut. Deshalb wurden sie auch Engwar genannt, die Kränklichen, und das niederste Elbenvolk, die Dunkelelben, brachte ihnen bei, was sie an Geschicklichkeit lernen konnten. Aber sie waren beharrlich und zäh und vermehrten sich schneller als jedes andere Volk mit Ausnahme der Orks.

Als Morgoth, der Dunkle Feind der Welt, von ihnen hörte, zog er in den Osten und fand unter den Menschen viele, die sich seinem Willen beugten. Doch einige flohen, und das waren die Edelsten unter ihnen. Auf der Suche nach einem Land, das frei von Morgoths Herrschaft war, breiteten sie sich über den ganzen Westen und Norden aus und erreichten auch Beleriand, die Heimat der aus dem Segensreich zurückgekehrten Noldor-Elben.

Die Menschen baten sie, ihnen Wissen zu vermitteln, um jene Dunkelheit zu beenden, die sie im Osten erfahren hatten, und die Noldor nahmen ihre Gefolgschaft an und lehrten sie vieles von großem Wert. Sie nannten sie Atani, die Zweitgeborenen, und später schlicht Edain, die »Zweiten«.

Im »Quenta Silmarillion« heißt es, die Edain waren in drei Stämme unterteilt: das Erste Haus Beors, das Zweite Haus der Haladin und das Dritte Haus Hadors. Sie bewiesen ungeheuren Heldenmut in dem Krieg, der nach Morgoths Diebstahl der Juwelen ausbrach. Die Legenden berichten von Húrin dem Trolltöter, von Túrin dem Drachentöter, von Beren, der ein Juwel aus Morgoths Eiserner Krone schnitt, und von Earendil dem Seefahrer, der die Valar zum Eingreifen bewegte. Während all dies geschah, kamen kleine und stämmige Menschen mit starken, langen Armen aus den Ländern im Osten, über denen noch immer Morgoths Schatten hing. Ihre Haut war dunkel oder gelblich, und viele gaben vor, den Elben freundschaftlich gesinnt zu sein, doch sie waren untreu und falsch und verrieten sie. Das waren die Ostlinge.

Als am Ende des Ersten Zeitalters Morgoth in die Leere ging und Beleriand versank, teilten die Edain sich. Einige flohen in den Osten jenseits des Nebelgebirges und lebten in den Tälern des Anduin mit anderen ihres Volkes, die nie nach Beleriand gekommen waren und als Nordmenschen von Rhovanion bezeichnet wurden. Andere flohen mit den Elben nach Süden. Sie wurden Dúnedain genannt, Menschen des Westens, und erhielten zum Dank für ihre Hilfe im Kampf gegen Morgoth die Insel Númenor zum Geschenk. Als Númenórer entwickelten sie sich zu einer gewaltigen Seemacht, bis sie aus Hochmut und Angst vor ihrer Sterblichkeit gegen die Valar in den Krieg zogen und ihre prächtige Insel unterging.

Einige, die der Katastrophe entkamen, blieben in den Diensten Saurons, der das Verhängnis herbeigeführt hatte, und siedelten als Schwarze Númenórer im Land Umbar im Süden von Mittelerde. Die edelsten Überlebenden, die sich gar nicht erst am Krieg gegen die Valar beteiligt hatten, wurden unter der Führung von Elendil dem Langen mit vier Schiffen in Lindon an Land geworfen. Sie errichteten zwei mächtige Königreiche in Mittelerde: Das Nordreich Arnor (»Königsland«) lag östlich des Golfs von Lhûn und wurde von Elendil regiert, das Südreich Gondor (»Steinland«) überließ er seinen Söhnen Isildur und Anárion. Dann erwachte die Dunkle Macht Saurons wieder und alle Armeen der Dúnedain und Elben vereinten sich zum Letzten Bündnis.

Es war eine mächtige Schlacht, die vor dem Schwarzen Tor von Mordor stattfand. Gemeinsam kämpften die Armeen Elendils und Gil-galads, des letzten Hochkönigs der Elben, gegen die Haradrim aus dem Süden, die Ostlinge von Rhûn und die Schwarzen Númenórer. Viele Menschenvölker schlugen sich auf Saurons Seite, bis das Schwarze Tor erstürmt war und nach sieben Jahren der Belagerung endlich auch der Dunkle Turm Barad-dûr fiel. Aber Gil-galad, Elendil und Anárion wurden in diesem Krieg getötet, sodass es Isildur überlassen blieb, Sauron den Ring von der Hand zu schneiden und den Abscheulichen zu verbannen. Schon im ersten Jahr des Dritten Zeitalters starb jedoch auch Isildur durch den Pfeil eines Orks, wobei der Ring verloren ging. Jetzt wurde das Nordkönigreich von Isildurs Söhnen und das Südkönigreich von den Söhnen seines Bruders Anárion regiert.

Die Dúnedain wurden zu einer immer größeren Macht in Mittelerde, aber im Osten und Süden bildeten sich neue Völker, die bald gegen sie in den Krieg zogen: Balchoth, Wagenfahrer und andere Ostlinge kamen aus Rhûn, während aus dem Süden Haradrim und Variags zusammen mit Schwarzen Númenórern heranrückten. Die Dúnedain besiegten alle, ohne zu ahnen, dass im Norden ein Hexenkönig die Bergmenschen der Ettenöden sowie eine Armee von Orks und Ostlingen um sich scharte. Zwar wurde das Hexenreich Angmar schließlich von den Menschen eingenommen, doch darüber ging auch das Nordreich Arnor zu Grunde. Nur wenige Bewohner überlebten die Zerstörung und streiften noch durch die verödeten Lande. Sie wurden als Waldläufer des Nordens bekannt.

Immer öfter bedrohten jetzt barbarische Stämme aus dem Süden und Osten, die schon lange von Saurons Macht verdorben waren, die Grenzen Gondors. Die Dunländer rückten vor, die Haradrim und die zahlreichen Ostlinge. Aus Mordor kamen die Ringgeister oder Nazgûl. Doch die Menschen von Gondor gewannen auch Verbündete: die Reiter der Rohirrim, wie einige Nordmenschen von Rhovanion genannt wurden. Die Waldmenschen und Beorninger des Düsterwalds, die Seemenschen von Esgaroth und die Bardinger von Thal – sie alle kämpften gemeinsam gegen Saurons finstere Herrschaft.

Dabei lag ein Wermutstropfen über dem Reich der Menschen, Dúnedain genannt: Es wurde von Statthaltern verwaltet, einen richtigen Thronfolger gab es nicht mehr. Erst als die Suche nach dem Einen Ring begann, der zum Ringkrieg und der endgültigen Vernichtung des Dunklen Herrschers führte, kam der Eine König ins Land der Dúnedain – Aragorn, Sohn des Arathorn, der wahre Erbe von Isildur, und erhielt den Namen Elessar. Durch ihn erfolgte die letzte Blutsverbindung der königlichen Linie mit den Elben, denn er nahm die bezaubernde Arwen Abendstern zur Frau, die Tochter von Elrond Halb-Elb.

König Elessar erwies sich als starker und weiser Herrscher. Er hatte zahlreiche Feinde niedergerungen und schloss einen Frieden mit den Ostlingen und Haradrim, der viele Jahre lang anhielt, denn seine Söhne regierten ganz in seinem Sinne. Sie waren Dúnedain, die in direkter Linie von den Atanári abstammten, den Vätern der Menschen, die als Erste in die Königreiche der Elben gekommen waren. So wird das Vierte Zeitalter der Sonne zu Recht das Zeitalter der Menschenherrschaft genannt.

Die Berichte der Elben legen das erste Auftauchen der Menschen auf die zweite Hälfte des Ersten Zeitalters, als sie Beleriand erreichten, aber viele Stämme müssen schon Jahre vorher in den Ländern des Ostens gelebt haben, bevor einige es wagten, die Blauen Berge zu überqueren. Ein historischer Ursprung der Menschheit ist nirgends in den Annalen von Mittelerde verzeichnet. Es ist nicht einmal sicher, dass die Menschen wirklich aus dem Osten stammten, denn es gab auch im Süden viele Menschenvölker, die aus noch weiter südlich liegenden Ländern gekommen sein könnten. Mit Sicherheit steht lediglich fest, dass drei Häuser der Menschen nach Beleriand gekommen waren, aus denen sich die Dúnedain entwickelten. Sie bildeten das Hohe Volk, im Gegensatz zu anderen Menschen, die als Mittlere Völker und Wilde Menschen bezeichnet wurden.

Die Mittleren Völker hatten die gleiche geschichtliche Herkunft wie das Hohe Volk, nur verlief ihre Entwicklung ohne Hilfe der Elben. Sie vermehrten sich aber so stark, dass sie am Ende des Zweiten Zeitalters viel zahlreicher als die Dúnedain waren. Ihre Verwandtschaft zeigt sich auch darin, dass die Mittleren Völker, zu denen vor allem die Nordmenschen wie etwa die Rohirrim zählten, großen Edelmut an den Tag legen konnten. Ihr Verhältnis zum Hohen Volk ähnelte dem Verhältnis von Noldor und Grauelben, die ebenfalls früh getrennt wurden. Als die Noldor aus den Unsterblichen Landen zurückkehrten, führte die Begegnung mit den Grauelben zu großen kulturellen Fortschritten. Die Ähnlichkeit geht noch weiter, denn die Waldelben und die Wilden Menschen waren im Unterschied zu den jeweils anderen Völkern beide grob und primitiv.

Die Wilden Menschen hatten keinerlei Ähnlichkeit mehr mit den Stammvätern der Dúnedain. Zu ihnen gehörten die Ostlinge, die Haradrim, die Menschen des Weißen Gebirges und ihre Nachfahren, die Dunländer, sowie die Variags von Khand und die wenig bekannten Wasa. Ihr gemeinsamer Ursprung liegt weit zurück in den Ältesten Tagen vor der Begegnung der Drei Häuser mit den Elben. Doch alle Wilden waren Menschen und konnten Gut von Böse unterscheiden. Wenn sie sich oft zu Dummheiten hinreißen ließen, so deshalb, weil sie keine hohen Ansprüche an ihr Leben stellten und sich mit der Lebensweise ihrer Vorväter begnügten. Sie legten keinen Willen zu lernen und den Wunsch über sich hinauszuwachsen an den Tag, eine Eigenschaft, die das Hohe Volk und die Mittleren Völker auszeichnete.

Die in Tolkiens Werk verstreuten Andeutungen lassen darauf schließen, dass die ersten dieser Wilden Menschen, die in die Westlande zogen, friedliche Eingeborenenjäger waren, die späteren Pukelmänner. Sie siedelten in den westlichen Tälern des Weißen Gebirges, besonders südlich des Flusses Isen. Aber Anfang des Zweiten Zeitalters folgte ihnen ein viel besser organisiertes und weniger friedliebendes Volk, vertrieb sie in die südlichen Wälder, besonders den Drúadan-Wald, und besetzte die fruchtbaren Täler und Hochlande. Während es seine Steinmetzkunst kultivierte, geriet es unter Saurons Einfluss, der in den Verfluchten Jahren über es herrschte: Es waren Bergmenschen, die die Festung Dunharg und das Labyrinth unter dem Dwimorberg errichteten und später Gondor einen Treueid leisteten, den sie mit schrecklichen Konsequenzen brachen. Nach Saurons Sturz verließen sie die Berge, und nur die Geister der Toten Krieger störten noch den Frieden in dieser Gegend. Erstaunlicherweise nimmt ihr unglückliches Schicksal ausgerechnet den Aufstieg und Fall des edelsten Hohen Volkes vorweg: der Númenórer.

Auffällig ist auch das düstere Bild, das Tolkien von den ersten Menschen zeichnet. Es sind kränkelnde, schwache Wesen, die sich kaum mit dem Elbenvolk vergleichen lassen. Von allem Möglichen, was Elben gar nicht berühren konnte, wurden sie leicht an Körper und Geist zerbrochen. Aber starb eine größere Anzahl von ihnen, vermehrten sie sich einfach rasch und strebten in die angrenzenden Länder. Nur durch Zähigkeit und ihre große Zahl waren sie zu kulturellen Leistungen im Stande. Gut oder Böse sind bei ihnen kein Maßstab für den Einzelnen, sondern Ausdruck der kollektiven Haltung eines Volkes. Beides kann eine Zeit lang Früchte tragen und wird dann scheitern.

Dieses Menschenbild speist sich vermutlich aus zwei Quellen: dem christlichen Sündenfall, der den Menschen aus dem Paradies ausschloss und den Bruch mit Gott bedeutete, und den Erfahrungen zweier Weltkriege, die Tolkien zu der Ansicht geführt hatten, dass der Mensch leicht zu lenken und verführbar ist und sich in der Masse als reißende Bestie gebärdet.

Menschenreiche

Arnor

Das älteste Reich der Dúnedain in Mittelerde wurde im Jahr 3320 des Zweiten Zeitalters von Elendil dem Langen gegründet, der es auch als erster König regierte. Er schickte seine Söhne aus, um Gondor zu errichten, das Reich der Dúnedain im Süden. Zur Zeit der größten Ausdehnung umfasste Arnor alle Länder zwischen den Flüssen Grauflut und Lhûn. Nach dem Krieg des Letzten Bündnisses und der Schlacht auf den Schwertelfeldern setzte jedoch sein Niedergang ein.

In den ersten Jahrhunderten des Dritten Zeitalters verödete Annúminas, Arnors erste Hauptstadt an der Küste des Abendrotsees, und im Jahr 861 wurde das kleinere Fornost Regierungssitz. Nach dem Tod des zehnten Königs Earendur im selben Jahr zerstritten sich seine Söhne und das Reich zerfiel in drei Teile, wobei der Älteste neuer König von Arnor wurde, das fortan Arthedain hieß. Die Bevölkerungszahl im Reich, auch Rhudaurs im Nordosten und Cardolans im Süden, sank stetig. Im Jahr 1300 entstand nördlich von Arthedain das dunkle Reich Angmar, und fast siebenhundert Jahre lang überzog der Herr der Nazgûl, der nur als

Hexenkönig bekannt war, die Dúnedain mit Krieg. Im Jahr 1349 beanspruchte Arthedain die Herrschaft über ganz Arnor. Rhudaur nahm das zum Vorwand, sich mit Angmar zu verbünden, und 1409 wurde Cardolan von den Dunklen Armeen überrannt, wobei sein letzter Prinz starb. Die Dúnedain von Arthedain leisteten tapfer Widerstand, bis die barbarischen Horden des Hexenkönigs im Jahr 1974 auch Arthedain einnahmen. Ein Jahr darauf besiegten Armeen aus Lindon den Hexenkönig in der Schlacht von Fornost. Obwohl das Geschlecht der Könige nie ausstarb, hatte das Königreich Arnor aufgehört zu bestehen. Die Erben von Isildur wurden Stammesfürsten der wenigen Dúnedain des Nordens, bis nach dem Ringkrieg der legendäre König Elessar Arnor neu gründete.

GONDOR

Auch das größte Königreich der Dúnedain wurde im Jahr 3320 des Zweiten Zeitalters gegründet, gleich nach Arnor, und zwar von Elendils Söhnen Isildur und Anárion. Es war ein Feudalreich, das sich auf dem Höhepunkt seiner Macht nördlich bis nach Celebrant, östlich bis zum Meer von Rhûn, südlich bis zum Fluss Harnen und der Hafenstadt Umbar und westlich bis zum Fluss Grauflut erstreckte. Die größten Städte waren Osgiliath, Minas Anor, Minas Ithil und die Häfen Dol Amroth und Pelargir. Es setzte sich aus den Lehen Ithilien, Anórien, Lebennin, Anfalas, Belfalas, Galenardhon, Enedwaith, Süd-Gondor und den größten Teil von Rhovanion bis zum Meer von Rhûn zusammen, wobei Isildur und Anárion die wichtigsten Lehen regierten: Ithilien, das Land zwischen dem Anduin und dem Schattengebirge, und Anórien, das im Norden an den Erui, im Westen an den Anduin und im Süden an Rohan grenzte.

Nach Elendils Tod im Jahr 3441 des Zweiten Zeitalters wurden

Isildur und seine Erben die Könige von Arnor, worauf Ithiliens Hauptstadt Osgiliath seinen Rang an Minas Anor abgeben musste und Anórien einen Aufschwung erlebte.

Im Dritten Zeitalter musste Gondor schwere Prüfungen bestehen: den Sippenstreit der Jahre 1432 bis 1448, die Große Pest 1636 und die Invasion der Wagenfahrer zwischen 1851 und 1954. Dadurch schrumpfte die Bevölkerung, und der Niedergang des Reiches setzte ein. Seit seiner Gründung wurde es auch ständig von Sauron angegriffen, erstmals 3429 des Zweiten Zeitalters, bis im Jahr 2002 des Dritten Zeitalters die Nazgûl die Festung Minas Ithil einnahmen und bis zum Ende des Ringkriegs hielten. Anárions Erben waren bis zum Jahre 2050 des Dritten Zeitalters, als die Linie erlosch, die Könige von Gondor. Danach wurde das Reich mehr als neun Jahrhunderte hindurch von so genannten Truchsessen oder Statthaltern regiert – bis zur Neugründung durch König Elessar, der Gondor seinen alten Glanz zurückgab.

ROHAN

Das Königreich der Rohirrim entstand im Jahr 2510 des Dritten Zeitalters. Ursprünglich handelte es sich um Calenardhon, ein Lehen von Gondor, das Círion, der zwölfte Truchsess, den Éothéod, einem nomadisierenden Reitervolk, als Dank für ihr beherztes Eingreifen unter König Eorl in der Schlacht auf den Feldern von Celebrant schenkte. Ihr neues Land, das König Eorl und seine Nachkommen regierten, nannten sie Rittermark, die Mark der Reiter oder schlicht die Mark. Rohan und Rohirrim ist elbisch für »Pferdeland« und »Pferdeherren«, sie selbst nannten sich Eorlingas und behaupteten, von den Königen Rhovanions abzustammen. Während seiner ganzen Geschichte blieb Rohan eng mit Gondor verbündet.

Das Land bestand hauptsächlich aus weiten, mit Weiden und

Äckern bedeckten Ebenen, die im Osten vom Anduin, den Bergen des Weißen Horns im Süden und dem Nebelgebirge und Fangorn-Wald im Norden begrenzt wurden. Es war in fünf Hauptregionen unterteilt: Ostfold, Westfold, Ostemnet, Wetemnet und das Ödland. Zwei Nebenflüsse des Anduin, die Entflut und der Schneeborn, bewässerten es. Rohans Hauptstadt war Edoras, in der Meduseld stand, die Goldene Halle des Königs. Auf den grünen Ebenen ihres Landes züchteten die Rohirrim Pferde, die als beste der Welt galten, und bauten alte Festungen und Zufluchtsstätten im Weißen Gebirge wieder auf, vor allem Dunharg und Helms Klamm, die ihnen in Kriegszeiten Zuflucht boten.

Im Jahr 2758 wurde Rohan von Dunländern unter der Führung Wulfs überrannt, doch im folgenden Frühling besiegte ihr zehnter König Fréaláf die Eindringlinge. Um das Jahr 2799 herum fielen auf der Flucht vor der Schlacht von Nanduhirion Orks in das Land ein, deren letzte Vertreter sie erst 2864 vertreiben konnten, und 2960 suchte der Zauberer Saruman sie noch einmal mit einer gewaltigen Armee von Orks und Dunländern heim. Die Rohirrim wurden in zwei Schlachten an den Isen-Furten besiegt, bevor Gandalf und die Huorns ihre Feinde in der Schlacht von Hornburg niederrangen. Seinen größten Dienst leistete Rohan den Dúnedain im Ringkrieg, als die Reiter auf den Pelennor-Feldern eingriffen. Danach lebten die Rohirrim friedlich bis weit ins Vierte Zeitalter.

DUNLAND

Das leicht bewaldete Vorland westlich des Nebelgebirges und südlich des Flusses Glanduin wies schon im Zweiten Zeitalter der Sonne vor Gondors Gründung eine eigene Kultur auf, die viele große Festungen aus Stein hervorbrachte. Das nicht sehr zahlreiche dunkelhaarige Volk, das die fruchtbaren Täler am Fuße des Weißen Gebirges bewohnte, stammte von einem alten Menschenschlag ab, den die Númenórer aus Enedwaith und Minhiriath vertrieben hatten, als er die Wälder beiderseits der Grauflut abzuholzen begann. Nur diejenigen ihrer Nachkommen, die als Dunländer bekannt sind, überdauerten. Ihre Eigenbezeichnung ist nicht bekannt, denn »Dunländer« ist ein Schimpfwort, mit dem die Rohirrim die früheren Bewohner des westlichen Teils von Calenardhon verhöhnten, die sie aus den Gebieten östlich des Isen vertrieben hatten, auf die die Dunländer auch weiter Anspruch erhoben. Daher rührte der tiefe gegenseitige Hass dieser Völker.

Um das Jahr 1150 des Dritten Zeitalters gelangten einige Hobbits vom Stamm der Starren nach Dunland, zogen aber 1630 nach Auenland weiter. Zwischen 2770 und 2800 lebten dort Zwerge, die einem Angriff auf Erebor entkommen waren. Zur Zeit des Ringkriegs war Dunland nur dürftig besiedelt und sein eigensinniges Volk, das aus Jägern und Hirten bestand, von der Zivilisation der Dúnedain kaum berührt.

FOROCHEL

Eine kalte, trostlose Einöde im Norden des Königreichs Arnor, etwa tausend Kilometer oberhalb des Auenlandes. Das raue Klima verdankt sich Morgoth. Im Dritten Zeitalter waren die Lossoth die einzigen Bewohner, angebliche Nachfahren der Forodwaith aus dem Ersten Zeitalter. Sie errichteten keine Städte und kannten keine Könige. Sie waren Nomaden, die Häuser aus Schnee erbauten und wilde Tiere jagten.

RHOVANION

Das weite Gebiet zwischen dem Nebelgebirge und dem Meer von Rhûn wurde Rhovanion oder Wilderland genannt. Es umschloss den gesamten Bereich zwischen den Flüssen Anduin, Eilend und Rotwasser, vom Grauen Gebirge im Norden bis zu den Braunen Landen südlich des Düsterwalds. In den Anhängen des *Herr der Ringe* wird der Name jedoch in erster Linie für das Fürstentum Rhovanion benutzt, das zwischen den östlichen Ausläufern des Düsterwalds und dem Fluss Rotwasser lag.

Rhovanion wurde von einer brutalen Rasse von Nordmenschen bewohnt, die keiner festen Regierung unterstanden und entfernt mit den Dúnedain verwandt waren. In den mittleren Jahren des Dritten Zeitalters verbündeten sie sich oft mit Gondor, das seine Grenzen gegen Ende des ersten Jahrtausends bis zu den Ländern der Nordmenschen südlich des Grünwalds ausdehnte – in der Hoffnung, Gondor vor wiederholten Überfällen wilder Ostlinge zu schützen. Doch im Jahr 1856 überrannten neue Horden einfallender Ostlinge, Wagenfahrer genannt, die weiten Ebenen Rhovanions. Die Nordmenschen wurden vertrieben oder versklavt, und erst vierzig Jahre später kam es zu einem Aufstand, der ihnen den Sieg bescherte.

Nur noch einmal wurden sie erwähnt, als Verbündete der Zwerge des Einsamen Bergs, nachdem Durins Volk im Jahr 2590 des Dritten Zeitalters nach Erebor zurückgekehrt war. Damals erstarkten die Nordmenschen durch die von den Zwergen hergestellten Waffen und trieben alle Feinde aus dem Osten zurück.

RHÛN

So nannten die Dúnedain die ausgedehnten Länder im Nordosten von Mordor und Westen Rhovanions, östlich des von den Flüssen Eilend und Rotwasser gespeisten gleichnamigen Binnenmeeres. Aus ihren Ebenen kamen viele barbarische Völker, um Krieg gegen die Dúnedain zu führen, seit dem fünften Jahrhundert des Dritten Zeitalters vor allem die Ostlinge. Oft geschah das auf

Betreiben Saurons, der viele Könige von Rhûn zu seinen Dienern gemacht hatte. Auf dem Gipfel seiner Macht beherrschte Gondor den westlichen Teil, und zu Beginn des Vierten Zeitalters hatte König Elessar die meisten Reiche der Gegend gezwungen, Frieden mit den westlichen Ländern zu schließen.

An der Westküste des Binnenmeeres von Rhûn lebten die Dorwinier. Von allen Nordmenschen hatte sich diese als Hersteller erlesener und seltsamer Weine bekannte Rasse am weitesten östlich in Mittelerde angesiedelt.

Esgaroth

Zwischen dem Düsterwald und den Eisenbergen lag der Lange See, die Heimat der Seemenschen im Dritten Zeitalter der Sonne. Sie befuhren auch den Fluss Eilend und trieben Handel mit den Elben des Düsterwalds und den Zwergen von Erebor. Auf in den See getriebenen Pfählen stand ihre Stadt Esgaroth, durch eine hölzerne Brücke mit dem Ufer verbunden. Sie hielt jedoch nicht dem geflügelten Feuerdrachen Smaug stand, der Esgaroth im Jahr 2941 angriff. Später wurde Esgaroth mit Mitteln aus dem Drachenhort wieder aufgebaut.

Thal

In Rhovanion lag westlich des Düsterwaldes am Südhang von Erebor, dem Einsamen Berg, ein altes Stadtkönigreich. Wie alle Nordmenschen führten auch die Menschen von Thal ihre Ahnen bis auf die Edain zurück. Als ihr Reich im Jahr 2770 des Dritten Zeitalters von Smaug dem Goldenen Drachen vernichtet wurde, verstreuten sich seine Bewohner in alle Winde. Viele gingen nach Esgaroth zu den Seemenschen, mit denen sie eng verwandt waren.

Doch nach Smaugs Tod im Jahr 2941 baute der Bogenschütze Bard, der ihn getötet hatte, das Königreich wieder auf. Er war ein Nachfahre der alten Könige von Thal und wurde ihr erster neuer König. Seither nannten die Menschen von Thal sich voller Stolz Bardinger. Der gleichzeitige Wiederaufbau des Zwergenreichs unter dem Berg erneuerte die alte Freundschaft zwischen den beiden Reichen.

Während des Ringkriegs griffen auf Saurons Geheiß Ostlinge die Bardinger an. Nach der ersten Niederlage suchten die Menschen Zuflucht in Erebor, doch dann, nach Saurons Sturz, durchbrach eine gemeinsame Armee von Menschen und Zwergen die Belagerung und vertrieb die Ostlinge. Als der Krieg vorbei war, lebten die Bardinger als Verbündete des Wiedervereinigten Königreiches der Dúnedain und unter ihrem Schutz bis weit ins Vierte Zeitalter in Frieden und Wohlstand.

BEORNINGER

Zu beiden Seiten des Großen Flusses Anduin lebte nahe Carrock ein kleines Volk ohne festes Reich. Es waren schwarzhaarige und schwarzbärtige, in grobe Wollumhänge gekleidete, mit Äxten bewaffnete Menschen. Bekannt für ihr barsches Wesen, doch aufrecht und anständig, waren sie nach dem wilden Krieger Beorn benannt, der die Macht hatte, sich in einen großen Bären zu verwandeln. Ursprünglich kamen sie aus dem Nebelgebirge, wo die Orks sie vertrieben hatten. Sie stammten von den Edain ab und sprachen eine Sprache, die mit Adûnaisch und Rohirrisch verwandt war. Sie aßen kein Fleisch und waren berühmt für ihren Umgang mit Tieren und ihre Backkunst, besonders für ihren Honigkuchen.

Zur Zeit des Ringkriegs waren die Beorninger nicht gerade freundlich zu Außenseitern, doch gegen ein entsprechendes Salär hielten sie den Hohen Pass und die Furt von Carrock sicher für Kaufleute. Nach dem Ringkrieg siedelten sie mit den Waldmenschen in einem Teil von Eryn Lasgalen, dem früheren Düsterwald.

WALDMENSCHEN

Der Düsterwald war ihre Heimat, obwohl sie ihn nicht als ihr Reich bezeichneten. Gemeinsam mit Beorningern und Elben kämpften sie bis zum endgültigen Sieg im Ringkrieg gegen das Böse, das der abscheuliche Sauron dort versammelte. Als Belohnung erhielten die Waldmenschen und die Beorninger die Länder zwischen dem nördlichen Reich der Waldelben und der als Ost-Lórien bezeichneten Region.

HARAD

Südlich der Reiche von Gondor und Mordor, jenseits des Flusses Harnen, lagen die Länder von Harad, auch Sonnenlande oder Haradwaith genannt. Ihre Bewohner waren die Haradrim oder Südländer. Große Wüsten und Wälder erstreckten sich hier bis weit in unkartierte Gegenden. Politisch teilte sich Harad in zahlreiche Kriegerreiche auf, deren Bevölkerung sich auf Fußsoldaten, Reitertruppen und Berittene spezialisiert hatte, die auf dem Rücken der Vorfahren von Elefanten in die Schlacht zogen. Der größte Hafen Umbar war die Heimat gefürchteter Korsaren. In Saurons Kriegen kämpften die braunhäutigen Menschen aus Nah-Harad und die schwarzhäutigen Menschen aus Weit-Harad gegen die Dúnedain von Gondor.

KHAND

Ein Grenzland zu Mordor, das zwischen den Wüsten von Nah-Harad und den weiten Ebenen von Rhûn lag, südöstlich der Sümpfe des Schwarzen Landes. Seine Bewohner waren die Variags, wilde Krieger, die schon seit langem zusammen mit den Ostlingen und den Haradrim unter Saurons bösem Einfluss standen und auf sein Geheiß wiederholt gegen Gondor Krieg führten. Als sie im Jahr 1944 des Dritten Zeitalters erneut mit den Haradrim gegen Gondor zu Felde zogen, wurden sie in der Schlacht am Poros geschlagen. Mehr als tausend Jahre später befahl der Hexenkönig von Morgul sie auf die Pelennor-Felder, dann schickte Sauron ihre Truppen zum Schwarzen Tor. Beide Male trugen sie bittere Niederlagen davon, sodass sie im Vierten Zeitalter bei König Elessar um Frieden baten. Seitdem lebten sie in Eintracht mit ihren Nachbarn.

MITTELERDE

In den Ältesten Tagen der Welt entstand der große Kontinent Mittelerde, auch Außenlande oder Hinnenlande genannt. Er lag im Osten eines anderen großen Kontinents namens Aman, der gewöhnlich als Unsterbliche Lande bezeichnet wurde und von Mittelerde durch das Große Meer Belegaer getrennt war. Dort befanden sich das mythische Hildórien oder »Land der Hildor«, in dem die Menschen erwachten, und Cuiévenen oder die »Wasser des Erwachens«, an deren Ufern die Elben erwachten – eine Bucht an der Ostküste des Binnenmeeres Helcar im fernen Osten von Mittelerde, zu Füßen der Roten Berge. Außerdem gehörten Beleriand und Eriador, das Gebiet zwischen dem Nebelgebirge und den Blauen Bergen, zur Mittelerde sowie alle Länder nördlich davon bis hoch nach Ekkaia, einem Großen Meer, das sich bei der

Meerenge Helcaraxe oder Malm-Eis mit Belegaer verband. Die Binnenmeere im Osten trennten Mittelerde von den so genannten Leeren Ländern, und auch im Süden scheint es Länder gegeben zu haben, aber wenn sie zu Mittelerde gehörten, so wurden sie von den Seefahrern und Kartografen ignoriert. Als am Ende des Zweiten Zeitalters die Insel Númenor versank, die nicht weit vom Kontinent Aman entfernt im Belegaer-Meer lag, wurden große Bereiche von Mittelerde überschwemmt. Dabei wurde auch das herrliche Cuiévenen zerstört.

Mittelerde wird von einer großen Anzahl Völker bewohnt, die alle unterschiedliche körperliche und kulturelle Merkmale aufweisen. Sie lassen sich grob in drei Kategorien einteilen: die unsterblichen Völker wie Valar, Maiar und Elben, die erdgebundenen Völker wie Zwerge, Ents und Trolle und jene, die etwas von beiden haben und deshalb Elemente des Heldentums und der Tragik in sich vereinen, nämlich Menschen und Hobbits. Die Orks, die am häufigsten in Mittelerde vorkommen, und ihre Verwandten, die Halb-Orks, sind keine natürlichen Völker. Die Orks wurden aus gefangenen Elben gezüchtet, und die Halb-Orks sind Schöpfungen des Zauberers Saruman und das Ergebnis der magischen Verbindung von Dunländern und Orks.

Oft taucht die Frage auf, wie eng Mittelerde mit unserer Welt verwandt ist. In seinem *Guide to the Names in The Lord of the Rings* schreibt Tolkien unter dem Stichwort »Mittelerde«: »Kein spezielles Land und keine spezielle Welt oder ein fremder Planet, wie oft angenommen wird, obwohl im Prolog, im Text und in den Anhängen deutlich gemacht wird, dass die Geschichte auf dieser Erde und unter einem Himmel stattfindet, der im Allgemeinen dem für uns sichtbaren gleicht. Dem Sinn nach ›die bewohnten Länder der (Elben und) Menschen‹, der Vorstellung nach zwischen dem Westmeer und dem Meer des Fernen Ostens gelegen (im Westen nur gerüchteweise bekannt). *Middle-earth* ist eine moderne Ableitung des mittelalterlichen *middel-erde* aus dem altenglischen *middan-geard*. Die holländischen und schwedischen Übersetzungen benutzen ganz richtig den alten mythologischen Namen, an die modernen Sprachen angepasst: *Midden-aarde* holländisch, *Midgård* schwedisch.«

Einerseits ist Mittelerde also ein Reich, das der Legende nach zwischen Himmel und Hölle liegt, in alle vier Richtungen von unbekannten Ländern und Meeren begrenzt, andererseits verwendete Tolkien einen ganzen Kontinent mit seiner geografischen Vielfalt als Hintergrund für sein Werk, nämlich Europa, was seine Texte, eigentlich fiktiv aus seiner Mythologie erwachsen, mit einem ungewöhnlich breiten Horizont versah.

Die Tolkien-Forscherin Ruth S. Noel legte einmal Karten von Mittelerde und Europa nebeneinander und stellte erstaunliche Ähnlichkeiten fest. Wenn man im Norden beginnt, könnte die Eisbucht von Forochel die Lübecker Bucht in der Ostsee sein, der Golf von Luhn die Mündung der Seine und der Grauquell die Loire. Beim Nebelgebirge könnte es sich um die Ardennen handeln, während der Anduin auf Rhein oder Rhone schließen lässt. Die Iberische Halbinsel fände sich im Kap von Andrast wieder, und die Pyrenäen erschienen als Ered Nimrais oder Weißes Gebirge, während Ephel Dúath und Ered Lithui auf die gleiche Weise Mordor umringen wie die Alpen die Po-Ebene. Das Binnenmeer von Mordor, das bittere Núrnen-Meer, ist deshalb bitter, weil es dem Adria-Arm des Mittelmeers entspricht. Umbar könnte in der Bucht von Neapel oder der Bucht von Tunis liegen. Dol Amroth könnte seine Entsprechung in der spanischen Stadt Cádiz haben, die bei ihrer Gründung Gadir hieß. Minas Tirith ähnelt Lyon, während Pelargir die französische Rhone-Stadt Arles nahe legt, von den Römern 49 vor Christus unter dem Namen Colonia Julia Paterna Arelate Sextariorum gegründet. Am östlichen Rand der bekannten Welt liegt das Meer von Rhûn, das von Celduin und Carnen gespeist wird, dem Schwarzen Meer vergleichbar, in das die Donau und ihr rechter Nebenfluss Drau münden.

Sicher bestehen große Unterschiede zwischen den Landkarten, doch Tolkien unterstellte, dass die Welt sich seit der Zeit des Ringkriegs am Ende des Dritten Zeitalters stark verändert hatte. Außerdem bestand er darauf, dass die existierenden Karten – von ihm selbst angefertigt – als Werk von Hobbits betrachtet wurden, von denen man nicht erwarten durfte, dass sie Experten in Kartografie waren.

Morgoth

Er war der Herrscher, der die Bäume des Lichts zerstörte und die Silmaril raubte, einer der Valar, dessen Versuchung und Sturz in den Ältesten Tagen tragische Folgen für die Welt als Ganzes hatte. Sein Verlangen nach den Silmaril führte ihn zu Handlungen größter Bosheit, die sich wie ein Fluch für alle Zeit auf das Leben der Sterblichen und Elben und sogar der göttlichen Valar legten. Seine Geschichte wird unter dem Namen erzählt, den er ursprünglich trug – Melkor.

Der Name Melkor bedeutet »Er, der in Macht ersteht«. Schon als Ainur, als Engel des Einen Gottes, war er von Hochmut erfüllt und brachte Missklang in die Große Musik der Weltschöpfung. Er richtete sein Reich in Dunkelheit und Kälte ein, und als Arda entstand, störte er den Schaffensprozess, sodass die Welt unvollkommen und anfällig für das Böse wurde. Als die Valar ihr erstes Reich Almaren errichteten, jene Insel im Großen See von Mittelerde, erlagen viele der geringeren Ainur, Maiar genannt, Melkors Einflüsterungen und zogen mit ihm in den Norden von Mittelerde, um dort eine mächtige Festung zu bauen, Utumno.

Melkor hob tief unter den Bergen des Nordens große Gruben aus und baute Verliese und Kuppelhallen aus schwarzem Stein, aus Feuer und Eis. Hier versammelte er alle bösen Mächte der Welt und züchtete aus gefolterten Elben und Ents, die ihm in die Hände fielen, schaurige Lebensformen. Er erschuf Orks und Trolle. Alle Schlangen der Welt brütete er aus, desgleichen die Vorfahren der Drachen und Werwölfe, Vampire, Kraken, geflügelte Untiere, große Spinnen und zahllose Blut saugende Tiere und Insekten. Grausame Geister, Phantome, Gespenster und böse Dämonen schlichen durch die Hallen von Utumno und wurden bei ihren Kämpfen angeführt von Gothmog dem Balrog und Sauron. Fünf Kriege führte er gegen die Valar und zerstörte die Großen Leuchten. Almaren wurde vernichtet, und die Valar flohen übers Meer ins Segensreich.

Während sie dort Valinor errichteten und die Unsterblichen Lande bald im Licht der Zwei Bäume erstrahlten, blieb Mittelerde weiter in düsteres Halbdunkel getaucht. Dann brach das Zeitalter der Sterne an, und die Valar, die das Grauen nicht länger mit ansehen konnten, das einer der ihren über Mittelerde brachte, kamen unter dem Schall der Trompeten aus dem Westen zurück und wandten sich gegen das entsetzliche Böse. Lange Jahre tobte der Krieg der Mächte, bis die düstere Macht von Utumno erlosch. Der abtrünnige Vala wurde gefangen genommen und in Ketten geschlagen.

Drei Zeitalter lang blieb Melkor angekettet, bis er vor die Valar kam, um gerichtet zu werden. Er schien sich geändert zu haben und behauptete zu bereuen, sodass Manwe, der Herrscher der Valar, ihm die Ketten abzunehmen befahl. Aber die Valar wurden getäuscht, denn Melkor schien nur gut und liebenswert zu sein: Insgeheim plante er ihren Sturz. Erst säte er Zwietracht unter den Elben, dann führte er gemeinsam mit der Großen Spinne Ungoliant offenen Krieg gegen sie. Sie suchten die Zwei Bäume auf, und Melkor schlug sie mit einem großen Speer. Die Spinne aber saugte Licht und Leben aus ihnen, sodass sie welkten und starben. Ganz Valinor wurde hässlich und schwarz vom Unlicht der Ungoliant, und Melkor lachte vor bösartiger Freude, denn zum zweiten Mal hatte er nun die großen Lichter der Welt ausgelöscht.

Damals trat er noch in zwei Gestalten, einer schönen und einer hässlichen, in Erscheinung, aber nach der Zerstörung der Bäume des Lichts nahm er nur noch seine böse Gestalt an, welche die Elben Morgoth nannten, den »Dunklen Feind der Welt«. Wehe dem, der ihn bei diesem Namen nannte.

Melkor reichte es nicht, die Dunkelheit wieder über die Welt gebracht zu haben. Er erschlug auch noch den mächtigen Finwe, König der Noldor, und raubte ihm die Silmaril. Diese Juwelen bewahrten das Licht der Zwei Bäume von Valinor und damit das Licht der Welt. Dann kehrte er nach Mittelerde zurück und gründete dort ein neues Reich, Angband, zu dessen Schutz er die mächtige Festung Thangorodrim bestimmte. Er krönte sich mit einer Eisernen Krone, in die die Silmaril eingelassen waren, und bewachte seinen Schatz gegen die Feinde.

Seine größten Feinde waren nun jene von Feanors Art, der die Silmaril erschaffen hatte, die Noldor. Sie schlugen die Warnung der Valar in den Wind, verließen die Unsterblichen Lande und verfolgten Melkor nach Mittelerde, um ihm die Großen Juwelen wieder zu entreißen. Sie verbündeten sich mit anderen Elben und Menschen und errichteten Städte und Festungen in Morgoths Herrschaftsbereich, sodass es zu einem großen Krieg kam – lange hielt der Kampf um die Silmaril an.

Während des Juwelenkriegs geriet Morgoth nur einmal in ernste Bedrängnis, durch Beren und Lúthien, die ihm einen Silmaril stahlen. Dann fiel seine eigens gezüchtete Armee aus Orks und Trollen, durch Drachen verstärkt, in Beleriand ein und eroberte die Hochelbenstädte Nargothrond und Gondolin. Die Elben flohen oder verbargen sich oder wurden in der Großen Dunkelheit vernichtet, die auf Morgoths Sieg folgte.

Alles schien verloren zu sein und die Welt einem bösen Zeitalter entgegenzusehen, als ein einzelnes Schiff mit einem Botschafter an den Gestaden von Mittelerde eintraf, geführt vom Licht des geretteten Silmaril. Das Schlachtenglück wendete sich, und der Schlag, der gegen Thandorodrim geführt wurde, verwüstete die ganze Gegend. Er brachte Land und Meer so sehr in Aufruhr, dass ein beträchtlicher Teil von Mittelerde überschwemmt wurde. Morgoth war vernichtet.

Aber sein Beispiel sollte Schule machen, denn nicht einmal dieser mächtige Schlag konnte das Böse vernichten, das in Mittelerde erwacht war. Obwohls Morgoths Gefolgsleute beim Untergang von Angband zum größten Teil überwältigt wurden, lebten viele der von Melkor gezüchteten Geschöpfe weiter, und einer seiner größten Diener überlebte: Sauron, der spätere Herrscher von Mordor.

Hoch aufragend wie ein Turm trug Morgoth eine eiserne Krone und eine schwarze Rüstung. Er war mit einer schrecklichen Keule bewaffnet, Grond genannt, der Hammer der Unterwelt, und schützte sich durch einen gewaltigen Schild. Das Feuer des Bösen leuchtete in seinen Augen, sein Gesicht war verzerrt und zernarbt, und seine Hände brannten vom Feuer der Silmaril. Aber im Krieg des Zorns wurde seine Macht vernichtet, und er war der einzige Vala, der aus den Sphären der Welt vertrieben wurde, um für immer im Leeren zu wohnen.

Morgoths Taten, die zum Ersten Bündnis zwischen Elben und Menschen führten, leiteten den Beginn der Geschichte von Mittelerde ein und bilden ihren Schöpfungsmythos. Sein Stolz, seine Habsucht und seine Verbannung erinnern an den gefallenen Engel Luzifer. Die Zwei Bäume von Valinor finden ihre Entsprechung im Baum des Lebens und im Baum des Wissens der biblischen Genesis, und wie die Zwei Bäume hatten auch die Bäume im Garten Eden übernatürliche Kräfte und wuchsen in einem heiligen Land, das für die Sterblichen außer Reichweite war. Das Thema des paarweisen Auftretens von Bäumen findet sich auch im Schöpfungsmythos der *Älteren Edda*, in der die Götter am Ufer der neu erschaffenen Welt zwei Bäume fanden, aus denen sie den ersten Mann und die erste Frau schufen, Ask und Embla, Esche und Ulme.

Die Geschichte von Morgoth wird im *Silmarillion* geschildert, Tolkiens großem Legendenbuch, an dem er zeit seines Lebens arbeitete. »Als er das *Silmarillion* schrieb, glaubte Tolkien in gewissem Sinne die Wahrheit zu schreiben«, erklärt sein Biograf Humphrey Carpenter. »Er nahm nicht an, dass genau die Völker, die er beschrieb, die Elben, Zwerge und bösartigen Orks auf Erden gelebt hätten, wovon er berichtete. Doch fühlte oder hoffte er, dass seine Geschichten in gewisser Hinsicht eine starke Wahrheit verkörperten.«

Diese Wahrheit wurde sicher von den christlichen Mythen gespeist, mit denen Tolkien aufwuchs. In den engelhaften Valar und dem Einen Gott, der über sie herrscht, etablierte er für Mittelerde eine entsprechende Theologie. Aber er machte seine Götter lebendig, sodass sie auf ihre Anbeter reagieren und an ihrem Schicksal aktiv teilnehmen konnten.

Das ist vielleicht der auffälligste Zug seiner privaten Mythologie: Die Götter greifen ein. Sie sind auf einer anderen Ebene als Elben und Menschen angesiedelt, handeln jedoch vor dem gleichen Hintergrund – und stehen ihnen kriegerisch zur Seite. Die Erklärung dafür liegt auf der Hand, wenn man bedenkt, wann und womit Tolkien seine Niederschrift des *Silmarillion* begann. Die erste Geschichte daraus, die er zu Papier brachte, entstand während seines Genesungsurlaubs in Great Haywood Anfang 1917 – noch unter dem Eindruck der Gasgranaten, Mörserhagel und Massenschlächterei an der Somme. Es handelt sich um »Der Fall von Gondolin«, und im Mittelpunkt steht der Angriff Morgoths, der Großmacht des Bösen, auf die letzte Festung der elbischen Lichtgestalten.

In den frühen Dreißigerjahren, als die Arbeit am *Silmarillion* schon zu einem großen Stapel Manuskripte geführt hatte, erzählte Tolkien seinem Sohn Christopher gern aus dem Stegreif von den Kriegen der Elben gegen die schwarze Macht und von Berens und Lúthiens gefährlicher Reise ins Innere von Morgoths eiserner

Festung, um den Silmaril aus der Eisernen Krone zu brechen. Seine Legenden erwachten dann zum Leben und wurden eindringliche Schilderungen einer grausigen Welt, in der üble Orks und ein finsterer Nekromant das Gute zu vereiteln versuchten – Kriegserlebnisse.

In einem Brief vom 6. Mai 1944 an Christopher, der jetzt im Zweiten Weltkrieg als Soldat diente wie im Ersten Weltkrieg sein Vater, schrieb Tolkien: »In all Deinen Leiden spüre ich ein Verlangen, Dein Gefühl für Gut und Böse, Schön und Scheußlich irgendwie zu äußern: es zu rationalisieren und nicht einfach vor sich hin schwären zu lassen. In meinem Fall ist daraus Morgoth erwachsen.« Und am 10. Juni schrieb er in einem weiteren Brief an ihn: »Ich habe mich damals auf den ›Eskapismus‹ verlegt – die Umwandlung von Erfahrungen in andere Formen und Symbole, mit Morgoth und den Orks und so weiter.«

Am Anfang der Geschichte von Mittelerde steht die Legendensammlung des *Silmarillion*. Sie erzählt von den Kämpfen gegen Morgoth, das unzerstörbare Böse. Der Dunkle Feind der Welt nimmt darin den höchsten Rang ein – als abtrünniger Engel des Einen Gottes, der ihn schuf.

NÚMENOR

Die Geschichte der Insel Númenor begann mit dem Krieg zwischen den Elben und Morgoth, dem Großen Feind der Welt. Die Menschen, Edain genannt, kämpften an der Seite der Elben und wurden am Ende von den Valar, den Hütern der Welt, mit zwei Geschenken belohnt: einer hohen Lebenserwartung für sie und ihre Nachkommen und der Insel Elenna (= »sternwärts«) westlich von Mittelerde, die die Valar als großes Stück Land aus dem Wasser hoben. Sie war wie ein Seestern mit fünf Armen geformt. Ihr Kernbereich hatte einen Durchmesser von vierhundert Kilometern und jeder Arm, die Halbinseln, erstreckte sich noch einmal so lang. In der Mitte der Insel erhob sich der Berg Meneltarma, »Säule des Himmels«. Die Stadt der Könige hieß Armenelos und lag am Südosthang des Bergs. Die Hauptstadt Rómenna, zugleich der größte Hafen, befand sich am Kopfende einer langen Bucht, die die östlich und südöstlich gelegenen Halbinseln voneinander trennte. Andúnië, ein weiterer wichtiger Hafen, lag im fernen Nordwesten der Insel.

Bei den Elben hieß die Insel Dunador, obwohl sie meist den Quenya-Namen Númenórë verwendeten, was »Land des Westens« bedeutet. Auf Westron, der Gemeinsamen Sprache der Menschenvölker während des Dritten Zeitalters, wurde daraus Númenor. Im Adûnaischen, der Sprache der Númenórer, hieß die Insel Anadûnê, woraus auf Westron »Westernis« wurde. Der Quenya-Name Andor, »geschenktes Land«, diente dazu, die Insel gegenüber dem Königreich abzugrenzen. Die Entsprechung auf Adûnaisch lautete Yôzâyan. Nach ihrem Untergang wurde die Insel oft auch als Atalantë bezeichnet, was »Die Gefallene« heißt.

Númenor war das größte Reich der Welt im Zweiten Zeitalter und eine der drei Landmassen neben Mittelerde und dem Segensreich. Anfangs blieben die Númenórer dem Bündnis mit dem Segensreich treu und verehrten die Valar. Aber nach einer langen Zeit des Friedens wuchsen nicht nur Macht und Stolz der Inselbewohner, sondern auch ihre Furcht vor dem Tod. Also brachten sie, angestiftet durch Sauron, eine Kriegsflotte auf den Weg, um sich die Unsterblichkeit mit Gewalt zu nehmen. Als Ar-Pharazôn der Goldene, der vierundzwanzigste und letzte König von Númenor, seinen Fuß an Land setzte, beschworen die Valar den Einen Gott, ihr Land zu beschützen. Als Ergebnis wurde das Segensreich für immer aus dem Kreislauf der Welt genommen und Númenor fiel einer Sintflut zum Opfer. Lediglich neun Schiffe mit Elendil und seinen Anhängern an Bord, den Valar treu ergeben, gelang die Flucht nach Mittelerde, wo sie die Königreiche Arnor und Gondor gründeten.

Die lange und komplexe Geschichte der Insel Númenor ist im »Akallabêth« nachzulesen, einem Teil des *Silmarillion*. Sie beginnt und endet mit mythischen Themen. Nach dem Krieg mit einer bösen Gottheit führt Elros, Sohn von Earendil dem Morgenstern, sein Volk in ein heiliges neues Land. Solche Gründungsmythen sind in den Legenden aller Völker häufig. Wir kennen sie auch von Romulus und Remus und Abraham und Moses. Unglaubliche Langlebigkeit wie jene der Dúnedain wird alten Helden und Völkern ebenfalls oft zugeschrieben, etwa im Buch Genesis. Númenors Ende wiederum entspricht den unzähligen Mythen über versunkene Länder und Überschwemmungen, die auftreten, um sündhafte Bewohner zu bestrafen oder ein neues Zeitalter einzuleiten. Der Untergang von Númenor diente genau wie die biblische Sintflut beiden Zwecken.

Eines der großen Vorbilder Tolkiens ist das *Mabinogi*, das einstige Pflichtrepertoire der Bardenlehrlinge. Es enthält die ältesten Sagen aus dem Bereich Wales, aus denen bereits eine beginnende ritterliche Kultur spricht. Dort gibt es eine Stadt namens Caer Arianrhod, die unweit von Clynnog in Caernarvonshire lag. Sie wurde von der See verschlungen, doch bei abnehmender Flut sollen noch heute ihre Ruinen zu sehen sein. Bis ins Mittelalter hinein reichten auch Erzählungen mythischer Inseln im Westen, ähnlich Númenor. Eine ist die Insel des Heiligen Brendan westlich von Irland, eine andere Brasilien, nach der das südamerikanische Land benannt wurde, oder die verlorene bretonische Stadt Is und Isle Verte, die noch 1853 auf den Landkarten zu finden war.

Die Geschichte von Númenor ähnelt sehr der von Atlantis. Atlantis soll eine gewaltige Landmasse gewesen sein, hinter der kleinere Inseln lagen wie die Inseln der Unsterblichen Lande westlich von Númenor. Nicht nur Geografie, Lage und der Untergang setzen es mit Atlantis gleich, auch die Geschichte der Eroberungen im »Akallabêth«. Ihre Könige errichteten in Mittelerde ein Imperium, siegten und wurden ihrerseits besiegt, als der Hochmut sie packte.

Tolkiens Wahl mythischer Themen für die Geschichte von Númenor gibt diesem Land nicht nur einen Ursprungsmythos, sondern auch den Anschein von Geschichte. Der übernatürliche Anfang und Ausgang verleihen der Herkunft der Dúnedain im Norden und Süden einen mystischen Ruhm, der darauf schließen lässt, dass sie in ihrer ganzen Geschichte von den Valar auserwählt waren und geleitet wurden.

ORKS

In den Gruben von Utumno, der unterirdischen Festung im Norden von Mittelerde, geschahen im Zeitalter der Sterne schreckliche Gräueltaten. Melkor, der abtrünnige Ainu, missgönnte den Elben ihre Schönheit und trachtete danach, die Schöpfung zu verderben. Also beschloss er, grauenvolle Wesenheiten zu züchten.

Heute ist nicht mehr genau bekannt, welches Rohmaterial er dazu verwendete. Es heißt, er habe viele Angehörige der neu erstandenen Elbenvölker in seine Verliese gebracht und aus ihnen unter entsetzlichen Foltern Wesen geschaffen, die von Qualen und Hass verkrüppelt waren. Sie sahen grässlich aus: gebeugt, o-beinig, beinahe hockend, die Arme lang und stark, die Haut wie verkohltes Holz, die breiten Mäuler gelb, die Zungen dick und rot, die Gesichter platt. Ihre Augen waren wie grellrote Schlitze hinter schwarzen Eisengittern. Das waren die Orks.

Es waren grausame, wilde Krieger und erbarmungslose Kannibalen. Oft hing an ihren Reißklauen und Fangzähnen noch das bittere Fleisch und faulige schwarze Blut ihrer eigenen Art. Sie wohnten in stinkenden Gruben und Gräben, wo sie sich schneller als alle anderen Wesen von Arda vermehrten. Und als am Ende des Ersten Zeitalters der Sterne die Valar nach Utumno kamen und Melkor mit einer dicken Kette fesselten, vernichteten sie auch die meisten seiner Sklaven. Jene Orks, die überlebten, waren jetzt herrenlos.

Einige Zeitalter lang hörte und sah man nichts von ihnen. Sie konnten mit den Elben nichts anfangen, die in einer großen Wanderung durch die Lande zogen. Diese waren Kinder des Lichts, nicht der Dunkelheit, und es gab niemanden mehr, dem die Orks hörig sein konnten. So lebten sie an verborgenen Orten und traten nicht mehr offen in Erscheinung.

Erst im Vierten Zeitalter der Sterne machten die Orks wieder von sich reden. Sie strömten aus Angband hervor, einer weiteren Festung Melkors, dem westlichen Vorposten Utumnos, und ihr Anblick war furchterregender denn je. Stahlplatten und Kettenpanzer am Leib, Helme aus Eisenreifen und schwarzem Leder auf dem Kopf, geschnäbelt wie Geier, aber mit Schnäbeln aus Stahl, trugen sie Krummsäbel, vergiftete Dolche, Pfeile und Schwerter mit besonders breiten Klingen. Es war, als wäre ihr Hass auf die Elben, deren gemartertes Fleisch und Blut sie waren, jetzt erst richtig erwacht. Mit Wölfen und Werwölfen drangen sie nach Beleriand vor, in das Königreich der Elben.

Zu jener Zeit kannten die Kinder des Lichts noch keine Stahlwaffen, doch sie tauschten welche bei den Zwergenschmieden von Nogrod und Belegost ein, töteten die meisten Orks und vertrieben den Rest. Der Frieden war kurz. Als im letzten Zeitalter der Sterne der abtrünnige Melkor zurückkehrte, quollen die Orks wieder aus den Gruben von Angband hervor, Reihe für Reihe, Legion nach Legion, und zogen mit großen Armeen in die Schlacht. Damit begann der Krieg von Beleriand.

Lange Zeit konnten die Elben den blutrünstigen Monstern widerstehen, doch wie viele sie auch erschlugen, stets nahmen neue den Platz der Gefallenen ein. Die Snagas vermehrten sich besonders rasch, kleine und flinke Orks, die das Gros der Fußtruppen bildeten und auch das Reitervolk ihrer Legionen stellten, weil sie auf bösen Wölfen ritten, Warge genannt. Deshalb nannte man sie auch Wolfsreiter.

Nur einmal wurden alle Orks bis ins Mark erschüttert, als am Anfang des Ersten Zeitalters der Sonne ein strahlendes Licht am Himmel erschien und den Dienern der Finsternis Angst einjagte. Aber dann kehrten sie im Schutz der Nacht zurück und der Kampf wogte wieder hin und her, bis die Städte Nargothrond und Gondolin von Heerscharen kreischender Orks eingenommen wurden, denen ihre schweren Verluste nichts ausmachten. Durch ihre schiere Überzahl trugen sie den Sieg davon.

Mit der Niederlage der Elben drohte das Böse endgültig über Mittelerde zu triumphieren, doch die Valar hatten ein Einsehen und schickten ein großes Heer in die Sterblichen Lande, das Melkor in einer einzigen Schlacht besiegte. Alle Berge des Nordens brachen auf, die Festung Angband verging ebenso in der kochenden See wie das liebliche Beleriand, und der Herr der Dunkelheit stürzte für immer in die Leere.

Im Norden bedeutete das die völlige Vernichtung der Orks, aber im Osten und Süden des Landes versteckten sich einige in den fauligen Höhlen unter den dunklen Bergen und Hügeln und vermehrten sich wieder in rasendem Tempo. Als Ersatz für Angband machten sie jetzt das Nebelgebirge und Ered Mithrin, die Bergkette nördlich des Düsterwalds, zu ihrem Zuhause, suchten sich Schlupfwinkel in den Pässen und gruben dort Tunnel, um ahnungslosen Reisenden aufzulauern. Sie hassten die Elben und Menschen weiter mit einer wilden, dämonischen Inbrunst, die auf den Makel ihres verdorbenen Erbes verwies.

Als im Zweiten Zeitalter Sauron der Große wieder erwachte, auch er ein Diener des Bösen aus den Ältesten Tagen, halfen sie ihm, wie ihre Vorfahren einst Melkor geholfen hatten. Sauron stieg schnell zu einem der größten Herrscher von Mittelerde auf – bis zu seiner Niederlage am Orodruin, dem Berg des roten Feuers. Die Einfalt seiner Ork-Anführer hatte viel dazu beigetragen, und so beschloss er nach seinem abermaligen Erwachen im Dritten Zeitalter, die Orks zu verbessern. Er züchtete die Uruk-hai, meist nur Uruks genannt. Sie waren so groß wie Menschen und hatten alle üblen Züge der Orks, jedoch gerade Gliedmaßen und waren ungeheuer stark. Sie trugen schwarze Rüstungen, oft auch gerade Schwerter und lange Bogen aus Buchs. Aber vor allem hatten sie keine Angst mehr vor dem Licht.

Am Anfang des Dritten Zeitalters herrschten vor allem die Dúnedain aus Gondor und Anor in Mittelerde. Den einfachen Orks, die das Letzte Bündnis überlebt hatten, waren die westlichen Gebiete nicht mehr sicher genug, und sie zogen sich in ihre alten Verstecke im nördlichen Nebelgebirge zurück. Ihre Hauptstadt aus Höhlen und Stollen unter dem Gundabadberg, schlicht Gundabad genannt, lag nicht weit von den Blauen Bergen entfernt. In der ganzen Gegend gruben sie nach alter Tradition Tunnel, um die Pässe zu versperren, während viele auch in den südlichen Düsterwald zogen und sich wieder in Saurons Dienste stellten, der von seiner Turmfestung Dol Guldur aus Panik und Entsetzen verbreitete.

Als im Jahr 2475 die neuen Schergen des abscheulichen Sauron, die Uruk-hai, aus dem Schwarzen Land Mordor, wo er sie aus Menschenmaterial gezüchtet hatte, in die anderen Länder vordrangen, waren sie seine Elitetruppe und befehligten oft auch die niederen Orks. Sie plünderten Osgiliath, die größte Stadt von Gondor, und das war der Auftakt zu einer Woge der Gewalt, die Jahrhunderte anhalten sollte. Um alle Königreiche der Menschen und Elben in den Westlanden zu vernichten, schlossen die Orks Verträge mit den Dunländern, den Balchoth oder Wagenfahrern, den Haradrim, den Ostlingen von Rhûn und den Korsaren von Umbar, um auch deren Kampfkraft zu gewinnen. Sogar zum

Zwergenreich Khazad-dûm gelangten sie, das ein mächtiger Balrog in Besitz genommen hatte. Dort wohnten sie, behandelten die Zwerge jedoch voll Verachtung und erschlugen alles, was auch nur in die Nähe dieses Reiches kam. Das war das Pech der Orks, denn die Zwerge wurden so wütend, dass sie Rache an ihnen nahmen. In einem sieben Jahre währenden Krieg der Vernichtung erschlugen die Zwerge Unmengen von Orks, bis die wenigen Überlebenden bei der Schlacht von Azanulbizar praktisch ausgelöscht wurden.

Aber die Fähigkeit zur Regeneration war bei den Orks wahrlich einzigartig, und in späteren Jahren brachen alle alten Ängste der Bewohner von Mittelerde wieder auf. Die Dunländer aus dem südwestlichen Vorland des Nebelgebirges hatten sich nämlich im Kampf gegen die Menschen mit dem rebellischen Zauberer Saruman verbündet, dem Herrscher von Isengart, und es gab einige unter ihnen, deren Blut sich durch einen Bannspruch des Zauberers mit denen der Orks und Uruk-hai vermischte. So entstanden riesige, luchsäugige Menschen von ungeheurer Bösartigkeit, Halb-Orks genannt. Die meisten kamen in den Schlachten des ausgehenden Zeitalters um, doch einige überlebten und folgten Saruman in die Verbannung, sogar zu den Hobbitlanden, wo sie dem gestürzten Zauberer bis zum letzten Atemzug dienten.

Alles in allem endete das dritte Zeitalter jedoch mit einem überwältigenden Sieg der Freiheit über die Dunklen Mächte, und die Orks teilten den Untergang ihrer Herren. Unzählige starben in den Schlachten des Ringkriegs, und die Überlebenden flohen wieder nach Norden, in ihre alte Heimat zwischen den Felsklüften des Nebelgebirges. Die Orks wurden zwar nicht völlig ausgelöscht, erholten sich aber nie mehr, und nur noch die Sagen erzählen von ihrer bösartigen Macht.

Orks sind vermutlich die am häufigsten vorkommende Rasse in Mittelerde. Von den Elben werden sie *orch* genannt, von den Ents *burarum*. Sie haben dunkelgraue Haut und Augen, die rot sind wie glühende Kohlen. Ihre Arme sind lang und enden in Klauen, und sie trotten in unverkennbar affenartiger Haltung dahin. Von Natur aus chaotisch, können sie nur durch rohe Gewalt und Grausamkeit zu einer Armee oder Gemeinschaft zusammengeschweißt werden. Gnade kennen sie für ihre Feinde so wenig wie für ihre schwächeren Gefährten, die sie genauso schlecht behandeln, wie sie von stärkeren Orks behandelt werden. Meistens kämpfen sie mit Krummsäbeln, können aber auch mit Pfeil und Bogen und anderen Wurfgeschossen umgehen. Ihre größte Schwäche als Kampftruppe ist ihre Unfähigkeit, bei Tageslicht zu marschieren.

Hinsichtlich ihrer Sprache heißt es, dass sie schon in den Ältesten Tagen keine eigene besaßen, sondern so viel wie möglich anderen Sprachen entnahmen und es für ihre Zwecke benutzten. Das Ergebnis waren brutal verstümmelte Satzfetzen, mit Flüchen durchsetzt. Zu Frodos Zeiten war das nicht viel anders, und jeder Stamm hatte seinen eigenen barbarischen Dialekt entwickelt, sodass sie sich auch bei Begegnungen untereinander kaum verstanden. Aber sie sprachen ja ohnehin ohne Liebe für die Worte und Dinge.

Wie die Trolle Mittelerdes düstere Entstellungen der Ents sind, so sind die zahlreichen, gewalttätigen Orks groteske Parodien der Elben. In der germanischen Mythologie konnten Elfen und Kobolde groß wie klein sein, schön wie hässlich, gut wie böse. Tolkien traf Unterscheidungen zwischen diesen Merkmalen, sodass Elben in Mittelerde groß, schön und tugendhaft und Kobolde (engl. *goblins*) klein, hässlich und böse waren.

Im *Hobbit* sind Orks noch schlicht und einfach *goblins*, böse Wesen, die nicht näher erklärt werden. Im *Herr der Ringe* zeichnet Tolkien schon ein sehr viel deutlicheres Bild von ihnen. Sie entwickeln in manchen Szenen regelrecht Persönlichkeit, etwa als Merry und Pippin von Orks gefangen und Saruman vorgeführt werden. In einem Brief schrieb Tolkien, dass die Orks »ein Volk

Fleisch gewordener Vernunft sind, obwohl schrecklich verdorben«. Außerdem verweist er auf Legenden von den Ältesten Tagen, die berichten, »dass der Diabolus einige der frühesten Elben unterwarf und verdarb, bevor sie jemals von den ›Göttern‹ gehört hatten, geschweige denn von dem einen Gott«. Im *Silmarillion* äußern einige Eldar die Vermutung, es könnte sich bei den Orks um Avari oder Dunkelelben handeln, die Morgoth einfing, eine Behauptung, die Tolkien allerdings später bestritt.

Goblins und Orks sind bei Tolkien verschiedene Namen für dieselben Lebewesen. Er erfand diese Wesen bei der Arbeit an seinem »Book of Lost Tales«, dem Vorläufer des *Silmarillion*. Der Gebrauch in den frühen Texten wechselt, tendiert jedoch als Teil eines allgemeinen Trends weg von der Terminologie traditioneller Folklore eindeutig hin zu »Orks«. Im *Hobbit*, das ursprünglich keinen Zusammenhang mit dem *Silmarillion* aufwies, benutzte er als Entgegenkommen für den modernen Leser noch das vertrautere *goblin*, erkannte jedoch bei der Arbeit an *Herr der Ringe*, dass dieser Begriff nicht passte. Märchenfiguren hatten keinen Platz in einem Werk, das so stark auf angelsächsischen und skandinavischen Erzähltraditionen fußte. So wurde Orks der endgültige Name dieses Volkes, und bei späteren Überarbeitungen des *Hobbit* blieben (in der englischen Ausgabe) nur wenige Einsprengsel von »Goblin« – jetzt groß geschrieben – erhalten, als umgangssprachlicher Ausdruck für Orks. Aber die Erstausgabe mit dem häufiger vorkommenden Begriff *goblin* gab es nun ja auch. Tolkien erklärte den Unterschied in den Ausgaben damit, dass er als Übersetzer der alten Manuskripte den Elbenbegriff *orch*, den Bilbo in seinem Tagebuch verwendete, anfangs noch mit »Goblin« übersetzte, während er im Roten Buch der Westmark wieder zu einer Form des ursprünglichen Namens für diese Wesen zurückkehrte.

Die Bezeichnung »Orks« war endgültig. Im *Guide to the Names in The Lord of the Rings* schreibt Tolkien zu diesem Stichwort: »Das soll der Name für diese Wesen in der Gemeinsamen Sprache sein; er sollte daher entsprechend dem jeweiligen System ins Englische oder in die Sprache der Übersetzung übertragen werden. Im *Hobbit* wurde er als ›Goblin‹ übertragen, bis auf eine Stelle; aber dieses Wort passt eigentlich ebenso wenig wie andere Wörter ähnlichen Sinns in anderen europäischen Sprachen (soweit ich weiß). Die Orks in *Herr der Ringe* und im *Silmarillion* sind, hinsichtlich ihres Ursprungs, ihrer Funktion und Beziehung, obwohl sie sich teilweise aus traditionellen Merkmalen zusammensetzen, eigentlich nicht mit den Elben vergleichbar. Jedenfalls schien und scheint mir *orc* noch immer ein guter Name für diese Wesen zu sein.«

Seinen Ursprung hat das Wort *orc* im altenglischen *Beowulf*, wo es als *orc-nass* auftritt, »Tote Leiber«. Es leitet sich von Orkus ab, dem römischen Gott der Unterwelt. Entsprechend sind die Orks unter Saurons Befehl den Dämonen einer infernalischen Gottheit vergleichbar. *Orc* ist außerdem das irische Wort für Schwein und taucht auch in *pork*, dem englischen Wort für »Schweinefleisch« wieder auf. Auch das aasfressende Schwein wurde in den Erzählungen über Götter wie Demeter, Persephone und den keltischen Carridwen mit der Unterwelt in Verbindung gebracht. Und der Vergleich mit Schweinen verweist noch auf eine weitere Bedeutungsebene, die Tolkien den schmutzigen, dämonischen und kannibalistischen Orks beimaß – sofern man bereit ist, das Wort mit seinen Erinnerungen an den Ersten Weltkrieg in Verbindung zu bringen.

Tolkiens enger Freund Clive Staples Lewis wies einmal auf die erstaunliche Ähnlichkeit der Kriegsschilderungen in *Herr der Ringe* mit seinen eigenen Erfahrungen hin: »Dieser Krieg ist genauso wie der Krieg, den meine Generation erlebte; alles ist beschrieben: die endlosen, unbegreiflichen Truppenbewegungen, die drohende Stille vor dem Sturm an der Front, die Flüchtlinge, die starken, lebendigen Freundschaften, die muntere Oberfläche vor einer Art verzweifeltem Hintergrund und diese unverhofften Geschenke des Himmels wie ein Päckchen Tabak, das man aus einer Ruine ›bergen‹ konnte.«

Auch die Ähnlichkeit zwischen Orks und deutschen Soldaten ist recht deutlich, wie Daniel Grotta in *Architekt von Mittelerde* bemerkt, besonders mit den SS-Elitetruppen im Zweiten Weltkrieg, in dem die Niederschrift des *Herr der Ringe* pausierte. Das Wort »Ork« verweist auf Hölle und Grauen, und das Emblem der SS war ein silberner Totenkopf. Tolkien bestritt, dass er die Orks den Deutschen nachempfunden hätte, und behauptete, es gäbe absolut keine Parallelen zwischen den schnabelförmigen Helmen der Orks und ihrem mordlüsternen Wesen und den Pickelhauben der Deutschen und dem Ruf der Härte und Grausamkeit, der ihnen anhing. Allerdings räumte er ein, dass man die Orks nach der Beschreibung im *Herr der Ringe* leicht für deutsche Soldaten halten könnte. »Trotzdem, wie ich irgendwo einmal sagte, sogar die Goblins waren nicht von Anfang an schlecht. Sie wurden zum Schlechten verführt. Ich hatte den Deutschen gegenüber nie derartige Gefühle. Ich bin sehr stark gegen solche Dinge.«

In dem Materialienband *Morgoth's Ring* findet sich eine Notiz von Tolkien, die sich auf eine Stelle im *Silmarillion* bezieht: »Ändere das, Orks sind nicht elbisch.« Der Ursprung dieser Wesen ist weder weise noch schöpferisch, sondern kriegerisch und bestialisch. Aber auch wenn Tolkiens Erfahrungen im Ersten Weltkrieg einen Einfluss auf ihre Charakterisierung hatten, bedeutet das nicht, dass die Orks mit Deutschen oder Angehörigen einer anderen Nation der »wirklichen Welt« gleichzusetzen wären. Sie stehen für den schlimmsten Aspekt der Menschheit, blindwütige Gewalt. Tolkien zeigt die Orks bei ihren Metzeleien und Vergewaltigungen nicht. Er beschreibt ihr Wesen und drängt so den Leser, zwischen Gut und Böse zu wählen.

In einem Brief an seinen Sohn Christopher, der gerade seinen Militärdienst in Afrika absolvierte, schrieb Tolkien am 25. Mai

1944: »Ja, ich glaube, die Orks sind eine ebenso reale Schöpfung wie nur irgendwas in ›realistischen‹ Erzählungen. Mit Deinen Kraftworten beschreibst du die ganze Horde vortrefflich; aber natürlich stehen sie in Wirklichkeit immer auf beiden Seiten. Kriege leiten sich noch immer vom ›inneren Krieg‹ her, in dem das Gute auf der einen Seite steht und die verschiedenen Formen des Bösen auf der andern. Im wirklichen (äußeren) Leben hast Du Menschen auf beiden Seiten: also eine zusammengewürfelte Allianz von Orks, Bestien, Dämonen, schlichten und von Natur aus ehrlichen Menschen und Engeln. Aber es macht schon einen Unterschied, wer Deine Hauptleute und ob sie per se ork-ähnlich sind. Und um was es geht (vermeintlich oder wirklich). Sogar in dieser Welt ist es möglich (mehr oder weniger), im Recht oder Unrecht zu sein.«

Als römischer Katholik, der an die Erbsünde glaubte, fürchtete Tolkien um die Zukunft der Welt. Besondere Sorge bereitete ihm die Vorstellung eines endgültigen Krieges, den er voraussah, lange bevor die Atombombe auf Hiroshima fiel: »Soll es zwei Städte wie Minas Morgul geben, die sich über ein totes Land hinweg, angefüllt mit Verwesung, zähnefletschend angrinsen?« In dieser Frage zeigt sich die ultimative Bedrohung für alles Leben, die vom Wesen der Orks ausgeht.

RINGGEISTER

Sie trugen weite schwarze Kapuzenmäntel, Kettenhemden und Silberhelme, aber darunter die grauen Gewänder der Toten. Wer ihnen ins Gesicht sah, fuhr entsetzt zurück, denn nichts schien Helm und Kapuze zu halten. Manchmal glühten dort, wo das Gesicht hätte sein sollen, zwei hypnotische Augen, die bei Wut oder unter Aufbietung starken Willens rote Höllenflammen spien. Nie winkten sie jemanden ohne Zauber herbei, und der Fluch ihres schwarzen Atems war wie eine Pest der Verzweiflung. Sterbliche konnten sie nicht berühren, Waffen ihnen keinen Schaden zufügen, es sei denn, sie waren von einem Elbenbaum gesegnet. Es war zweifelhaft, ob sie unter ihren schwarzen Mänteln überhaupt so etwas wie Körper hatten. Muskeln und Sehnen müssen jedoch vorhanden gewesen sein, denn sie konnten Waffen handhaben: Schwerter aus Stahl und Flammen, schwarze Keulen und Dolche mit vergifteten Zauberklingen.

Es heißt, dass die Nazgûl, wie sie in der Schwarzen Sprache des Abscheulichen genannt wurden, früher einmal mächtige Könige und Zauberer unter den Menschen waren. Ihr Anführer, größer als die anderen, war der Schwarze Heermeister. Der Zweite im Rang hieß Khamûl und wurde auch der schwarze Ostling oder Schatten aus dem Osten genannt. Er soll derjenige gewesen sein, der in Hobbingen nach einem gewissen Beutlin fragte. Drei von ihnen waren angeblich Fürsten aus númenorischen Geschlechtern. Alle neun hatten sie von Sauron einen Ring der Macht erhalten, den sie während vieler Jahrhunderte benutzten, um sich ihre Wünsche zu erfüllen. Durch ihn lebten sie sehr viel länger als jeder Sterbliche, aber ihre Gestalten schwanden dahin, sodass der Eine Ring sie schließlich ganz beherrschte.

Im Jahr 2250 des Zweiten Zeitalters tauchten die Nazgûl auf dem Antlitz Ardas auf und streiften ein Jahrhundert lang auf ihren schwarzen Pferden durch die Lande. Sie erschienen in jedem Krieg, den Sauron führte, und wurden, als das Letzte Bündnis der Elben und Menschen Sauron vertrieb, mit ihm in die Schatten geworfen. Aber als der Abscheuliche wieder zum Leben erwachte, waren auch die Nazgûl wieder da. Ihr Anführer schwang sich zum Herrscher über ein Land namens Angmar auf und führte dort als Hexenkönig sechshundert Jahre lang Krieg gegen die Dúnedain. Die anderen acht Nazgûl blieben bis zum Jahr 1640 im Osten und drangen dann heimlich nach Mordor ein, um das Land auf Saurons Rückkehr vorzubereiten, während Sauron im Dunklen Turm

Dol Guldur im Düsterwald residierte. Im Jahr 1974 überrannten die Nazgûl mit ihren Orkheeren aus Mordor das Reich Arnor und die Stadt Fornost. Zwar wurden sie schon im nächsten Jahr von den Elbenherrschern Círdan und Glorfindel sowie Earnur, dem König von Gondor, besiegt, aber Arnor war vernichtet. Der Hexenkönig verwüstete noch rasch Eriador, die Gegend zwischen dem Nebelgebirge im Osten und den Blauen Bergen im Westen, und kehrte dann nach Mordor zurück.

Im Jahr 2000 des Dritten Zeitalters kamen die Nazgûl wieder. Sie erschienen vor den Toren von Minas Ithil, einer der schönsten Städte des Südkönigreichs, die sie zwei Jahre später einnahmen. Der Hexenkönig von Angmar nannte sich jetzt Morgul und trug eine Krone aus Stahl. Er ließ die Stadt in Minas Morgul umbenennen und dann Eanur erschlagen, den letzten König aus Anárions Geschlecht. Dann zogen sich die Nazgûl wieder nach Mordor zurück und trafen weitere Vorbereitungen für Saurons Rückkehr.

Erst nach einem Jahrtausend, im Jahr 2951, verließ Sauron der Dunkelherr den Düsterwald und begab sich nach Mordor. Es heißt, er habe so lange gewartet, um herauszufinden, ob nicht jemand den Einen Ring besaß, der ihn vernichten konnte. Selbst die weisesten Männer ahnten nicht, dass er die Rachegeister von Morgul befehligte und dass sie die Nazgûl aus dem Zweiten Zeitalter waren. Er schickte drei von ihnen als Statthalter nach Dol Gundur. Sie blieben dort bis zum Jahr 3018, als ihm zu Ohren kam, wo der Eine Ring versteckt war.

So groß war seine Gier, als er vom Verbleib des Rings erfuhr, dass er sogleich alle neun Nazgûl, die damals als Schwarze Reiter bekannt waren, ins Auenland schickte. Sie sollten nach dem kostbaren Gebilde suchen und fanden Frodo. Ihr Anführer verwundete ihn zwar auf der Wetterspitze, doch der Hobbit entkam und die Pferde der Nazgûl wurden in der Bruinen-Furt vernichtet. Und während der Ring seinen Weg zum Schicksalsberg nahm, erklommen die Nazgûl in Mordor riesige geflügelte Ungeheuer, durchsuchten das Land nach dem Flüchtigen und trugen die Botschaften ihres Herrn rascher als jeder Vogel durch Mittelerde.

Es kam zur Entscheidung bei Minas Tirith, dem früheren Minas Arnor, der Hauptstadt des südlichen Königreichs. Unmittelbar vor ihren Toren, auf den Pelennor-Feldern, ereilte den Herrn von Morgul, der von Menschenhand nicht getötet werden konnte, sein Ende durch die Schildmaid Éowyn von Rohan und den Hobbit-Krieger Meriadoc Brandybock. Entsetzt schwangen sich die vier Nazgûl, die das Heer auf ihren geflügelten Untieren begleitet hatten, wieder in die Lüfte und warfen tiefe Schatten auf die letzte Armee von Gondor, die gen Mordor zog. Aber an der folgenden Schlacht nahmen sie nicht teil, denn als die Armeen am Schwarzen Tor aufeinander prallten, befahl Sauron den Nazgûl, sofort zum Orodruin zu eilen. Am Feuerberg, der auch Schicksalsberg oder Berg des Unheils genannt wurde, stand der Hobbit Frodo mit dem Herrscherring. Flink wie der Nordwind sausten sie dahin, doch es nützte nichts, der Ring fiel in die glosende Lava und wurde zerstört. Das Schwarze Tor brach ein, der Dunkle Turm Barad-dûr stürzte in sich zusammen, und die aufgischtende Glut des Vulkans vernichtete die Nazgûl, bevor sie fliehen konnten – endgültig.

Die Macht von Sauron steckte in den Nazgûl, und durch ihn standen und fielen sie. Jeder von ihnen war völlig dem Einen Ring dienstbar, der ihn versklavte. Sie besaßen große Macht und flößten Entsetzen ein, wurden als Boten und Kundschafter eingesetzt und um Saurons Armeen zu führen und seine Feinde einzuschüchtern. Wie bei anderen, die durch den Ring verdorben waren, blieben sie für normale Augen unsichtbar, und nur ihre schwarze Kleidung war zu sehen. Sie waren nachts und an verlassenen Orten am stärksten, dann konnte sich ihre gemeinsame Macht fast mit der des Zauberers Gandalf messen, und jede Klinge, die sie berührte, schmolz dahin.

Aber die Nazgûl hatten auch Schwächen: Waffen mit speziellen Bannsprüchen konnten sie verletzen. Der Schrecken, der sie umgab, war so groß, dass ihr Auftauchen bald bemerkt und ihr Auftrag erraten werden konnte. Außerdem zeigten sie Scheu vor Wasser und wagten sich nur im Notfall hinein. Sie fürchteten auch Feuer und den Namen Elbereth, schraken also vor der Anrufung der Göttin Varda zurück, die das Licht schenkt. Sie sahen die Welt des Lichts nicht so wie der Mensch – seine Gestalt warf in ihrem Geist Schatten, die die Mittagssonne zerstörte, aber bei Dunkelheit nahmen sie viele Zeichen und Formen wahr, die uns verborgen bleiben: Dann waren sie am meisten zu fürchten. Und stets witterten sie das Blut von lebenden Wesen, begehrten und hassten es.

Die Nazgûl sind die kompromisslosesten Gegner, die Tolkien den Ringgefährten entgegensetzen konnte. Sie sind Wiedergänger und entsprechen den Toten, die aus Neid und Rachsucht die Lebenden heimsuchen. Ihre Seelen heften sich magisch an alles, was ihnen vertraut ist und ihren Zustand unterstreicht, denn Untote wollen gebannt sein, wollen sterben. Den Nazgûl ist der Ring vertraut, der ihre Leiber schwinden ließ und aufzehrte. Nichts kann sie vom einmal eingeschlagenen Weg abbringen, am vertrauten Lebenden für ihre Todlosigkeit Vergeltung zu üben.

In der nordischen Mythologie gibt es die *einherjer*, auserwählte Kämpfer, die schon in frühester Jugend dem Gott Odin geweiht wurden und als Schlachtopfer zu ihm in die Totenhalle Walhall einzogen, um hier an seinem heiteren Leben teilzunehmen. Sie waren seine bevorzugten Lieblinge, die ihn mit ihrem Leben verteidigten, und wurden als Menschen mit Helmen dargestellt, die Schnäbel wie Adler hatten und Hörner wie Stiere. Wie die neun Ringgeister zogen auch die *einherjer* an Stelle ihres Herrschers von Walhall aufs Schlachtfeld hinaus, um das Schicksal der sterblichen Krieger zu bestimmen. Sie wählten jene aus, die nach Walhall zurückkehren sollten, so wie die Ringgeister Frodos versklavten Geist nach Mordor bringen wollten, nachdem sie ihn auf der Wetterspitze verwundet hatten. Die *einherjer* sollten das Heer toter Krieger anführen, die Odin für die letzte Schlacht von Ragnarök ausersehen hatte. Genauso führten die Ringgeister die Orks und Saurons böse Gehilfen in die letzten Schlachten des Ringkriegs. Es besteht eine erstaunliche Ähnlichkeit zwischen den Nazgûl und Odins Boten, seinen vertrautesten Champions, den *einherjer*.

Aber der Bann kann gebrochen werden, wenn der Untote geköpft, gepfählt oder von der Sonne verbrannt wird. Dann findet seine Seele Ruhe und er entfernt sich von uns. Er rückt räumlich weiter und zieht in eine Anderswelt. Die Nazgûl wurden an den lodernden Hängen des Schicksalsbergs besiegt, so wie die *einherjer* vermutlich in den Flammen von Ragnarök umkamen. Die Ringgeister haben das läuternde Feuer zu Recht gefürchtet.

SÄUGETIERE

PFERDE UND PONYS

Auf Arda wurden alle Pferde nach dem Bild Nahars erschaffen, des weißen Hengstes von Orome, dem großen Jäger unter den Valar. Golden waren seine Hufe, sein Fell war weiß bei Tag, silbern bei Nacht. Schnell wie ein Adler flog er dahin. Die edelsten Rassen stammten von ihm ab, die Elbenpferde von Eldamar ebenso wie jene wilden Hengste, die Mearas hießen und die Sprache der Elben und Menschen verstanden. Die Pferde der Hochelben wurden von den Noldor mit nach Mittelerde gebracht, und am bekanntesten unter ihnen war Rochallor, das Kriegsross von Fingolfin, der damit in den schicksalhaften großen Zweikampf mit Morgoth, dem Schwarzen Feind, ritt. Ein wilder Meara ließ sich erst gegen Ende des Dritten Zeitalters von Eorl zähmen, dem ersten König der Mark, der schon mit sechzehn Jahren die Nachfolge seines Vaters

Léod angetreten hatte, nachdem dieser bei einem Zähmungsversuch ums Leben gekommen war, und viele Jahrhunderte lang konnten nur dieser König und seine Söhne die Mearas reiten.

In den verschiedenen Ländern von Mittelerde gab es noch andere Pferderassen, deren sich Menschen, Elben und die übrigen Völker bedienten. Viele Leute, die aus Rhûn und Harad kamen, waren beritten oder hatten pferdebespannte Wagen. Ganz schrecklich waren die Pferde der Ringgeister, noch fürchterlicher die aus Saurons Zucht in Mordor. Seine Orks kamen oft nachts nach Rohan, deren Herrscher von Eorl abstammten, stahlen deren Pferde und brachten sie ihrem Herrn, der sie für seine bösen Zwecke missbrauchte. Ein solcher Hengst war das Reitpferd von Saurons Gefolgsmann Barad-dûr, jenem Schwarzen Númenórer, der Mund Saurons genannt wurde. Sein Tier war riesig groß und schwarz, aber sein gepeinigter Kopf sah wie ein Totenschädel aus, dessen Nüstern und Augen rote Flammen spien.

Auch Ponys gab es in Mittelerde, ausgezeichnete Diener der Hobbits und Zwerge, die wegen ihrer geringen Größe nicht auf Pferden reiten konnten. Als Lasttiere schleppten sie bei den Zwergen Erz und Handelswaren und bei den Hobbits und Menschen die Ernte an Feldfrüchten.

OLIFANTEN UND MÛMAKIL

In der Heimat der Hobbits, dem Auenland, gingen viele Legenden über geheimnisvolle heiße Länder um, die weit im Süden von Mittelerde lagen. Am faszinierendsten fanden die Hobbits die Geschichten über riesige Olifanten, Kriegstiere mit Stoßzähnen und gewaltigen stampfenden Füßen. Angeblich sollten die Barbaren von Harad diesen Riesen Türme auf den Rücken setzen, auf denen sie in den Kampf ritten. Vernünftige Hobbits glaubten solche Hirngespinste natürlich nicht.

Aber es erwies sich als wahr. Als Sauron in den Jahren des Ringkriegs die wilden Krieger von Harad nach Gondor rief, brachten sie Mûmakil mit, Lebewesen von gewaltiger Größe, die man für die Vorfahren jener Tiere hält, die der Mensch heute Elefanten nennt. Nur dass die jetzigen Elefanten sehr viel kleiner und weniger stark sind.

Die schwarzen Krieger putzten die Mûmakil prächtig heraus und statteten sie mit allerlei Kriegsgerät aus. Unter ihren Füßen zertrampelten die Kolosse ihre Feinde, erschlugen sie mit dem Rüssel, und ihre Stoßzähne troffen von Blut. Die Pferde der Feinde trauten sich nicht in ihre Nähe, die Fußsoldaten noch viel weniger, denn die Dickhäuter waren fast unverletzlich, während aus den großen Türmen auf ihren Rücken Bogenschützen und Speerwerfer ein Blutbad anrichteten. Die Mûmakil waren die furchtbarsten Kampftiere aller Zeiten.

FASTITOKALON

In der fantasiereichen Geschichte der Hobbits gibt es einen Gesang über ein gewaltiges Ungetüm, das die Menschen für eine Insel im Meer hielten. Alles schien gut und schön zu sein, als die Menschen sich auf dem Rücken des Tieres ansiedelten – bis sie ihre Feuer entfachten, denn da tauchte es voller Angst unter, und alle im Lager ertranken.

Die Hobbits nannten das riesige Geschöpf Fastitokalon oder Schildkrötenwalfisch, und im Gesang heißt es, er sei »der einzige, der blieb«, aber ob diese Geschichte wie die vom Olifanten auf Tatsachen beruht, kann der auf den Menschen überkommenden Überlieferung nicht mehr entnommen werden. In Mittelerde gab es viele monströse Tiere, aber nirgends wird in den Geschichten anderer Völker ein Leviathan erwähnt.

Vermutlich handelt es sich dabei um eine Allegorie vom Untergang Númenors, wie im »Akallabêth« berichtet, dem von Elendil verfassten Werk über die Geschichte des Reiches. Die Bewohner hatten sich im Zweiten Zeitalter zur größten Macht erhoben, die ihnen gestattet war, und die Flammen der Leidenschaft und des Ehrgeizes überwältigten sie, sodass ihre große Insel genau wie Fastitokalon im weiten Ozean versank und die meisten Númenórer mit sich riss.

STIERE UND EBER

Unter den Tieren der Wälder und Felder gab es viele, die Orome, der Jäger der Valar, dessen Grauelbenname Araw lautete, nach Mittelerde gebracht hatte. So auch die legendären wilden weißen Ochsen, die am Binnenmeer von Rhûn lebten und als Stiere von Araw bekannt wurden. Ihre langen Hörner waren sehr begehrt. In Gondor wurde ein solches Horn vom ersten Regenten der Truchsesse, Vorondil dem Jäger, in Silber gefasst und als Jagdhorn benutzt. Das Horn der Truchsesse, wie man es seitdem nannte, wurde von einer Generation zur nächsten vererbt und ging im Ringkrieg verloren.

Als Jäger gefiel Orome auch die Jagd auf Eber, sogar mit Hunden und Pferden. Sie war bei den Elben und Menschen von Arda schon immer ein beliebter Sport. Die berühmteste Geschichte von der Eberjagd steht in den »Annalen der Könige und Herrscher«. Hier wird erzählt, wie ein König von Rohan durch die Hauer eines wilden Ebers starb. Folca von den Rohirrim, Dreizehnter in der Reihe der Könige, verfolgte den Keiler von Everholt, ein ungestümes und riesiges Tier. Der Kampf im Wald Firien am Fuß der Weißen Berge ging ungewöhnlich laut zu, und weder der Keiler noch der Jäger überlebten.

WÖLFE, WARGE UND WOLFSHUNDE

Aus den Reichen von Melkor, dem Verfechter der Dunkelheit, kamen schon im Zeitalter der Sterne, bevor die Sonne aufging, viele böse Tiere, um die Völker Mittelerdes zu ängstigen. Am schlimmsten waren die Wölfe, die der abtrünnige Valar in seiner Festung Utumno züchtete. Die Elben setzten zu ihrer Verteidigung besonders große und gefährliche Jagdhunde ein, mit denen sie diese Kreaturen vernichten wollten.

Der größte ihrer Wolfshunde hieß Huan und war nicht in Mittelerde geboren. Orome hatte ihn hinter den Meeren gezüchtet und Celegorn geschenkt, einem Prinzen der Noldor. Huan ermüdete und schlief nie, war so unsterblich wie die Elben und von enormer Größe. Als Celegorn ihn zur Mittelerde brachte, spielte er eine große Rolle bei der Suche nach einem der drei Silmaril, die der Noldoranführer Feanur schuf, um das Licht der zwei Bäume in Valinor für immer darin zu bewahren. Durch einen Kampf mit Sauron konnte er die Elbin Lúthien von der Insel der Werwölfe befreien und wieder mit dem Menschensohn Beren vereinen. Sauron selbst floh voll Angst und Zorn. Doch noch heftiger wurde Huans Kampf vor den Toren von Angband gegen den Wolf Carcharoth, der den Silmaril verschluckt hatte. Rasend vor Schmerz über das innere Lodern lieferte der Wolf ihm den größten Kampf Tier gegen Tier, der jemals ausgetragen wurde. Huan erschlug ihn, brach jedoch tödlich verwundet neben Beren zusammen, der ebenfalls im Sterben lag. Der Silmaril wurde daraufhin als Abendstern an den Himmel gehoben.

Im Dritten Zeitalter waren die Wölfe zu geringeren Wesen geworden als früher. Die »Chronik der Westlande« berichtet von einer Rasse Weißer Wölfe, die im Jahr 2911 aus dem nördlichen Ödland kamen und den Schnee von Eriador mit dem Blut der Menschen rot färbten. Das Rote Buch der Westmark spricht viel von einer Horde sehr böser Wölfe, Warge genannt, die sich in

Rhovanion mit den Bergorks verbündete. Wenn sie auf Kriegspfad gingen, dann benutzten die Orks die Warge wie Reittiere. In der berühmten Schlacht der Fünf Heere war das stärkste Element der orkischen Streitkräfte die Kavallerie der großen Warge. Aber sie wurden zusammen mit dem größten Teil der Orkhorden vernichtet, und danach sprach die Geschichte von Mittelerde nie mehr von diesen Kreaturen.

SAURON

Er ist der selbst ernannte Herrscher von Mittelerde und erklärte Feind der Freien Völker. Sein Name bedeutet »der Abscheuliche«. Einst ein Maia im Dienste des Schmiedes Aule, wurde er in den Ältesten Tagen der oberste Diener Melkors und für Zwei Zeitalter die treibende Kraft des Bösen. Er ist der Schwarze Herr des Landes Mordor, das Auge des Dunklen Turms, der Verführer, Verräter und Schatten der Verzweiflung, aber vor allem – der »Herr der Ringe«.

Als Melkor in den Zeitaltern der Dunkelheit in Utumno herrschte und in den Zeitaltern der Sterne, von den Valar in Ketten gelegt, im Kerker schmachtete, regierte Sauron als sein Stellvertreter in Angband. In den Kriegen von Beleriand diente er treu seinem Herrn, bis Melkor am Ende des Ersten Zeitalters der Sonne in der Leere verschwand. Sauron entging dem Untergang von Melkors Festung Thangorodrim, versank jedoch in einen tiefen Schlaf, der fünfhundert Jahre währte. Als er erwachte, wurde er sich der gestiegenen Macht von Númenor auf dem Meer bewusst und der Heerscharen seiner früheren Feinde, die noch immer in den westlichen Ländern von Mittelerde lebten und ein Hindernis zwischen ihm und seiner Herrschaft über die Unsterblichen Lande bildeten. Alarmiert über die Stärke der Elben und Númenórer begann er nach einem Land zu suchen, das er nach dem Vorbild des alten Angband befestigen und in dem er als Sinnbild seiner Macht ein neues Thangorodrim errichten konnte. Ein solches Land gab es hinter unüberwindlichen Felswänden fern im Südosten, mit einem Vulkan in der Mitte, dessen uraltes Feuer die Ebene ringsum mit schwarzen Ascheschichten bedeckte. Dieses verlassene Land übernahm Sauron und nannte es Mordor, das Schwarze Land. Dort erbaute er seinen Dunklen Turm, den Barad-dûr, und dort wohnte er auch im Zweiten Zeitalter.

Obwohl Sauron später abscheulich anzusehen war, sodass allein sein Äußeres schon Entsetzen hervorrief, war er zur Zeit seines Aufstiegs noch blond und gut aussehend. Folglich bediente er sich des Verrats und der Täuschung als Hauptwaffen. Er setzte das verderbliche Werk seines Herrn in Mittelerde fort und erschien im fünften Jahrhundert des Zweiten Zeitalters als Annatar, »Herr der Geschenke«. Zunächst wandte er sich an Gil-galad, den Elbenkönig von Lindon, der ihn jedoch durchschaute und sich weigerte, mit ihm zu verhandeln. Nicht so andere. Im Jahr 1500 verführte er die Elbenschmiede von Eregion, die Ringe der Macht zu schmieden. Celebrimbor, der größte überlebende Kunsthandwerker, traf die Vereinbarung mit Sauron, einander mit Wissen zu versorgen. Gemeinsam schmiedeten sie die Ringe der Macht.

Diese Zauberringe machten Sauron von Mordor für den Rest des Zweiten Zeitalters zur größten Macht in Mittelerde. Er half den Elbenschmieden bei ihrer Arbeit und schuf heimlich den Einen Ring, der über die anderen herrschte. Anschließend brachte er die übrigen Ringe, sobald sie getragen wurden, unter seine Kontrolle. Das enthüllte schließlich allen sein wahres Wesen, und die Elben führten Krieg gegen ihn. Doch zu spät: Seine Macht war schon größer als ihre, und Eregion wurde überrannt und Celebrimbor erschlagen. Mit Celebrimbors gepfähltem Leib als Schlachtstandarte zog er wieder in den Krieg und überrannte auf der Suche nach den fehlenden drei Elbenringen ganz Eriador. Nur Gil-galad hielt tapfer stand – doch auch ihn hätte er besiegt, wenn nicht im letzten Moment Hilfe aus Númenor eingetroffen wäre. So erneuerten die Edain von Númenor im Jahr 1701 ihr altes Bündnis mit den Elben und zogen sich den Hass des Herrn der Ringe zu. Sauron war gezwungen, sich aus Eriador zurückzuziehen und seine Interessen nach Osten zu richten, denn so stark er auch war, mit den Númenórern konnte er es nicht aufnehmen.

In den nächsten tausendfünfhundert Jahren, die die Verfluchten Jahre genannt wurden, baute Sauron seine Macht in Mordor aus und brachte die Menschen im Südosten unter seine Kontrolle. Und während der ganzen Zeit wuchs die Macht des Inselreichs Númenor am Horizont, und der Tag ihrer neuerlichen Begegnung rückte immer näher. Im Jahr 3261 des Zweiten Zeitalters tauchten dann die lange erwarteten Flotten vor der Küste von Umbar auf, aber die Macht der Armee, die Ar-Pharazôn der Goldene führte, war so groß, dass Saurons eigene Armeen dahinschmolzen und ihn schutzlos zurückließen.

Sauron unterlag der militärischen Macht, aber seine Heimtücke hatte ihn nicht verlassen. Als er merkte, dass der König von Númenor ein eitler Mensch war, unterwarf Sauron sich ihm und appellierte an die Barmherzigkeit und den Stolz von Ar-Pharazôn, der ihn nicht tötete, sondern als Gefangenen nach Númenor mitnahm. Dort behaupteten sich rasch seine alten Talente der Intrige und Verschlagenheit, und er wurde Pharazôns persönlicher Berater. Keine fünfzig Jahre vergingen, bis es ihm gelang, die Númenórer mit seinen Einflüsterungen so zu verderben, dass sie gegen die Valar aufbegehrten. Der alternde Ar-Pharazôn erteilte den Befehl, eine große Kriegsflotte auszustatten. Im Jahr 3319 des Zweiten Zeitalters stach sie in See und segelte nach Westen, um gegen die Unsterblichen Lande Krieg zu führen.

Die Rache der Valar war schrecklich. Die Insel Númenor versank im Meer und Sauron mit ihr. Er verlor die Fähigkeit, jemals wieder eine schöne Gestalt anzunehmen. Doch sein Geist floh nach Mittelerde, und er verwandelte sich mit Hilfe des Rings in den Dunklen Herrscher, einen Furcht erregenden Krieger in schwarzer Rüstung mit glühenden Augen.

Nachdem er sich eine Weile in Mordor verborgen hatte, erfuhr er, dass einige Númenórer dem Untergang entkommen waren und an seinen Grenzen mächtige Reiche im Exil errichteten. In aller Eile zog er seine verstreuten Armeen zusammen und führte wieder gegen die Elben und Menschen Krieg. Er wollte sie von Mittelerde vertreiben, bevor sie zu stark wurden. Im Jahr 3429 des Zweiten Zeitalters zog er über den Pass von Cirith Ungol, nahm Minas Ithil ein und trieb die Dúnedain über den Großen Fluss Anduin zurück. Doch abermals hatte er seine Feinde unterschätzt: Elben und Menschen bildeten das Letzte Bündnis und belagerten den Dunklen Turm. In einer letzten erbitterten Schlacht gegen Gil-galad und Elendil wurde Sauron niedergerungen. Als der Eine Ring ihm vom Finger geschnitten wurde, verlor er auch seine Gestalt des Furcht erregenden Kriegers in schwarzer Rüstung.

Tausend Jahre verstrichen, in denen Sauron schlief und die Westlande Frieden vor ihm hatten. Doch da der Ring nicht vernichtet worden, sondern verloren gegangen war, erschien sein Geist im Jahr 1000 des Dritten Zeitalters wieder und bedrohte die freie Welt Mittelerdes – als großes, loderndes Auge am Himmel, brennend vor Hass und umgeben von Dunkelheit. Damals kamen auch die Istari oder Zauberer nach Mittelerde, um den Menschen im Kampf gegen Sauron beizustehen.

Der Dunkle Herrscher war noch zu schwach, um sein altes Land Mordor zurückzuerobern. Die Dúnedain von Gondor bewachten es gut. Also wählte er die kleinere Festung Dol Guldur im Grünwald zu seinem Hauptquartier. Er schmiedete neue Pläne, und flugs breitete sich das Böse im Wald aus, Orks und Trolle tauchten in großer Zahl auf, und Wölfe heulten an den Grenzen. Zitternd vor Angst benannten die Freien Völker Grünwald in

Düsterwald um, und nur im Flüsterton erzählte man sich von der Macht des Nekromanten von Dol Guldur.

Fast zweitausend Jahre lang verbarg Sauron sich im Düsterwald und sah keine Möglichkeit, Gondor anzugreifen. Keiner wusste, dass er der schreckliche Dunkle Herrscher war. Um seine Feinde zu strafen, schickte er Orks und Barbaren gegen die Dúnedain und ihre Verbündeten aus. Dann verfiel er auf seine mächtigsten Diener, die Nazgûl oder Ringgeister, und schickte sie nach Eriador, um das Nordkönigreich der Dúnedain zu zerstören. Den größten Teil des Dritten Zeitalters hindurch verrichteten die Schwarzen Reiter mit den finstern Kapuzen ihr furchtbares Werk, und Saurons Gegner zitterten vor ihrer Macht. Als das Königreich des Nordens zerstört war, begaben sie sich an die Vernichtung von Gondor. Und als das Südkönigreich auf den Knien lag, konnten die Nazgûl wieder das Schwarze Land besetzen.

Die ganze Zeit hindurch setzte Sauron seine Politik der Geheimniskrämerei und Verstohlenheit fort. Während seine Diener die Feinde heimsuchten und immer mächtiger wurden, debattierten die Weisen, ob er wirklich wieder erwacht war. Er hielt sich in Dol Guldur als Nekromant verborgen und arbeitete an seinem Meisterplan. Mehr als alles andere begehrte er den Herrscherring zurück, denn die bloße Tatsache seiner eigenen Existenz sagte ihm, dass der Ring nicht zerstört worden war. Schließlich wurde er aus Dol Guldur vertrieben, bevor seine Spione den Aufenthaltsort des Rings entdecken konnten.

Im Jahr 2941 des Zeitalters nahm er all seine Tücke zusammen, kehrte nach Mordor zurück und begann den Dunklen Turm wiederaufzubauen. Doch aus Vorsicht und dem Wunsch heraus, erst dann zuzuschlagen, wenn er sich seines Sieges auch sicher sein konnte, nahm er davon Abstand, seine Feinde anzugreifen. Erst wollte er den Ring in Reichweite wissen. Er ahnte nicht, dass er im gleichen Jahr durch Zufall in Bilbo Beutlins Besitz gelangt war.

Saurons Feinde, die den Wert des Rings erkannten, nutzten das

Zögern des Dunklen Herrschers. Bilbos Neffe Frodo machte sich auf jene berühmt gewordene Reise zum Schicksalsberg. Im letzten Feldzug, der gegen Sauron geführt wurde, erlitten seine Armeen eine furchtbare Niederlage. Die Pläne des Dunklen Herrschers zerstoben zu nichts, seine Diener wurden vernichtet, der Dunkle Turm eingerissen – und der Herrscherring, die Quelle all seiner Hoffnung, verging im Schicksalsberg zu Schlacke.

So endete das Dritte Zeitalter, und Saurons Macht erlosch. Er verschwand für immer in der Leere, und die Furcht vor seiner Herrschaft wurde von der Welt genommen.

Eine Erörterung von Saurons wahrer Natur würde eine Erforschung der Natur des Bösen mit einschließen, da er später – nicht von Anfang an – der Inbegriff aller Habgier war, aller Heimtücke und verderblichen Energie, die man während der zwei Zeitalter seiner Herrschaft in Mittelerde finden konnte. Alles Böse strebte zu ihm hin, so wie er der alleinige Ursprung des Bösen war. Auch wenn er letzten Endes, wie schon Melkor vor ihm, für immer in die Leere verbannt wurde, konnte das Unheil, das in den Jahrtausenden seiner Herrschaft begangen worden war, nie wieder ganz ungeschehen gemacht werden.

Aber nichts und niemand ist von Anfang an böse – nicht einmal Sauron. Deshalb wünschen sich viele, die Geschichte seiner Herkunft zu kennen. Aber darüber liegt der Mantel des Schweigens. Die Eldar kannten sie zwar, schrieben sie aber nicht auf. Sie sprachen nicht einmal darüber, was zu viel Verschwiegenheit ist, um in den Gelehrten nicht einen gewissen Verdacht zu wecken: Vielleicht gehörte Sauron selbst den Eldar an und war im Ersten Zeitalter zum Bösen verführt worden? Als Melkor in den Unsterblichen Landen die drei Silmaril stahl und sich mit seinem Raub in die Festung Thangorodrim zurückzog, folgten ihm die Hochelben wutentbrannt nach Mittelerde. Und damals suchte Melkor die Hilfe vieler Wesen und versuchte auch die Elben zu verführen. Zweifellos war er damit zum Teil erfolgreich, möglicherweise bei

Sauron. Jedenfalls taucht der Name seines Dieners um diese Zeit zum ersten Mal auf.

Aber das ist bloße Theorie. Im Allgemeinen herrscht die Auffassung, dass Sauron, der Feind der Freien Völker für zwei Zeitalter der Welt, ein böser Maia war. Obwohl hierüber nicht die geringsten Informationen vorliegen.

Sauron, als böser Gott oder gefallener Engel, ist kein typischer Charakter der vorchristlichen Mythen in Europa. Das Konzept des Dualismus zwischen Gut und Böse, grundlegend für den *Herr der Ringe*, entstammt eher Glaubensvorstellungen, die im Nahen Osten vorherrschten, besonders in Persien, und Europa voll ausgeprägt während des Christentums erreichten. Vor der Annahme des Dualismus besetzten Götter wie Odin, Loki und Hel, obwohl auch mit dem Bösen assoziiert, eine ambivalente Position im Bewusstsein ihrer Verehrer. Man glaubte, dass das willkürliche Verleihen oder die Zurücknahme der Gunst der Götter die Unvorhersehbarkeit des menschlichen Schicksals prägte.

In *Mythology of Middle-Earth* weist Ruth S. Noel darauf hin, dass Sauron für den heutigen Leser scheinbar das moderne Konzept der bösen Macht vertritt, seine besonderen Merkmale sich aber gar nicht heidnischen Göttern zuordnen lassen. Vieles davon, was mit Tod oder Verrat zusammenhängt, wurde erst durch die Einführung des Christentums mit dem Teufel in Verbindung gebracht. Wie der Teufel kann auch Sauron verderben, zaubern und Trugbilder erschaffen, ohne dass er an der materiellen Schöpfung Anteil hätte. Wie die heidnischen Götter besitzt Sauron übernatürliche Kräfte, die mit der Sonne, den Toten und göttlicher Kriegführung in Verbindung stehen. Und wie die Herrscher und Zauberer in den heidnischen Mythen besitzt er eine Seele, die er vom Körper lösen konnte und die das Rückgrat der gesamten Mittelerde bildet.

Tolkiens Dunkler Herrscher lässt sich durchaus mit den Sonnengöttern vergleichen. Er teilt ihre Eigenschaften der materiellen und moralischen Dunkelheit. Sauron hatte Macht über die Sonne, denn er konnte sie mit vulkanischem Rauch aus dem Schicksalsberg und den Schleiern der Dunkelheit aus Barad-dûr verfinstern. Und er wird als »feueräugig« beschrieben. Mehrmals taucht in Tolkiens Werk sein glühendes Auge am Himmel auf, als besäße er nur dieses eine, eine Entsprechung zu keltischen und germanischen Göttern, die auf diese Weise die Sonne repräsentierten. Lugh, Balar und Odin gleichen ihm darin – auch in seiner Grausamkeit und Besessenheit vom Tod. Darin gleicht Sauron auch einer walisischen Gestalt, dem Schwarzen Unterdrücker. Er wurde im *Mabinogi* als Mensch beschrieben, der ein Auge an die Schwarze Schlange der Carn verlor und später genau wie diese Bestie von einem gewissen Peredur bsiegt wird, der im Christentum als Parzifal wiederaufersteht.

Aber am meisten ähnelt Sauron dem nordischen Gott Odin. Er besaß angeblich nur ein Auge, weil er mit dem anderen Mimir bezahlte, den Hüter der Quelle der Weisheit, damit er ihm einen Schluck daraus gewähre. Mit seinem Feuerauge auf dem blauen Umhang verkörperte er die Sonne am Himmel, und wie Sauron zog er niemals selbst in die Schlacht, sondern setzte seine Kräfte aus der Entfernung ein.

Tolkien zog bewusst eine Parallele zwischen Sauron und Odin, denn in seinem Vortrag »Über Märchen« nannte er den nordischen Gott einen Nekromanten – genau wie Sauron. Und so wie er Odin als »Herrn der Erschlagenen« bezeichnete, war für ihn Sauron der alles überragende »Herr der Ringe«. Er machte ihn auch nicht zufällig zum Nekromanten, der schließlich das Wetter beherrsche. Auf dem Höhepunkt seiner Macht befehligt Sauron Stürme, Wolken und vulkanische Aktivitäten.

Tolkien schilderte den Dunklen Herrscher als schwarz, was den Beschreibungen zahlreicher Totengötter entspricht. Auch der Teufel wurde oft schwarz dargestellt, ebenso der griechische Unterweltgott Pluto. Die indische Totengöttin Kali wurde sogar nach dieser Nicht-Farbe benannt. Der oberste Totengott der Iren, später mit dem Teufel assoziiert, hieß Donn, was der »Braune« oder »Dunkle« heißt. Lokis Tochter Hel, zu der die Toten gingen, war angeblich schwarz oder halb schwarz und halb weiß. Auch die griechischen Furien wurden gescheckt dargestellt.

Das bedeutendste Element von Saurons Geschichte ist allerdings der Eine Ring. Das tragische Moment seines Lebens: dass Sauron so viel seiner Macht in einem Ring gebunden hatte, dass er ihn verlieren und seinen Untergang herbeiführen konnte. Diese unbedachte Tat wird in Mythen und Sagen von vielen Zauberern und Königen begangen. Ihr liegt der Glaube zu Grunde, dass sie Seele sich vom lebendigen Körper trennen lässt. Das war zu allen Zeiten ein weit verbreiteter Glaube. Viele meinten, dass man die Seele oder Lebenskraft in einem äußeren Gegenstand sammeln könne. Manche Stämme in Afrika, Asien und Südamerika verbergen noch heute Darstellungen ihrer Seele an sicheren Orten und meinen, ihrem Körper könne nichts geschehen, solange ihre Seelen geschützt sind. Eine ähnliche Praxis ist das Tragen von Amuletten, die die Seele des Trägers bergen – ähnlich wie Medizinbeutel bei den Indianern.

Die Geschichte des Einen Rings folgt einem Grundmuster, das sich in Sagen und Märchen immer wieder findet: Ein König oder ein Zauberer hat seine Seele an einen Gegenstand gebunden, der an einem geheimen Ort verborgen ist. Ein Held erfährt davon, findet den Gegenstand mit Hilfe von Freunden und vernichtet mit der Seele auch ihren Besitzer.

In einer russischen Legende, die Igor Strawinski in seinem Ballett *Der Feuervogel* (1910) unsterblich machte, ist die Seele des Zauberers Koschei in einem Ei verborgen. Ein übernatürlicher Vogel hilft einem Prinzen, sich in dessen Besitz zu bringen. Als das Ei gefunden und zerschlagen wird, werden auch der Zauberer und seine Dämonen vernichtet und nebenbei noch eine Prinzessin aus der Gefangenschaft befreit.

Der Ring war der Inbegriff von Saurons Kraft. Als Bilbo Beutlin ihn im Einsamen Berg fand, blieb dessen Macht siebenundsiebzig Jahre lang unentdeckt. Aber dann brachte Frodo ihn ins finstere Reich Mordor und zerstörte zusammen mit dem Ring auch dessen Besitzer und seine Festung.

SCHLACHTEN

Das Erste Zeitalter der Sonne brachte den Juwelenkrieg. So wurden die Schlachten in Beleriand genannt, bei denen die Noldor, unterstützt von Menschen und Zwergen, gegen Morgoths gewaltige Armeen antraten, um die Silmaril zurückzuerlangen, während Morgoth voller Hass auf die Elben ihr Reich erobern wollte. Der Juwelenkrieg begann mit der Schlacht unter den Sternen und endete mit dem Eingreifen der Valar und dem Sturz des Dunklen Herrschers im Krieg des Zorns.

Das Zweite Zeitalter stand schon ganz im Zeichen seines Dieners Sauron. Zwischen 1693 und 1701 führten die Elben gegen ihn Krieg. Er begann, als der Juwelenschmied Celebrimbor bemerkte, dass Sauron den Einen Ring hergestellt hatte, mit dem er alle anderen beherrschen konnte, und endete mit Saurons Vertreibung aus Eriador. Am Ende dieses Zeitalters wurde der Abscheuliche von Menschen und Elben zum ersten Mal niedergeworfen und ihm der Eine Ring von der Hand geschnitten.

Der erste große Konflikt im Dritten Zeitalter war der Bürgerkrieg von Gondor zwischen den Jahren 1432 und 1448. Er brach aus, weil der Dúnedain-König Eldacar nicht von reiner númenorischer Abkunft war, sodass seine Gegner befürchteten, es könnte sich Kurzlebigkeit ins Königshaus einschleichen. Zwischen 2793 und 2799 folgte der Krieg der Zwerge gegen die Orks, bei dem fast alle Orks umkamen. Das alles überragende Ereignis war jedoch der Ringkrieg von 3018/19. So bezeichnete man die Schlachten zwischen Sauron und den Freien Völkern am Ende des Dritten Zeitalters. Dabei wurde Sauron abermals überwunden und die von ihm ausgehende Gefahr durch die Zerstörung des Einen Rings für immer gebannt.

SCHLACHT UNTER DEN BÄUMEN

Die erste große Schlacht in Beleriand fand noch im letzten Zeitalter der Sterne stand, unmittelbar nach der Rückkehr von Melkor, den die Elben nur als Morgoth kannten. Im Tal des Flusses Gelion trafen seine Orklegionen auf Thingols Grauelben und Denethors Grünelben. Die Orks wurden dezimiert und flohen zu den Blauen Bergen, wo die Äxte der Zwerge sie erwarteten. Keiner von der ganzen Armee entkam.

SCHLACHT UNTER DEN STERNEN

Die zweite große Schlacht in Beleriand, bei den Elben als Dagor-nuin-Giliath bekannt, ereignete sich zehn Tage vor dem ersten Aufgang des Mondes. Die Küstenechos von Lammoth und das Feuer brennender Schiffe bei Losgar machten Morgoth auf die Rückkehr des Noldor-Herrschers Feanor aufmerksam. Er griff die Elben mit einer überlegenen Streitmacht an, aber die Noldor, durch das Leben in den Unsterblichen Landen gestärkt, töteten die Orks und trieben sie zur grünen Ebene Ard-galen zurück. Eine zweite Orkarmee, die im Süden die Elben von Falas angegriffen hatte, wollte der Hauptstreitmacht zu Hilfe kommen, wurde jedoch aufgerieben. Der anschließende Feldzug war für die Noldor verheerend, denn Feanor wurde in der Nähe von Angband tödlich verwundet. Dann nahmen Balrogs bei Unterhandlungen seinen ältesten Sohn Maedhros gefangen und brachten ihn nach Angband. Der Feldzug endete, als Morgoths Armeen beim ersten Aufgehen der Sonne nach Angband flohen und der Noldor-Prinz Fingolfin über die Ebene marschierte.

RUHMREICHE SCHLACHT

Die dritte große Schlacht in Beleriand wurde von den Elben Dagor Aglareb genannt und im Jahr 60 des Ersten Zeitalters ausgetragen. Morgoth plante einen Überraschungsschlag gegen die Noldor und schickte Orkarmeen über den Pass von Sirion und durch Maglors Lücke, während seine Hauptstreitmacht Dorthonion angriff, das Hochland südlich von Ard-galen. Aber die Orks wurden mühelos abgewehrt, und Fingolfin und Maedhros griffen die Hauptstreitmacht von Westen und Osten an. Morgoths Armee wollte sich über Ard-galen zurückziehen, wurde jedoch in Sichtweite von Angbar bis auf den letzten Mann aufgerieben.

SCHLACHT DES JÄHEN FEUERS

Die vierte große Schlacht in Beleriand nannten die Elben Dagor Bragollach. Sie begann im Winter des Jahres 455 des Ersten Zeitalters, als Morgoth die Belagerung von Angband durch Lavafluten beendete, die Ard-galen und Dorthonion sowie das Schattengebirge verbrannten und viele Noldor auf der Ebene töteten. Auf das Feuer ließ er gewaltige Armeen von Orks, Balrogs und den Goldenen Drachen Glaurung folgen. Im Westen wurden Fingolfin und sein Sohn Fingon, der Vater von Gil-galad, zum Schattengebirge zurückgetrieben. Der Elben-Anführer Finrod, der den Pass von Sirion verteidigte, entging nur knapp dem Tod. In Dorthonion wurden Noldor und Edain überwältigt, wobei das erste Haus der Zweitgeborenen sich nie mehr ganz von den Verlusten erholte. Im Osten wurde nach erbitterten Kämpfen Aglon eingenommen, aber Maedhros versammelte die Armeen seines Hauses und schloss diesen Pass nach Beleriand wieder. Dann überrannte Glaurung die Ebene Lothlann, eroberte Maglos Lücke, und Ostbeleriand wurde geplündert. Wutentbrannt über diese Niederlage ritt Fingolfin nach Angband und forderte Morgoth zum Zweikampf. Der Hochkönig wurde getötet, brachte Morgoth aber sieben schwere Verletzungen bei. Es heißt, die Schlacht sei erst Anfang des Frühling zu Ende gewesen.

SCHLACHT VON TUMHALAD

Die letzte offene Feldschlacht zwischen den Elben und Morgoths Armeen wurde im Herbst 496 des Ersten Zeitalters ausgetragen. Der Drache Glaurung führte eine große Schar Orks über den Pass von Sirion, vergiftete die Quelle des Ivrin und plünderte den Norden der Ebene Talath Dirnen. Die Armee von Nargothrond mit dem Noldo Orodreth und dem Edain Túrin an der Spitze stellte sich ihnen entgegen. Aber der Feind war übermächtig, und nur Túrin mit seinem Drachenhelm konnte dem Feuerodem widerstehen. Die Elben wurden zurückgedrängt, bei Nargothrond auf der Ebene von Tumhalad in die Enge getrieben, die Flüsse Narog und Ginglith im Rücken, und dort abgeschlachtet. Túrin war einer der wenigen Überlebenden. Dann zogen Glaurung und die Orks nach Nargothrond weiter, das sie plünderten.

SCHLACHT DER UNGEZÄHLTEN TRÄNEN

Die fünfte und furchtbarste Schlacht in Beleriand, auch Nirnaeth Arnoediad genannt, fand im Sommer 473 des Ersten Zeitalters auf der Ebene Anfauglith zwischen Morgoths Heer und Maedhros

Verbänden unter Fingons Befehl statt. Gwindor, ein Elb aus Nargothrond, verließ zornbebend über den Tod seines Bruders die Verteidigungslinie am Pass von Sirion und trieb Morgoths Armee, an deren Spitze der dunkle Diener Gothmog und der Drache Glaurung standen, binnen dreier Tage zum Tor von Angband zurück. Daraufhin schickte Morgoth eine gewaltige Orkarmee aus, die wiederum Fingon zurücktrieb. Die Nachhut der Haladin, des Zweiten Hauses der Edain, wurde dezimiert, und erst nach zwei Tagen kam Unterstützung durch den Noldo Turgon und zehntausend Elben aus Gondolin. Dann fiel Maedhros, der den Verrat aufgehalten hatte, den Orks in den Rücken. Morgoth schickte Balrogs, Warge und Drachen zu Maedhros rechter Flanke. Als dann auch noch eine Armee Ostlinge zu Morgoth überlief und Maedhros' Verbänden in den Rücken fiel, zerbrach die Armee des Noldor-Elben. Die Zwerge von Belegost konnten zwar noch den Drachen Glaurung zum Rückzug bewegen, aber Fingons Heerscharen wurden aufgerieben. Die Gondolin-Elben und Edain des Dritten Hauses, angeführt von Húrin und Huor, zogen sich zurück. Anschließend gaben die Edain den Elben bei der Flucht Rückendeckung und hielten im Sumpfland von Serech bis auf den letzten Mann die Stellung. Húrin wurde Gothmogs Gefangener, als einziger Überlebender. Morgoth war jetzt uneingeschränkter Herrscher über ganz Beleriand.

KRIEG DES ZORNS

Bei dieser mächtigen Auseinandersetzung, die das Erste Zeitalter beendete, stürmte das Heer der Valar, unterstützt von den Noldor und Vanyar aus Valinor, im Zorn gegen Angband. Morgoths Streitmacht aus Orks und Balrogs war so groß, dass sie ganz Anfauglith ausfüllte, wie Ard-galen nach der Schlacht des Jähen Feuers hieß, doch sie wurde vernichtend geschlagen. In einem letzten Aufbäumen sandte Morgoth seine geflügelten Drachen aus. Der Halb-Elb Earendil führte dagegen alle Vögel des Himmels zu Felde, an der Spitze den Adler Thorondor, und erschlug Ancalagon, den gewaltigsten des Drachenheeres, sodass der Leib des Schwarzen auf die drei Gipfel von Thangorodrim stürzte. Morgoth wurde gestellt und mit der Kette Aignor gebunden. Aus seiner Eisernen Krone wurde ein Pranger geschmiedet und ihm der Kopf auf die Knie gebogen. Dann stießen sie ihn durch das Tor der Nacht hinaus in die Leere. Aber Beleriand und andere nordwestliche Bereiche von Mittelerde waren für immer zerstört und versanken unter den Fluten von Belegaer.

SCHLACHT VON DAGORLAD

Auf dieser kahlen, steinigen Ebene vor dem Schwarzen Tor Morannon, das den Eingang nach Mordor versperrte, fand im Jahr 3434 die größte Schlacht des Zweiten Zeitalters statt. Dabei besiegte das Letzte Bündnis der Elben und Menschen, angeführt von den Königen Gil-galad und Elendil dem Langen, das Heer Saurons des Großen und rieb es völlig auf. Noch ein Zeitalter später war das nördlich gelegene Gebiet weithin als »Wallstatt« bekannt. Nach dem Sieg passierten die Streitkräfte des Letzten Bündnisses das Schwarze Tor, drangen in Mordor ein und belagerten sieben Jahre lang die dunkle Festung Barad-dûr, bis Sauron sich zu einem Zweikampf stellte, der ihn vernichtete, aber auch Gil-galad und Elendil das Leben kostete. Die vielen Gräber der Menschen, Elben und Orks wurden vom Sumpf verschlungen.

SCHLACHT AUF DEN SCHWERTELFELDERN

Als der Dúnadan Isildur, ältester Sohn Elendils, im zweiten Jahr des Dritten Zeitalters mit einem Gefolge von zweihundert Mann nach Norden zog, um Hochkönig von Gondor und Arnor zu werden, geriet er am Ufer des Anduin südlich des Flusses Schwertel in einen Hinterhalt der Orks. Die meisten Dúnedain starben bei Isildurs Verteidigung. Von seiner Gruppe, zu der auch seine drei ältesten Söhne gehörten, kehrten nur drei Mann zurück. Isildur wollte sich schwimmend in Sicherheit bringen, aber der Große Ring, der ihn unsichtbar machte, entglitt ihm, sodass ihn ein Pfeil der Orks traf. Der Herrscherring sank auf den Grund des Flusses und blieb dort Tausende von Jahren unentdeckt im Schlamm liegen.

ÜBERQUERUNG DES ERUI

Im Jahr 1447 des Dritten Zeitalters kam es zur entscheidenden Schlacht im Bürgerkrieg von Gondor, bei der der entmachtete König Eldacar in einem großartigen Kampf an den Furten des Erui dem Thronräuber Castamir eine Niederlage beibrachte, sodass die rechtmäßige Erbfolge wieder hergestellt war. Dadurch fand der lange Sippenstreit, der Gondor so sehr geschwächt hatte, ein Ende. Castamirs Söhne entgingen dem Verhängnis jedoch und gelangten später nach Umbar, wo sie ein eigenes Königreich errichteten. Die Korsaren von Umbar blieben eine ständige Gefahr für Gondor und seine Lehen an der Küste.

SCHLACHT IM LAGER

Im Jahr 1944 des Dritten Zeitalters, als Gondor durch die anhaltenden Überfälle der Ostlinge schon stark geschwächt war, kamen die Wagenfahrer. König Ondoher fiel, und die Wagenreiter zogen nach Ithilien weiter. In dem Glauben, Gondor sei besiegt, schlugen sie ihr Lager auf und freuten sich schon darauf, die Länder jenseits des Flusses zu plündern, ohne zu ahnen, dass Earnil, ein Hauptmann der Armee von Gondor, ihre Verbündeten im Süden, die Haradrim, geschlagen hatte. Im strammen Marsch näherte sein Heer sich dem Lager und schlug die Feiernden in die Flucht, die entsetzt nach Norden eilten und größtenteils von den Sümpfen verschlungen wurden. Als Lohn für den Sieg bot Pelendur, der Statthalter von Gondor, Earnil Ondohers Krone an.

Schlacht von Fornost

Die letzte Schlacht der Dúnedain und ihrer Verbündeten gegen das Dunkle Reich Angmar erfolgte im Jahr 1975 des Dritten Zeitalters. Die Elbenheere Círdans von Lindon und Earnurs Armee aus Gondor überquerten gemeinsam den Fluss Lhûn und zogen nach Osten. Der Hexenkönig hatte schon Fornost besetzt, die Hauptstadt des früheren Nordkönigreichs Arnor. Als er vor den Dúnedain aufmarschierte, umrundete die Reiterei von Gondor ihn und fiel in seine rechte Flanke ein. Angmars Krieger flohen nach Osten und Norden, wo sie von den sie verfolgenden Reitern und einer weiteren Elbenarmee aus Bruchtal unter Glorfindels Führung angegriffen wurden. Angmars höllische Armee wurde bis auf den letzten Mann aufgerieben und der Hexenkönig für immer aus dem Norden vertrieben. Leider kam der Sieg zu spät, um König Arvedui zu retten.

Ebene des Celebrant

Im Jahr 2510 des Dritten Zeitalters überquerten Heerscharen von Wagenfahrern den Anduin, sodass Círion, der zwölfte Truchsess von Gondor, seine Südarmee in Marsch setzte. Ein Gegenschlag zwang sie über den Fluss Limklar, wo ein Angriff von Orks sie zum

Anduin abdrängte. Da schmetterten die Hörner des Nordens, und die Reiterei von Eorl dem Jungen, dem Anführer der Éothéod, fiel wie ein Sturmwind über die Wagenfahrer her, brach in ihre Flanken und ihren Rücken und hetzte sie auf den grünen Ebenen von Calenardhon zu Tode. Als Belohnung überließ Círion Eorl und seinen Reitern dieses Gebiet, das später als Rohan bekannt wurde.

SCHLACHT BEI GRÜNFELD

Im Jahr 2747 des Dritten Zeitalters kam es zur ersten Schlacht im Auenland, als eine Orkbande unter Führung von Golfimbul aus dem Norden über den Gramberg eindrang. Sie wurde von Bandobras Tuk, genannt »Stierbrüller«, vernichtend geschlagen. Vielleicht handelte es sich aber auch nur um eine Wirtshausschlägerei zwischen Einheimischen und Fremden.

SCHLACHT VON AZANULBIZAR

Die letzte Schlacht im Krieg der Zwerge und Orks, auch Schlacht von Nanduhirion genannt, fand im Winter 2799 des Dritten Zeitalters statt. Erst wurden wiederholte Angriffe der Zwergenkrieger von Thráin blutig zurückgeschlagen, und einige der mächtigsten waren schon gefallen, als aus den Eisenbergen endlich Verstärkung eintraf. Náin, der Anführer der Gruppe, wurde von Azog, dem Anführer der Orks, zwar getötet, doch sein Sohn Dáin rächte ihn und schlug Azog den Kopf ab. Die wenigen überlebenden Orks flohen nach Süden. Um die Leichen der Zwerge nicht den Wölfen zu überlassen, waren die Sieger gezwungen, sie aufzuhäufen und zu verbrennen. Fortan sprachen sie von den Kriegern, die bei Azanulbizar gefallen waren und die sie stets in großem Ansehen hielten, von den »Verbrannten Zwergen«.

ÜBERQUERUNG DES POROS

Im Jahr 2885 des Dritten Zeitalters kam es zu einem wichtigen Sieg der Armeen von Gondor über ihre alten Feinde, die Haradrim. Er gelang durch das rechtzeitige Eingreifen ihrer neuen Verbündeten, der Rohirrim. So löste Folcwine, der vierzehnte König von Rohan, Eorls Schwur ein, auch wenn seine Zwillingssöhne Fastred und Folcred in der Schlacht ihr Leben ließen. Sie wurden gemeinsam an den Ufern des Flusses Poros beigesetzt.

SCHLACHT DER FÜNF HEERE

Im Jahr 2941 des Dritten Zeitalters marschierte nach Smaugs Tod am Einsamen Berg ein Heer von Waldelben und Seemenschen auf, die dem Zwergenkönig Thorin Eichenschild gegenüber Anspruch auf den Schatz erhoben. Von den Eisenbergen stieß ein Zwergenheer unter Daín hinzu, um Thorin bei der Verteidigung des Drachenhorts zu unterstützen. Als alle Anzeichen auf Kampf zwischen Zwergen und den Elben und Menschen standen, näherte sich unter einer dichten Wolke aus Fledermäusen eine gewaltige Armee von Orks und Wargen. Elben, Menschen und Zwerge verbündeten sich und stellten sich dem gemeinsamen Feind. Doch erst als Adler über die Berge kamen, Orks und Warge aus der Luft angriffen und Beorn, der Anführer der Beorninger, in der Gestalt eines riesigen Bären mordend durch die Reihen der Feinde zog, wurde die Schlacht gewonnen. Thorin Eichenschild, König unter dem Berge und Sohn Thráins, fiel in dieser Schlacht.

SCHLACHT AUF DEM GIPFEL

Zwei Tage und zwei Nächte lang währte der Kampf zwischen Gandalf und dem Balrog des Zwergenreichs Moria, ausgetragen auf dem Gipfel des Berges Zirakzigil, vom 23. bis 25. Januar 3019. Am Ende stieß Gandalf den Balrog in den Abgrund. Dabei wurden Durins Brücke und Durins Turm und die Endlose Wendeltreppe zerstört.

SCHLACHT UM ISENGART

Fünfhundert Jahre lang hatte der Zauberer Saruman das Tal Nan Cueunír befestigt, in dem sein Turm Orthanc stand, Haine zerstört und Seen abgelassen, Orks und Dunländer versammelt. Im Februar 3019 des Dritten Zeitalters schlug er sich auf Saurons Seite. Das machte für Ents und Huorns das Maß voll. Sie zogen nach Isengart, eroberten den Turm und benannten das Tal in Baumgarten von Orthanc um.

SCHLACHT AN DEN FURTEN DES ISEN

Am 25. Februar und 2. März 3019 des Dritten Zeitalters fanden zwischen den Rohirrim von Westfold und Saruman, der mit Orks und Dunländern aufmarschiert war, zwei Schlachten an den strategisch bedeutsamen Isen-Furten statt, wo die meisten Reisenden aus dem Norden nach Rohan übersetzten. In der ersten wurde Théodred, Sohn von König Théoden und Zweiter Marschall der Mark, erschlagen, aber in der zweiten Schlacht eine Woche später scharte Erkenbrand, der König von Westfold, seine Rohirrim um sich und hielt die Isengarter auf. Anschließend zog er zur Hornburg weiter, um dort Beistand zu leisten.

SCHLACHT AN DER HORNBURG

Sarumans Armee aus Dunländern und Orks zog am 3. März 3019 in der Schlucht Helms Klamm vor die Hornburg und belagerte dort eine Heerschar Rohirrim unter Théodens und Èomers Führung, zu denen sich auch Aragorn, Legolas und Gimli gesellt hatten. Beim nächtlichen Sturm auf die Burg wurde zwar das Tor zerstört, doch kein Feind konnte eindringen. Am Morgen des 4. März wagten die Rohirrim mit Aragorn einen Ausfall, während gleichzeitig die in der Hornburg und in Helms Klamm stationierten Fußsoldaten angriffen. Sie trieben die Feinde zurück, bis sie zwischen die Fronten von Théodens und Erkenbrands Armeen und die Ents gerieten, die Gandalf von Orthanc zu Hilfe geholt hatte. Die Dunländer ergaben sich, während die Orks in einen vermeintlichen Wald stürmten, der jedoch aus Huorns bestand, und erschlagen wurden.

SCHLACHT AUF DEM PELENNOR

Die größte Schlacht des Dritten Zeitalters fand am 15. März 3019 statt. Sie wurde zwischen Saurons Armee aus dreißigtausend Haradrim und einer großen Anzahl Ostlinge, Variags und Orks unter Führung des Hohen Nazgûl einerseits und den Streitkräften von Minas Tirith andererseits ausgetragen, die durch dreitausend bis viertausend Mann der südlichen Lehnsgüter, die Heere von Osgiliath und Ithilien sowie sechstausend Reiter aus Rohan unterstützt wurden. Kurz vor Morgengrauen zerstörte der Hohe Nazgûl die Großen Tore von Minas Tirith, doch das unerwartete Eintreffen der Rohirrim verhinderte sein Eindringen in die Stadt. Mit Théoden an der Spitze besiegten die Rohirrim am frühen Morgen eine Haradrim-Armee, doch dann rieb der Herr der Nazgûl die Rohirrim auf und erschlug Théoden, wurde aber selber von Éowyn und

Merry getötet. Anschließend führte Éomer die Rohirrim in einem wilden Angriff gegen die Haradrim. Am Vormittag wurde ihr Vordringen nach Süden trotz des Beistands der Reiterei von Gondor gebremst, weil die Olifanten der Haradrim sich als unbesiegbar erwiesen und der Feind den Rohirrim zahlenmäßig überlegen war. Zu der Zeit hatte der neue feindliche Befehlshaber Gothmog seine Reservetruppen schon in die Schlacht eingebracht, sodass die Fußsoldaten von Gondor nach Minas Tirith zurückgetrieben wurden. Gegen Mittag wurden die Rohirrim etwa eine Meile nördlich von Harlond eingekesselt, doch da war schon Aragorn mit einer großen Flotte aus dem südlichen Gondor, wo er die Korsaren besiegt hatte, in Harlond gelandet. Die Streitkräfte von Gondor überrannten die Ebenen von Pelennor, und bei Einbruch der Nacht waren alle Feinde getötet oder vertrieben.

Schlacht von Thal

Zählt man die Schlacht der Fünf Heere mit, so kann man dieses Gemetzel vom 15. bis 17. März 3019 als zweite Schlacht von Thal bezeichnen. Erst schienen die Ostlinge unter Saurons Herrschaft die Menschen von Thal und die Zwerge von Erebor zu besiegen. König Dáin Eisenfuß und Brand von Thal, der Enkel von Bard, wurden erschlagen. Aber ihre Armeen widerstanden der Belagerung, und Thorin Steinhelm und Bard II., die Söhne der gefallenen Könige, konnten die Angreifer vertreiben.

Schlacht von Wasserau

Am 3. November 3019 kämpfte eine Hobbitarmee unter Merry und Pippins Leitung gegen eine Hundertschaft, die unter Sarumans Befehl stand und das Auenland eingenommen hatte. Siebzig

Besatzer und neunzehn Hobbits starben. Es war die letzte Schlacht des Ringkriegs und – wenn man Bandrobas Tuks Kampf gegen die Orks gelten lässt – die erste, die seit fast dreihundert Jahren im Auenland ausgetragen worden war.

SPUKGESTALTEN

TOTE KRIEGER VON DUNHARG

In den Sterblichen Landen gab es viele Geister, die wegen eines berechtigsten Fluchs oder bösen Zaubers noch über ihren Tod hinaus an Arda gebunden blieben. So auch die Krieger von Dunharg, die in den Labyrinthen der alten Zitadelle von Rohan spukten. Sie waren einst Menschen aus dem Weißen Gebirge gewesen, die im Zweiten Zeitalter der Sonne dem König der Dúnedain Gefolgschaft geschworen hatten. Im Krieg brachen sie ihren Eid und verrieten ihn an den Dunkelherrn Sauron. Dafür wurden sie verflucht und spukten im ganzen Dritten Zeitalter auf den Pfaden der Toten, dem weit verzweigten Höhlensystem unter der Festung Dunharg. Aber in den letzten Jahren dieses Zeitalters kam Aragorn, Sohn des Arathorn, der rechtmäßige Erbe des Königs der Dúnedain, und rief sie auf, ihren Eid zu erfüllen. Als blasse Reiter auf blassen Pferden zogen die Toten als mächtiges Heer mit ihm nach Pelargir und bekämpften die Korsaren von Umbar. So ermöglichten sie Aragorns Sieg, und ihre Seelen wurden erlöst. Die riesige blasse Armee verschwand wie Nebel im Morgenwind.

GRABUNHOLDE

Westlich des Brandyweinflusses hinter dem Alten Wald lag die älteste Grabstätte der Menschen von Mittelerde, in denen ihre ersten Könige ruhten, die Hügelgräberhöhen. Monolithe und große Ringe knochenweißer Steine krönten die kuppelförmigen Hügel, die diese Menschen zutiefst verehrten. Dann flohen aus dem Königreich Angmar viele gequälte Geister, um sich vor dem sengenden Licht der Sonne zu verstecken, und suchten neue Leiber, um darin zu wohnen. Sie erfüllten die alten Gebeine wieder mit Leben und schmückten die Rüstungen der von ihnen beseelten Könige mit Edelsteinen.

Die Grabunholde waren von einer dunklen, schattenhaften Substanz, die in Auge, Herz und Geist eindrang und den freien Willen des Opfers ausschaltete. Als Gestaltwandler konnten sie jedes gewünschte Äußere annehmen. Meist überfielen sie ahnungslose Reisende in der Verkleidung eines dunklen Phantoms mit schwarzen, leuchtenden Augen. Ihre Stimmen waren schaurig und hypnotisch, ihre Skeletthände eisig und wie die Eisenzähne einer Wolfsfalle. Wer ihrem Bann erlag, wurde in die Grabhöhlen unter den Hügeln gezogen. Ein Chor gemarterter Seelen erklang, wenn der Unhold sein Opfer im grünen Dämmerschein auf einen Steinaltar legte und mit goldenen Ketten fesselte. Er hüllte es in ein fahles Leichentuch und beendete sein Leben mit dem Streich eines Opferschwerts.

In der Dunkelheit waren sie starke Geister, die einzig die Kraft mächtiger Anrufungen in Schach hielt. Aber das Licht hassten und fürchteten sie wie sonst nichts. Sicherheit fanden sie nur in ihren finsteren Grabgewölben, und fiel doch einmal Licht in ihre Steingruft, so schmolzen sie dahin wie Nebel in der Sonne und verschwanden für alle Zeit.

WÄCHTER VON CIRITH UNGOL

An der Westmauer des Dunklen Reichs Mordor gab es einen schmalen Pass namens Cirith Ungol. Das letzte Stück führte durch unterirdische Stollen, in denen im Dritten Zeitalter der Sonne die Große Spinne Kankra auf der Lauer lag. Gelangte man an ihr vorbei, so geriet man ins Blickfeld grausiger Wächter, zweier Steinfiguren, die auf einem Thron saßen. Sie überblickten den Pass von einem Wachturm der Orks aus, in dessen Mauern zwei hohe Tore eingelassen waren, zwar unsichtbar, aber äußerst stark. Diese Wächter hatten drei Gesichter und drei Körper, Geierköpfe und Geierklauen. Ihre Augen funkelten vor Bosheit, weil Geister in ihnen wohnten. Sie erkannten jeden Feind, ob sichtbar oder unsichtbar, und versperrten ihm mit ihrem Hass das Tor. Keine Armee konnte sich mit Waffengewalt Zutritt verschaffen, nur ein Wille, der stärker war als ihre Bosheit. Machte sich ein solcher Wille bemerkbar, dann stießen die sechs Geierköpfe sofort schrille Warnschreie aus, kreischten lange und entsetzlich, sodass die Orks die Eindringlinge überfallen konnten.

GEISTER DER TOTENSÜMPFE

Zwischen den Wasserfällen im Großen Strom Anduin und den dunklen Bergen von Mordor lag Fennfeld, auch Nindalf genannt. Es war ein trübseliges Sumpfland, heimtückisch und sehr gefährlich. Gegen Ende des Zweiten Zeitalters fand auf der Ebene von Dagorland vor dem Schwarzen Tor ein gewaltiger Krieg statt, bei dem unzählige Elben, Menschen und Orks starben, die man alle auf der Ebene begrub. Als die Sümpfe sich im Dritten Zeitalter nach Osten ausbreiteten, verschlangen sie diese Grabstätten. Große schwarze Tümpel entstanden, über denen gespenstische Feuer waberten, in deren Licht man die Gesichter der Toten erkennen konnte. Aber berühren konnte man sie nicht. Ihr Licht lockte den Reisenden wie ein ferner Traum, und wenn er in ihren Bann geriet, begab er sich zu den scheußlichen Tümpeln und versank darin. Das widerfuhr vielen, auch den Ostlingen oder Wagenfahrern, die im zwanzigsten Jahrhundert nach der Schlacht des Lagers in die Totensümpfe getrieben wurden.

TROLLE

Im Ersten Zeitalter der Sterne, als Sonne und Mond noch nicht aufgegangen waren, züchtete Melkor, der Herr der Finsternis, in den Gruben von Angband ein hünenhaftes Kannibalenvolk mit schwarzem Blut, das sich durch geringe Intelligenz, aber große Brutalität und Stärke auszeichnete. Fünf Zeitalter der Sterne und vier der Sonne hindurch, also während der ganzen bekannten Zeit von Mittelerde, begingen sie Taten, die nur ein beschränkter Verstand von übergroßer Bosheit ersinnen konnte.

Die Elben nannten sie *torogs*, von diesem Namen leiteten die Menschen später die Bezeichnung Trolle ab. Es heißt, dass Melkor sie den Ents oder Baumhirten nachempfand. Aber während die Ents im Grunde aus Holz bestanden, bildete Stein den Urstoff der Trolle. Ganz so stark wie die Ents, die Stein zermalmen konnten, waren die Trolle zwar nicht, aber dafür gänzlich unerschrocken. Doppelt so groß wie der größte Mensch und entsprechend breit, hatten sie eine Haut aus grünen Schuppen, die hart wie Stahl war. Nur ein einziger Fehler war Melkor bei ihrer Herstellung unterlaufen. Ihre Aufzucht war in völliger Dunkelheit erfolgt, und wenn Licht auf die Trolle fiel, wuchs der Schuppenpanzer ihrer Haut nach innen, sodass sie zu leblosem Stein zermalmt wurden.

Viele Trolle lernten nie richtig sprechen, während andere wenigstens einige Orkworte von sich geben konnten. Meist lebten sie allein oder in kleinen Familienverbänden. Als Waffen benutzten sie Keulen aus großen Tierknochen, Holz oder Feuerstein. Ihre Dummheit war sprichwörtlich und so riesig wie ihr Körper, weshalb kluge Gegner ihnen trotz ihrer Kräfte häufig ein Schnippchen schlagen konnten.

Am gefürchtetsten waren die in Berghöhlen und dunklen Wäldern hausenden Trolle. Sie lebten von rohem Fleisch, töteten aus reinem Vergnügen oder aus Geiz, wahllos und aufs Geratewohl, und horteten sinnlos Schätze an, die sie ihren Feinden geraubt hatten. Auf Grund ihrer niedrigen Intelligenz besaßen sie keine sozialen Bindungen.

Im Zeitalter der Sterne wanderten sie zusammen mit den Orks überall in Mittelerde herum und machten das Reisen für alle Unbescholtenen sehr gefährlich. Oft zogen sie mit anderen finsteren Dienern Melkors in den Krieg. Aber nach dem Aufgang der Sonne wurden sie vorsichtiger, denn ihre Strahlen waren für sie tödlich, und so griffen sie in den Kriegen von Beleriand nur noch bei Dunkelheit an. In der Schlacht der Ungezählten Tränen sollen sie in großer Zahl der Leibgarde von Gothmag angehört haben, des Anführers der Balrogs. Stets kämpften sie mit wütender Kraft und ohne jede Angst, weil es ihnen an Geschicklichkeit wie an Verstand fehlte. Ein einziger großer Elbenkrieger namens Húrin soll allein siebzig von ihnen erschlagen haben, doch es kamen immer mehr hinzu, und schließlich nahmen sie ihn gefangen.

Am Ende des Ersten Zeitalters, als der Krieg des Zorns vorbei war, blieben viele Trolle in Mittelerde und versteckten sich unter den Steinen. Als Sauron im Dritten Zeitalter der Sonne wieder auferstand, gab es schon überall in den Sterblichen Landen Unmengen von ihnen. Sie wurden Steintrolle und Höhlentrolle genannt, aber auch Bergtrolle, Hügeltrolle und Schneetrolle. Viele Geschichten rankten sich um ihre bösen Taten. In den kalten Ödlanden nördlich von Bruchtal erschlugen sie Arador, den Stammesfürsten der Dúnedain, und im Zwergenreich Moria gab es einen Balrog, vermutlich der Letzte seiner Art, der viele riesige Höhlentrolle für seine finsteren Machenschaften einsetzte. In den Gebieten von Eriador lebten drei Trolle, die wahre Geistesriesen waren, denn sie beherrschten die Gemeinsame Sprache der Menschen und kannten sich sogar, wenn auch mangelhaft, ein wenig mit der Rechenkunst aus. Jahrhundertelang fraßen sie die Dorfbewohner dieses Landes, bis der Zauberer Gandalf sie dank seiner raschen Auffassungsgabe in Stein verwandelte.

Sauron war mit den Trollen gar nicht zufrieden und wollte ihre große Kraft einer besseren Verwendung zuführen. Also züchtete er Exemplare von großer Schlauheit und Behändigkeit, die auch die Sonne ertrugen, solange sein Wille es befahl. Olog-hai hießen sie in der Schwarzen Sprache. Im Grunde waren es große Tiere, die gefährliche Fänge und Reißklauen besaßen, gepaart mit der Intelligenz böser Menschen. Sie hatten Steinschuppen wie andere Trolle auch, trugen große, runde schwarze Schilde und schwangen mächtige Hämmer, mit denen sie die Helme ihrer Feinde zertrümmerten. Nur wenige Krieger, gleich welchen Volkes, konnten mit einem starken Schildwall dem Ansturm eines solchen Unholds standhalten.

Gegen Ende des Dritten Zeitalters erschienen sie südlich des Düsterwaldes und an den Berggrenzen von Mordor und stritten gegen Saurons Feinde. Im Ringkrieg verursachten diese wilden Kreaturen auf der Ebene von Pelennor und vor dem Schwarzen Tor von Mordor schreckliche Zerstörungen und verbreiteten Angst und Schrecken. Erst als der Ring vernichtet war und Sauron in die Schatten ging, brach der Bann, den der abscheuliche Dämon über sie hatte, und die Olog-hai verloren ihr bisschen Verstand. Wie stummes Vieh wanderten sie umher und wurden zerstreut und erschlagen. Obwohl nicht mehr sehr zahlreich, kann man ihnen noch in den wilden Ländern Rhudaur und Arnor begegnen und in den Gebirgen des Nordens.

In den skandinavischen Mythen werden Trolle sehr unterschiedlich geschildert. Manche sind nur vier Zentimeter groß, andere vier Meter. Tolkien orientierte sich an den Riesen der norwegischen Wildnis, die als dunkle, böse Gestalt die Menschen erschrecken. Sie leben in Wäldern, Bergen und Sumpfgebieten, besitzen Ansätze von Intelligenz, können hervorragend sehen und hören und werden mehrere hundert oder gar tausend Jahre alt. Manche haben bis zu drei Köpfe und bis zu neun in einem Haarbüschel endende Schwänze. Seitlich am Kopf befinden sich zwei lange, nach oben spitz auslaufende Ohren, aus dem Gesicht ragt steil eine große Nase hervor. Ihre Haut ist mit graubraunem Haarfilz bedeckt. Sie ernähren sich von Tieren aller Art sowie Pilzen, Beeren und Obst. Eine ihrer größten Schwächen ist Gold. Sie sammeln es in Höhlen und entführen manchmal ein Menschenmädchen mit goldblondem Haar, das sie einsperren und wochenlang anstarren.

Die Dummheit der Trolle und Riesen ist häufig Thema von Sagen gewesen. Das tapfere Schneiderlein im gleichnamigen Märchen der Brüder Grimm, das angeblich »sieben auf einen Streich« tötete, hielt zwei schlafende Riesen zum Besten, indem es sie mit Steinen bewarf, bis sie einander die Schuld gaben und sich mit tödlichem Ausgang bekämpften. Auf ähnliche Weise schürte Gandalf den Kampf der Trolle im *Hobbit*, bis der Morgendämmer sie zu Stein erstarren ließ.

Riesen sind Verkörperungen der Naturelemente in ihrer entsetzlichsten Form. Aegir und seine Gemahlin Ran in der *Edda* verkörpern die Gewalt der See. Andere Riesen waren für das Grollen und Tosen reißender Ströme verantwortlich, für Erdbeben und Donnerstürme. Viele bestanden aus Stein – beseelter Stein, in Stein verwandelt – oder trugen Waffen aus Stein. Letzteres erhöhte ihr ehrwürdiges Alter noch: Sie wurden buchstäblich steinalt, und kein Eisenschwert konnte sie verletzen. Bei Tolkien besetzen Trolle die mythologische Position der Riesen. Sie stehen für die entsetzlichen Götter der Unterwelt und die furchterregende Seite der Natur.

Aber auch die kleinen Trolle der nordischen Mythologie sind ausgewachsene Plagen. Sie teilen die Charakterzüge ihrer hünenhaften Verwandten, sind Menschen gegenüber oft feindlich eingestellt und beißen jedermann in den Nacken. Auch auf Haustiere haben sie keinen guten Einfluss. In ihrer Nähe geben weder Kühe noch Rentiere Milch. Hühner legen keine Eier mehr, Pferde verweigern ihre Arbeit, Hunde und Katzen verstecken sich. Es sind gefallene Riesen, die im Laufe der Jahre eine gewisse Verniedlichung erfuhren.

Bekannt sind Windzaustrolle, die sich auf freie Ebenen stellen und sich den Wind durchs Haar pfeifen lassen, und Eistrolle, die in Grönland oder Alaska wie Steine jahrelang reglos dastehen. Der Waldtroll lässt Bäume umstürzen oder erzeugt kleine Erdbeben, Heckentrolle bringen Blätter zum Rascheln, Drachensinger wollen durch ihre Märchen von Drachen diese wieder ins Leben zurückerzählen. Manche Trolle können besser denken und träumen, wenn sich Gedankenwelt und Realität aneinander reiben, wie der Uhrtroll, der träumend durch den Wald rennt und laut die aktuelle Uhrzeit verkündet. Es gibt auch minnesingende Trolle – und die Klabautermänner, ebenfalls eine Trollart, finden sich heute nicht mehr nur auf Schiffen, sondern auch in Flugzeugen und U-Booten.

Auf den Ursprung seiner Trolle befragt, antwortete Tolkien in einem Brief vom September 1954: »Über die Trolle bin ich mir nicht sicher. Ich denke, sie sind einfach ›Fälschungen‹, und darum werden sie wieder in bloße steinerne Bilder verwandelt, wenn es nicht dunkel ist.« Mit »Fälschungen« meint Tolkien vermutlich, dass die Trolle kein unabhängiges, eigenes Leben führen, sondern Marionetten sind, von einem äußeren Willen belebt. Sie handeln nicht aus sich heraus, sondern sind Gestalt gewordene Naturkräfte, über die der Mensch keine Gewalt hat. Deshalb erstarren sie auch am Tage, weil Helligkeit Licht ins Dunkel bringt und Wissen ihnen das Geheimnisvolle und Bedrohliche nimmt.

Trolle sind Literatur gewordene Wiedergänger der Gefahren einer realen Welt, als Riesen wie als vergnügliche Kobolde. In den Worten des Mythenschöpfers Tolkien, dessen Kunst der Umgang mit Sprache war: »Wenn man Trolle reden lässt, gibt man ihnen eine Kraft, die in unserer Welt (wahrscheinlich) den Besitz einer ›Seele‹ mit einbegreift.« Der Mechanismus ist folgender: Trollen Sprache zu verleihen erhöht sie zu Wesen, die über ihren Status als reiner Naturgewalt oder zivilisatorischer Bedrohung hinauswachsen, wie sie zum Beispiel der Uhrtroll verkörpert, wenn er den Rhythmus der modernen Welt in die Natur trägt. Das entkleidet sie ihrer Einfalt oder Albernheit, sie werden ebenbürtig und müssen ernst genommen werden.

Dem germanischen Glauben nach sind Menschen ein Mittelding zwischen den durchtriebenen, kleinen Zwergen und den großen, geistig trägen Riesen. Riesen wurden ständig so dargestellt, dass sie leicht zu überlisten sind. Ihre Abstammung in den Mythen deutet das Grauen an, das man ihnen entgegenbrachte. Der nordische Gott Loki und die Riesin Angrboda, »Verkünderin der Trauer«, zeugten den Wolf Fenrir sowie die Midgardschlange Jörmungand und die Totengöttin Hel, die alle zu Widersachern der Götter wurden. In dem Heldenepos *Beowulf* sollen unter den Nachkommen Kains auch Riesen gewesen sein. Und der Ursprung der Trolle von Mittelerde war eindeutig böse. Die Macht Morgoths, des Großen Feindes, hatte sie erschaffen.

Um diese bedrohliche Macht zu bannen, wird der mächtige Troll zum witzigen Gesellen. Deshalb lassen sich auch aus dem Troll-Abenteuer im *Hobbit* keinerlei Rückschlüsse auf das wahre Wesen der Trolle ziehen. Um Tolkiens üblicher augenzwinkernder Argumentation zu folgen: Das Abenteuer ist einfach nicht authentisch, denn es wurde vom Übersetzer des Manuskripts verniedlicht, damit es für den modernen Leser vertraut klingt. Weshalb sollten Trolle in Mittelerde sonst (wie im englischen Original der Fall) mit Cockney-Akzent sprechen und einer von ihnen den Namen William tragen?

Trolle haben Stellvertreterfunktion. Sie bannen eine durch sie verkörperte Gefahr der als unkontrollierbar aufgefassten Welt – als brutaler Riese, der besiegt werden kann, und als Winzling, der nur Lachsalven erntet. Der Mensch hat seinen Stellenwert dazwischen und operiert in beide Richtungen, zwischen Urgewalten, die niemand im Griff hat, und ihrer Herabsetzung. Das erhöht den Menschen und macht ihn stark.

Tolkien meinte, er sei sich mit den Trollen nicht sicher. Anders gesagt, sie haben sich eingeschlichen – in echter Trollmanier. Sie bevölkern Tolkiens Werk, wie sie die Welt bevölkern, aus der er seine Anregungen bezog. Das bestätigt der Volksglaube: Trolle werden nicht geboren, sie sind einfach da – Bilder der Angst, Fälschungen der Wirklichkeit. Wie sie entstehen, ist ihr Geheimnis. Auch ihr Sterben ist mysteriös, denn theoretisch werden sie unendlich alt.

Mitte des letzten Jahrhunderts erlebten Trolle in Norwegen eine regelrechte Renaissance. Bis dahin nur mündlich überlieferte Märchen wurden von P. Chr. Asbjørnsen und Jørgen Moe gesammelt, aufgeschrieben und veröffentlicht. Henrik Ibsen machte diese mythischen Gestalten durch sein Drama *Peer Gynt* salonfähig. Ein neues Äußeres bekamen sie durch den Maler Theodor Kittelsen, der sie in liebevollen Bildern ans Licht treten ließ: Ein Furcht erregender Wassertroll taucht aus dem Moor auf, ein zotteliger Riese läuft über eine Hauptstraße in Oslo, ein einäugiger Waldtroll mit einem knorrigen Zinken grübelt über sein hohes Alter nach.

Seit Tolkien sie aus dem Märchenreich hervorholte und für die moderne Literatur gewann, sind Trolle ein fester Bestandteil des Fantasygenres geworden. Sie treten als Pumuckel und Gremlins auf und finden sich in Romanen von Joan Aiken bis Gordon R. Dickson ebenso wie in Comics, sei es das klassische *Petzi* von Carla Hansen oder das moderne *Elfquest* von Richard und Wendy Pini. Abhandlungen über Trolle schrieb neben vielen klugen Gelehrten mit seinem skurrilen Humor auch Terry Jones, renommierter Filmemacher und ehemaliges Mitglied der Comedytruppe Monthy Python.

Was Tolkien schon vor einem halben Jahrhundert vermutete, hat sich bewahrheitet: »Obwohl in jeder Welt auf jeder Ebene letztlich alles dem Willen Gottes unterstehen muss, bin ich im Grunde selber nicht überzeugt, dass es nicht sogar in der unsrigen manche ›geduldeten‹ nebenschöpferischen Fälschungen gibt.« Man muss Tolkiens Religiösität nicht teilen, um seine Vermutung für wahr zu erklären. In einer Welt, die sich nach der Unschuld und Geradlinigkeit des Märchens zurücksehnt, haben sich Trolle zwischen Malbüchern und Computergames, Rollenspielen und Trickfilmen wieder einen festen Platz erobert. Dort sitzen sie und bannen die Angst vor den vielen kleinen Facetten der Zivilisation, die wie ein Gewitterhagel auf uns einprasseln.

Unsterbliche Lande

Es war das Land der unsterblichen Valar, Maiar und Eldar, ein riesiger Kontinent, auch Aman genannt, was aus dem Elbischen kommt und »gesegnet« bedeutet. Deshalb wurde es auch Segensreich oder Gesegnete Lande genannt. Bis zum Niedergang der Númenórer und der Umgestaltung der Welt lag dieser Kontinent weit im Westen von Arda im Großen Meer Belegaer. Er wurde von Mittelerde durch die Allnacht getrennt, eine Barriere der Dunkelheit zwischen Sterblichen und Unsterblichen Landen, die Varda, die Königin der Valar, über das Meer gelegt hatte. Im Zweiten Zeitalter wurde Aman den Sphären der Welt entrückt, sodass die Seefahrer, die danach Mittelerde verließen, die Unsterblichen Lande nur noch auf dem Geraden Weg mit Hilfe der Zauberschiffe der Elben erreichen konnten.

Das Segensreich bestand aus dem eigentlichen Kontinent Valinor, was »Land der Valar« heißt, und Tol Eressea, der »Einsamen Insel«. Sie lag dicht vor der Ostküste von Valinor. Elben lebten sowohl auf der Insel wie auf dem Festland, weshalb beide Bereiche zusammen den Namen Eldamar trugen: »Elbenheim«. Ihre Stadt war das prächtige Tirion, das mit seinen weißen Mauern und Terrassen auf dem grünen Hügel von Túna im Calacirya-Pass stand. Das höchste Bauwerk dort war Mindon Eldaliéva, ein Turm, auf dem immer eine silberne Lampe brannte, die weit aufs Meer hinausleuchtete.

Die Landmasse Valinor schloss sich an die sanft abfallenden Westhänge der Pelóri an, die höchsten Berge der Welt, die einen Schutzwall gegen den Osten bildeten. Sie wurden von Calacirya durchstoßen, der »Hellen Klamm«, durch die das Licht der Zwei Bäume in den Küstenbereich fiel. Valimar oder Valmar, die »Stadt der Valar«, lag westlich dieser Berge, unweit des Hügels Exzellohar, auf dem die Zwei Bäume standen. Die höchste Erhebung war der Taniquetil oder »Hohe Weiße Gipfel«. Auf diesem Berg, der auch Oiolosse oder Uilos (»Immerweiß«) genannt wurde, standen die Kuppelhallen des Herrscherpaares Varda, die als mächtigste Frau unter den Valar galt, und Manwe, des Ältesten Königs.

Heilige Inseln im Westen, die der Wohnsitz Unsterblicher oder fortgegangener Geister waren, sind ein häufiges Thema in den Mythen. Menschen, die der täglichen Wiederkehr der Sonne nachsannen, brachten den Westen nicht nur mit dem Tod in Verbindung, sondern auch mit Unsterblichkeit, denn vom Westen her setzte die Sonne anscheinend ihre unterirdische Reise fort, bis sie im Osten wieder aufging.

Viele Zivilisationen hielten den Westen für den Ort, an dem sich das Land der Unsterblichkeit befindet. Für die Sumerer war es die westliche Paradiesinsel Dilmun, wo der Wolf und das Lamm keine Feinde mehr sind und es kein Altern gibt. Für die Ägypter waren es die westlichen Berge in Libyen, für die Griechen mehrere mythische Inseln im Westen. Die Germanen waren überzeugt, dass die Gesegneten auf den Britischen Inseln lebten, während die Engländer Irland als Unsterbliche Lande betrachteten. Die Iren selbst blickten westwärts zum Land der Toten und brachten es mit einer kleinen, felsigen Insel namens Tech Duinn (»Haus von Donn«) in Verbindung, auf die Donn, der mythische Ahnherr der Iren, die Verstorbenen einlud. Dahinter lag das Reich der »drei Mal fünfzig fernen Inseln«, wo es keinen Verfall oder Tod gab, sondern nur unschuldige Liebe, Feiern und Musik von überirdischer Schönheit.

Tolkiens Beschreibung von Eldamar und Valinor deckt sich völlig mit den Auffassungen der Kelten, die gleich mehrere Sichtweisen auf das Nachleben und die Anderswelt hatten. Einige meinten, dort lebten die Toten getrennt von anderen Wesen, wie in Donns Haus, manche glaubten, die Anderswelt sei den Elfen vorbehalten, andere hingegen, dass dort die Toten mit den Elfen zusammenlebten, die über sie regierten. Dank ihrer Unsterblichkeit konnten die Elfen und alten Götter die Anderswelt mühelos aufsuchen und wieder verlassen. Kein Sterblicher, nicht einmal ein Held, war dazu in der Lage, ohne oft tödliche Veränderungen zu erleiden.

Auch das entspricht Tolkiens Schilderung. Elben reisten mühelos nach »Elbenheim« (wo es allerdings so schön war, dass sie nicht oft zurückkehrten), doch nur selten wurde Sterblichen der Zugang ins Reich der Valar gewährt. Die Aufnahme der stolzen Krieger aus Númenor mit ihrem verheerenden Ausgang ist typisch für das bedrohliche Antlitz, das die Anderswelt seinen Angreifern zeigte. Earendils Schicksal, der dazu verdammt wurde, für immer als Morgenstern über den Himmel zu ziehen, zeigt die Art der Verwandlung, die selbst jenen wenigen Sterblichen widerfuhr, denen es vergönnt war, einen Blick auf die Geheimnisse der Anderswelt zu werfen.

Sogar der Name der Unsterblichen Lande, Aman das Gesegnete, geht auf die keltische Mythologie zurück – auf das Feenreich Emain. Es soll sich um eine Insel namens Arran im Firth of Clyde gehandelt haben, dem längsten Fluss Schottlands. Emain galt als grüne Insel mit Apfelbäumen, ein Vorbild für das mythische Avalon und die westlichen Inselgärten der Hesperiden, aus denen Herkules die goldenen Äpfel mitbrachte. Es ist eine Paradiesvorstellung – das Segensreich, das den Menschen am Ende ihrer Leidenszeit auf Erden ewige Freude verheißt.

Am Schluss der *Wiederkehr des Königs*, als Frodo, Bilbo, Gandalf, Galadriel, Elrond und andere zum Segensreich aufbrechen, bleibt Sam Gamdschie auf dem Kai zurück und sieht das Schiff nur noch als »einen Schatten auf den Wassern, der sich bald im Westen verlor«. Die Anklänge an den *Tod Arthurs* sind nicht zu übersehen. In Thomas Malorys Werk kommt eine Barke mit blonden Frauen und einer Königin, alle in Schwarz gekleidet, die den tödlich Verwundeten abholt und davonträgt. Seinem Waffenbruder Sir Bedevere erklärt Artus, dass er zur Heilung ins Tal von Avilon reise. Die Frage bleibt offen, ob er in jener Nacht in einer Kapelle beigesetzt wird, in einem Jenseitsreich weiterlebt oder wieder zum Leben erwacht. Die mythische Sequenz des Aufbruchs in ein Gesegnetes Land, wie man sie auch am Ende des *Herr der Ringe* in den Grauen Anfurten findet, bringt den ganzen Zwiespalt zwischen Unsterblichkeit und Tod zum Ausdruck.

VÖGEL

ADLER

Sie waren die edelsten beschwingten Kreaturen auf Arda, geschaffen von Manwe, dem Herrscher der Lüfte, und Yavanna, der Königin der Erde. Sie waren erschienen, noch ehe die Elben erwachten, flogen als Manwes Augen über die Welt und schlugen seine Feinde nieder wie ein Blitz.

Im Ersten Zeitalter der Sonne lebte eine Schar in Beleriand, in hohen Horsten auf den Gipfeln des Crissaegrim. Sie wurden die

Adler der Umzingelnden Berge genannt, und ihr Herrscher, der größte und majestätischste, war Thorondor. Stark und furchtlos kämpfte er gegen alles Böse und rettete Maedhros, einen der Noldor, von einer Felsnadel des Thangorodrim. Er brachte auch König Fingolfins Leiche aus Angband zurück und zerkratzte mit seinen langen Krallen Morgoths Gesicht. Bei der Suche nach dem Silmaril rettete er Beren und Lúthien aus Angband. Viele Jahre lang bewachten seine Adler auch Gondolin, das versteckte Reich der Noldor. Aber den größten Ruhm ernteten sie im Krieg des Zorns, als sie in der Großen Schlacht sogar das schrecklichste Böse, die geflügelten Feuerdrachen, besiegten.

Im Dritten Zeitalter der Sonne herrschte Gwaihir, der Herr der Winde, über die Adler des Nebelgebirges. Er war kleiner als der kleinste Adler zu Thorondors Zeiten, aber sehr wild und von den Dunkelmächten gefürchtet. Bei der Suche nach dem Ring griff er oft mit seinem Bruder Landroval und Meneldor dem Schnellen entscheidend in die Kämpfe ein. Sie halfen mit, den Drachen von Erebor zu erlegen und in der Schlacht der Fünf Heere die Orks zu besiegen. Sie retteten auch den Zauberer Gandalf und die Hobbit-Ringträger und kämpften in der letzten Schlacht des Ringkriegs vor dem Schwarzen Tor von Mordor.

Schwäne und Kirinki

Im Zeitalter der Sterne halfen Vögel, weiß wie Schaum, deren Gefieder fast der Größe und Pracht der Adler Manwes glich, den Elben auf ihrer großen Reise nach Eldamar. Die Teleri wagten den letzten Schritt nicht und wollten auf der vorgelagerten Insel Tol Eressea bleiben, doch Ulmo, der Herr des Wassers, schickte ihnen Schwäne, die an langen Seilen ihre große Flotte nach Valinor zogen. Dann stoben sie wie auf einen wilden Ruf davon, eine riesige, majestätische Schar. Aber ehe ihre Schnäbel die Taue fallen ließen, pflanzten sie das Wissen in die Herzen der Elben, wie der Wind auf See spielt, und noch heute hören die Teleri, wenn sie dem Rauschen der See lauschen, das Schlagen der mächtigen Schwingen. Die See-Elben, wie sie sich fortan nannten, errichteten dort, wo die Schwäne sie an Land brachten, die Stadt Alqualonde oder Schwanenhafen. Hier bauten sie die schönsten Schiffe von Arda.

Einige Schwäne siedelten sich später in Mittelerde an. Die großen Sümpfe am Zufluss des Glanduin beherbergten nämlich den Hafen Lond Daer, der Númenor mit Holz versorgte. Die Sümpfe wurden wegen der vielen Wasservögel Nîn-in-Eilph genannt, also »Wasserland der Schwäne« oder Schwanfleet.

Auf der Insel Númenor lebte außerdem ein Vogel, der die Größe eines Zaunkönigs hatte. Er trug ein prächtiges scharlachrotes Federkleid und zeichnete sich durch seinen schönen Gesang aus. Dieser Vogel wurde Kirinki genannt.

Krähen, Raben und Schauerweihen

Einen besonderen Stellenwert nehmen in den Geschichten auf Arda neben den Adlern die starken und langlebigen Raben ein. So erfährt man beim Bericht über den Tod des Goldenen Drachen Smaug auch einiges über die Raben von Erebor, die im Dritten Zeitalter der Sonne den Zwergen von Durins Linie dienten. Sie waren kluge Ratgeber und schnelle Boten und sprachen viele Sprachen. Damals herrschte Roac, der Sohn Carcs, mit eisernem Willen über sie. Er war schon uralt, älter als hundertfünfzig Jahre, und sprach mit seinen Zwergenfreunden auf Westron, der gemeinsamen Sprache der Menschenvölker.

Zur selben Zeit sollen in Dunland und im Wald von Fangorn auch große schwarze Krähen gelebt haben. Sie waren die Späher und Diener der bösen Mächte, besonders von Sauron und Saruman, und wurden in der Sprache der Grauelben *crebain* genannt. Im Ringkrieg flogen sie weit über die Länder Mittelerdes und hielten Ausschau nach dem Träger des Einen Rings.

In den Märchen und Sagen wird außerdem von den Schauerweihen berichtet, einer weiteren Brut aasfressender Vögel, die sich in den Sumpfländern ausgebreitet hatte. Sie lebten von den Überresten, die ihnen die Muhlipps zurückließen, nachdem sie sich an den Opfern gütlich getan hatten.

Drosseln und Nachtigallen

Zu den am weitesten verbreiteten Singvögeln in Mittelerde gehört die Drossel. Sie gilt als besonders langlebig. Ein sehr altes Exemplar soll einmal zu den Zwergen von Thorin Eichenschild gekommen sein und Bard dem Bogenschützen, dem Erben von Thal, eine Botschaft gebracht haben. So erfuhr er von der schwachen Stelle des Drachen Smaug und konnte ihn bei seinem Angriff auf die Stadt Esgaroth töten.

Die Menschen vom Langen See bedienten sich dieser Vögel auch als Boten. Sie verstanden die schnelle Drosselsprache – im Gegensatz zu den Zwergen, die sich mit den Drosseln nur auf Westron verständigen konnten.

Am meisten von allen Vogelliedern wurde jedoch der süße Gesang der Tinúviel geliebt, von den Menschen Nachtigall genannt. Sie erinnerte die Elben an das Licht der Sterne, in dem sie selbst geboren wurden, und sie nannten sie auch Dúlin (»Sängerin der Nacht«), Tindómerel (»Tochter der Dämmerung«) oder Lómelinde (»Zwielichtmaid«).

Die schönste Legende um diesem Vogel stammt aus Doriath, wo die Maia Melian und ihr Gemahl Thongol als Königspaar lebten. Sie nannten ihre Tochter – das einzige Kind zwischen einem Elb und einer Maia – Tinúviel. Sie war die schönste aller Elben, die beste Sängerin ihres Volkes. Aber sie verschwand aus dieser Welt, weil sie den Sterblichen Beren zu ihrem Gemahl nahm. So wurde sie selber sterblich.

Im Dritten Zeitalter der Sonne erstand die dunkle Schönheit von Lúthien in Arwen Abendstern wieder auf, der Tochter von Elrond Halb-Elb. Auch sie wurde Tinúviel genannt. Ihr Gesang war so wunderschön wie der Lúthiens, und auch sie heiratete einen Sterblichen und ging aus dieser Welt.

ZAUBERER

Um das Jahr 1000 des Dritten Zeitalters herum trafen fünf betagte Männer mit langen weißen Bärten auf einem Elbenschiff in den Grauen Anfurten ein. Sie waren von Westen übers Meer gekommen, trugen weite Mäntel von unterschiedlicher Farbe, hohe schwarze Schaftstiefel und jeder stützte sich auf einen Stock. Sie gehörten einem Orden an, der sie aus den Unsterblichen Landen nach Mittelerde geschickt hatte, das von bösen Mächten verdunkelt zu werden drohte. Es waren die Istari, von den Menschen Zauberer genannt.

Sie kamen heimlich und in bescheidener Gestalt, obwohl sie mächtige Geister waren – Sendboten der Herren des Westens, der Valar, die sie mit Zustimmung Erus als Angehörige ihres Ordens ausgesandt hatten, doch in menschlicher Gestalt, unterworfen den Ängsten, Schmerzen und Mühen der Erde, die Hunger und Durst erleiden und getötet werden konnten. Sie waren Maiar, Personen des »engelsgleichen Ordens«, wenn auch nicht unbedingt vom gleichen Rang. Aber es war ihnen verboten, ihr wahres Wesen und ihre Macht zu offenbaren.

Niemand weiß, wie viele Mitglieder ihr Orden zählte oder ob jene, die in den Grauen Anfurten an Land gingen, als Einzige eigens diese Gestalt angenommen hatten. Auch ob sie nach Mittelerde kamen, um für eine Schandtat zu büßen oder einfach nur aus einem Pflichtgefühl heraus, ist nicht bekannt. Man weiß lediglich, dass insgesamt fünf Istari an Land gingen, von denen zwei keinen Anteil am Schicksal von Mittelerde hatten. Diese beiden, hieß es, hätten in den Unsterblichen Landen die Namen Alatar und Pallando getragen und seien von dem Jäger Orome auserwählt worden. Da ihre Kleidung meerblau war, wurden sie Ithryn Luin genannt – die Blauen Zauberer.

Im Vierten Zeitalter, der Hochzeit der Menschen, als der Besuch der Istari schon Legende war, wurde von allen immer Gandalf zuerst genannt und am meisten gepriesen. Gandalf der Graue, den die Elben Mithrandir, die Zwerge Tharkûn und die Haradrim Incánus nannten. Bei den Maiar in den Unsterblichen Landen, die ihn Olórin nannten, galt er als der Weiseste seines Volkes. Er wohnte dort in den Gärten seines Lehrers Lórien, war ein Meister der Visionen und Träume und ging oft zum Haus von Nienna der Weinenden, Lóriens Schwester, die alles Leid der Welt beklagte, um es zu überwinden. In ihrem Haus, das auf die Mauern der Nacht blickte, holte Nienna sich bei ihm Rat, und so gesellten sich zu seiner Weisheit noch Mitleid und grenzenlose Geduld.

Gandalf galt als Größter unter den Istari, weil er den Freien Völkern von Mittelerde zum Sieg über den Dunklen Herrscher Sauron verhalf, der sie versklaven wollte. Er fand dabei die Hilfe von Narya, dem Elbenring des Feuers, den Círdan, der Herr der Grauen Anfurten, ihm gegeben hatte, denn Narya hatte die Macht, die Menschen tapfer und entschlossen zu machen. Auf Gandalfs Betreiben wurde der Drache Smaug getötet. Er trug dazu bei, dass die Schlacht der Fünf Heere, die Schlacht von Hornburg und die Schlacht auf den Pelennor-Feldern gewonnen wurden. Er vernichtete allein einen Dämon aus alter Zeit, den Balrog von Moira. Seine größte Tat war jedoch die Entdeckung des Einen Rings und die Hilfe, die er dem Ringträger bei der Vernichtung des Herrscherings angedeihen ließ. Dadurch wurden Sauron und seine Diener für immer geschlagen und das Reich des Bösen ging unter. Das Dritte Zeitalter schloss mit Gandalfs Aufbruch in die Unsterblichen Lande.

An zweiter Stelle wird gewöhnlich Radagast genannt, der in Rhosgobel in den Tälern von Anduin lebte und wie Gandalf nie sein Heil im Bösen suchte. Er wurde auch der Braune genannt, weil er sich gern erdfarben kleidete. Er gehörte dem Weißen Rat an, der im Jahr 2463 gegründet wurde und gegen Sauron tagte. Doch Radagasts größte Sorge galt den Pflanzen und Tieren von Mittelerde. Selbst die Beorninger und andere Waldmenschen vom Düsterwald und die mächtigen Baumhirten von Fangorn sprachen stets voll Verehrung von ihm, denn Radagast war ein treuer Anhänger Yavannas, der Königin der Erde, und wenn es um Kräuter und Tiere, Pflanzen und Wälder ging, war er weiser als jeder Mensch. Es heißt, er habe viele Vogelsprachen gesprochen, doch sonst ist nicht viel von ihm bekannt.

Zuletzt und nur noch mit Abscheu wird von Saruman dem Weißen berichtet, den die Elben auch Curunir nannten, den »Mann der schlauen Pläne«. Als die Istari geschaffen wurden, galt er als Größter des Ordens. Er wanderte viele Jahrhunderte lang durch die Lande, um den Dunklen Herrscher Sauron zu vernichten, bis der Hochmut ihn packte und er dessen Macht begehrte. Im Jahr 2759 gelangte Saruman nach Isengart, und Beren, der Regent von Gondor, gewährte ihm den Schlüssel zum Turm von Orthanc. Man nahm an, er wolle den Menschen von Gondor und den Rohirrim im Krieg gegen das Böse beistehen. Saruman schuf jedoch selbst einen Ort böser Macht, rief Orklegionen und Uruk-hai, Halb-Orks und Dunländer herbei und hisste das Banner seiner Tyrannei, die weiße Geisterhand auf schwarzem Grund. Seine Gier nach Macht ließ ihn unvernünftig werden. Er ging Sauron ihn die Falle und wurde schließlich ein Werkzeug ebenjenes Geistes, den er eigentlich hatte zerstören wollen.

Der Zorn der Baumhirten war groß, der Heldenmut der Rohirrim und Huorns noch größer – mit Hilfe von Gandalfs Weisheit vernichteten sie Saruman. Isengart wurde von den Ents zerstört, die Rohirrim und Huorns schlugen seine Armee, sein Stab wurde zerbrochen, und Gandalf nahm ihm seine Zauberkräfte. So tief stürzte Saruman, dass er in seiner Niederlage nach kleinlichen Racheakten im Auenland Ausschau hielt, wo seine letzten Feinde, die Hobbits, wohnten. Doch als er von ihnen die Herrschaft forderte, bedrängten die Hobbits ihn schwer, und sein eigener Diener Schlangenzunge erschlug ihn.

Im Tod schrumpfte Sarumans Leib zu einer Gestalt ohne Fleisch zusammen, zu einem Gebilde aus Haut und Knochen, bloßem Gebein, alles in einen zerlumpten Mantel gehüllt, und eine Säule gräulichen Nebels stieg von ihm auf. Für einen Augenblick, so sagt man, habe die fahle Gestalt von Sarumans Maia-Geist noch über seinen sterblichen Überresten gehangen, dann kam ein Wind auf und er verschwand.

Die Istari, ein Orden von Zauberern, deren Zahl unbekannt ist, tauchen zu fünft in Mittelerde auf, doch zwei sind nur auf der Durchreise. Die Spur des Dritten verliert sich in den Tiefen der Wälder, der Vierte fällt vom Guten ab und stirbt an seiner Machtgier. Der Fünfte hingegen wird zur Haupttriebkraft hinter den meisten Anstrengungen des Westens im Ringkrieg. Seine Führerschaft beruht auf der Macht der Weissagung, der übernatürlichen Macht der Elbenringe, seiner großen Weisheit und seinem gesunden Menschenverstand: Er ist der Retter Mittelerdes. Fünf Versuche – ein Treffer.

Gandalf gehört zu den komplexesten Charakteren in Tolkiens Werk. Er ist die herausragende Gestalt unter den Istari, aber auch die rätselhafteste Figur im *Herr der Ringe*. Das zeigt schon die Geschichte seines Ursprungs, die Humphrey Carpenter in seiner Tolkien-Biografie zu berichten weiß.

Sie beginnt 1911 kurz nach dem Tod der Mutter des jungen

Tolkien, als er mit seinem Vormund Father Morgan und seinem Bruder Hilary durch die Schweiz reist. Unmittelbar vor der Rückfahrt kauft Tolkien sich einige Ansichtskarten, darunter die Reproduktion eines Bildes des deutschen Malers J. Madelener. Es trägt den Titel *Der Berggeist* und zeigt einen alten Mann, der auf einem Felsbrocken unter einer Fichte sitzt. Er hat einen weißen Bart, trägt einen runden, breitkrempigen Hut und einen langen Mantel. Im Hintergrund sieht man ein Stück Felsengebirge. Er spricht mit einem weißen Reh, das ihm die nach oben gekehrten Hände leckt. Seine Miene drückt Humor und Mitgefühl aus. Tolkien bewahrte diese Karte sorgfältig auf und schrieb viel später auf den Umschlag, in den er sie gesteckt hatte: »Gandalfs Ursprung«.

Wer ist diese Gestalt, die so eins mit der Natur ist, die Sprache der Tiere versteht und durch ihr Lächeln alle Sorgen nimmt? Einen ersten Hinweis gibt uns der Name. Er stammt aus der *Älteren Edda*, wo er unter den Namen der mythischen Zwerge ist, die Tolkien für den *Hobbit* verwendete. Gandalf trug seinen Namen nicht von Anfang an. Ursprünglich gehörte er dem obersten der Zwerge, den Tolkien später Thorin Eichenschild nannte, und der Zauberer hieß Bladorthin. Aber dann fiel ihm der Name Gandalf zu – aus durchaus nahe liegenden Gründen. Es ist isländisch für »Hexen-Elf«.

Der Name weist ihm natürliche Weisheit und die Fähigkeit des Zauberns zu. Gandalf versteht sich besonders aufs Feuermachen. Die Quelle dieser Macht ist Narya, der Feuerring, einer der drei Elbenringe. Als Feuermacher ist Gandalf Teil einer bedeutenden mythischen Tradition. Feuer wird mit der Sonne und den Jahreszeiten in Verbindung gebracht und eine läuternde Kraft zugeschrieben. Der Vorgang des Feuermachens war eine heilige Handlung, und nur bestimmte Personen und Werkzeuge durften beteiligt sein. So verbindet Gandalf die älteste Kunst des Schamanen, ohne die es kein Leben geben kann, mit den fortschrittlichsten Methoden des Alchemisten, durch Feuer zu zerstören und gleichzeitig Neues zu schaffen.

Aber Schöpfung bringt Verantwortung mit sich. Auch dafür gibt es bei Gandalf eine Entsprechung – im Zauberer Merlin der Artus-Sage. Beide sind mächtig, prophetisch, unergründlich und unerwartet menschlich. Beide tragen die Verantwortung für das Schicksal einer Nation und ihres künftigen Königs – und haben ein dramatisches Gespür für Spannung und eine kindliche Liebe für das Aushecken von Überraschungen. Außerdem beginnt und endet beider Leben recht obskur. Gandalf kommt in Gestalt eines alten Mannes aus dem Westen und kehrt in der gleichen Gestalt dorthin zurück, um das ewige Leben zu finden. Merlin wird gleich mehrmals von Göttern gezeugt und war einmal ein keltischer Gott, in der christlichen Kirchenlehre sogar ein Dämon. Er soll wie Gandalf unsterblich geworden sein und hinter dichten Nebeln oder in einer Höhle oder Gruft verborgen leben, in die die Zauberin Nimue ihn sperrte. In der Sagenwelt des von Tolkien so geliebten Wales haust er in einer gläsernen Burg auf einer Insel im Westen (angeblich die Insel Beardsley), während Gandalf jetzt für alle Zeit auf dem westlichen Kontinent der Unsterblichen Lande weilt.

Auch wenn Gandalf charakterlich Merlin gleicht, entspricht sein Äußeres doch eher dem skandinavischen Gott Odin. Auch er bediente sich Magie, Runen und Zaubersprüche, hatte jedoch eine schaurige, heimtückische Seite, die Gandalf nicht besitzt. Dafür wurde er wie Odin stets als älterer Mann mit langem grauem Bart dargestellt und trug wie er einen Hut mit breiter Krempe sowie einen blauen Mantel als Symbol des Himmels, dessen Herr er war, so wie auch Gandalf bei seiner Rückkehr aus Gondor einen blauen Mantel trug.

Gandalfs ganze Geschichte, sein rätselhaftes Erscheinen und Verschwinden und seine Absichten in Mittelerde, hat außerdem deutliche Parallelen in den mythischen skandinavischen Königen vom Meer. Sie erreichten das Land oft als Findelkinder auf Schiffen unbekannter Herkunft. Sie befassten sich sehr mit dem Wohlergehen eines Volkes, und ihre Herrschaft war von Wohlstand geprägt. Dann verschwanden sie, wie sie gekommen waren, per Schiff mit unbekanntem Ziel. Das berühmteste Beispiel eines solchen Königs ist Scyld, ein König von Dänemark, der in dem angelsächsischen Heldenepos *Beowulf* beschrieben wird. Er kommt als Findelkind in einem Schatzschiff und wird nach einer friedvollen und gedeihlichen Herrschaft bei seinem Tod in einem reich beladenen Bestattungsschiff fortgeschickt.

Gandalfs Eintreffen über See aus dem Westen und seine Fahrt zurück in die Unsterblichen Lande nach zweitausend Jahren in Mittelerde sind mit den Reisen der Könige vom Meer vergleichbar. Sein Einfluss auf das Wohlergehen von Mittelerde war der größte zu seiner Zeit, und auch wenn er selbst nie König war, wurde durch seine Anstrengungen das Königreich wieder eingesetzt und Mittelerde erlangte Frieden.

Darin besteht Gandalfs Funktion: Er enthebt die Bewohner ihrer Sorgen. Er läutert und schafft Neues, sorgt für Wohlergehen, bis er fast göttliche Attribute annimmt, dann kehrt er in seine Heimat zurück. Er ist die Gegenkraft jener moralischen Verdorbenheit, für die besonders Sauron steht, und setzt Hoffnung und Zukunft an die Stelle von Drangsal.

»Es gibt naturgemäß keine präzisen modernen Ausdrücke für das, was er war«, schreibt Tolkien in einem Brief. »Ich würde mich getrauen zu sagen, dass er ein Fleisch gewordener ›Engel‹ war: das heißt, wie die anderen Istari, Zauberer, ›diejenigen, die wissen‹, ein Sendbote der Herren des Westens, nach Mittelerde geschickt, als die große Krise Saurons am Horizont heraufzog.« Aber Gandalf ist deshalb noch lange keine göttliche Gestalt, die stets das Richtige tut und deren Rat stimmen muss: »Er hat nicht mehr Gewissheiten (wenn auch nicht weniger) oder Freiheiten als zum Beispiel ein heutiger Theologe. Jedenfalls wird keine von meinen

›Engels‹-Gestalten so dargestellt, als hätte sie vollständige Kenntnis von der Zukunft oder überhaupt eine, wo der Wille anderer berührt wird.« Er ist lediglich ein Berater, »einer, der weiß«, wie Tolkien schreibt, einer, der durch seine Erfahrung und Güte besticht, dessen Rat aber niemand zu folgen braucht. So sehr er auch »weiß«, ist sein Wissen von der Zukunft nicht vollständig. Er unterliegt Versuchungen wie alle Istari: Willen zu brechen, die Zukunft zu manipulieren. Er orientiert sich nicht an den göttlichen Valar, sondern an etwas Höherem, das für Tolkien hinter Schleiern verborgen ist. Die Istari »hatten zum Schöpfer eine Beziehung, die ihrer eigenen gleicht«.

Brian Rosebury weist in *Tolkien: A Critical Assessment* darauf hin, dass der Gegensatz zwischen Gandalf und Saruman ein Beispiel für die moralische Bedeutung gewisser Eigenschaften ist, die mit Intellekt in Verbindung gebracht werden: Lernen, zweckfreie Neugier, Informiertheit. Gandalf kennt alle Sprachen, die je im Westen von Mittelerde gesprochen wurden. Er reist seit Jahrhunderten und knüpft Bekanntschaften mit allen wohlmeinenden Wesen. Er interessiert sich für die Folkore der Hobbits, ein obskurer Wissenszweig, der voller Überraschungen steckt – eine Spezialität, die ursprünglich keinen praktischen Nutzen hat, ihm aber gut dient, als der Ring den Hobbits in die Hände fällt. So weit es klug ist, teilt er dieses Wissen bereitwillig: Er ist es, der den Weißen Rat warnt, vor Zauberern und Anführern der Elben, vor Saurons Rückkehr nach Dol Guldur im Düsterwald. Seine Erzählungen in Beutelsend, Bruchtal und im Wald von Fangorn gehören zu den längsten und eloquentesten in Tolkiens Werk. Die Fähigkeit des Erzählens ist geradezu Gandalfs Markenzeichen.

Auch Saruman ist sehr intelligent und beredt, aber in anderer Hinsicht. Er will Gandalf überreden, die Macht mit ihm zu teilen. Weil es angeblich klug wäre, weil es nur so Hoffnung auf eine Zukunft und die Erringung des einzig Wahren gebe: Herrschaft. Für Gandalf ist das unmoralisch, und so nimmt er davon Abstand.

Sarumans Haltung zeigt ihm nur die Unfähigkeit des Istari zu selbstloser Neugier auf der Suche nach Wissen. Sie muss eines Tages seinen Untergang herbeiführen.

Gandalf ist offensichtlich eine moralische Instanz, während Saruman eher ein Macher ist, der seiner Amoralität folgt. Curunír, Sarumans Name auf Sandarin, bedeutet »Mann der schlauen Pläne«. Er zieht geheime Geräte, Mechanismen und Spektakel vor und weist alle Attribute eines mittelalterlichen Hexers auf: ein Turm, um die Sterne zu beobachten, einen Zauberstab und die Kristallkugel des Weissagers, die ihn mit Sauron in Verbindung setzt, dessen Macht er selbst besitzen möchte. Seine Suche nach den Fähigkeiten, um einen Zauberring zu erschaffen oder zu bekommen, ist so ehrgeizig wie verbeblich. Er will die Macht, und er will sie schnell. Als Führer des Weißen Rates der Zauberer wurde Saruman der Weiße genannt. Als er den Rat verlässt, legt er den Titel voll Verachtung gegenüber der Reinheit des Umhangs ab und wirft sich einen Mantel aus changierenden Farbtönen über, der Uneindeutigkeit und Verworrenheit ausdrückt.

In diesem Bild vom Macher, der jederzeit andere für seine Zwecke opfert, passt das Bild von den Blauen Zauberern, die mit Saruman nach Mittelerde kamen. Als sie eintrafen, reiste der Weißgewandete mit ihnen nach Osten, aber Saruman kehrte allein zurück. Was ist aus ihnen geworden?

Tolkien erklärt dazu in seiner Abhandlung über die Istari in *Nachrichten aus Mittelerde*: »Ob sie im Osten blieben und dort die Ziele verfolgten, um derentwillen sie ausgesandt waren, oder zu Grunde gingen, oder ob sie, wie viele glaubten, von Sauron versklavt und seine Diener wurden, ist nicht bekannt.« Auch in einem Brief erklärte Tolkien, dass er »nichts Genaues« über die beiden anderen Zauberer wisse: »Ich glaube, sie gingen als Gesandte zu fernen Regionen, nach Osten und Westen: Missionare für feindlich besetzte Länder, das waren sie. Wie viel Erfolg sie dabei hatten, weiß ich nicht; aber ich fürchte, sie sind gescheitert wie Saruman, wenn auch zweifellos auf andere Weise. Und ich vermute, sie waren Gründer geheimer Kulte und ›magischer‹ Traditionen, die Saurons Sturz überdauerten.«

Unabhängig von der Überlegung, was aus den Blauen Zauberern geworden sein mag, übten sie einen starken Einfluss auf Saruman aus. In der Farbsprache wird Blau mit »Rettung« assoziiert, mit »Trost«, »Linderung« oder »Heilung«. Saruman führte sie vermutlich nicht in die Irre, wie er es bei Gandalf versuchte. Er begleitete die Ithryn Luin eine Zeit lang auf ihrem Weg, und als er allein zurückkehrte, war alle Hoffnung auf Rettung dahin. Er beschritt den Weg der Verdorbenheit, versuchte vergeblich Gandalf auf seine Seite zu bringen und scheiterte kläglich nach einem tiefen Sturz aus den Höhen der Hochmut.

»In Wirklichkeit blieb von allen nur ein Einziger ein Getreuer, und er war der zuletzt Gekommene«, schrieb Tolkien in seiner Abhandlung über die Istari. Gemeint ist Radagast, der »andere« gute Zauberer, wie Gandalf eine ehrwürdige Gestalt, »denn er wurde von den vielen Tieren und Vögeln, die in Mittelerde lebten, bezaubert, und er verließ Elben und Menschen und verbrachte seine Tage unter wilden Lebewesen.«

Sein Name ist der einer slawischen Gottheit, Radegast oder Radihost, der mit dem römischen Gott Merkur in Verbindung gebracht wurde. Sein durchdringender Einfluss in Osteuropa, wo er verehrt wurde, zeigt sich unter anderem in der bedeutenden Rolle, die ein Priester Radegasts in *Mlada* spielt, einer auf der slawischen Mythologie beruhenden Oper von Nikolaj Rimskij-Korssakow. Er erscheint dort als Ratgeber und Gott der Kraft und der Ehre. Beide guten Zauberer bei Tolkien waren wichtige Ratgeber, und seine Ehre war Radagast wichtig: Nicht einmal Saruman konnte ihn verderben.

Die Kräfte, die Radagast dem Braunen zugeschrieben werden, der wie kein Zweiter die Natur liebte, der seine Gestalt und Farbe ändern und mit Vögeln und anderen Tieren reden konnte, sind universell. Diese Kräfte identifizieren ihn als früheste Form des Zauberers, als Schamanen. Er bannt böse Geister und bewegt gnädige zum Beistand für die Menschen, geht in der geschlossenen Schöpfung der Natur auf.

Über Radagasts weiteres Schicksal ist nichts bekannt. Aber in Anbetracht seiner Liebe zur Natur darf man annehmen, dass er von allen Istari der Verwirklichung seines Ideals am nächsten kam – eins mit ihr zu werden.

ZAUBERRINGE

Die gewaltigste handwerkliche Leistung während des Zweiten Zeitalters der Sonne waren die Ringe der Macht, von denen es zwanzig gab: drei Elbenringe, sieben Zwergenringe, neun Ringe für Menschen und den Einen Ring, den später Sauron anfertigte, um die anderen Ringe zu beherrschen.

Saurons Ring trug ebenso wenig einen Namen wie die Ringe der Zwerge und Menschen. Er wurde nur als der Eine bezeichnet, als Herrscherring oder Großer Ring der Macht. Er bestand aus reinem Gold und wies, einmal abgekühlt, keinerlei sichtbaren Schmuck auf. Wurde er der Hitze ausgesetzt, konnte man jedoch verschlungene Elbenbuchstaben auf ihm erkennen, die von innen heraus zu glühen schienen. Sie gaben die Schwarze Sprache von Mordor wieder und kündeten von der unheilvollen Macht des Ringes.

Im Gegensatz zum Einen Ring Saurons waren die Ringe der Elben jeweils mit einem Edelstein geschmückt. Der erste der drei hieß Nenya, was »Wasser« bedeutet, und bestand aus Mithril oder Wahrsilber, dem kostbarsten Metall im Land der Zwerge, das sich wie Kupfer hämmern ließ. Er wurde auch Weißer oder Adamantring genannt, weil ein Adamant ihn zierte, ein unzerstörbarer Kristall. In Narya (»Feuer«), auch Roter oder Feuerring genannt, war ein Rubin eingelassen, während Vilya (»Luft«) ein

Saphirring war. Dieser Ring war der Mächtigste der drei und bestand aus purem Gold, genau wie die sieben Zwergenringe.

Die Geschichte der Ringe ist eine seltsame Mischung aus Machtgier, Verdorbenheit und großer Handwerkskunst: Sie beginnt in Eregion, einer Gegend im westlichen Vorland des Nebelgebirges, die um das Jahr 750 des Zweiten Zeitalters herum die Heimat der Noldor wurde. Dorthin kam der stattliche und liebenswürdige Annatar und führte Celebrimbor, den größten Juwelenzauberer seiner Zeit, der die Kolonie mitbegründete, sowie einige andere Elben in die magische Schmiedekunst ein. Die Noldor waren gute Handwerker und ahnten nicht, dass Annatar, der »Herr der Geschenke«, kein anderer als Sauron war. Er hatte sich nach Morgoths Vernichtung am Ende des Ersten Zeitalters verkleidet und war viele Jahrhunderte lang durch Mittelerde gewandert, hatte mit Ratschlägen und Reichtümern nicht gegeizt. Er gab sich als Freund der Elben aus, und gemeinsam schufen sie die ersten Ringe der Macht.

Ein Sterblicher hätte ihr Werk »Zauberringe« genannt, denn wie andere elbische Errungenschaften sollten sie nicht nur schön aussehen. Die ersten Ringe, die Neun und die Sieben, hatten noch andere Qualitäten: Sie verliehen langes Leben und überragende Kräfte des Geistes und der Hand. Diese Ringe gaben die Schmiede vorerst nicht weiter, ausgenommen möglicherweise den ersten Ring der Zwerge. Bei Durins Volk hieß es später, Celebrimbor selbst habe ihn dem König von Moria geschenkt. Doch Celebrimbor begnügte sich damit nicht: Er schuf allein drei weitere Ringe, die größer und magischer waren und dem Wiederherstellen, Heilen und Bewahren dienten. Sie sollten den Elben helfen, die Wunden der Zeit zu ertragen und ihr Verstreichen aufzuhalten. Er fertigte sie um das Jahr 1950 des Zweiten Zeitalters herum und verteilte sie an ausgewählte Träger. Genau wie die Zwergenringe wurden sie während der nächsten zehn Jahre getragen und auch benutzt.

Es ist nicht bekannt, ob Annatar oder Sauron seine magische Schmiedekunst anfangs nicht doch in guter Absicht vermittelte. Er war ein Maia von Aule gewesen, dem Gott der Schmiedekunst, und nicht von Anfang an böse. Aber sein Vorbild Morgoth und die Eigenschaften der Elbenringe, ihre Kräfte, die auf die Träger übergingen und sie zu Führern des Volkes machte, verführten ihn wohl. Er wollte ihre geballte Macht. Also zog er sich zehn Jahre nach der Erschaffung der Elbenringe in die Kammern des Feuers unter dem Orodruin zurück und schmiedete dort heimlich den Einen Ring. Er streifte ihn über und sprach den Ringbann aus, der seine Schöpfung zum Leben erweckte.

Die Elben spürten den fremden Einfluss sofort und nahmen ihre Ringe ab. Ein eilends einberufener Rat beschloss, dass sie nicht mehr getragen werden durften, solange Sauron den Einen Ring besaß. Die Menschenringe brachte Celebrimbor in Sicherheit. Außer sich vor Zorn über den gescheiterten Plan, zog Sauron jetzt gegen die Elben in den Krieg und verwüstete ihre Kolonie. Er nahm Celebrimbor gefangen und folterte ihn, bis der Schmied das Versteck der Menschenringe und die Träger unter den Zwergen preisgab, doch nicht den Verbleib der Elbenringe.

Die Zwerge waren durch den Besitz der Ringe noch habgieriger geworden. Sie verwendeten sie ausschließlich dazu, immer mehr Gold und Juwelen zu scheffeln. Als Sauron sie beeinflussen wollte, prallten seine schwarzen Künste an ihrer Dickköpfigkeit ab. Dafür lockte ihr Reichtum Drachen an, die vier der Ringe mitsamt ihren Trägern verschlangen. Die drei anderen Ringe gelangten später in Saurons Besitz, doch er setzte sie nicht mehr ein.

Die Menschenringe hingegen, die Sauron dem Versteck entnahm, gab er ausgewählten Númenórern und Dúnedain, die durch ihre so gewonnene Langlebigkeit und Geistesschärfe zu Kriegern, Königen und Zauberern in ihrem Volk wurden. Sauron herrschte durch sie, doch der Eine Ring sorgte auch dafür, dass sie ihren freien Willen verloren. Seine dunkle Macht höhlte sie immer mehr aus, sodass sie schließlich als lebende Tote durch Mittelerde streiften und zu Saurons gefürchtetsten Dienern wurden, den Ringgeistern, auch Nazgûl oder Ólairi genannt.

Die drei Elbenringe konnte Sauron nicht beeinflussen, weil sie nicht getragen wurden, und Celebrimbor starb unter Saurons Folter, ohne die Namen der Besitzer genannt zu haben. Aber Frodo Beutlin erfuhr viele Jahrtausende später, als er in den Elbenwald Lothlórien kam, dass der Schmied den Ring Nenya der schönen Seherin Galadriel gegeben hatte und die anderen beiden, Vilya und Narya, einem König der Elben namens Gil-galad. Der hatte Narya an Círdan weitergegeben, der in den Grauen Anfurten die Schiffe der Elben versorgte. Seinen Ring Vilya übergab der Elbenkönig noch dem Halb-Elb Elrond, bevor er im Krieg des Letzten Bündnisses mit Elendil, dem Herrscher von Arnor, an der Seite beim Angriff auf Sauron starb. Aber auch Sauron verschwand von dieser Welt, und danach benutzten die Elben ihre Ringe wieder. Fast das ganze Dritte Zeitalter hindurch dienten sie den Zwecken, die Celebrimbor ihnen zugedacht hatte, nämlich das Verstreichen der Zeit zu verhindern.

Isildur war es gewesen, der Sohn des todesmutigen Elendil, der Sauron am Ende der Schlacht verbannte. Ihm war gelungen, was Gil-galad und Elendil nicht geschafft hatten: Sauron den Ring vom Finger zu schneiden. Isildur betrachtete den Ring jetzt als sein Eigentum, als Glücksbringer und Erbstück. Zwei Jahre später fiel er als neuer Herrscher von Arnor einem Hinterhalt auf den Schwertelfeldern zum Opfer. Als er an den Isen-Furten von Orks überfallen wurde, glitt der Ring ihm vom Finger und verriet ihn, als er schwimmend zu entkommen versuchte.

Isildur starb durch einen Pfeil, und der Ring blieb lange Zeit auf dem Grund des Flusses liegen – bis ein Hobbit namens Déagol ihn fand. Er wurde von Gollum getötet, der den Ring für sich behielt und sich damit unter das Nebelgebirge zurückzog, wo er ihn verlor. Bilbo Beutlin fand den Ring in einem Stollen und entdeckte, dass er die Kraft hatte, ihn unsichtbar zu machen. Nur im vollen Sonnenlicht fiel noch sein Schatten, aber sein Körper war nicht mehr zu sehen. Er benutzte den Ring jedoch so gut wie nie und gab ihn schließlich an Frodo weiter.

Als um das Jahr 1000 des Dritten Zeitalters herum die Zauberer in Mittelerde eintrafen, überließ der Schiffsbauer Círdan seinen Ring Gandalf. Damit befanden sich die drei Elbenringe zur Zeit des Ringkriegs in den Händen von Gandalf, Elrond und Galadriel. Sauron besaß noch drei Zwergenringe, hatte Gewalt über neun Menschen, die zu Ringgeistern geworden waren, und suchte mit ihrer Hilfe nach seinem Herrscherring, den Frodo und seine Gefährten gerade zum Schicksalsberg brachten. Am Rand des Vulkans erlag Frodo doch noch der Macht und streifte den Ring über. Aber Gollum biss ihm den Finger mitsamt Ring ab, ehe er das Gleichgewicht verlor und in die brodelnde Lava stürzte.

Als der Eine Ring vernichtet war, verloren die anderen ihre Wirkung. Alles, was durch sie bestanden hatte, verging. Die Elbenringe konnten das Verstreichen der Zeit nicht mehr aufhalten. Ihre Träger begaben sich auf den Geraden Weg ins Segensreich. Einige hofften vielleicht, dass sie dort vom Einfluss des Rings befreit würden und die Wunden der Zeit doch noch heilen könnten, aber Ringe und Träger wurden in den Sterblichen Landen nie mehr gesehen.

Angeblich sollen schon vor langer Zeit in Eregion Ringe angefertigt worden sein, die geringer waren als die bekannten, einige mächtiger, andere weniger mächtig. Gandalf erwähnte das, als er Frodo die Geschichte der Ringe erzählte. Aber das waren wohl nur Versuche, die bei den Schmieden – trotz einer gewissen Gefährlichkeit für Sterbliche – als Tand galten. Auch Saruman schuf vermutlich einen kleineren Ring, denn als Gandalf ihn am Fuße seines Turms Orthanc aufsuchte, trug er einen Ring am Finger, und bekanntlich hatte er sich dem Studium der Ringe verschrieben. Vielleicht benutzte er diesen Ring, um sein Heer von Orks und anderen finsteren Kreaturen zu befehligen. Schließlich war er wie Sauron ein Maia aus dem Geschlecht Aules und besaß große Macht als Schmied.

Ringe haben symbolische Bedeutung. Sie bilden einen Bannkreis, der gegen den Zugriff des Bösen abschirmt – das ist ihr Ursprung in der mystischen Vorstellung. Sie verleihen bei Tolkien aber nicht nur den Ringträgern Einigkeit und Geschlossenheit, sondern sollten auch die beiden Romane zusammenführen, in denen sie vorkommen. Als der Verlag George Allen & Unwin den Autor um eine Fortsetzung zum *Hobbit* bat, suchte Tolkien nämlich nach einem Gegenstand oder einem Ereignis, das die Kontinuität zum neuen Werk herstellen könnte. Das Verbindungsstück, das er schließlich wählte, war der Zauberring, den Bilbo während des Rätselspiels mit Gollum fand. Der Ring würde einerseits Bilbo und die Hobbits mit Gandalf zusammenbringen und bedeutete andererseits, dass Gollum, der eine besondere Beziehung zu dem Ring hatte, als übergreifendes Moment auch in der neuen Geschichte auftauchte.

Nach der Veröffentlichung des *Herr der Ringe* überarbeitete Tolkien noch einmal alle Schlüsselsätze im *Hobbit*, die mit dem Ring zu tun hatten, für die späteren Auflagen. Er hoffte, auf diese Weise zwischen beiden Werken eine noch größere Kontinuität herzustellen und dem Ring schon im *Hobbit* die Aura von etwas Unheimlichem und Geheimnisvollem zu geben.

»Es musste *der* Ring sein und nicht *ein* Zauberring«, schrieb er später einmal. Aber der Eine Ring hat in Tolkiens Romanen seinen unterschiedlichen Stellenwert behalten. Im *Hobbit* ist er ein unschuldiger Glücksbringer, seichte Magie, die keine drohenden Schatten auf die Zukunft wirft, eher Beiwerk. Er leistet dem Helden zwar in einer Notlage Beistand, ist für den roten Faden der Handlung aber ohne Belang. Ganz anders dagegen im *Herr der Ringe*. Hier ist er ein durchgängiges Symbol der Handlung, eine Allegorie für das versklavende Potenzial kostbarer Besitztümer und grenzenloser Macht. Er rüttelt an den Grundfesten des Charakters, verleitet die geistig Schwachen und Machthungrigen und bringt sogar den guten Frodo in Gefahr.

Auch die bekanntesten Ringe in der nordischen Mythologie besitzen übernatürliche Kräfte, sind mächtig und mehren in erster Linie den Wohlstand. In der *Edda* gibt es einen von Zwergen gefertigten goldenen Ring namens Draupnir. Auf die Frage, was er vermag, antwortet sein Besitzer, dass in jeder neunten Nacht von ihm acht ebenso kostbare Ringe herniederträufeln. Aber der Ring ist verflucht und bringt Verderben und Verhängnis über seinen Träger. Als Odin ihn auf Baldurs Scheiterhaufen legt, kehrt er zurück. Erst sein letzter Besitzer kann ihn im Feuer vernichten.

Der Ring des Zwerges Andvari hat sehr viel von der bösartigen Natur des Einen Rings. Tolkien hatte ihn zweifellos vor Augen, als er den *Herr der Ringe* schrieb. Beide verderben nicht einfach dadurch, dass sie kostbar sind und Habgier entfachen, sondern dass sie Bannsprüchen unterliegen, die ihre ersten Besitzer ihnen auferlegten. Wie auf Andvaris »Metall des Haders« liegt auch auf Saurons Ring ein Fluch, der zuletzt sogar den freigebigen, unbeschwerten Frodo trifft und fast dazu führt, dass er sich der Macht des Bösen ergibt.

In der *Edda* kommt noch ein mächtiger Ring vor, der allerdings nicht Odin, sondern Thor gehört. Er verkörperte vermutlich den Wurfring, an dem der Hammer Mjölnir hing, wurde in Thors Schrein aufbewahrt und manchmal von Priestern am Arm getragen. Er war also schon eher ein Reif. Wichtig in Bezug auf Tolkiens Werk ist jedoch, dass Thors Ring dazu benutzt wurde, einen Eid darauf abzulegen, also sein Sein auf ihn abzustimmen. Gollum tat das Gleiche, während er viele Jahrhunderte lang mit dem Ring lebte und ihn achtzig Jahre lang verzweifelt suchte. Nichts hätte seine Verbundenheit deutlicher zum Ausdruck bringen können als der Umstand, dass er zum Werkzeug seiner Vernichtung wurde. Gemeinsam stürzten sie in die brodelnde Lava, während er

»Mein Schatz! O mein Schatz!« schrie – in der Verschmelzung ihrer Materie fanden sie die größte Vereinigung.

Auch im Artus-Mythos gibt es Zauberringe, die Eigenschaften des Einen Rings aufweisen. So erhielt Sir Greth von Dame Lionesse einen Ring, der bei einem Turnier die Farbe seiner Kleidung änderte und ihn auf diese Weise tarnte, also unsichtbar machte. Dadurch verhinderte er, dass Blut floss. Und im walisischen *Mabinogi* war Owan, der Sohn Uriens, einmal zwischen dem inneren Tor und dem Fallgatter einer feindlichen Burg gefangen, aber Lunette, die Zofe der Gräfin dieser Burg, gab ihm einen Ring und bat ihn, er möge ihn so überstreifen, dass der Stein auf der Innenseite seiner Hand lag. Wenn er die Hand schloss und den Stein verbarg, wurde er unsichtbar. Dadurch entkam er, als die Bewohner der Burg niemanden draußen sahen und das Innentor öffneten. Dieser Ring gilt der Legende nach als eine der dreizehn königlichen Insignien und ruht mit dem Zauberer Merlin zusammen auf der Insel Beardsley in einem gläsernen Palast.

Die Folklore kennt unzählige Beispiele von Zauberringen mit sehr unterschiedlichen Eigenschaften. Im Märchen ist der Ringträger stets Herr über die guten Geister, die er oft zum Schutz von Unschuld, Liebe und Treue heraufbeschwört. So erlaubt er Jungfrauen, die Gestalt von Schwänen anzunehmen. Bei Tolkien ist der Ring nicht mehr nur ein Märchenring, ein Wunschring, sondern die Zufluchtsstätte der zerstörerischen Kraft einer bösen Macht und Intelligenz. So verwandelt sich in einem französischen Märchen ein nackter Mensch durch einen Ring in einen jagenden Wolf. Die Ironie des Schicksals ist, dass wenn es nicht auch ein Wunschring wäre, der Ring keine Macht verleihen könnte. Seine Kostbarkeit liegt also gerade darin, dass er böse ist und versklavt.

»Sauron aber herrscht über all die sich vermehrenden Horden der Menschen, die mit den Elben und den echten und ungestürzten Göttern der Valar nie in Berührung gekommen sind«, schrieb Tolkien in einem Brief von 1951, einige Jahre vor Fertigstellung des *Herr der Ringe*. »Also sehen wir ein großes Königreich und eine üble Theokratie in Mittelerde wachsen, denn Sauron ist zugleich auch der Gott seiner Sklaven.«

Und noch im Oktober 1956, ein halbes Jahr nach Erscheinen des letzten Teils von *Herr der Ringe*, erklärt Tolkien, dass er sich nichts Schlimmeres denken könne, als dass irgendein Ork der gleichgeschalteten Massen einen Ring der Macht an sich brächte – »dann bekommen und dann haben wir die Sklaverei«. Aber wie er selbst hinzufügt, ist das ein Gedanke im Nachhinein. »Die Geschichte ist einfach so, wie sie passiert ist, eben solchen Leuten passiert, die grad so waren.«

ZWERGE

Auf Arda herrschte noch Finsternis, als der Weltenschmied Aule, Herr über alle Stoffe, die aus der Erde kamen, zusammen mit anderen Valar Länder und Gebirge erbaute. Er konnte es kaum erwarten, bis Ilúvatar seine Kinder erwachen ließ, die Elben und Menschen. Als Melkor sich für das Böse aussprach, weil es seiner Meinung nach ein Bestandteil der Schöpfung sei, sah der Schmied jedoch schwierige Zeiten voraus. Er formte in einer großen Halle unter den Bergen sieben kleine Gestalten, die er vor den anderen versteckt hielt.

Ilúvatar, auch »Der Eine« und »Vater des Alls« genannt, wusste von Aules Tun. Er wusste außerdem, dass Aule ohne Bosheit gehandelt hatte, zumal seine kleinen Wesen nach einer Zeitspanne von etwa zweieinhalb Jahrhunderten wieder zu dem Stein wurden, aus dem sie geschaffen waren, und so erklärte er nachträglich sein Einverständnis. Er wollte allerdings nicht erlauben, dass diese Zwerge vor seinen auserwählten Kindern, den Elben, die er die Erstgeborenen nannte, die Welt bevölkerten. Also nahm Aule seine Schöpfungen und legte sie, obwohl sie ganz fertig waren, tief unter die Steine. So schliefen die sieben Zwerge viele Zeitalter lang, bis endlich die Sterne angezündet wurden und die Elben in Cuiviénen erwachten. Dann regten auch sie sich, brachen ihre Steinkammern auf und hoben den Blick voll Staunen zu den funkelnden Sternen am Firmament.

Jeder dieser Zwerge, die später die Sieben Väter genannt wurden, errichtete unter den Bergen von Mittelerde ein großes steinernes Haus, doch die Elben kannten lediglich drei, nämlich die Reiche Belegost und Nogrod in den Blauen Bergen und Khazad-dûm im Nebelgebirge. In ihrer Sprache Khuzdul waren sie die Khazâd, ein Name, den der Schmied ihnen gab, dem sie von ganzem Herzen dafür dankbar waren, dass er ihnen Gestalt verliehen hatte, doch es war eine geheime Sprache, die sie gegenüber anderen eifersüchtig hüteten.

Äußerlich waren die Zwerge wenig schöne Leute und gar nicht anmutig, aber ihre Hallen waren mit strahlenden Bannern, Rüstungen, edelsteingeschmückten Waffen und Wandbehängen verziert. Die Sterne schienen herab auf große Lichtbrunnen, bezaubernde Teiche und silberne Fontänen. Wendeltreppen und geschwungene Straßen führten zu hohen, hellen Türmen hinauf. Kristalllampen beleuchteten Marmorwände und schimmernde Adern vielfarbiger Erze, kostbare Rohstoffe, die sie benutzten, um Waffen und Werkzeuge aus Stahl herzustellen – für die Elben von Beleriand ein wahrer Segen.

Im Ersten Zeitalter der Sonne kam es zum Juwelenkrieg, den die Zwerge an der Seite der Elben bestritten, um Morgoth niederzustrecken. Als Volk von Schmieden an große Hitze gewöhnt und entsprechend gewappnet, konnten sie allein dem sengenden Drachenfeuer widerstehen, aber am meisten tat sich König Azaghâl hervor, der Herrscher von Belegost. Er trieb sein Schwert in den Bauch Glaurungs, der mit seiner gesamten Brut vom Schlachtfeld floh. Aber als König Azaghâl dabei sein Leben ließ, wollten die Zwerge von Nogrod den Silmaril für sich und töteten dafür sogar ihren König Thingol. Erst die Laquendi konnten sie an der Furt von Gelion stellen und ihnen die Juwelen wieder abnehmen. Die Zwerge, die entkamen, wurden von den Ents angegriffen und völlig vernichtet.

Im Krieg des Zorns wurden die Paläste von Nogrod und Belegost zerstört. Seitdem war nur noch von Khazad-dûm die Rede, dem größten Zwergenreich in Mittelerde. Die Elben, die sich vor dem Westtor niederließen, wollten vor allem mit dem kostbaren Metall Mithril Handel treiben, auch Moria-Silber genannt. Als Sauron hier die Ringe der Macht schmieden ließ, hielten die Zwerge sich heraus. Während der folgenden Kriege, die bis zum Ende des Zweiten Zeitalters anhielten, konnte sich niemand den Eintritt in ihr Reich erzwingen.

Khazad-dûm war das Haus des Ersten Vaters namens König Durin, auch der Todlose genannt. Es überlebte bis ins Dritte Zeitalter der Sonne, voll Stolz und im Bewusstsein seines Reichtums. Doch 1980, während der Herrschaft von Durin VI., stießen die Zwerge bei ihren Arbeiten auf einen schlummernden Dämon, einen Balrog aus früheren Zeiten, der den König und seinen Sohn Náin erschlug und die Zwerge für immer aus Moria vertrieb.

Jetzt war Durins Volk heimatlos, bis Náins Sohn Thráin im Jahr 1999 in Erebor das Königreich unter dem Berg gründete, das Moria durch den ständigen Abbau kostbarer Metalle neuen Wohlstand brachte. Elf Jahre später ging dessen Sohn Thorin ins Graue Gebirge und sammelte mit seinem Ring der Macht die verstreuten Zwerge von Moria um sich. Er wurde als König anerkannt, und nach ihm regierten sein Sohn Gróin, dann Oin und Náin II. Ihr Wohlstand mehrte sich, und als das Graue Gebirge wegen des Zwergengoldes berühmt wurde, kamen viele Kaltdrachen aus der Nordwüste, die aus reiner Habsucht die Zwerge aus dem Grauen Gebirge vertrieben. So führte Thrór, der Erbe von Dáin I., einen Teil der Überlebenden im Jahr 2590 wieder ins Königreich unter dem Berg in Eredor zurück, während sein Bruder Grór noch im gleichen Jahr die Übrigen zu den Eisenbergen führte. Wieder ging es ihnen eine Weile sehr gut, denn es herrschte reichlich Handel zwischen den Zwergen, den Menschen von Thal und den Elben des Düsterwaldes.

Für Durins Volk dauerte der Frieden jedoch nicht lange, denn im Jahr 2770 kam der größte Drache des Dritten Zeitalters, der Feuerdrache Smaug der Goldene, nach Erebor, plünderte Thal und vertrieb die Zwerge aus den Bergen. Niemand konnte vor diesem riesigen Drachen bestehen, der zwei Jahrhunderte lang als Herr des Einsamen Berges dort blieb.

Einige Zwerge zogen sich in die Kolonie in den Eisenbergen zurück, wo sie Obdach fanden, andere folgten ihrem alten König Thrór, seinem Sohn Thráin II. und seinem Enkel Thorin II. auf eine unstete Wanderschaft. Während dieser Zeit schlugen die Orks von Moria Thrór den Kopf ab und schickten ihn an sein Volk zurück. Das war zu viel der Schmach – alle Zwergenhäuser taten sich zusammen und führten einen blutigen Krieg gegen die Orks, der sieben lange Jahre währte. In den ganzen Westlanden forschte die Zwergenarmee jede Höhle aus und erschlug alle Orks, bis sie im Jahr 2799 das Osttor von Moria erreichten. Hier kam es zur Schlacht von Azanulbizar, bei der die Orks des Nordens von den Zwergen fast völlig ausgerottet wurden. Aber die Zwerge konnten sich ihres Sieges nicht recht freuen, denn die Hälfte ihrer Krieger fand ebenfalls den Tod.

Traurig kehrten sie in ihr Königreich zurück. Grórs Enkel Dáin Eisenfuß übernahm die Herrschaft in den Eisenbergen, während Thrain II. mit seinem Sohn Thorin II., jetzt Eichenschild genannt, nach Westen in die Blauen Berge zog, um dort ein bescheidenes Königreich zu errichten. Aber sein Vater Thrain II. lebte nicht mehr lange. Er wurde unweit des Düsterwaldes gefangen und in Dol Guldur in ein Verlies geworfen. So gelangte der letzte Ring der Macht, den Thráin II. von seinen Vorfahren erhalten hatte, in den Besitz Saurons.

Thorin Eichenschild wusste nichts vom schrecklichen Schicksal seines Vaters, den der Dunkle Herrscher zu Tode folterte, während er in den Blauen Bergen residierte. Seine Hallen wurden immer größer, weil immer mehr Zwerge ihre neue Heimat aufsuchten, doch er war unglücklich und wünschte sich, nach Erebor zum Königreich unter dem Berg zurückzukehren, das einst seinem Großvater gehört hatte. So wandte er sich im Jahr 2941 mit einem kühnen Plan an den Zauberer Gandalf. Er wollte in Begleitung des Zauberers und des Hobbits Bilbo Beutlin, der davon im Roten Buch der Westmark berichtet, sein Königreich zurückerobern. In ihrer Begleitung waren auch zwölf Zwerge: Fíli, Kíli, Dori, Ori, Nori, Oin, Glóin, Balin, Dwalin, Bifur, Bofur und Bombur – und sie sollten als größte Helden ihrer Zeit in die Geschichte von Mittelerde eingehen, denn sie erreichten ihr Ziel: Der Drache Smaug wurde erschlagen, und Thorin ergriff von seinem alten Königreich Besitz. Leider hatte er nicht mehr lange Freude daran oder an seinem legendären Ruf. Wenig später fand die Schlacht der Fünf Heere statt, bei der Orks, Wölfe und Vampire gegen Zwerge, Elben, Menschen und Adler kämpften. Zwar wurden die Orks mit ihren Verbündeten geschlagen, aber Thorin Eichenschild verlor sein Leben.

Zum Glück war das nicht das Ende der Linie Durins, denn Dáin Eisenfuß war mit fünfhundert Kriegern aus den Eisenbergen zur Schlacht der Fünf Heere gekommen. Ebenfalls ein Urenkel von Dáin I., wurde er Thorins rechtmäßiger Nachfolger und regierte ebenso weise bis zu den letzten Tagen des Ringkriegs, als er vor den Toren des Königsreichs unter dem Einsamen Berg fiel. Sein Zwergenreich widerstand den Angriffen von Saurons Söldnern, und Dáins Erbe Thorin III., auch Thorin Steinhelm genannt, regierte dort lange und erfolgreich bis weit ins Vierte Zeitalter der Sonne hinein.

Das Königreich unter dem Berg war allerdings nicht das einzige, das Durins Volk im Vierten Zeitalter eine Heimat bot. Unter jenen, die für die Suche nach dem Herrscherring ausgewählt worden waren, befand sich auch ein Bruder Dáins I. namens Gimli, Sohn des Glóin. Das Lied seiner Axt war ein Schrecken für seine Feinde – in den Schlachten an der Hornburg ebenso wie auf den Pelennor-Feldern und vor dem Schwarzen Tor. Als der Ringkrieg zu Ende war, führte Gimli viele Zwerge aus dem Königreich unter dem Berg heraus und brachte sie zu den wunderbaren Tropfsteinhöhlen bei Helms Klamm. Mehr als ein Jahrhundert lang residierte er als Herr von Aglarond, des »Glänzenden Gewölbes«, aber nach dem Tod von König Elessar überließ er anderen die Herrschaft und begab sich in das Reich seines alten Freundes Legolas, des Elbenherrn von Ithilien. Hier, heißt es, habe Gimli ein Elbenschiff bestiegen und sei mit seinen Gefährten über das Große Meer für immer zu den Unsterblichen Landen gesegelt.

Die Zwerge von Mittelerde sind klein, stämmig und bärtig, leben unter der Erde, können gut mit Stein und Metall umgehen, besitzen seltsame Fähigkeiten, sind habgierig und sehr langlebig. Sie tragen gern schwere Kapuzenmäntel, haben eine eigene Sprache und Tradition, über die sie jedoch nichts verlauten lassen, und folgen ihrem eigenen Kalender. Im Kampf bevorzugen sie die Streitaxt. Zwergenheere tragen stattliche Kettenpanzer und Helme von großer Kunstfertigkeit.

In der *Älteren Edda* ist von ihnen erstmals die Rede. Die Götter würfeln, und die drei Nornen oder Schicksalsgöttinnen, die unter der Weltesche den Faden des Schicksals spinnen, schauen in die Zukunft. Ihr Blick zeigt ihnen den Krieg zwischen Zwergen und Menschen. »Es ist an der Zeit, die Zwerge zu erschaffen«, sagt Werdandi. »Sie sollen kunstreiche Schmiede und listige Erzsucher werden, die das Gold aus den Bergen brechen.« Und Skuld antwortet: »Die Zwerge aber sollt ihr dem Menschen als Lehrmeister geben; wenn er genug gelernt hat, wird er sie erschlagen und ihr Gold an sich nehmen.«

Einen Schöpfungsmythos kann man diese Entstehung nicht

nennen, denn die Existenz der Zwerge ist den Schöpfern schon bekannt. Wie in einer Zeitschleife tauchen sie an ihrem angestammten Platz auf, und nichts verweist auf eine mythologische Herkunft. Das lässt vermuten, dass die Zwerge weniger einen mythologischen als einen ethnografischen Ursprung haben. Vielleicht stieß die hoch gewachsene nordische Rasse bei der ersten Besiedelung germanischen Gebietes auf Volksstämme sehr kleinen Wuchses, die geschickt in der Metallverarbeitung waren und sich, vor den Siegern zurückweichend, in wilde Schluchten und Bergtäler flüchteten. Durch sie könnte die Vorstellung von strebsamen kleinen Wesen entstanden sein, zumindest aber wurde eine mitgebrachte Vorstellung durch diese praktische Erfahrung verstärkt und zum Volksglauben umgewandelt.

In allen germanischen Sprachen kommt heute das Wort Zwerg vor. Es scheint sich außerdem mit der Vorstellung von Erdgeistern verbunden zu haben, die im Verborgenen in Baumhöhlen, Grabhügeln oder Grotten nisten. Das verweist auf eine Vermischung mit keltischen Mythen und auf Elfen als Ahnen. »Die Elfen, die in den Bergen und unter der Erde wohnen«, schreibt Paul Herrmann denn auch in der *Nordischen Mythologie*, »heißen Zwerge. Sie wohnen in großen Steinen oder in Hügeln und Blöcken; solche Zwergensteine findet man weit und breit auf den Inseln wie auch in Island. Vom Gestein hallt aller Klang, aller Wesen Sprache wider, und noch heute heißt das Echo im Norden Zwergenrede.«

Der Volksglaube hat aus den Zwergen Wesen gemacht, die im Allgemeinen sanftmütig und, wenn man sie gut behandelt, auch immer hilfreich sind. Sie werden nur böse, dann aber auch gefährlich, wenn sie verspottet werden und Undank ernten. Sie selbst bezahlen jeden Dienst und halten ihr Wort. Ihre großen Schätze bewachen sie mit Eifersucht und den schönen Menschenmädchen gilt ihre ganze Liebe. Wie die Elfen wissen sie Musik und Tanz zu schätzen und erscheinen oft bei den Festen der Menschen. Sie essen kein Fleisch außer dem der Fische und trinken gern Milch.

Oft haben sie Gänsefüße, ein Makel, den sie nicht gern sehen lassen, weshalb sie bevorzugt lange Mäntel tragen. Sie haben eine Religion, die zwar nicht christlich ist, doch hat die spätere Sage auch christliche Zwerge erfunden. Sie rauben für ihr Leben gern Menschenkinder und legen Wechselbälger in die Wiegen der entsetzten Mütter, wasserköpfige Kinder oder Missgeburten, deren Herkunft sich der Volksglaube auf diese Weise erklärte.

Es gibt jüngere Sagen, nach denen die Zwerge vor dem Lärm von Kirchenglocken oder Eisenhämmern Reißaus nehmen. Sie sind nicht gerade erfreut, dass die Menschen sie durch Abholzung des Waldes und durch ihren Arbeitslärm vertreiben, und werden vielleicht deshalb gelegentlich auch als scheue, heidnische Rasse angesehen, die vor den Menschen zurückschreckt und modernen Neuerungen argwöhnisch gegenübersteht.

»Die Zwerge von Mittelerde sind nicht ganz dieselben wie die Zwerge der bekanntesten Überlieferungen«, schreibt Tolkien. Er verweist auf die *Edda*, in der für das Entstehen der Zwerge nachträglich die Erklärung angeboten wird, sie hätten sich aus den Maden entwickelt, die sich nach der Tötung des Urriesen Ymir in dessen Fleisch gefunden hätten: »Meine Zwerge sind nicht von Natur aus böse, nicht unbedingt feindlich und nicht eine Art im Gestein herangezüchtetes Madenvolk, sondern eine Sonderart vernünftiger und leibhaftiger Geschöpfe.«

Es gibt aber auch Übereinstimmungen. So ist im Volksglauben von einer eigenen, den Menschen unverständlichen Sprache der Zwerge die Rede. Bei Tolkien sind sie ebenso geheimniskrämerisch und verraten niemandem ihre wirklichen Namen: Sie wurden nicht einmal auf den Gräbern genannt. »Die Zwerge, so wie sie von mir dargestellt werden«, schreibt Tolkien in einem Brief, »halten ihre eigene Sprache mehr oder weniger geheim und bedienen sich zu allen ›äußeren‹ Zwecken der Sprache des benachbart wohnenden Volkes, ihre ›richtigen‹ Personennamen in der eigenen Sprache verraten sie niemals.«

Auf der ganzen Welt gibt es ähnliche Vorstellungen über die Wichtigkeit von Namen. Viele Eingeborene betrachten sie als Bestandteile ihrer selbst, die gehütet werden müssen. Deshalb tragen sie manchmal zwei Namen, einen für alle Gelegenheiten und einen, der geheim ist. Sie wollen dadurch verhindern, dass der echte Name unter den Einfluss zerstörerischer Kräfte gerät, die Ränke eines Zauberers oder Heimtücke eines bösen Geistes. Diese Praktiken beruhen auf dem Glauben an eine loslösbare Seele, für die der Name ein Behälter ist, anfällig gegenüber magischen Kräften.

Die meisten Zwergennamen, die Tolkien benutzte, entstammten der *Älteren Edda* oder entsprachen dem Stil dieser Namen, die sich häufig reimten. »So wurden die Namen der Zwerge im *Hobbit* und die weiteren im *Herr der Ringe* aus den Listen von Namen in der *Völuspa* abgeleitet«, erinnert sich Tolkien im Jahr 1967. »Aber dies ist kein Schlüssel zu den Zwergensagen im *Herr der Ringe*. Die ›Zwerge‹ meiner Sagen stehen denen der germanischen Sagen viel näher als die Elben, sind aber dennoch in vielerlei Hinsicht von ihnen sehr verschieden. Die Sagen von ihrem Umgang mit den Elben und Menschen im *Silmarillion* und *Herr der Ringe* und von den Kriegen zwischen Orks und Zwergen haben kein mir bekanntes Gegenstück. In der *Völuspa* ist Eikinkjaldi, wiedergegeben mit Eichenschild, ein Name für sich, kein Spitzname; und die Verwendung des Namens als Nachname sowie die Sage von seinem Ursprung sind im Nordischen nicht zu finden.«

Die Zwergennamen hatten in der *Älteren Edda* die folgende Form: Dvalin (»Einer, der in Trance liegt«), Nár (»Leichnam«), Ori (»Der Wütende«), Ganndálf (»Hexer-Elf«), Thorin (»Der Kühne«) und Fundin (»Der Gefundene«). Erwähnt werden auch Náin, Dáin, Bifur, Báfur, Bömbör, Dóri, Nori, Oin, Fili, Kili und Thrór. Eikinskjaldi (»Der mit dem Eichenschild«) wird als Zwerg genannt, der Svarins Grabhügel entsteigt. Glóins Sohn Gimli erhielt seinen Namen aus einem anderen Teil der *Edda*: Gimlé heißt die schönste Halle im Himmel, strahlender als die Sonne.

Der Name bedeutet »Geschützte Seite der Flamme« und ist mit dem deutschen Wort »Himmel« verwandt. Diese Gimlé soll in der *Edda* die Vernichtung von Himmel und Erde überdauern und zur ewigen Behausung rechtschaffener Männer werden. Bis dahin ist sie die Wohnstatt der Lichtelben.

In Berggegenden verwandeln sich die altgermanischen Zwerge gern in kleine Berggeister und Bergmännlein. Namentlich in den Bergwerken selbst spielen sie eine große Rolle. Sie tragen Bergmannstracht und erweisen sich frommen und guten Bergleuten gegenüber als Freunde. Oft allerdings gehen sie in den Sagen ganz ins Dämonische über und verlieren ihre den Zwergen stets bis zu einem gewissen Grad anhaftende Menschlichkeit.

In einigen Bergländern, so auch in der Schweiz, tritt eine weitere Variation der Zwerge in den Almgeisterlein auf. Es sind sehr liebe Geister, die verstiegene Kühe retten und sich stets hilfreich verhalten. Die von der Alm abziehenden Sennen lassen im Winter immer etwas Mundvorrat und Heu für die Almgeisterlein zurück. Alle diese Berggeister sind vermutlich aus einer Synthese von Bergdämon und Zwerg entstanden.

Ihre bergmännischen Fähigkeiten sind ein weiteres bedeutendes Merkmal, das Tolkien der allgemeinen Vorstellung von Zwergen entnahm. Sie sind so begnadete Bergleute, dass dieser Berufsstand es zu allen Zeiten für ein gutes Omen hielt, wenn er ihnen unter Tage begegnete. Die klugen Zwerge gruben nämlich nur dort, wo es kostbare Metalle und wertvolle Steine gab. Sie wohnten unter der Erde, und die menschliche Fantasie hat in Ausschmückung dessen, was die Menschen schon früh in Salzbergwerken an glitzernden Kristallen sehen konnten, die Zwergenpaläste mit wunderbarer Pracht ausgestattet. Zwergenkönige ließen solche unterirdischen Kammern gern für sich erschaffen.

Immer wieder wurden Zwerge als Bergleute dargestellt und folgerichtig auch als Schmiede, die das geförderte Erz bearbeiteten. Wegen ihrer engen Verbindung mit dem heiligen Metall Eisen wurde diese Tätigkeit ebenfalls als heilig und magisch angesehen. Deshalb war sie oft das Vorrecht des Schamanen, sowohl im alten Europa als auch noch in jüngeren Zeiten in Afrika, wo bestimmte Stämme nur ihrem Häuptling erlaubten, dieser Beschäftigung nachzugehen, der gleichzeitig ihr Medizinmann war. Auch bei den Kelten standen Schmiede in hohem Ansehen. In Irland sprach man ihnen übernatürliche Kräfte zu und hielt sie für Zaubermeister. Der altirische Schmiedegott Goibhniu konnte unfehlbare Waffen herstellen. Als Gobán Saor oder Gobán der Erschaffer taucht er in unzähligen Volkssagen auf. In der nordischen Mythologie sind alle Kunstwerke, so Odins Speer, Thors Hammer, Freyas Eber, dann auch Ringe und Schiffe, ja selbst die goldblonden Haare einer Göttin von Zwergenschmieden gefertigt.

»Die Zwerge sind die besten Schmiede«, schreibt Paul Herrmann in seiner *Nordischen Mythologie*, »von ihnen lernten die Menschen zuerst den Stahl im Wasser härten; früher dehnten sie das Eisen aus und schmiedeten es, indem sie es kalt mit dem Hammer schlugen. Am Fuße der Steine, wo sie wohnen, kann man oft Asche liegen sehen, die aus ihrer Schmiede herausgefegt ist. Ihre Stärke beruht in einem selbst gefertigten Gürtel: Bekommt ein Mensch diesen in seine Gewalt, so kann er den Zwerg zwingen zu schmieden, was er verlangt, und die seltensten Kleinode zu liefern.«

Auch bei Tolkien sind die Zwerge meisterhafte Schmiede, die eiserne Masken, magische Halsketten und Waffen herstellen. Entsprechend ihrer Verwandtschaft mit den Elben der keltischen Mythenwelt ging diese Fähigkeit auch auf die Elbenschmiede über, die die Ringe der Macht schufen.

Ein weiterer wichtiger Zwergenglaube, der im *Herr der Ringe* berichtet wird, ist ein Echo zahlreicher keltischer und germanischer Heldengeschichten. Die Zwerge glaubten, dass ihr Urahn, Durin der Todlose, in seiner Gruft schlief und in Gestalt von Nachkommen, die ihm gleichen und seinen Namen tragen, zu den

Lebenden zurückkehrt. Der vergleichbare Glaube, dass Helden manchmal in Höhlen unter Bergen schlafen und in Zeiten der Not erwachen, ist weit verbreitet. Solche Legenden ranken sich zum Beispiel um Odin, Sigurd, Artus, Merlin, Karl den Großen und Friedrich Barbarossa.

Die Zwerge im *Herr der Ringe* erreichen auch ein hohes Alter. Sie werden nur selten von Zwergenfrauen geboren, denn davon scheint es nicht viele zu geben. Der *Älteren Edda* zufolge wurden neue Zwerge von den geheimnisvollen Prinzen Môtsognir und Durinn aus Erde geformt, denn es gab unter den Zwergen keine Frauen, die ihnen Kinder gebären konnten. Vermutlich dachte Tolkien an diesen Mythos, als er für den Urahn der Zwerge von Mittelerde den Namen Durin wählte.

Zwerge haben die spätere Sagenbildung und Märchenbildung bis in moderne Zeiten hinein befruchtet. Sie kommen heute sehr vielfältig daher: auf Vogelfüßen oder in Stiefeln, nackt und in Lumpen gehüllt, als Geistwesen und als Däumling. Sie werden Erdmännchen genannt, Erdschmiedlein, Erdbiberli, Bergmännchen, Schrazel, Wichtel, Fenixmännchen, Quergel, Gütel und ganz allgemein Unterirdische. Oft treten sie als kleine freundliche Hausgeister auf. Auf dem Kopf tragen sie meist eine rote, manchmal auch grüne Mütze, die Tarnkappe, mit der sie sich unsichtbar machen können. Der Nibelungensage nach gewann Siegfried dem Zwergenkönig Alberich einmal eine solche Tarnkappe ab, die ungeahnte Kräfte barg. In den folgenden Jahrhunderten wurde sie allerdings bei den zu stetiger Sichtbarkeit verdammten deutschen Gartenzwergen zur putzigen Zipfelmütze degradiert. Auch die einst in Köln wichtelnden Heinzelmännchen feierten im Zweiten Deutschen Fernsehen als Mainzelmännchen schon vor Jahrzehnten eine populäre Auferstehung.

Aber sosehr der Zwerg seinen Stellenwert in Sagen und Märchen auch behauptet, gibt es doch immer wieder Verweise auf seinen Ursprung in der Wirklichkeit. Dazu braucht man nicht einmal die umgangssprachlichen Begriffe für kleine Menschen oder Zwergwüchsige zu bemühen. Am 27. Dezember 1991 erschien in der Wochenzeitung *Die Zeit* ein Artikel mit dem Titel »Zwerge im Müll«. Darin wird berichtet, dass im Nordosten Brasiliens auf Grund von Armut und Elend eine neue Menschenrasse entstanden sei. Diese Menschen ernähren sich von Abfall und leben auf Müllhalden. Sie werden Zwergmenschen oder Rattenmenschen genannt – »Ratte: weil sie buchstäblich vom Müll leben, ihn nach allem Verwertbaren durchwühlen, ihre Wohnlöcher teilweise in ihn eingegraben haben. Zwerg: weil sie kaum mehr als 1,45 Meter Körpergröße erreichen.« Die gravierendste Veränderung bei diesen Menschen ist ein zu klein ausgebildetes Gehirn. Sie haben keine Vorstellung ihres Alters, ihrer Größe, geschweige denn davon, wer das Land regiert. Sie können keinen korrekten Satz sprechen und müssen ihre Kinder einzeln durchzählen, um festzustellen, wie viele es sind.

Wie Maden bohren sie sich durch das Fleisch des toten Urriesen Ymir, lang hingestreckt zwischen den Müllhalden. Durchaus möglich, dass sich hier die Entstehung des Mythos vom Zwerg auf makabre Weise wiederholt.

ZWERGENLISTE

AZAGHÂL
Fürst von Belegost im Ersten Zeitalter. Im Jahr 473 in der Schlacht der Ungezählten Tränen von Glaurung erschlagen, den er seinerseits so schwer verletzte, dass er das Schlachtfeld verließ.

BALIN
Geboren 2763 des Dritten Zeitalters. Er stammte aus Durins Volk und war der älteste der zwölf Zwerge in Thorins Gruppe. Lebte nach 2941 in Erebor und regierte in den Jahren 2989 bis 2994 Kha-

zad-dûm. Wurde von einem Ork erschlagen und in der Kammer von Mazarbul beigesetzt.

BIFUR

Ein Mitglied von Thorins Gruppe, lebte nach 2941 in Erebor und starb 3018 des Dritten Zeitalters.

BODRUITH

Fürst von Belegost im Ersten Zeitalter. Wurde bei dem Versuch erschlagen, Nauglamír zu stehlen, das Halsband der Zwerge, das einst Lúthien getragen haben soll.

BOFUR

Ein Mitglied von Thorins Gruppe. Lebte nach 2941 in Erebor und starb im Jahr 3018 des Dritten Zeitalters.

BOMBUR

Ebenfalls ein Mitglied von Thorins Gruppe. Lebte nach 2941 in Erebor und war so fett, dass er sich nicht selbst bewegen konnte, sondern von sechs Zwergen getragen werden musste. Starb im Jahr 3018 des Dritten Zeitalters.

BORIN

Lebte 2450 bis 2711 des Dritten Zeitalters. Gehörte Durins Volk an und war der zweite Sohn von Náin II. Lebte bis 2590 im Ered Mithrin und schloss sich dann Thrór an, als der zum Einsamen Berg Erebor ging.

DÁIN I.

Lebte 2440 bis 2589 des Dritten Zeitalters. König von Durins Volk. Wurde in seinem Palast im Ered Mithrin von einem Kaltdrachen getötet.

DÁIN II.

Genannt Eisenfuß. Lebte 2767 bis 3019 des Dritten Zeitalters. Tötete 2799 im Schattenbachtal oder Azanulbizar den Häuptling der Orks im Nebelgebirge, Azog, und wurde 2805 Herrscher der Zwerge in den Eisenbergen. Nach 2941 in Erebor König von Durins Volk, starb er im Ringkrieg in der Schlacht von Thal.

DÍS

Geboren 2760 des Dritten Zeitalters. Gehörte zu Durins Volk und war die einzige Tochter von Thráin II. Sie war die Mutter von Fíli und Kíli.

DORI

Aus Durins Volk, gehörte Thorins Gruppe an. Lebte nach 2941 in Erebor und starb 3018 des Dritten Zeitalters.

DURIN I.

Tief im Ersten Zeitalter geboren. Der Ahnherr von Durins Volk, ältester und bekanntester der Sieben Väter der Zwerge. Schlief allein und erwachte unter dem Gundabadberg. Begann mit dem Bau von Khazad-dûm. Erreichte ein hohes Alter und wurde deshalb Durin der Todlose genannt. Die Zwerge glaubten, dass er eines Tages wiederauferstünde.

DURIN II.

Lebte am Ende des ersten Jahrtausends des Zweiten Zeitalters. König aus Durins Volk, herrschte während der Errichtung des Westtors über Khazad-dûm.

DURIN III.

Lebte in der Mitte des zweiten Jahrtausends des Zweiten Zeitalters. König aus Durins Volk, herrschte während der Herstellung der Zauberringe über Khazad-dûm. Erhielt von Celebrimbor persönlich den Ersten der Sieben Ringe.

DURIN VI.

Lebte 1731 bis 1980 des Dritten Zeitalters. König aus Durins Volk, herrschte über Khazad-dûm, als der Balrog befreit wurde, der ihn dann erschlug.

DURIN VII.

Lebte am Anfang des Vierten Zeitalters. Letzter König aus Durins Volk. Kehrte nach Moria zurück und gründete es neu.

DWALIN

Lebte von 2772 des Dritten bis 92 des Vierten Zeitalters. Er war von Durins Volk, der zweite Sohn Fundins. Gehörte Thorins Gruppe an und lebte nach 2941 in Erebor. Erreichte mit 340 Jahren ein ungewöhnlich hohes Alter.

FANGLUIN

Blaubart der Alte. Lebte im Ersten Zeitalter und drängte die Zwerge, Thingol anzugreifen und sich für die zugefügte Schmach zu rächen.

FARIN

Lebte 2560 bis 2803 des Dritten Zeitalters. Er war von Durins Volk, ein Sohn Borins und der Vater von Fundin und Gróin.

FÍLI

Lebte 2859 bis 2941 des Dritten Zeitalters. Er war von Durins Volk, ein Sohn von Dís und Thorins Neffe. Gehörte Thorins Gruppe an und wurde in der Schlacht der Fünf Heere bei der Verteidigung von Thorins Leiche erschlagen.

FLÓI

Er begleitete Balin nach Khazad-dûm, wurde jedoch im Jahr 2989 des Dritten Zeitalters in einer Schlacht vor den Großen Toren erschlagen. Liegt in der Nähe des Spiegelsees begraben.

FRÁR

Begleitete Balin nach Khazad-dûm und wurde 2994 des Dritten Zeitalters bei der Verteidigung von Durins Brücke und der Zweiten Halle erschlagen.

FRERIN

Lebte 2751 bis 2799 des Dritten Zeitalters. Von Durins Volk, zweiter Sohn von Thráin II. und jüngerer Bruder von Thorin II. Entkam im Jahr 2770 aus Erebor und starb im Schattenbachtal während des Kriegs gegen die Orks.

FRÓR

Lebte 2552 bis 2592 des Dritten Zeitalters. Gehörte zu Durins Volk, zweiter Sohn von Dáin I. Wurde zusammen mit seinem Vater im Ered Mithrin von einem Drachen getötet.

FUNDIN

Lebte 2662 bis 2799 des Dritten Zeitalters. Gehörte zu Durins Volk, Sohn von Farin und Vater von Balin und Dwalin. Starb im Schattenbachtal beim Kampf gegen die Orks.

GAMIL ZIRAK

Genannt der Alte. Waffenschmied von Nogrod im Ersten Zeitalter und Lehrmeister von Telchar.

GIMLI

Geboren 2879 des Dritten Zeitalters. Sohn Glóins, gehörte zu Durins Haus. Lebte nach 2941 mit seinem Vater in Erebor und wurde 3018 einer der Ringgefährten. Kämpfte in allen größeren Schlachten des Ringkriegs und wurde König von Aglarond. Schmiedete aus Stahl und Mithril neue Tore für Minas Tirith. Segelte 120 des Vierten Zeitalters mit Legolas in die Unsterblichen Lande. Genannt Elbenfreund und Lockenträger, wegen des Haars, das Galadriel ihm gab.

GLÓIN I.

Lebte 2136 bis 2385 des Dritten Zeitalters. Wurde zwei Jahre vor seinem Tod König im Ered Mithrin.

GLÓIN II.

Lebte 2783 des Dritten bis 15 des Vierten Zeitalters. Gehörte zu Durins Volk. Sohn des Gróin und Vater von Gimli. Begleitete nach der Schlacht im Schattenbachtal Thráin und Thorin auf ihrer Wanderschaft, siedelte sich 2941 in Erebor an und wurde wohlhabend und einflussreich. Nahm im Jahr 3018 an Elronds Ratsversammlung teil.

GRÓIN

Lebte 2671 bis 2923 des Dritten Zeitalters. Sohn von Farin und Vater von Óin und Glóin. Gehörte zu Durins Volk.

GRÓR

Lebte 2563 bis 2805 des Dritten Zeitalters. Jüngster Sohn von Dáin I. und Vater von Náin, gehörte zu Durins Volk. Gründete das Zwergenreich in den Eisenbergen.

IBUN

Lebte im fünften Jahrhundert des Ersten Zeitalters. Sohn des Mîm vom Stamm der Kleinzwerge oder Noegyth Nibin.

Khîm

Sohn des Mîm vom Stamm der Kleinzwerge. Starb 486 des Ersten Zeitalters durch die Hand eines von Túrins Gesetzlosen.

Kíli

Lebte 2864 bis 2941 des Dritten Zeitalters. Gehörte zu Durins Volk und zu Thorins Gruppe. Sohn von Dís, Neffe von Thorin. Starb in der Schlacht der Fünf Heere zusammen mit seinem Bruder Fíli bei der Verteidigung von Thorins Leiche.

Lóni

Begleitete Balin 2989 des Dritten Zeitalters nach Khazad-dûm und starb fünf Jahre später bei der Verteidigung von Durins Brücke und der Zweiten Halle.

Mîm

Einer der Letzten der Noegyth Nibin oder Kleinzwerge. Verriet Túrin an die Orks und siedelte nach Glaurungs Verschwinden in den zerstörten Hallen von Nargothrond, wo er den Schatz durch Bannsprüche an sich band. Starb 502 des Ersten Zeitalters durch Húrins Hand und verfluchte vorher noch das Gold, sodass es allen, die mit Thingol und Beren zu tun hatten, Unglück brachte. Die Zwergenhalskette Nauglamír bestand aus diesem Gold.

Náin I.

Lebte 1832 bis 1981 des Dritten Zeitalters und war für ein Jahr König von Durins Volk und Khazad-dûm. Starb durch die Hand des Balrogs.

Náin II.

Lebte 2338 bis 2585 des Dritten Zeitalters. König von Durins Volk im Ered Mithrin.

NÁIN III.

Lebte 2665 bis 2799 des Dritten Zeitalters. Sohn von Grór und Vater von Dáin Eisenfuß, gehörte zu Durins Volk. Azog, der Anführer der Orks, erschlug ihn in der Schlacht von Azanulbizar.

NÁLI

Er begleitete 2989 des Dritten Zeitalters Balin nach Khazad-dûm und starb fünf Jahre später bei der Verteidigung von Durins Brücke und der Zweiten Halle.

NÁR

Ein Gefährte Thrórs auf seinen Wanderungen im achtundzwanzigsten Jahrhundert des Dritten Zeitalters. Diente den Orks von Khazad-dûm als Bote und überbrachte die Nachricht von Thrórs Tod.

NARVI

Lebte in der zweiten Hälfte des ersten Jahrtausends des Zweiten Zeitalters. Errichtete das Westtor von Khazad-dûm.

NAUGLADUR

Fürst der Zwerge von Nogrod im Ersten Zeitalter. Führte den Angriff gegen Thingol und tötete ihn, erbeutete Nauglamír und legte sich die Halskette selber um. Kämpfte danach mit Beren und hätte ihn getötet, wenn er nicht gestolpert wäre, sodass Beren ihn erschlug.

NORI

Gehörte zu Durins Volk und zu Thorins Reisegruppe.

ÓIN

Lebte 2238 bis 2488 des Dritten Zeitalters. Wurde drei Jahre vor seinem Tod König von Durins Volk im Ered Mithrin.

ÓIN II.

Lebte 2774 bis 2994 des Dritten Zeitalters. Ältester Sohn von Grón, gehörte zu Durins Volk und zu Thorins Gruppe. Ließ sich im Jahr 2941 in Erebor nieder, begleitete aber 2989 Balin nach Khazad-dûm. Wurde vom Wächter im Wasser getötet.

ORI

Gehörte zu Durins Volk und Thorins Gruppe. Verließ Erebor im Jahr 2989 und ging mit Balin nach Khazad-dûm, wo er 2994 bei der letzten Verteidigung der Kammer von Mazarbul starb.

TELCHAR

Berühmtester Waffenschmied von Nogrod im Ersten Zeitalter. Er schmiedete Elendils Schwert Narsil und Angrist, Curufins Messer, das später Beren zufiel. Damit konnte er mühelos den Silmaril aus Melkors Eiserner Krone schneiden.

THORIN I.

Lebte 2035 bis 2289 des Dritten Zeitalters und war seit 2190 König von Durins Volk. Er führte eine große Zahl Zwerge von Erebor in die Ered Mithrin.

THORIN II.

Lebte 2746 bis 2941 des Dritten Zeitalters. Ein König von Durins Volk. Kämpfte tapfer in Azanulbizar und verdiente sich den Beinamen Eichenschild, weil er einen Ast aus Eiche als Schild und Knüppel verwendete. Lebte danach mit seinem Vater Thráin II. in Ered Luin und beschloss 2941, das Zwergenreich in Erebor von Smaug zu befreien. Starb in der Schlacht der Fünf Heere.

THORIN III.

Geboren 2866 des Dritten Zeitalters. König von Durins Volk in Erebor. Nach Saurons Sturz setzten er und Bard die Armee der

Ostlinge in Marsch, die Erebor belagerten. Auch als Thorin Steinhelm bekannt.

Thráin I.

Lebte 1934 bis 2190 des Dritten Zeitalters. Die letzten neun Jahre König von Durins Volk. Führte die Zwerge 1999 von Khazad-dûm nach Erebor, gründete dort das Königreich unter dem Berg und entdeckte den Arkenstein. Von Thorin Eichenschild auch Thráin der Alte genannt.

Thráin II.

Lebte 2644 bis 2850 des Dritten Zeitalters und war sechzig Jahre lang bis zu seinem Tod König von Durins Volk im Exil. Er führte in Azanulbizar die Zwerge an und verlor dort ein Auge. Im Jahr 2845 nahm Sauron ihn gefangen, raubte ihm den Ring der Macht und folterte ihn fünf Jahre lang. Gandalf begegnete ihm in Dol Guldur und bekam von ihm die Karte und den Schlüssel, die Thorin II. später verwendete.

Thrór

Geboren 2542 des Dritten Zeitalters, seit 2589 König von Durins Volk. Führte die Zwerge von den Ered Mithrin nach Erebor, um den Drachen zu entkommen. 2770 vertrieb Smaug ihn aus Erebor, sodass er mit seinem Volk nach Süden zog. Zwanzig Jahre später beschloss er, nach Moria zu gehen, doch Azog erschlug ihn und schändete seinen Leichnam. Das löste den siebenjährigen Krieg der Zwerge und Orks aus.

ZWERGENREICHE

BELEGOST

Der Name stammt aus dem Elbischen und bedeutet »Große Festung«, aber auf Khuzdul, der Sprache der Zwerge, wurde die Stadt Gabilgathol genannt. Zusammen mit Nogrod bildete sie im Ersten Zeitalter der Sterne eines der beiden großen Zwergenreiche in den Blauen Bergen.

Die Zwerge von Belegost gehörten zu den besten Schmieden und Bildhauern von Mittelerde. Sie trieben regen Handel mit den Grauelben, in deren Land ihre Stadt lag, und schufen auf Bitten von König Thingol die Tausend Grotten Menegroths. Sie waren auch die Ersten, die Kettenhemden herstellten. Im Juwelenkrieg erlangten sie großen Ruhm, weil sie Stahlmasken geschmiedet hatten, mit denen sie als Einzige in der Schlacht der Ungezählten Tränen dem Feuer der Drachen widerstehen konnten. Ihr König Azaghâl verletzte in dieser Schlacht den Drachen Glaurung so schwer, dass er mitsamt seiner Brut das Schlachtfeld verlassen musste.

Leider kostete das Azaghâl sein Leben, und als der Krieg des Zorns endete, wurde das Zwergenreich Belegost mit allen Ländern des prächtigen Belerlands vom Meer verschlungen. Die wenigen Überlebenden flohen nach Osten und fanden Zuflucht in den Hallen von Khazad-dûm.

NOGROD

Das andere der beiden großen Zwergenreiche in den Blauen Bergen war Nogrod, die »Hohlburg«, auf Khuzdul Tumunzahar genannt. Es lag im nördlichen Bereich der Berge, die an Beleriand grenzten, und versank am Ende des Ersten Zeitalters zusammen mit seiner Zwillingsstadt im Meer.

Wie die Zwerge des nahen Belegost waren auch die Nogroder geschickte Schmiede und Kunsthandwerker, die im Ersten Zeitalter einen blühenden Handel mit den Elben trieben und tapfer gegen Orks und Drachen kämpften. Ihr bekanntester Waffenschmied war Telchar. Er schuf Elendils Schwert Narsil, das den Einen Ring von Saurons Finger schnitt, und Angrist, den Dolch Berens, der einen Silmaril aus Morgoths Krone löste. Der Niedergang des Reiches setzte ein, als einige Zwerge, die sich in Menegroth aufhielten, von Thingol, dem König der Grauelben, gebeten wurden, eine wertvolle Silmaril-Gemme in das goldene Halsband Nauglamír einzusetzen. Blind vor Gier erschlugen die Zwerge den König und raubten das Halsband. Bevor sie fliehen konnten, wurden sie getötet – das Halsband fand seinen Weg zurück nach Menegroth.

Voller Zorn schickten die Zwerge von Nogrod jetzt ein großes Heer aus, plünderten Menegroth und nahmen das Halsband wieder an sich. Doch bevor sie nach Nogrod zurückkehren konnten, wurden sie von Beren und Dior überfallen und ihr ganzes Heer mit Hilfe der Laiquendi und der Ents aufgerieben.

khazad-dûm

Von allen mächtigen Steinbauten der Zwerge war keine größer und berühmter als jene gewaltige unterirdische Stadt, die sie Khazad-dûm oder »Zwergenwohnung« nannten.

Durin, der erste der sieben Väter der Zwerge, gründete sie, als er am Osthang des Nebelgebirges oberhalb des Tals von Azanulbizar natürliche Höhlen entdeckte. Fünf Zeitalter der Sterne und drei der Sonne hindurch legte sein Volk ein Labyrinth von Höhlen an, das sich schließlich bis zur Westseite des Nebelgebirges erstreckte. Nach der Zerstörung Belerlands flohen viele Zwerge aus Nogrod und Belegost hierher und gelangten zu sagenhaftem Reichtum, als sie in den Minen von Khazad-dûm das seltene Metall Mithril entdeckten.

Im Zweiten Zeitalter der Sonne freundeten die Zwerge sich mit den Elbenschmieden von Eregion an, doch während der Herrschaft Saurons verschlossen sie ihre Tore vor der Welt und entgingen so den furchtbaren Verheerungen. Damals benannte man Khazad-dûm in Moria um, den »dunklen Abgrund«.

Aber auch für die Zwerge hielt das Schicksal Übles bereit. Als sie ihre Stollen immer tiefer in den Berg Barazinbar vortrieben, weckten sie versehentlich einen eingeschlossenen Balrog. Er erschlug einige von ihnen, den Rest vertrieb er aus ihrem Reich. Als die Ringgefährten eintrafen, war Khazad-dûm schon lange aufgegeben und seiner Schätze beraubt. Nur der Balrog trieb in den leeren Stollen noch sein Unwesen. Seine Herrschaft endete, als nach einer Reihe von Zweikämpfen in der Halle von Mazarbul, auf Durins Brücke und der Endlosen Treppe der Zauberer Gandalf das Ungeheuer überwand.

GRAUES GEBIRGE

Das Quellgebiet des Anduin oder Großen Stromes wird in der Elbensprache Ered Mithrin genannt. Es liegt nördlich des Düsterwalds und erstreckt sich in ostwestlicher Richtung. Seit dem Jahre 2000 des Dritten Zeitalters war es die Heimat von Durins Volk. Fünf Jahrhunderte lang baute es hier Gold ab und wurde unermesslich reich – doch im sechsundzwanzigsten Jahrhundert erfuhren die Kaltdrachen davon.

Obgleich die Zwerge sich tapfer verteidigten, wurden sie

schließlich besiegt, und das goldreiche Graue Gebirge blieb fortan den geschuppten Räubern überlassen.

EISENBERGE

In diese kleine Gebirgskette östlich des Düsterwalds zogen im Jahr 2590 des Dritten Zeitalters die Zwerge unter Führung Grórs, als Drachen in das goldreiche Graue Gebirge eingedrungen waren. Sieben Jahre lang führten die Zwerge dort einen erbitterten Krieg gegen die Orks, bis der Feind in der Schlacht von Azanulbizar vor dem Tor von Moria vernichtend geschlagen wurde.

Im Jahr 2941 eilten die Zwerge der Eisenberge unter Führung Dáins Thorin Eichenschild zu Hilfe und verteidigten nach dem Tod des Drachen Smaug das Königreich unter dem Berg. Als Thorin in der Schlacht der Fünf Heere getötet wurde, trat Dáin seine Nachfolge an. Anschließend zogen viele Zwerge seines Volkes wieder nach Erebor.

EREBOR

Südlich des Grauen Gebirges zwischen dem Düsterwald und den Eisenbergen erhob sich im Dritten Zeitalter einsam in der Ebene ein Berg, reich an Mineralen und kostbaren Metallen. Im Jahr 1999 errichtete der Zwergenkönig Thráin I. dort sein Reich, das mehr als siebenhundert Jahre lang wuchs und gedieh – bis im Jahr 2770 der Goldene Drache Smaug kam und die Zwerge vertrieb.

Fast zweihundert Jahre lang bewachte der Drache in seiner Höhle einen gewaltigen Schatz. Doch im Jahr 2941 kamen der Hobbit Bilbo Beutlin und die Zwerge Thorins und beraubten ihn. Als er blind vor Wut die Seestadt Esgaroth angriff, wurde er von Bard dem Bogenschützen getötet. Die Zwerge kehrten zurück, und unter König Dáin II. gelangte das Königreich unter dem Berg wieder zu Wohlstand und Ansehen. Dann kam der Ringkrieg, und sie wurden von Saurons Armeen belagert, doch als der Eine Ring vernichtet war, konnten die Zwerge und ihre Verbündeten die Orks und die Ostlinge vertreiben.

Im Vierten Zeitalter gewann Erebor seine alte Macht zurück, schloss sich jedoch eng dem Wiedervereinigten Königreich von Arnor und Gondor unter König Elessar an.

AGLAROND

Schon im Zweiten Zeitalter hatten die Númenórer die Tropfsteinhöhlen unter dem nördlichsten Ausläufer des Weißen Gebirges als Teil der Festung Hornburg ausgebaut, dann benutzten die Reiter der Rohirrim sie als Vorratskammer, als sie unter König Théoden die Streitkräfte des bösen Zauberers Saruman schlugen – doch im Vierten Jahrtausend entwickelte Aglarond sich zum mächtigsten Reich Mittelerdes.

Die großen Höhlen unter Helms Klamm galten schon lange als Weltwunder. Nachdem sie Schauplätze einer der entscheidenden Schlachten des Ringkriegs geworden waren, kehrte der Zwerg Gimli mit vielen Artgenossen aus Erebor hierher zurück und machte das »Glänzende Gewölbe« mit der kostbaren Grotten-Architektur zu seinem Reich. Unter seiner Herrschaft wurden die Zwerge Aglaronds die berühmtesten Metallschmiede der Außenlande.

TOLKIEN IN DEN MEDIEN

Schon in den Fünfzigerjahren wurde in England der dramatische Wert von Tolkiens Werken erkannt, und es entstanden erste Bearbeitungen für den Hörfunk. Seit den Sechzigerjahren zündeten Funken für Ballett, Oper und moderne Musik, wissenschaftliche Analysen und Kritiken sowie mehr oder minder gelungene Amateur-Fortsetzungen seiner Geschichten und seriöse Versuche, die Elbensprache zu erweitern und populär zu machen. Klubs und Zeitschriften wurden gegründet und Abertausende von Skizzen, Zeichnungen und Gemälden von Charakteren und Szenen von Mittelerde angefertigt. Neben den akustischen Medien setzten bald auch visuelle Medien wie Film, Fernsehen und Comics die Geschichten des Oxforder Professors um, bis der Siegeszug des Internets das Hauptgewicht auf diese Plattform verlagerte. Jetzt entstanden auch Spiele und globale Interaktionen auf Websites und in Chatrooms. Entsprechende Empfehlungen werden in einer Auswahl der besten Internet-Adressen im Anschluss ausgesprochen. Der Liebhaber von Tolkiens Welt steht heute vor dem erstaunlichen Resultat, dass Mittelerde seine Anziehungskraft nach fast fünfzig Jahren auch angesichts der elektronischen Medien nicht verloren hat.

FILM UND FERNSEHEN

In einem Brief vom 13. Mai 1937 drängte Tolkien seinen englischen Verlag Allen & Unwin, den demnächst erscheinenden *Hobbit* nur ja nicht den Fängen von Walt Disney zu überlassen. Es ging um die Illustrationen für die amerikanische Ausgabe des Romans: »Vielleicht wäre es ratsam, ehe die Amerikaner das Interesse verlieren, sie machen zu lassen, was ihnen richtig scheint – solange es möglich bliebe, ein Veto gegen alles einzulegen, was aus den Disney-Studios kommt oder von ihnen beeinflusst ist, denn gegen deren sämtliche Werke hege ich einen tief empfundenen Abscheu.«

Noch im Jahr 1964 erklärte Tolkien in einem Interview, er sei von einer Verfilmung gar nicht angetan, und betonte mit Blick auf den *Herr der Ringe*, dass »man eine Erzählform nicht in eine dramatische zurichten kann. Es wäre einfacher, die *Odyssee* zu verfilmen; es passiert viel weniger darin – nur ein paar Stürme.« Aber schon zwei Jahre später verkaufte er der BBC die Rechte für eine dramatische Fernsehbearbeitung. Zu einer Produktion kam es allerdings nie.

Als der *Herr der Ringe* in den folgenden Jahren durch die amerikanischen Taschenbuchausgaben berühmt wurde, traten auch mehrere Filmgesellschaften an Tolkien heran. Er stand einer Verfilmung noch immer sehr skeptisch gegenüber, verkaufte die Rechte im Oktober 1969 jedoch für einen »sehr hohen« Betrag an United Artists. Geplant war, eine Zeichentrickfilmversion von *Herr der Ringe* herauszubringen, was nach vielen Jahren der Gespräche und Vorbereitungen auch geschah – Weihnachten 1977, gedreht vom damaligen Star-Regisseur Ralph Bakshi, der gerade mit *Fritz the Cat* und *Die Welt in 10 Millionen Jahren* von sich reden gemacht hatte (und später noch den Trickfilm *Feuer und Eis* drehte). Am Drehbuch hatte auch Peter S. Beagle mitgearbeitet, einer der literarischsten Fantasy-Autoren unserer Zeit, der 1968 den Roman-Klassiker *Das letzte Einhorn* schrieb.

Einige Szenen setzte Bakshi für damalige Verhältnisse erstaunlich echt um, und das hatte seinen Grund: Er stellte einen großen Teil der Handlung in der Zeit sparenden Rotoskopie-Technik her. Die Kampfszenen bei Helms Klamm etwa ließ er in Spanien mit echten Schauspielern und einer echten Burg drehen, dann wurden die Aufnahmen eingefärbt und teilweise noch retuschiert. Manche Charaktere wie Aragorn treten jedoch sowohl als gezeichnete Figur wie als eingefärbter Videoclip auf, was eine etwas surrealistische Wirkung ergibt. Das macht Bakshis Verfilmung stilistisch und formal uneinheitlich, obwohl er die Vorlage atmosphärisch gut einfängt. Und leider bricht der Film völlig unvermittelt ab, als Gandalf nach dem Kampf mit dem Balrog von den Toten aufersteht und der Schlacht in Helms Klamm die entscheidende Wende gibt, während Frodo und Sam auf dem Weg nach Mordor Gollum begegnen. Bakshi hatte einen zweiten Teil geplant, der den Rest des *Herr der Ringe* erzählen sollte. Er wurde aber nie gedreht. Angeblich war das Filmstudio von seiner Absicht nicht unterrichtet gewesen, und der große Erfolg beim Publikum blieb aus. Produzent Saul Zaentz erklärte später, dass der Film in den USA nur etwa 15 Millionen Dollar eingespielt habe – zu wenig für eine Fortsetzung.

Erstaunlicherweise war *Herr der Ringe* aber nicht der erste Film über Mittelerde, der das Licht der Öffentlichkeit erblickte. Als Bakshis Projekt publik wurde, hatte die britische Firma Rankin/Bass die Rechte an Tolkiens Vorgeschichte der Ring-Trilogie erworben und mit einem japanischen Animationsteam den Zeichentrickfilm *Der Hobbit* produziert, den das amerikanische Fernsehen im November 1977 ausstrahlte, also kurz vor dem Kinostart des *Herr der Ringe*. Als sich herausstellte, dass Bakshi nur die erste Hälfte der Handlung umgesetzt hatte, produzierte das gleiche Team auch noch *Die Wiederkehr des Königs*, das erstmals im Mai 1980 in den USA ausgestrahlt wurde. Beide TV-Filme enthalten viele Lieder und im Original die sonore Stimme des verstorbenen Meisterregisseurs John Huston als Gandalf.

Es gab bisher also drei Verfilmungen: *Der Hobbit*, *Der Herr der Ringe* und *Die Wiederkehr des Königs* – allesamt Trickfilme, die aber auch gemeinsam kein geschlossenes Bild vom Ring-Epos geben, denn die letzte Hälfte von *Die zwei Türme* war außen vor geblieben. Die erste werkgetreue Umsetzung des *Herr der Ringe* bleibt somit der Trilogie vorbehalten, deren erster Teil im Dezember 2001 als Realverfilmung in die Kinos kommt.

Für viele Leser von Tolkien wird damit ein Traum wahr – sicher auch für Saul Zaentz. Er gründete seine Produktionsfirma New Line Cinema im Jahr 1967 und baute sie zum führenden Independent-Produzenten der Unterhaltungsindustrie aus. Heute ist sie ein Teil von Time Warner. Er produzierte Bakshis Kassenflop, aber auch Meisterwerke wie *Amadeus* und *Einer flog über das Kuckucksnest*, die mit dem Academy Award ausgezeichnet wurden, und den *Englischen Patienten* führte er zur Oscar-Nominierung. Mit größerer Erfahrung und einem Budget von mehr als 130 Millionen Dollar allein für die Live-Action-Sequenzen des neuen Ring-Dreiteilers, der außerdem eine Fülle von Spezialeffekten auf dem neuesten Stand der Technik enthält, dürfte der Erfolg diesmal garantiert sein. Die Rechte am *Herr der Ringe* – wie übrigens auch am *Hobbit* – erwarb Zaentz noch zu Tolkiens Lebzeiten vom Autor selber. Und an der Neuverfilmung der Ringsuche ist auch eine Firma beteiligt, bei deren Nennung Tolkien eigentlich im Grab rotieren müsste: Miramax Films, eine Tochter des Walt-Disney-Konzerns.

Am 24. August 1998 meldeten die Presseagenturen erstmals, dass New Line den *Herr der Ringe* neu verfilmen wird – in drei Teilen unter der Regie von Peter Jackson, der auch als Produzent und Drehbuchautor gewonnen wurde. Jackson, der als Regisseur ebenso genialer wie glibbriger Schlock-Horror-Movies wie *Meet the Feebles* Kultstatus erlangte, gewann mit *Dead Alive* gleich sechzehn internationale Science-Fiction-Preise, darunter den renommierten »Saturn«. Seinen bisher größten Erfolg hatte er mit *Heavenly Creatures*, das 1994 beim Filmfest in Venedig den Silbernen Löwen bekam. Er produzierte und inszenierte den Film und schrieb auch das für den Academy Award nominierte Drehbuch.

An der Filmtrilogie *Herr der Ringe*, die Jackson am Stück im heimischen Neuseeland drehte, arbeitete er mehr als zwei Jahre lang. Weitere Zeit wurde benötigt, damit seine Trickfirma neue Computerprogramme für die Spezialeffekte entwickeln konnte. Allein die Nachbearbeitung des Drehs dauerte fast ein Jahr.

Wer sich die Wartezeit bis Weihnachen 2002, wenn *Die zwei Türme* in die Kinos kommt, verkürzen will, kann sich auf eine weitere Verfilmung über Mittelerde freuen. Im Juni 2000 begann eine kleine Gruppe unabhängiger Filmemacher die fünfmonatige Phase der Vorproduktion eines unabhängigen Digitalfilms mit dem Titel *Ancanar*. Inzwischen sind die Dreharbeiten abgeschlossen, und es wurde eine Dokumentation der Arbeiten vorgelegt. Schon bald dürfte mit einer Veröffentlichung von *Ancanar* zu rechnen sein, das auf einer Erzählung aus dem *Silmarillion* beruht. Wenn es nicht in die Kinos kommt, sollte der Tolkien-Begeisterte nicht vor dem Herumstöbern in Videotheken zurückschrecken. Die vorliegenden Trailer sind ein Augenschmaus.

hörspiele und Lesungen

Als Tolkien Anfang der Sechzigerjahre mit dem Teufelswerk Tonband Bekanntschaft machte, wich seine Skepsis bald so großer Begeisterung, dass er viele Gedichte und Auszüge aus seinen Romanen zum eigenen Vergnügen aufzeichnete. Eine vollständige Lesung seines Heldengedichts *The Homecoming of Beorhtnoth, Beorhthelm's Son* wurde im August 1992 vom Tolkien Estate, den Nachlassverwaltern seines Werks, als Musikkassette an die Teilnehmer eines Treffens postum zu seinem 100. Geburtstag in Oxford verteilt. Auch den *Herr der Ringe* nahm er vollständig auf, doch erschienen bisher lediglich Auszüge daraus auf der inzwischen auch als CD vorliegenden Platte *Poems, songs and excerpts from The Hobbit and The Lord of the Rings*. Interessant sind sie nicht zuletzt wegen der korrekten Aussprache und Betonung einzelner Wörter (»Smeeeegol«).

Die erste offizielle Hörspielfassung des *Hobbit* brachte schon in den Fünfzigerjahren die BBC heraus. Sie orientiert sich im Wesentlichen an der Romanvorlage und ersetzt die Stellen, in denen sich der Erzähler direkt an den Leser wendet, durch Dialoge zwischen Bilbo und dem Erzähler. Gandalf klingt leider ein wenig wie ein Zwerg, und alle übernatürlichen Wesen krächzen schwer verständlich, aber dafür verweist der Erzähler an einer Stelle auf den Schöpfer von Bilbos Ring und geht damit sogar über das Buch hinaus.

Mehr als zwanzig Jahre später erschien eine Bearbeitung des *Hobbit*, dramatisch gekürzt, von Harley Usill. Sie wurde von Nicol Williamson vorgetragen und erschien auf Schallplatte bei Argo Records, London 1974, als Argo ZPL 1196/9. In neuerer Zeit hielt Rob Inglish, ein Schauspieler des National Theatre und der Royal Shakespeare Company, eine elf Stunden lange, ungekürzte Lesung des *Hobbit* ab, die auf acht MCs fest gehalten ist. Jetzt liegt auf vier MCs und fünf CDs auch eine Lesung des *Hobbit*, allerdings gekürzt, von Martin Shaw vor, der erst vor kurzem auf zehn MCs auch das *Silmarillion* vortrug.

In Deutschland brachte der SWF schon früh eine Hörfunkbearbeitung des *Hobbit* heraus: *Der kleine Hobbit*. Auch sie hält sich eng an die Vorlage. Zwar werden auffällig viele Zwerge von derselben Person gesprochen, aber dafür gibt der Komiker Jürgen von Manger, sonst eher für seinen Ruhrgebiets-Dialekt bekannt, einen erstaunlich überzeugenden Gollum ab, und im Gegensatz zur BBC-Fassung haben die Elben beinahe weiblich klingende Stimmen.

Seit 1996 gibt es den *Kleinen Hobbit* beim Münchner HörVerlag in vier MDs oder CDS zu kaufen. Die englische Fassung ist dort im gleichen Umfang seit 1998 erhältlich. Der Stuttgarter Klett-Cotta Verlag bietet in der Reihe Cotta's Hörbühne außerdem schon seit 1980 eine Hörspielfassung des *Kleinen Hobbit* von Ingeborg Oehme-Troendle und Heinz Dieter Köhler an.

Auch die Hörspielbearbeitung von *Herr der Ringe* erfolgte erstmals in den

Fünfzigerjahren durch die BBC. Sie wirkt im Großen und Ganzen recht schlüssig, obwohl man das Buch kennen muss, um einzelne Passagen zu verstehen. Die Kapitel des Romans wurden chronologisch angeordnet, und es gibt einige Ortswechsel mehr, sodass Gandalf schon im ersten Kapitel in Orthanc gefangen ist. Leider fehlt der Auftritt von Tom Bombadil, und die Musik ist von recht unterschiedlicher Qualität. Im Gegensatz zu den Ents, den Elben und dem Barden aus Rohan singen einige Hobbits einfach schaurig, aber dafür macht ein Chor der Nazgûl die von den Ringgeistern ausgehende Gefahr sehr nachvollziehbar.

Es gibt auch noch eine englische Lesung des *Herr der Ringe* von Rob Inglish, die im Gegensatz zu den Hörspielen den vollständigen Text bringt. Die verschiedenen Stimmen werden vom Sprecher sehr individuell gehandhabt, und bei den Gedichten trägt er meistens gelungene A-capella-Versionen von Donald Swanns Melodien vor. Allerdings handelt es sich um ein Mammutunterfangen von 45 CDs, die HarperCollins in drei Schubern herausbrachte.

Eine deutsche Hörspielfassung von *Herr der Ringe*, die auf zwölf MCs oder CDs vorliegt, nimmt leider nur wenig Rücksicht auf das Original. Schon im ersten Teil wird das Auenland von Stürmen und unheimlicher Dunkelheit heimgesucht, und Bilbo trägt ein Schwert am Gürtel, das er zu ziehen droht, als Gandalf ihn auffordert, den Ring herauszugeben. Hier sollte man besser auf die englische BBC-Fassung zurückgreifen, die auf dreizehn MCs und vierzehn CDs vorliegt, wobei die zusätzliche CD neue erstklassige Lieder von Stephen Oliver enthält.

Mittlerweile gibt es übrigens auch Hörspielbearbeitungen von *Giles of Ham*, *Smith of Wootton Major*, *Leaf by Niggle* und der Tom Bombadil-Episode aus *Herr der Ringe*. Sie stammen von Brian Sibley und sind auf der Doppel-CD *Tales from the Perilous Realm* (1992) versammelt. Außerdem sind gerade in den letzten Jahren zahlreiche weitere Lesungen von Tolkien-Werken auf CD erschienen: *Farmer Giles of Ham and other stories*, das auch *Leaf By Niggle* enthält, wird ebenso wie *Roverandom* von Derek Jacobi gelesen, der sich mit John Moffat und Christian Rodska mit verteilten Rollen auch die *Father Christmas Letters* vornahm. Der akademische Bereich Tolkiens hat ebenfalls Interessenten gefunden. Terry Jones, ehemaliges Mitglied der legendären Comedytruppe Monty Python, las *Sir Gawain and the Green Knight* sowie *Pearl and Sir Orfeo*, jeweils zwei MCs von zwei Stunden Länge. Drehbuchautor Julian Glover nahm sich Tolkiens großen Vorbilds *Beowulf* an und ließ modernes und altes Englisch zeilenweise wechseln.

Englische Ausgaben sind erhältlich über den Buchhandel oder zum Beispiel bei Hille Buch + Kommunikation, Kreuzstr. 4, D-79106 Freiburg, E-Mail: hille.buch@t-online.de, www.hille-buch.de.

musik

Tolkien war zeit seines Lebens ein Freund der Musik. Einerseits waren die Heldenepen, mit denen er sich befasste, ursprünglich mündlich überliefert und verdankten viel ihrer Melodie, andererseits liebte er ohnehin die gesellige Runde, in der er auch angelsächsische, gotische und isländische Lieder zum Besten gab. Anlässlich seiner goldenen Hochzeit mit Edith machte ein Komponist musikalischer Revuen, Donald Swann, dem Paar ein außergewöhnliches Geschenk: Er hatte eine Reihe von Tolkiens Gedichten vertont, als Mischung aus Kunstlied, Ballade und Volkslied, für Solo-Tenor mit Klavierbegleitung. Tolkien war so begeistert, dass er mit Swann weitere Lieder entwickelte, die sie in korrektem Elbisch von William Elven singen ließen (man beachte den Nachnamen, der übersetzt »wie ein Elf« heißt, auch wenn »William« bei Tolkien der Name eines Trolls war). Daraus entstand nach öffentlichen Vorstellungen im Mai und Juni 1966 das Buch *The Road Goes Ever On: A Song Cycle*. Unter dem gleichen Titel erschienen auch Aufnahmen der Stücke – unter anderem »Namárie«, ein angeblich von Galadriel komponierter Gesang, bei dem Swann sogar Tolkiens ursprüngliche Version benutzte.

Seitdem haben sich viele Musiker von Tolkiens Werk inspirieren lassen. Bands und Solisten nennen sich Shadowfax, David Arkenstone, Elbereth, Morthond, Gandalf, Galadriel, Isengard, Cirith Ungol, sogar Morgoth und Marillion als Kurzform von *Silmarillion*, aber die wenigstens beziehen sich in ihren Liedern direkt auf Tolkien, vielleicht mit Ausnahme von Gandalf, der auf dem Gebiet der New Age arbeitet, manchmal mit Galadriel als Sängerin, etwa in Stücken wie »The Old Man of the Forest«, oder der Band Summoning, die ein ganzes Album *Minas Morgul* nannte, nach der Stadt der Ringgeister. Der Bandleader von Burzum, Count Grishnákh, hat seinen von einem Orkführer übernommenen Namen zweifellos zum Programm erhoben, als er den Sänger einer konkurrierenden Band einfach erstach.

Das ganze Spektrum zwischen kreischendem Gitarrenlärm und sanften Sphärenklängen wurde von Tolkien beeinflusst – speziell in den wilden Siebzigern. Stellvertretend für das Werk der irischen Folkrock-Band Horslips sei das ebenso poetische wie hardrockig rumpelnde Album *The Book of Invasions* (1976) genannt. Aber auch Led Zeppelin, eine der erfolgreichsten Rockbands jener Zeit, verwiesen in ihren Lyrics auf Tolkien, so in »Over the Hills and Far Away«, »Misty Mountain Hop«, »Battle of Evermore« und »Ramble On«. Sogar die Kultband Camel bezog sich in zwei Stücken auf den *Herr der Ringe*: im Instrumental »Nimrodel«, das sich wohl eher dem Fluss als der gleichnamigen Elbin verdankt, und in dem Popsong »The White Rider«, dessen Intro, eine Klangmontage, den triumphalen Einzug des Weißen Reiters in Minas Tirith schildert. Erst vor wenigen Jahren hingegen machte unter Tolkien-Fans Blind Guardian von sich reden, eine Heavy-Metal-Band. Sie hat ein ganzes Album dem *Silmarillion* gewidmet: *Nightfall in Middle Earth*. Es kam 1998 heraus und enthält Stücke wie »The Curse of Feanor« und »Noldor and The Eldar«. Das Cover zeigt Lúthien, wie sie für den Dunklen Herrscher Morgoth tanzt.

Insgesamt ist bei der musikalischen Umsetzung von Themen aus der Mittelerde allerdings eher Atmosphäre als jaulendes Gitarren-Glissando gefragt, selbst wenn sie manchmal etwas düster daherkommt – zum Beispiel bei der Filmmusik zu Ralph Bakshis *Lord of the Rings*, den eigentlich sehr modernistisch und manchmal ein wenig atonal klingenden Kompositionen von Leonard Rosenman. Die meisten Stücke sind instrumental, bis auf »Mithrandir«, ein Elbenlied, das jedoch nicht auf Tolkiens Gedichten beruht, und »Helm's Deep«, ein orkisches oder vielleicht auch dunländisches Kriegslied, in dem immer wieder »hai« gebrüllt wird. Die CD enthält übrigens einige Stücke mehr als die LP.

Sehr viel heiterer wirkt hingegen die Musik von Enya, die sich ausgezeichnet als musikalische Untermalung beim Lesen eignet, etwa bei den Alben *The Celts* und *The Memory of Trees*. Auf dem früheren Werk *Shepherd Moon* findet man auch »Lothlórien«, ein Instrumental, das gut das Flair dieses Elbenreichs einfängt. Man versteht die Trauer der Elben. Eine ähnliche Wirkung entfaltet die keltisch beeinflusste Band Clannad. Besonders *Magical Ring* ist zu empfehlen und hier vor allem das Stück »Theme From Harry's Game«. Die Cranberrys, ebenfalls eine irische Band, fangen mit »Linger« von ihrem Album *Everybody Else Is Doing It, So Why Can't We?* das Tolkien-Feeling recht gut ein, obwohl es sich eher um einen Popsong handelt. Auch Enigma mit seinen gregorianischen Gesängen ist streckenweise ein angenehmer Weggefährte für die Lektüre.

Auf dem Album *Water Bearer* von Sally Oldfield finden sich die »Songs of the Quendi«, vier ineinander übergehende Lieder, die laut Cover dem *Herr der Ringe* und dem *Silmarillion* entlehnt sind. Es werden zwar die Elbenstämme Laiquendi, Moriquendi und Calaquendi erwähnt, ebenso »Drei Ringe für die Elbenkönige«, aber damit erschöpft sich der Verweis auf die Mittelerde auch schon.

Deutlicher nahm der schwedische Komponist Bo Hansson auf Tolkien Bezug, einer der Pioniere der elektronischen Musik, der gleich ein ganzes Album *The Lord of the Rings* nannte, einige Jahre vor dem Film von Bakshi. Es stützt sich vor allem auf das erste, zweite und sechste Buch des Romans und präsentiert Instrumentalstücke, die sehr eindrucksvoll die Ereignisse in Mittelerde wiedergeben, teils mit Audioeffekten versehen: die Schreie der Nazgûl im Alten Wald, der Zusammenbruch der Brücke von Khazad-dûm, schnalzende Bogensehnen und Schwertergeklirr in »The Battle on the Pelennor Fields«,

Meeresrauschen in den Grauen Anfurten. Die CD-Version wurde 1993 neu abgemischt und um weitere Stücke von anderen Alben ohne Bezüge zu Tolkien erweitert.

Den bislang stärksten klassischen Ansatz zeigt aber wohl der am 23. November 1953 geborene Holländer Johan de Meij. Er absolvierte seine Ausbildung am Königlichen Konservatorium in Hague, wo er Posaune und Orchesterleiter studierte. Nach seinem Abschluss wandte er sich auch dem Pop-Repertoire zu. Seine erste Komposition für ein symphonisches Orchester, *Symphony No. 1: The Lord of the Rings*, wurde 1988 in Brüssel erfolgreich erstaufgeführt, gewann beim Wettbewerb der Sudler International Wind Band Composition 1989 in Chicago den ersten Preis und wurde im Jahr darauf mit dem Dutch Composers Fund geehrt. Seitdem ist sie schon mehrmals eingespielt worden, unter anderem von der Royal Military Band (1992) und den Vents et Percussion Quebec (1998).

Hingewiesen sei auch auf Patrice Deceuninck. Er ist in Sachen Tolkien-Musik das reinste Wunderkind. Er stammt aus Nordfrankreich und beschäftigt sich schon seit fünfzehn Jahren mit *Hobbit* und *Herr der Ringe*. Seine am heimischen Mischpult komponierte Musik klingt wie ein philharmonisches Orchester. Seine erste CD wird sicher nicht mehr lange auf sich warten lassen, erste Kostproben kann man sich im Internet anhören (siehe »Die 50 besten Adressen«).

Es gibt aber auch Stücke, die den Hörer schreiend zurückfahren lassen, wie zum Beispiel ein Machwerk von Leonard Nimoy, der durch seine Paraderolle als Spock in *Star Trek* weltberühmt wurde. Er veröffentlichte 1968 auf seinem Album *Two Sides of Leonard Nimoy* eine »Ballad of Bilbo Baggins«, vermutlich das grauenhafteste Lied, das je von Mittelerde inspiriert wurde:

> In the middle of the earth in the land of the Shire
> lives a brave little hobbit whom we all admire.
> With his long wooden pipe,
> fuzzy, wolly toes,
> he lives in a hobbit-hole and everybody knows him.
>
> Bilbo! Bilbo! Bilbo Baggins.
> He's only three feet tall.
> Bilbo! Bilbo! Bilbo Baggins.
> The bravest little hobbit of them all.
>
> Now hobbits are a peace-lovin' folks you know.
> They don't like to hurry and they take things slow.

They don't like to travel away from home.
They just want to eat and be left alone.
But one day Bilbo was asked to go
on a big adventure to the caves below,
to help some dwarves get back their gold
that was stolen by a dragon in the days of old.

Bilbo! Bilbo! Bilbo Baggins.
He's only three feet tall.
Bilbo! Bilbo! Bilbo Baggins.
The bravest little hobbit of them all.

Well he fought with the goblins!
He battled a troll!!
He riddled with Gollum!!!
A magic ring he stole!!!!
He was chased by wolves!!!!!
Lost in the forest!!!!!!
Escaped in a barrel from the elf-king's halls!!!!!!!

Bilbo! Bilbo! Bilbo Baggins.
The bravest little hobbit of them all.

Now he's back in his hole in the land of the Shire,
that brave little hobbit whom we all admire,
just a-sittin' on a treasure of silver and gold
a-puffin' on his pipe in his hobbit-hole.

Bilbo! Bilbo! Bilbo Baggins.
He's only three feet tall.
Bilbo! Bilbo! Bilbo Baggins.
The bravest little hobbit of them all.

Seriöse und anspruchsvolle Musik zum Thema Mittelerde bieten heute vorwiegend Folk-Bands. Der Däne Kim Skovbye brachte mit *There and Back Again* bezaubernde Harfenmusik heraus, und die Hobbitons, die sich nach dem Auenland-Dorf Hobbingen nannten, bedienten sich für ihre *Songs from Middle-Earth* ebenfalls eines Folk-Settings. Auch David J. Finnamores Musik auf *Rings of Power* ist sehr folkloristisch von Mittelerde inspiriert.

Das jüngste Beispiel dieser Art ist das *Starlit Jewel Songbook*, das von der

Band Broceliande vorgetragene Lieder aus dem *Hobbit* und dem *Herr der Ringe* enthält. Sie wurden von Kristoph Klover, Margaret Davis und Marion Zimmer Bradley musikalisch gestaltet, die durch ihren Roman *Die Nebel von Avalon* weltberühmt wurde. Das Album erschien Ende 2000, kurz nach dem überraschenden Tod der Autorin, und enthält keltische und mittelalterlich klingende Stücke für ein bis drei Stimmen, Gitarre, Flöte, Harfe, Bandgerät und andere akustische Instrumente, genehmigt vom Tolkien Estate und mit einem Liederbuch versehen.

Aber eine Gruppe, die klassische Kompositionen mit traditionellen Momenten verbindet, sticht zurzeit alle anderen aus. Ihre Musik ist leicht und klar und atmet in bisher nicht gekanntem Ausmaß das tolkiensche Flair. Die Rede ist vom Tolkien Ensemble, das 1995 mit dem Ziel gegründet wurde, die erste vollständige musikalische Umsetzung des *Herr der Ringe* zu leisten. Es besteht aus Signe Asmussen (Mezzosopran), Mads Thiemann (Bariton), Morten Ryelund Sørensen (Violine), Katja Nielsen (Kontrabass), Peter Hall (Folk-Stimme, diverse Instrumente) und Caspar Reiff (Gitarre). Mit Ausnahme von Peter Hall, der in London studierte, sind alle Mitglieder Absolventen der Königlichen Dänischen Musikakademie.

Am 19. Januar 1996 gab das Tolkien Ensemble im dänischen Schloss Gjorslev sein erstes Konzert. Seitdem arbeitete es mit über fünfzig professionellen Musikern zusammen, darunter neun Solisten in der Rolle von Frodo, Sam, Gandalf, Bilbo, Tom Bombadil, Galadriel, Gollum, Aragorn und Goldberry. Im Herbst 1996 erteilte Ihre Majestät Königin Margrethe II. von Dänemark dem Ensemble die Erlaubnis, Illustrationen von Ihrer Hand zum *Herr der Ringe* für die Covergestaltung der CDs zu verwenden. Bisher sind bei Classico Records zwei CDs erschienen: *An Evening in Rivendell* (CLASSCD 175) und *A Night in Rivendell* (CLASSCD 275).

Das Tolkien Ensemble tritt in Dänemark und im Ausland auf, in Konzerthallen, Kirchen und Bars – sein erstes Konzert in England fand im September 1999 in Tolkiens einstigen vier Wänden statt: dem Exeter College in Oxford. Authentischere Musik Mittelerdes lässt sich heute wohl kaum noch finden.

COMICS

Auch in diesem Bereich hat Tolkiens Werk seine Spuren hinterlassen, obwohl er dem Autor zu Lebzeiten kein besonderes Interesse abverlangte. Anlässlich der Verfilmung von Ralph Bakshi brachte der Stuttgarter Ehapa-Verlag im Jahr 1980, also mit leichter Verspätung, drei Alben zum *Herr der Ringe* heraus. Wie beim Film deckt die Handlung nur rund die Hälfte der Vorlage ab und endet mit der Schlacht um Helms Klamm. Gezeichnet wurden die Alben von Luis Bermejo, der nicht nur einfach einen Comic zum Film ablieferte, sondern durchaus eigene Vorstellungen von den Figuren einbrachte. Leider zeichnete er nicht auch den Schluss, und so wird wohl erst nach dem Kinofilm *Die Wiederkehr des Königs* von Peter Jackson mit einer abgeschlossenen Comic-Version von Tolkiens epischer Saga zu rechnen sein.

Ein wahres Meisterwerk hingegen ist die Adaption des *Hobbit* von Charles Dixon und David Wenzel, die 1990 in den USA erschien. Hier werden Bilbo, Gandalf und die Zwerge genau so zum Leben erweckt, wie sich die meisten Leser die Figuren vorstellen. Bei diesem Comic stimmt einfach alles: Zeichnungen, Farben, Detailgenauigkeit gegenüber der Romanvorlage und laut Kritikermeinung auch die Übersetzung, die vom Autor dieser Zeilen stammt. Die Adaption erschien in drei Bänden auf Deutsch erstmals 1992 beim Verlag Alpha-Comic und erweckt auch durch die ungeheure Menge an Text fast den Eindruck eines bebilderten Romans. Eine weitere Übersetzung erschien passend zum Filmstart 2001 im Carlsen-Verlag.

DIE 50 BESTEN INTERNET-ADRESSEN

http://www.tolkiengesellschaft.de
Die größte deutsche Tolkien-Organisation berichtet auf ihrer Site vom akademischen Umgang mit Tolkiens Werk, etwa dem Einsatz im Englischunterricht und das Für und Wider der neuen Übersetzung, aber auch von künftigen und vergangenen Events wie Stammtischen und Rollenspieltreffen. Unverzichtbar!

http://www.tolkiensociety.org
Eine internationale Organisation, die Tolkiens Leben und Werk gewidmet ist. Über die angeschlossene Tolkien Society Trading kann man viele Bücher, CDs, Videos und Zeitschriften beziehen. Veranstalter jährlicher Treffen.

http://www.tolkienshop.com
Schon seit 1986 gibt es diesen Mailorder-Dienst für alle Veröffentlichungen im Zusammenhang mit Tolkien. Das Angebot reicht von Büchern über CDs, Videos und Games bis zu Kleidung, Pins und Postkarten.

http://onering.virbius.com/index.shtml
Hier findet man Bezugsadressen neuester Tolkien-Veröffentlichungen, vom Brettspiel über Prachtausgaben seiner Bücher bis zu Sekundärwerken. Ein besonderer Schwerpunkt liegt auf Verfilmung und Musik.

http://dmoz.org/Arts/Literature/Genres/Fantasy/Authors/T/Tolkien,_John_Ronald_Reuel/desc.html
Im Rahmen des *Open Directory Project* findet man unter dem Stichwort Tolkien Verweise auf Fan-Sites, Bildergalerien und Mailinglisten, die sich zu Dutzenden von Adressen auffächern. Ein ausgezeichnetes Portal.

http://www.csclub.uwaterloo.ca/u/relipper/tolkien/rootpage.html
Auf der *Tolkien Information Page* werden schon seit 1993 andere Sites verlinkt, sodass den Besucher auch hier ein riesiges Angebot erwartet: Essays, Fonds, Stammbäume, Games und Chatmöglichkeiten.

http://66.37.237.18
Auch das Portal *Tolkien Network* ist das reinste Mekka: Essays, Zeichnungen, Gedichte und neueste Infos über Veröffentlichungen und Verfilmungen sowie Verweise auf viele andere Adressen. Man kann seine eigene Site ins Netz geben und bekommt gratis eine E-Mail-Adresse.

http://www.realmofthering.com
Hier gibt es die neuesten Infos zur Peter-Jackson-Verfilmung des *Herr der Ringe* – direkt vom Drehort Neuseeland und ständig aktualisiert.

http://www.lordoftherings.net
Eine Fundgrube für den Fan der Jackson-Trilogie! Der Regisseur beantwortet Fragen, es gibt Videos und Bildschirmschoner zum Herunterladen und jede Menge Infos, die alles Wissenswerte über Cast und Produktion vermitteln.

http://www.tolkien-movies.com
Im August 1998 ins Leben gerufen, bringt diese Site seitdem regelmäßig Infos über die neue Verfilmung. Hier gibt es Filmcredits, Fotos von Veranstaltungen, Zitate aus Zeitschriften sowie Standbilder zum Herunterladen – das ganze Spektrum.

http://www.tolkienthings.com
Auch diese Site versammelt News und Media-Infos über das Jackson-Event und bietet Möglichkeiten für Chats und Diskussionen.

http://www.myprecious.freeuk.com
Hier findet man Details über Rassen, Charaktere und Orte, Rätsel und Zitate, Hörspiele und Musik, sogar ein inoffizielles Drehbuchmanuskript des ersten Teils von Jacksons *Herr der Ringe*. Und das Ganze ist auch noch hervorragend animiert – atmosphärisch elegant und fantasievoll. Unbedingt reinschauen!

http://www.ancanar.com
Die offizielle Site von »Ancanar«, einer unabhängigen, aber absolut professionellen Filmproduktion, die eine Geschichte aus dem *Silmarillion* zur Vorlage hat. Regelmäßige Updates auch in Form von Standfotos dokumentieren die Fortschritte der Produktion, die im Juni 2000 startete.

http://pub30.ezboard.com/bkeysersozeslotrboard
Keyser Soze's Lord of the Rings Board bietet Diskussionsmöglichkeiten über Tolkien und sein Werk, die neue Verfilmung von Peter Jackson, Filme im Allgemeinen, Games und allerlei Absurdes.

http://www.barrowdowns.com/welcome.asp
Eine sehr liebevoll gestaltete Site, die ebenfalls das gesamte Spektrum abdeckt: Essays, Quiz und Bildergalerie über Mittelerde nebst neuesten Infos zur Jack-

son-Verfilmung. Ein Namensgenerator findet die Entsprechung zum eigenen Namen in der Hobbitwelt. Das absolute Highlight ist aber eine per Suchmaschine betriebene Enzyklopädie mit mehreren tausend Einträgen.

http://www.rhoenline.de/huefner/tolkien/index.html

Eine deutsche Site, die durch lexikalische Einträge über Charaktere, Geschöpfe, Völker und Zeitalter einen leichten Einstieg in Tolkiens Welt ermöglicht. Bereichert wird das Ganze durch Stammbäume und Infos über die Fangemeinde.

http://ring-lord.tripod.com/ringlord.html

Diese Site ist für den Tolkien-Einsteiger gedacht. Sie präsentiert überlichtlich und leicht verständlich vor allem Alphabete, Landkarten und Charaktere aus dem Dritten Zeitalter.

http://www.daimi.aau.dk/ bouvin/tolkienfaq.html

Hier werden häufig gestellte Fragen über Leben und Werk Tolkiens beantwortet. Ein guter Einstieg für jeden, der sich eingehender mit Mittelerde beschäftigen will.

http://tolkien.cro.net

Hier gibt's weitere Antworten auf häufig gestellte Fragen – mit detaillierten Infos über Mittelerde, Númenor, Elben, Zwerge, Balrogs, Ringe, Lieder und vieles andere mehr sowie einer herunterladbaren Bildergalerie, die auch Arbeiten des kroatischen Künstlers Igor Kordej enthält.

http://user.baden-online.de/ckraemer

Auf diese deutsche Site wurden 309 Bilder von sieben professionellen Künstlern aufgenommen, darunter auch Zeichnungen von Tolkien. Außerdem gibt es einen Bericht über die Entstehung einer Illustration.

http://www.spowers.net/tolkien/tolkienworld.html

Eine weitere große herunterladbare Sammlung mit über 130 Gemälden zum Thema Mittelerde, nach Tolkiens Werken geordnet und mit beschreibenden Titeln versehen.

http://www.geocities.com/athens/2406

Ein faszinierender Exot: Der Tolkien-Fan Scott Selisker hat Songs von Led

Zeppelin auf Verweise zu Tolkien untersucht. Seine umfangreichen Analysen stehen hier neben den entsprechenden Lyrics!

http://www.tolkienensemble.dk

Das *Tolkien Ensemble* hat sich seit 1996 der musikalischen Umsetzung von Tolkiens Werk verschrieben. Hier findet man mit vielen Fotos versehen alles über Gründung, Musiker, Komponisten, Auftritte und Veröffentlichungen.

http://www.tolkien-archives.com

Diese Site enthält zahlreiche Aufsätze, eine Bildergalerie, Kartenmaterial, Gedichte und ausführliche lexikalische Einträge über Rassen, Völker und Einzelwesen. Auch fast einhundert Musikstücke über Mittelerde und von Tolkien gelesene Texte können heruntergeladen werden.

http://www.glyphweb.com/arda/default.htm

Eine Enzyklopädie von Arda versammelt auf dieser Site mehr als 5000 Stichworte, die zusammen ein ausführliches Lexikon ergeben. Sie lassen sich auch unter Sammelbereichen wie Rassen, Orte, Sprachen und Lieder abfragen. Unbedingt zu empfehlen!

http://www.planet-tolkien.com

Auch diese Site enthält ein großes Netzarchiv mit Informationen über Tolkien und die wichtigsten Charaktere aus seinen Werken in Form detaillierter lexikalischer Einträge. Fonds, Bildschirmschoner, Trailer und Games können heruntergeladen werden. Außerdem gibt's hier eine Mailing-List.

http://homed.inet.tele.dk/tolkien/annals-of-arda.htm

Auch hier findet sich eine sehr ausführliche Enzyklopädie der bei Tolkien vorkommenden Charaktere, Völker, Orte und Gegenstände, bereichert um schön gestaltete Landkarten. Wie ein Lexikon benutzbar.

http://www.dcs.ed.ac.uk/misc/local/tolklang

Die *Tolkien Language List* wendet sich an Fans, die sich eingehender mit Elbensprachen beschäftigen wollen. Es gibt umfangreiche Essays, Gedichte und Prosa sowie ein umfassendes Archiv und weitere Links zum Thema.

http://www.uib.no/people/hnohf

Hier findet man schlichtweg alles über die Sprachen von Mittelerde und die Privatsprachen aus Tolkiens Jugend. Ob Elbisch, Orkisch oder Númenorisch, ob Alphabete, Grammatik oder Ausspracheregeln. Das Nonplusultra für Fremdsprachen-Freaks!

http://www.hereintown.net/ greggd

Die Site der *Tolkiens Guilde* beantwortet viele Fragen zur Mittelerde und bietet Gedichte, Bilder und Games. Besondere Highlights sind ein herunterladbares Englisch-Tengwar-Wörterbuch sowie elbische Runenalphabete.

http://www.geocities.com/almacq.geo/ sindar/sdintro.html

Als Ableger einer französischen Site findet sich hier ein Sindarin-Wörterbuch, das per Suchmaschine englische Wörter in die Elbensprache übersetzt und verwandte Wörter dem Wortstamm nach auflistet.

http://www.lysator.liu.se/tolkien-games

Die Site schlechthin für Computerspiele jeder Kategorie im Umfeld von Tolkien. Mehrere Dutzend teilweise herunterladbare CGGs werden vorgestellt und eingeordnet. Systemvoraussetzungen, Bezugsadressen und das komplette Knowhow – der perfekte Einstieg.

http://www.math.utwente.nl/timco/council

Eine englischsprachige Site der größten holländischen Vereinigung von Spielern des MECCG (Middle-earth Collectible Card Game), das seit Erscheinen des Basissets 1996 kontinuierlich ausgebaut wird. Hier findet man eine Erläuterung der Regeln, eine Spielerliste und kann an Diskussionsgruppen teilnehmen.

http://www.lugburz.homestead.com

Von der Festung Lugburz aus wird Mittelerde zum Schlachtfeld. Hier finden alle möglichen Turniere statt. Dazu gibt es Archive und Diskussionsgruppen, die sich auch mit Tolkiens Werk und der neuen Film-Trilogie beschäftigen. Ein Fest für Rollenspiel-Fans.

http://www.dagorhir.com

Unglaublich, aber wahr: Hier tummeln sich Rollenspiel-Fans, die auf der Grundlage von Tolkiens Werken eine eigene Kampfsporttechnik (Dagorhir) entwickelt haben, die sie bei Treffen in ganz Amerika praktizieren. Achtung – Vollkontakt!

http://www.hobbingen.de

Eine deutsche Site, die einen Lexikonteil über Tolkien, Mittelerde und speziell über Hobbits besitzt. Ansonsten ist sie dem Kartenspiel und Rollenspiel mit Schwerpunkt Spielerszene Hamburg verpflichtet. Durch eine Rollenspiel-Datenbank kann man Gleichgesinnte finden.

http://www.ml.uib.no/respl/tolkien

Eine Site, die auch Infos über Musik und Gemälde enthält, aber vor allem den Hobbits gewidmet ist, ihrer Anatomie und ihrem Lebensraum sowie einem neuen Brettspiel. Liebevoll gestaltet.

http://thehobbithole.cjb.net

Einzigartig an dieser Site ist, dass man sich als Besucher in einer Hobbithöhle zu Handlungsorten, Völkern und Charakteren aus Tolkiens Werk durchklicken kann, auch einer Landkarte von Mittelerde – und alles in 3D!

http://shirepost.com

Noch eine sehr liebevoll gestaltete Site, die der Münzprägung und Postzustellung bei den Hobbits gewidmet ist, mit Anweisungen zur Erstellung entsprechender Briefsendungen, die unter Gleichgesinnten verschickt werden. Unerlässlich für Auenland-Aficionados!

http://www.minastirith.com

Eine Site, auf der Besucher automatisch Bewohner der Hauptstadt von Gondor werden und sich in einschlägigen Kneipen treffen. Durchaus seriös werden dort die Hauptwerke Tolkiens und die Handlungen der Charaktere diskutiert. Es gibt auch Infos über Games und die aktuelle Verfilmung.

http://www.lordotrings.com

Eine Site, die das ganze Spektrum abdeckt und bei Tolkiens Hauptwerken sogar nach Kapiteln geordnete Inhaltsangaben bringt. Es gibt Touren durch Mittelerde, eine große Auswahl Artwork, Sounds, Musik und Games und entsprechende Shops. Perfekt für den Einsteiger!

http://www.tolkientrail.com

Noch eine Site, die Streifzüge durch Mittelerde anbietet. Auf wunderschönen Karten und Zeichnungen kann man die Wege von Tolkiens Helden durch Auenland, Bruchtal, Bree, Lothlórien, Fangorn, Isengart, Minas Tirith, Mordor und die Grauen Anfurten nachvollziehen.

http://www.thelandofshadow.com

Eine Site, die ausschließlich Mordor gewidmet ist. Alle Aspekte werden behandelt, von Schilderungen des Abscheulichen und seines Turms über wilde Völker bis zu Saurons Bediensteten. Schöne Animationen, sehr düster.

http://www.theblackchasm.com
Auch *The Black Chasm* ist der düsteren Seite von Tolkiens Werk verpflichtet. Eine Vielzahl lexikalischer Einträge befasst sich mit Charakteren, Völkern, Orten und Ereignissen, die größtenteils durch Bilder und Karten illustriert sind.

http://www.tolkien-fanfiction.iwarp.com
Hier kann man eigene Prosa, Lyrik und Bilder zum Thema Mittelerde ins Netz stellen. Detaillierte Timelines der Drei Zeitalter versorgen einen mit den wesentlichen Eckdaten. Zum Kauf angeboten werden speziell Titel zur Geschichte Mittelerdes.

http://alt-tolkien.com
Die Site einer alternativen Tolkien-Gesellschaft, die Tolkiens Werke über Mittelerde nicht als Fiktion ansieht, sondern als Schilderungen aus der Frühzeit unserer Welt. Mit selbst geschriebenen neuen Erzählungen.

http://flyingmoose.org/tolksarc/tolksarc.htm
Die Tolkien-Sarkasmus-Site bringt so kleine Juwelen wie ein verschollenes Drama von Shakespeare über Frodo Beutlin oder eine Sherlock-Holmes-Geschichte auf Mittelerde, aber auch Infos über ein Brettspiel und einige verrückte Theorien. Das Richtige für abgedrehte Crackpots!

http://www.geocities.com/elelome
Eine liebevoll gestaltete Mädchen-Site über Arwen Abendstern mit Gedichten, einer Geschichte ihres Lebens und Gründen, weshalb sie nicht kämpft.

http://www.valaquenta.com
Eine auf die »Valaquenta« aus dem *Silmarillion* spezialisierte Site. Sie bringt den englischen Originaltext sowie begleitende Essays und bietet Diskussionsmöglichkeiten.

http://homepage1.nifty.com/hobbit/english/tolkien
Eine englischsprachige japanische Site, die Bewertungen der in Japan veröffentlichten Tolkien-Bücher enthält. Außerdem bringt sie einen Vorschlag zur Anpassung des gregorianischen Kalenders an den des Auenlandes sowie eine Gebrauchsanweisung für Tengwar-Fonts unter Windows. Hai!

A. WERKE VON J.R.R. TOLKIEN

1. HAUPTWERKE

The Hobbit: or There and Back Again. George Allen & Unwin, London [21. September] 1937 (zweite Auflage 1951, dritte Auflage 1966, vierte Auflage 1978) und Houghton Mifflin, Boston 1938 (zweite Auflage 1951, gebunden, und 1965, Taschenbuch, dritte Auflage 1966). In vielen Ausgaben erhältlich, auch als Sonder-Edition zum 50. Erscheinungsjahr. Standardausgaben: Houghton Mifflin 1966, Taschenbuch (ISBN 0-395-28265-9), Ballantine 1966, Taschenbuch (ISBN 0-345-33968-1). Kommentierte Ausgabe: *The Annotated Hobbit*, Einführung und Anmerkungen von Douglas A. Anderson, Houghton Mifflin, Boston 1988, und HarperCollins, London 1988 (ISBN 0-395-47690-9). – Deutsche Fassungen: *Der kleine Hobbit*, Übers. Walter Scherf, Paulus Verlag, Recklinghausen 1967 (zahlreiche Nachdrucke in verschiedenen Ausgaben); *Der Hobbit oder Hin und zurück,,* Übers. Wolfgang Krege, Klett Cotta Verlag, Stuttgart 1998.

The Lord of the Rings. George Allen & Unwin, London 1954–55 und Houghton Mifflin, Boston 1955/56 (zweite Auflage 1966); Roman, in drei Bänden erschienen:

The Fellowship of the Ring: being the first part of The Lord of the Rings. George Allen & Unwin, London [29. Juli] 1954. Erste autorisierte Taschenbuchausgabe: Ballantine, New York 1965 (ISBN 0-345-33970-3). Ausgaben letzter Hand: Houghton Mifflin, Boston 1987 (gebunden, ISBN 0-395-48931-8, Taschenbuch, ISBN 0-395-27223-8), und HarperCollins, London 1994. – Deutsche Fassungen: *Der Herr der Ringe, Band 1: Die Gefährten*, Übers. Margaret Carroux, Gedichte E.-M. von Freymann, Klett Verlag, Stuttgart 1969 (zahlreiche Nachdrucke in verschiedenen Ausgaben); *Der Herr der Ringe, erster Teil: Die Gefährten*, Übers. Wolfgang Krege, Klett Cotta Verlag, Stuttgart 2000.

The Two Towers: being the second part of The Lord of the Rings. George Allen & Unwin, London [11. November] 1954. Erste autorisierte Taschenbuchausgabe: Ballantine, New York 1965 (ISBN 0-345-33971-1). Ausgaben letzter Hand: Houghton Mifflin, Boston 1987 (gebunden, ISBN 0-395-48933-4, Taschenbuch, ISBN 0-395-27222-X), und HarperCollins, London 1994. – Deutsche Fassungen: *Der Herr der Ringe, Band 2: Die zwei Türme*, Übers. Margaret Carroux, Gedichte E.-M. von Freymann, Klett Verlag, Stuttgart 1970 (zahlreiche Nachdrucke in verschiedenen Ausgaben); *Der Herr der Ringe, zweiter Teil: Die zwei Türme*, Übers. Wolfgang Krege, Klett Cotta Verlag, Stuttgart 2000.

The Return of the King: being the third part of The Lord of the Rings. George

Allen & Unwin, London [20. Oktober] 1955. Erste autorisierte Taschenbuchausgabe: Ballantine, New York 1965 (ISBN 0-345-33973-8). Ausgaben letzter Hand: Houghton Mifflin, Boston 1987 (gebunden, ISBN 0-395-48930-X, Taschenbuch, ISBN 0-395-27221-I), und HarperCollins, London 1994. – Deutsche Fassungen: *Der Herr der Ringe, Band 3: Die Rückkehr des Königs*, Übers. Margaret Carroux, Gedichte E.-M. von Freymann, Klett Verlag, Stuttgart 1970 (zahlreiche Nachdrucke in verschiedenmen Ausgaben); *Der Herr der Ringe, dritter Teil: Die Wiederkehr des Königs*, Übers. Wolfgang Krege, Klett-Cotta Verlag, Stuttgart 2000.

Die frühere Übersetzung von Margaret Carroux liegt seit 1991, die neue Übersetzung von Wolfgang Krege seit 2000 wahlweise auch in einer einbändigen Ausgabe vor.

The Silmarillion. Hrsg. von Christopher Tolkien. George Allen & Unwin, London [15. September] 1977 (ISBN 0-04-823139-8), und Houghton Mifflin, Boston 1977 (ISBN 0-395-25730-I, 1983 als Taschenbuch ISBN 0-395-34646-0). Weitere Taschenbuchausgabe: Ballantine, New York 1985 (ISBN 0-345-32581-8). – Deutsche Fassung: *Das Silmarillion*, Übers. Wolfgang Krege, Klett-Cotta Verlag, Stuttgart 1978 (mehrere Nachdrucke, auch als Teil des Schubers »Die Sagen von Mittelerde«).

2. Weiteres über Mittelerde

The Adventures of Tom Bombadil and Other Verses from the Red Book. Illustriert von Pauline Baynes. Enthält 16 Gedichte, deren erste Fassungen bis 1923 zurückdatieren. George Allen & Unwin, London [22. November] 1962, und Houghton Mifflin, Boston 1963 und 1991 (illustriert von Roger Garland, ISBN 0-395-57647-4). – Deutsche Fassung: *Die Abenteuer des Tom Bombadil und andere Gedichte aus dem Roten Buch*, Übers. Ebba-Margareta von Freymann und Thelma von Freymann (Einleitung), Klett Cotta Verlag, Stuttgart 1984 (Hobbit Presse).

The Road Goes Ever On: A Song Cycle. Buchschmuck und sechs Gedichte von Tolkien aus *The Lord of the Rings* (»The Road Goes Ever on«, »Upon the Hearth the Fire is Red«, »In the Willow-meads of Tasarinan«, »In Western Lands«, »Namárië«, »I Sit beside the Fire«, »A Elbereth Gilthoniel«) und ein Gedicht aus *The Adventures of Tom Bombadil* (»Errantry«) zusammen mit Noten von Donald Swann. Das Buch enthält Tengwar-Versionen des Quenya-Gedichts »Namárië« und des Sindarin-Gedichts »A Elbereth Gilthoniel« mit ausführlichen linguistischen Anmerkungen. Houghton Mifflin, Boston [31. October] 1967 (zweite Auflage 1978, ISBN 0-395-24758-6) und George Allen & Unwin, London 1968; die zweite Auflage 1978 (ISBN 0-04-784011-0) enthält außerdem »Bilbo's Last Song (at the Grey Havens)«.

A Tolkien Compass. Hrsg. von Jared Lobdell. Enthält Tolkiens »Guide to the Names in *The Lord of the Rings*«, für den Druck bearbeitet von Christopher Tolkien. Open Court Publishing Company, La Salle/Illionois 1975 (gebunden ISBN 0-87548-316-X, Taschenbuch ISBN 0-87548-303-8). Weitere Taschenbuchausgabe: Ballantine, New York 1980 (ISBN 0-345-28855-6).

Unfinished Tales of Númenor and Middle-earth. Mit Einleitung, Kommentar, Register und Karten hrsg. von Christopher Tolkien. George Allen & Unwin, London [2. Oktober] 1980 (ISBN 0-04-823179-7), und Houghton Mifflin, Boston 1980 (gebunden ISBN 0-395-29917-9) und 1982 (Taschenbuch ISBN 0-395-32441-6). Weitere Taschenbuchausgabe: Ballantine Books, New York 1988 (ISBN 0-345-35711-6). – Deutsche Fassung: *Nachrichten aus Mittelerde*, Übers. Hans J. Schütz, Klett-Cotta Verlag, Stuttgart 1983.

Letters of J.R.R. Tolkien: A Selection. Hrsg. von Humphrey Carpenter unter Mitwirkung von Christopher Tolkien. George Allen & Unwin, London [20. August] 1981 (ISBN 0-04-826005-3), und Houghton Mifflin, Boston 1981 (ISBN 0-395-31555-7). Verbesserte Auflage mit neuem Register von Wayne G. Hammon und Christina Scull: HarperCollins, London 1999. – Deutsche Fassung: *Briefe*, Übers. Wolfgang Krege, Klett-Cotta Verlag, Stuttgart 1991 (Hobbit Presse).

Poems by J.R.R. Tolkien. Illustriert vom Autor. HarperCollins, London, [11. November] 1993 (ISBN 0-261-10302-4). Drei Mini-Bücher, die alle Gedichte aus *The Hobbit* und zwei aus *The Adventures of Tom Bombadil* enthalten.

Poems from The Lord of the Rings. Illustriert von Alan Lee. HarperCollins, London 1994 (ISBN 0-261-10312-1).

The History of Middle-earth, eine zwölfbändige Buchreihe mit Hintergrundmaterial zur Mittelerde, aus dem Nachlass seines Vaters hrsg. von Christopher Tolkien:

Vol. I – The Book of Lost Tales, Part One. Der Anhang enthält Auszüge aus dem Quenya-Lexikon und dem Gnomisch-Lexikon. George Allen & Unwin, London [27. Oktober] 1983 (ISBN 0-04-823238-6), und Houghton Mifflin, Boston 1984 (gebunden, ISBN 0-395-35439-0) und 1986 (Taschenbuch, ISBN 0-395-40927-6); Weitere Taschenbuchausgabe: Del Rey/Ballantine, New York 1992 (ISBN 0-345-37521-1). – Deutsche Fassung: *Das Buch der verschollenen Geschichten 1*, Übers. Hans J. Schütz, Klett-Cotta Verlag, Stuttgart 1999 (auch als Teil des Schubers »Die Sagen von Mittelerde«).

Vol. II – The Book of Lost Tales, Part Two. Auch hier enthält der Anhang Auszüge aus dem Quenya-Lexikon und dem Gnomisch-Lexikon. George Allen & Unwin, London [16. August] 1984 (ISBN 0-04-823265-3), und Houghton Mifflin, Boston 1984 (gebunden, ISBN 0-395-36614-3) und 1986 (Taschenbuch, ISBN 0-395-42640-5). Weitere Taschenbuchausgabe: Del Rey/Ballantine, New York 1992 (ISBN 0-345-37522-X). – Deutsche Fassung: *Das Buch der verschollenen Geschichten 2*, Übers. Hans J. Schütz, Klett-Cotta Verlag, Stuttgart 1999 (auch als Teil des Schubers »Die Sagen von Mittelerde«).

Vol. III – The Lays of Beleriand. George Allen & Unwin, London [22. August] 1985 (ISBN 0-04-823277-7), und Houghton Mifflin, Boston 1985 (gebunden, ISBN 0-395-39429-5) und 1988 (Taschenbuch, ISBN 0-395-48683-1). Enthält mit »The Lay of the Children of Húrin« die Geschichte von Húrin und seinen Kindern in alliterativen Versen, die bei Túrins Ankunft in Nargothrond abbricht (ca. 1920–1925); früh aufgegebene Gedichte, darunter »The Flight of the Noldoli«, das Fragment einer alliterativen Version von »Lay of Earendel« und »The Lay of the Fall of Gondolin« (ca. 1920–1925); »The Lay of Leithian«, die Geschichte von Beren und Lúthien in achtsilbigen Reimpaaren, mit einem Kommentar von C. S. Lewis (ca. 1925–1931); und eine ausführliche, aber fragmentarische Überarbeitung von »Lay of Leithian« (1949/50, bearb. 1955)

Vol. IV – The Shaping of Middle-earth: The Quenta, the Ambarkanta and the Annals together with the earliest »Silmarillion« and the first Map. George Allen & Unwin, London [21. August] 1986 (ISBN 0-04-823279-3), und Houghton Mifflin, Boston 1986 (ISBN 0-395-42501-8). Enthält Prosafragmente in der Nachfolge der »Lost Tales«, drei kurze Texte über Tuor und Gondolin sowie den Aufbruch der Noldor aus Aman und ihre Ankunft in Mittelerde (ca. 1920); »Sketch of the Mythology«, eine sehr knappe Zusammenfassung der Mythologie des »Silmarillion«, die für »The Lay of the Children of Huacuterin« geschrieben wurde (ca. 1926, bearb. 1926–1930); mit »The Quenta [Noldorinwa]« eine erweiterte Fassung von »Sketch«; das Gedicht »The Horns of Ylmir« und Ælfwines Übersetzung der »Quenta« ins Altenglische (ca. 1930); die früheste Karte des »Silmarillion« mit einer kommentierten Legende (ca. 1926); die »Ambarkanta«, eine kurze Abhandlung über das Aussehen der Welt, mit begleitenden Karten (ca. Mitte 1930); die »Earlier Annals« mit den Ereignissen in Valinor vom Anbeginn der Zeit bis zur Ankunft der Noldor in Mittelerde und Ælfwines Übersetzung ins Altenglische (Anfang 1930); sowie die »Earlier Annals« mit den Ereignissen in Beleriand seit der Erschaffung von Mond und Sonne bis zur Großen Schlacht gegen Morgoth und Ælfwines Übersetzung ins Altenglische (Anfang 1930).

Vol. V – The Lost Road and Other Writings: Language and Legend before »The Lord of the Rings«. Unwin Hyman, London [27. August] 1987 (ISBN 0-04-823349-8), und Houghton Mifflin, Boston 1987 (ISBN 0-395-45519-7). Enthält zwei Versionen des Anfangs der Geschichte von Númenor (1936/37); fragmentarische Kapitel über Númenor, Scyld und Ælfwine für den geplanten Zeitreiseroman »The Lost Road« und die Gedichte »Ilu Ilúvatar« (auf Elbisch),

»King Sheave«, »The Nameless Land«, »The Song of Ælfwine« sowie mehrere Textfragmente auf Elbisch und Altenglisch (1936/37); die »Later Annals« mit den Ereignissen in Valinor vom Anbeginn der Zeit bis zum ersten Aufgehen der Sonne, kaum abweichend von den »Earlier Annals« (Mitte/Ende 1930); die »Later Annals« mit den Ereignissen in Beleriand bis zur Großen Schlacht und der Vernichtung des Landes, stark erweitert gegenüber den »Earlier Annals« (Mitte/Ende 1930); eine umgeschriebene Version des kosmologischen Zyklus »Ainulindalë« (Mitte/Ende 1930); »The Lhammas«, eine Beschreibung der Elbensprachen und ihrer Wechselbeziehungen (Mitte/Ende 1930); das »Quenta Silmarillion« mit Túrins Ächtung als Ende – danach wurde die »History of the Elder Days« für viele Jahre zur Seite gelegt (Ende 1930, bearb. 1937/38); ein ethymologisches Wörterbuch elbischer Worte, das die linguistische Situation in Beleriand am Beispiel der »Lhammas« zeigt (Ende 1930 bis 1938); fragmentarische Genealogien der Elbenprinzen, die zu den frühesten »Annals of Beleriand« gehören (Anfang 1930); eine Namensliste aus den »Annals of Beleriand« (Dreißigerjahre); sowie die zweite Karte des »Silmarillion« der Länder westlich der Blauen Berge, die als Grundlage für die im »Silmarillion« veröffentlichte Karte diente (Anfang 1930, ständig bearbeitet).

Vol. VI – The Return of the Shadow: The History of »The Lord of the Rings«, Part One. Unwin Hyman, London [25. August] 1988 (ISBN 0-04-440162-0), und Houghton Mifflin, Boston 1988 (ISBN 0-395-49863-5). Enthält die Entstehungsgeschichte von »Lord of the Rings«. Erste Phase: »A Long-expected Party« bis »At Rivendell«; Gedichte: »The Road goes ever on«, »Upon the hearth«, »Snow-white«, »Ho! Ho! Ho!«, »O Water warm«, »The Root of the Boot«, »The Cat and the Fiddle« und »The leaves were long«; einige Kartenskizzen der Straße zwischen der Wetterspitze und Bruchtal (Dezember 1937 bis Anfang Herbst 1938). Zweite Phase: Überarbeitung von »A Long-expected Party« bis »Tom Bombadil«; Gedichte: »The Road goes ever on«, »The Ring Verses« und »Farewell! Farewell!« (Herbst 1938). Dritte Phase: erstes Auftauchen von »Concerning Hobbits«, dann weiter von »A Long-expected Party« bis zum Fest in Bruchtal – aus Bingo wird Frodo; »New Uncertainties and New Projections« umfasst Handlungsentwürfe, Fragen und diverse Textfragmente; ein Plan von Bree (1938/39); die Fortsetzung der Geschichte von »In the House of Elrond« bis »The Mines of Moria«, das elbische Gedicht »Elbereth Gilthoniel« und die früheste Karte der Länder im Süden (Ende 1939).

Vol. VII – The Treason of Isengard: The History of »The Lord of the Rings«, Part Two. Unwin Hyman, London [7. September] 1989 (ISBN 0-04-440396-8), und Houghton Mifflin, Boston 1989 (ISBN 0-395-51562-9). Beginnt mit einer ausführlichen Überarbeitung von Buch I, dann folgen Buch II und III bis »The King of the Golden Hall«. Gedichte: »All that is gold«, »A troll sat alone«, »Errantry« und »Eärendillinwë« (in verschiedenen Versionen), »The world was young«, »Nimlothel«, »Namarië« (auf elbisch), »The Song of the Ent and the Entwife« und »Elfstone, Elfstone«; die »First Map« in verschiedenen Versionen, eine Skizze des Tors von Minas Morgul, eine der Inschriften am Westtor von Moria und ein Entwurf des Lagers unter Amon Hen (Ende 1939 bis 1942); ein Anhang über Runen enthält »The Elvish Alphabets«, »The Alphabet of Dairon« und fünf Tafeln mit »Runes of Beleriand«, »Dwarfrunes for writing English« sowie die frühesten Inschriften auf Balins Grabstätte und »The Book of Moria« (Ende 1930).

Vol. VIII – The War of the Ring: The History of »The Lord of the Rings«, Part Three. Unwin Hyman, London [14. September] 1990 (ISBN 0-04-40685-1), und Houghton Mifflin, Boston 1990 (ISBN 0-395-56008-X). Enthält »The Fall of Saruman« mit den letzten Kapiteln von Buch III von »Helm's Deep« bis »The Palantír« (1942); »The Ring Goes East« mit Frodos und Sams Reise in Buch IV von »The Taming of Smeagol« bis »Kirith Ungol« sowie eine Karte von Frodos Reise zum Morannon, eine von Minas Morghul und den Wegkreuzungen, mehrere Skizzen von Cirith Ungol und einen Plan von Kankras Lauer (1944); das ganze Buch V von »Minas Tirith« bis »The Black Gate Opens« sowie die Gedichte »The days are numbered«, »When the land is dark« und »We heard in the hills«, Skizzen von Dunharg, Minas Tirith, Starkhorn, Dwimorberg und Irensaga sowie Karten vom Tal von Rohan, den Weißen Bergen und Süd-Gondor, Minas Tirith, Mindolluin und die »Second Map« (Ende 1944 bis 1946).

Vol. IX – Sauron Defeated, The End of the Third Age: The History of »The Lord of the Rings«, Part Four. The Notion Club Papers and The Drowning of Anadûnê. Enthält »The End of the Third Age« von »The Tower of Cirith Ungol« bis »The Grey Havens«, den nicht veröffentlichten Epilog in verschiedenen Versionen, zusammen mit »The King's Letter« auf Elbisch und in Tengwar sowie das Gedicht »I sit upon the stones«, Skizzen vom Turm von Cirith Ungol, dem Schicksalsberg, Orthanc und Dunharg (Ende 1946 bis 1948); den Beginn einer unvollendeten Zeitreisegeschichte namens »The Notion Club Papers«, die »Ælfwine-poems« (einige auf Altenglisch) sowie »The Death of St. Brendan« und »Imram« mit einer Erörterung von avallonisch und adunaisch, zusammen mit Textfragmenten in diesen Sprachen und mehreren Texten auf Altenglisch sowie »Lowdham's manuscript« in Tengwar und mit Noten versehen (Ende 1945 bis 1946); es folgen die dritte Version von »The Fall of Númenor«, »The Drowning of Anadûnê« in verschiedenen Fassungen und einige frühere Texte über Menschen und das Schicksal von Númenor sowie »Lowdham's Report on the Adunaic Language« (ca. 1945/46).

Vol. X – Morgoth's Ring: The Later Silmarillion, Part One: The Legends of

Aman. HarperCollins, London [23. September] 1993 (ISBN 0-261-10304-0). Enthält »Ainulindalë II« mit starken Überarbeitungen des kosmogonischen Mythos, darunter Versionen einer runden (ca. 1946) und einer flachen Erde (nach 1948); die »Annals of Aman« mit Ereignissen vom Anbeginn der Welt bis zur Verbergung Valinors, darunter ein abweichender Text, der vor der Ankunft der Elben handelt, sowie »The Oath of Feanor« als alliteratives Gedicht (ca. 1950/51); »The Later Quenta Silmarillion« mit dem valinorischen Teil bis zur Verbergung von Valinor aus zwei verschiedenen Phasen (die erste ca. 1951), wobei in der zweiten (ca. 1958) die »Valaquenta« auftaucht und Finwës zweite Hochzeit wichtig wird, sowie »Laws and Customs among the Eldar« und »The Statute of Finwë and Míriel and the debate of the Valar« in verschiedenen Versionen; »Athrabeth Finrod ah Andreth« ist ein Dialog zwischen der Sterblichen Andreth und Findrod Felagund über den Tod und das Schicksal der Kinder Erus, ergänzt durch Anmerkungen über das Wesen von Elben und Menschen, eine kurze Erzählung vom Niedergang der Menschen und den Anhang »The Converse of Manwe and Eru«, in dem Elbenvorstellungen von Reinkarnation erörtert werden (ca. 1959); »Myths Transformed« enthält späte Schriften über die Umdeutung zentraler Elemente im »Legendarium« und diskutiert das Aussehen der Welt und die Schöpfung von Sonne und Mond, das Wesen von Melkor und Sauron, die Motive der Valar, das Wesen und den Ursprung der Orks und die wahre Natur Amans (Ende 1950).

Vol. XI – The War of the Jewels: The Later Silmarillion, Part Two: The Legends of Beleriand. HarperCollins, London [17. September] 1994 (ISBN 0-261-10314-8). Enthält »The Grey Annals« mit Ereignissen in Beleriand vom Erwachen der Elben bis zum Tod von Túrin und Nienor (ca. 1950/51); »The Later Quenta Silmarillion II« mit dem beleriandischen Teil vom Erwachen der Menschen (ca. 1951); »The Wanderings of Húrin« mit Textfragmenten und einer längeren Erzählung über Húrins Ankunft in Brethil, die »Æfwine and Dírhaval« genannten einführenden Bemerkungen zu »Narn i Chin Húrin«, und »Maeglin« mit einem Bericht über dessen Ankunft in Gondolin (bis ca. 1970); in »Of the Ents and the Eagles« werden Ergänzungen zum Kapitel von Aulë und Yavanna erörtert, »The Tale of Years« erzählt die Geschichte dieses Texts und seiner Ausarbeitung (Fünfzigerjahre); »Quendi and Eldar« ist ein linguistischer Essay über Ursprung und Bedeutung der Elbenworte, ergänzt um eine Legende über das Erwachen der Quendi (ca. 1959/60). – Ein Teil von Anhang D, der in diesem Band ausgelassen wurde, erschien mit dem begleitenden Essay »Ósanwe-kenta: Enquiry into the Communication of Thought« in der Zeitschrift *Vinyar Tengwar* No. 39.

Vol. XII – The Peoples of Middle-earth. HarperCollins, London [18. September] 1996 (ISBN 0-261-10337-7). Enthält eine Entwicklungsgeschichte des

Prologs von »Lord of the Rings« (1948 und vor Juli 1950); ein verworfenes Vorwort über Sprachen am Ende des Dritten Zeitalters, das zum Anhang F werden sollte (1948 und 1950–1955); einen Bericht über die Entwicklung der genealogischen Tafeln in Anhang C, ergänzt um weggelassene Stammbäume (Ende 1939 und 1955); die frühesten Versionen von Anhang D mit anderen Namen für Jahreszeiten und Monde in Quenya und Sindarin und die Entwicklungsgeschichte des »Akallabêth« (ca. 1949/50) sowie des Zweiten Zeitalters mit dem Originaltext der Geschichte von Númenor aus dem Anhang A (Anfang 1950); eine Geschichte der Reiche im Exil mit kurzen Historien und einer Genealogie des Hauses Dol Amroth sowie die ursprünglichen Annalen des Dritten Zeitalters (ca. 1949/50); die Geschichte der Niederschrift der Texte in Anhang A (Anfang 1950, bearb. 1965); einen langen Essay über die Beziehungen zwischen Zwergen, Menschen und ihren Sprachen mit vielen Informationen über Zwergenarten, Völkerwanderungen und Siedlungen der Menschen (ca. 1969); einen Essay über die Aussprache von Quenya und die Namen von Finwës Nachkommen mit Informationen über die Noldor und ihre Beziehungen sowie einen kurzen Text über die frühen Sprachen von Beleriand (ca. 1968); »Glorfindel« bringt zwei Texte und einige Fragmente über dessen Tod, Wiederverkörperung und Rückkehr nach Mittelerde mit Gedanken über das Schicksal der Zwerge, »The Five Wizards« zwei kurze Anmerkungen über die Istari und »Círdan« eine kurze Geschichte vom Anfang seines Lebens (ca. 1972/73); »Dangweth Pengoloþ« handelt von der Veränderung und Aufspaltung der elbischen Sprachen, »Of Lembas« von der Herstellung von Lembas (ca. 1953); »The New Shadow« ist das erste Kapitel einer im Vierten Zeitalter angesiedelten Erzählung (Fünfzigerjahre und ca. 1968) und »Tal-Elmar« das erste Kapitel einer Geschichte über die Númenórer aus Sicht der Wilden Menschen (ca. 1955). – Teile des »Shibboleth of Fëanor« erschienen statt hier in der Zeitschrift *Vinyar Tengwar* No. 41.

VERSTREUTES

The Entu, Ensi, Enta Declension. Mit einem Faksimile des Manuskripts auf dem Titelbild und einer Einführung von Carl F. Hostetter. In: *Vinyar Tengwar* No. 36, Crofton/MD [Juli] 1994.

I•*Lam na*•*Ngoldathon: The Grammar and Lexicon of The Gnomish Tongue.* Hrsg. von Christopher Gilson, Patrick Wynne, Arden R. Smith und Carl F. Hostetter. *Parma Eldalamberon* No. 11, Walnut Creek/California [8. August] 1995. Enthält das vollständige »Gnomish Lexicon« und eine zeitgenössische Grammatik von Ngoldathon.

The Túrin Prose Fragment. Der einzige bisher veröffentlichte Auszug des Alphabets von Rúmil, korrespondierend mit einem Abschnitt in »The Tale of

Turambar« (»The Book of Lost Tales, Part Two«), auch als Faksimile abgedruckt. In: *Vinyar Tengwar* No. 37, Crofton/MD [Dezember] 1995.

Quenyaqetsa: The Quenya Phonology and Lexicon together with The Poetic and Mythologic Words of Eldarissa. Enthält das vollständige »Quenya Lexicon« und eine zeitgenössische Phonologie des Quenya. Hrsg. von Christopher Gilson, Carl F. Hostetter, Patrick Wynne and Arden R. Smith. *Parma Eldalamberon* No. 12, Cupertino/California [12. August] 1998.

Ósanwe-kenta: Enquiry into the Communication of Thought. Mit einer Einführung, Glossarien und Anmerkungen hrsg. von Carl F. Hostetter. In: *Vinyar Tengwar* No. 39, Crofton/MD [Juli] 1998.

3. Märchen, Legenden und Kinderbücher

Farmer Giles of Ham. Illustriert von Pauline Baynes. George Allen & Unwin, London [7. Oktober] 1949, und Houghton Mifflin, Boston 1950 (2. Auflage 1978, ISBN 0-395-07121-6) und 1991 (illustriert von Roger Garland, ISBN 0-395-57645-8). Ausgabe zum 50. Jubiläum: mit einem Nachwort hrsg. von Christina Scull und Wayne G. Hammond, HarperCollins, London 1999. – Deutsche Fassung: »Die Geschichte vom Bauern Giles und dem Drachen Chrysophlax«, Übers. Angela Uthe-Spencker, in: *Farmer Giles of Ham/Die Geschichte vom Bauern Giles und dem Drachen Chrysophlax* (zweisprachig), Langewiesesche-Brandt, Ebenhausen 1970, und Deutscher Taschenbuchverlag, München 1974; »Bauer Giles von Ham«, Übers. Angela Uthe-Spencker, in: *Fabelhafte Geschichten*, Klett-Cotta Verlag, Stuttgart 1975.

The Homecoming of Beorhtnoth, Beorhthelm's Son. Drei Teile: »Beorhtnoth's Death« (Essay), »The Homecoming of Beorhtnoth, Beorhthelm's Son« (dramatischer Dialog in Reimen), »Ofermod« (Essay). In: *Essays and Studies by Members of the English Association*, New Series Volume VI, John Murray, London 1953. Einzelveröffentlichung bei Anglo-Saxon Books, Pinner 1991 [limitierte Auflage von 300 nummerierten Exemplaren anlässlich der Tausendjahrfeier der Schlacht von Maldon].

Tree and Leaf. Enthält den Vortrag »On Fairy-Stories« und das Märchen »Leaf by Niggle«. George Allen & Unwin, London [28. Mai] 1964, und Houghton Mifflin, Boston 1965. – Deutsche Fassung: *Baum und Blatt*, enthält »Blatt von Tüftler« (Übers. Margaret Carroux) und »Über Märchen« (Übers. Wolfgang Krege), Ullstein-Taschenbuch 39039, Berlin 1982. – Eine erweiterte englischsprachige Ausgabe enthält zusätzlich das Gedicht »Mythopoeia«: Unwin Hyman, London [25. August] 1988 (ISBN 0-04-440254-6), und Houghton Mifflin, Boston 1989 (ISBN 0-395-50232-2).

The Tolkien Reader. Enthält: »The Homecoming of Beorhtnoth, Beorthelm's Son«, »Tree and Leaf«, »Farmer Giles of Ham« und »The Adventures of Tom Bombadil«. Ballantine, New York [10. September] 1966 (Taschenbuch, ISBN 0-345-29881-0). 1978 wurde das Buch mit der 29. Auflage neu gesetzt (ISBN 0-345-27681-7).

Smith of Wootton Major. Illustriert von Pauline Baynes. George Allen & Unwin, London [9. November] 1967, und Houghton Mifflin, Boston 1967 und 1991 (illustriert von Roger Garland, ISBN 0-395-57646-6). – Deutsche Fassung: »Der Schmied von Großholzingen«, Übers. Karl A. Klewer, in: *Fabelhafte Geschichten*, Klett-Cotta Verlag, Stuttgart 1975.

Smith of Wootton Major and Farmer Giles of Ham. Illustriert von Pauline Baynes. Ballantine, New York [Mai] 1969 (Taschenbuch, ISBN 0-345-33606-2).

Bilbo's Last Song (At the Grey Havens). Ilustriert von Pauline Baynes. Als Poster (60 x 40 cm): George Allen & Unwin, London [26. November] 1974, und Houghton Mifflin, Boston 1974. Als Buch: Unwin Hyman, London 1990 (ISBN 0-04-440728-9), und Houghton Mifflin, Boston 1990 (ISBN 0-395-53810-6). Taschenbuchausgabe: Dragonfly Books 1992 (ISBN 0-679-82710-2). – Deutsche Fassung: »Bilbos Abschied (An den Grauen Anfurten)«, Übers. Helmut W. Pesch, in: *J.R.R. Tolkien – der Mythenschöpfer*, hrsg. von Helmut W. Pesch, Edition Futurum Band 5, Corian-Verlag, Meitingen 1984.

The Father Christmas Letters. Hrsg. von Baillie Tolkien. George Allen & Unwin, London [2. September] 1976 (ISBN 0-04-823130-4), und Houghton Mifflin, Boston 1976 (ISBN 0-395-24981-3). Taschenbuch: Houghton Mifflin, Boston 1977 (2. Auflage 1991, ISBN 0-395-59698-X). Diese Ausgabe bietet den vollständigen Text, doch es gibt noch zwei weitere: Das Mini-Buch von HarperCollins, London 1994, verzichtet auf alle Briefe von 1931–1936. Der umgetitelte Band *Letters from Father Christmas*, HarperCollins, London 1995, und Houghton Mifflin, Boston 1995, verzichtet auf viel Text, bringt aber Faksimiles der Briefe und Umschläge sowie vorher nicht enthaltene Illustrationen. – Deutsche Fassung: *Die Briefe vom Weihnachtsmann*, Übers. Anja Hegemann, Klett-Cotta Verlag, Stuttgart 1977 ff. [auch als Ullstein-Taschenbuch 39024, Berlin 1983].

Poems and Stories. Luxusausgabe, illustriert von Pauline Baynes. Enthält: »The Adventures of Tom Bombadil«, »The Homecoming of Beorhtnoth, Beorhthelm's Son«, »Tree and Leaf«, »Farmer Giles of Ham« und »Smith of Wootton Major.« George Allen & Unwin, London [29. Mai] 1980 (ISBN 0-04-823174-6). Standardausgabe: HarperCollins, London 1992.

Mr. Bliss. Faksimile-Ausgabe von Tolkiens eigenhändig illustriertem Manuskript. George Allen & Unwin, London [20. September] 1982 (ISBN 0-04-823215-7), und Houghton Mifflin, Boston 1983 (ISBN 0-395-32936-1). – Deutsche Fassung: *Herr Glück*, Übers. Anja Hegemann, Klett-Cotta Verlag, Stuttgart 1983 (Hobbit Presse).

Oliphaunt. Gedicht aus *The Two Towers*, illustriert von Hank Hinton. Auf Karton gedrucktes Buch für kleine Kinder: Beastly Verse, A Calico Book, Contemporary Books, Chicago 1989 (ISBN 0-8092-435-3). – Deutsche Fassung: »Olifant«, in: *Die Abenteuer des Tom Bombadil und andere Gedichte aus dem Roten Buch*, Übers. Ebba-Margareta von Freymann, Klett-Cotta Verlag, Stuttgart 1984 (Hobbit Presse).

Roverandum. Mit einem Nachwort hrsg. von Christina Scull und Wayne G. Hammond. HarperCollins, London [5. Januar] 1998 (ISBN 0-261-10353-9). – Deutsche Fassung: *Roverandom*, Übers. Hans J. Schütz, Klett-Cotta Verlag, Stuttgart 1999.

4. Akademische Arbeiten

A Middle English Vocabulary. Ein Glossar für *Fourteenth Century Verse & Prose* von Kenneth Sisam; bildet den zweiten Teil des Buches. Clarendon Press, Oxford [11. Mai] 1922.

Sir Gawain and the Green Knight. Hrsg. von J.R.R. Tolkien und E. V. Gordon. Oxford University Press, London [23. April] 1925. Verbesserte Auflage, bearbeitet von Norman Davis, Clarendon Press, Oxford [Oktober] 1967.

»*Chaucer as a Philologist.*« Vortrag, unter dem Titel »Chaucer's Use of Dialects« am 16. Mai 1931 in Oxford gehalten. Zusammen mit »The Reeve's Tale« [»Erzählung des Landvogts« aus Chaucers *Canterbury-Erzählungen*], hrsg. von »J.R.R. T.«, in: *Transactions of the Philological Society*, London 1934.

Songs for the Philologists. Humorige Verse von J.R.R. Tolkien, E. V. Gordon und anderen in Neuenglisch, Altenglisch, Mittelenglisch, Isländisch, Lateinisch und Gotisch. Von Tolkien stammen »From One to Five«, »Syx Mynet« (altenglisch, Übersetzung von »I Love Sixpence«), »Ruddoc Hana« (Übersetzung von »Who Killed Cock Robin«), »Ides Ælfscýne« (altenglisch), »Bagme Bloma« (gotisch), »Éadig Béo þu!« (altenglisch), »Ofer Wídne Gársecg« (altenglisch), »La Húru«, »I Sat upon a Bench«, »Natura Apis: Morali Ricardi Eremite« (lateinisch), »The Root of the Boot«, »Frenchmen Froth« und »›Lit‹ and ›Lang‹«. Privatdruck des Department of English, University College 1936 [noch höchstens 15 Exemplare im Umlauf]. – Das gotische und drei altenglische Gedichte sind mit Prosaübersetzungen (»Bagme Bloma«/»Flower of the Trees«, »Éadig Béo þu!«/»Good Luck to You«, »Ides Ælfscýne«/»Elf-fair Lady«, »Ofer Wídne Gársecg«/»Across the Broad Ocean«) nachgedruckt in: T. A. Shippey, *The Road to Middle-earth*. George Allen & Unwin, London 1982 (ISBN 0-04-809018-2). Verbesserte Auflage: Grafton, London 1992 (ISBN 0-261-10275-3). »The Root of the Boot« ist auch in *The Annotated Hobbit* und (leicht korrigiert) in *The Return of the Shadow* enthalten und erscheint in bearbeiteter Form außerdem in *The Fellowship of the Ring*, Kapitel 12, und als »The Stone Troll« in *The Adventures of Tom Bombadil*.

»Prefatory Remarks on Prose Translation of Beowulf.« Vorwort zu: *Beowulf and the Finnesburg Fragment*, eine Übersetzung des Epos ins Neuenglische von John R. Clark Hall, mit Anmerkungen und einem Vorwort hrsg. von C. L. Wrenn. George Allen & Unwin, London [16. Juli] 1940. – Deutsche Fassung des Essays: »Zur Übersetzung des Beowulf«, Übers. Wolfgang Krege, in: *Das Ungeheuer und ihre Kritiker*, Gesammelte Aufsätze, Klett-Cotta Verlag, Stuttgart 1987 (Hobbit Presse). Die deutsche Entsprechung zur englischen Buchausgabe bildet *Beowulf*, Übers. Georg Paysen Petersen, illustriert von Dietrich Ebert, mit dem Vorwort von Tolkien, Klett-Cotta Verlag, Stuttgart 2001.

Sir Orfeo. Fassung eines mittelalterlichen Gedichts, hrsg. von J.R.R. Tolkien, anonym gedruckt. Academic Copying Office, Oxford 1944. [Tolkiens Übersetzung des Gedichts erschien erst 1975 in dem Sammelband *Sir Gawain and the Green Knight, Pearl and Sir Orfeo.*]

Ancrene Wisse: The English Text of the Ancrene Riwle. Hrsg. von J.R.R. Tolkien, mit einer Einführung von N. R. Ker. Enthält die Regeln eines mittelalterlichen religiösen Frauenordens. Early English Text Society, Original Series No. 249. Oxford University Press, London [7. December] 1962.

Sir Gawain and the Green Knight, Pearl and Sir Orfeo. Hrsg. von Christopher Tolkien. Enthält J.R.R. Tolkiens Übersetzungen der drei mittelalterlichen Gedichte. George Allen & Unwin, London [September] 1975 (ISBN 0-04-821035-8), und Houghton Mifflin, Boston 1975 (ISBN 0-395-21970-1). Taschenbuchausgabe: Ballantine, New York 1980 (ISBN 0-345-27760-0).

The Old English Exodus. Hrsg. von Joan Turville-Petre. Enthält J.R.R. Tolkiens Übersetzung und Anmerkungen. Clarendon Press, Oxford 1981 [erschienen am 28. Januar 1982] (ISBN 0-19-811177-0).

Finn and Hengest: The Fragment and the Episode. Hrsg. von Alan Bliss. Enthält die Übersetzung und Anmerkungen von J.R.R. Tolkien. George Allen & Unwin, London 1982 [erschienen am 20. Januar 1983] (ISBN 0-04-829003-3), und Houghton Mifflin, Boston 1983 (ISBN 0-395-33193-5).

The Monsters and the Critics and Other Essays. Hrsg. von Christopher Tolkien. Enthält die Essays »Beowulf: The Monsters and the Critics«, »On Translating Beowulf«, »Sir Gawain and the Green Knight«, »On Fairy-Stories«, »English and Welsh«, »A Secret Vice«, and »Valedictory Address to the University of Oxford«. George Allen & Unwin, London [3. März] 1983 (ISBN 0-04-809019-0), und Houghton Mifflin, Boston 1984 (ISBN 0-395-35635-0). – Deutsche Fassung: *Das Ungeheuer und ihre Kritiker*, Gesammelte Aufsätze, enthält »Beowulf: Die Ungeheuer und ihre Kritiker«, »Zur Übersetzung des Beowulf«, »Sir Gawain und der Grüne Ritter«, »Über Märchen«, »Ein heimliches Laster«, »Rede zum Abschied von der Universität Oxford« (enthält nicht »English and Welsh«), Übers. Wolfgang Krege, Klett-Cotta Verlag, Stuttgart 1987; eine erste Auswahl mit »Ein heimliches Laster«, »Über Märchen« und »Beowulf: Die Ungeheuer und ihre Kritiker« erschien unter dem Titel *Gute Drachen sind rar*, Klett-Cotta Verlag, Stuttgart 1983.

5. KÜNSTLERISCHE ARBEITEN

Pictures by J.R.R. Tolkien. Mit einem Vorwort und Anmerkungen hrsg. von Christopher Tolkien. Enthält Reproduktionen aller Bilder von Tolkien aus Kalendern. George Allen & Unwin, London [1. November] 1979 (ISBN 0-04-741003-5), und Houghton Mifflin, Boston 1979 (ISBN 0-395-28523-2). Verbesserte Ausgabe: HarperCollins, London 1992 (ISBN 0-261-10258-3).

Judith Priestman, J.R.R. Tolkien: Life and Legend. Eine Ausstellung zur Feier des 100. Geburtstags von Tolkien. Bodleian Library, Oxford 1992 (ISBN 1-85124-027-6).

Wayne G. Hammond und Christina Scull, J.R.R. Tolkien: Artist and Illustrator. Enthält rund 200 Bilder, mehr als die Hälfte bislang unveröffentlicht, sowie Textauszüge aus einem unveröffentlichten Aufsatz über Drachen und die Heraldik der Elben. HarperCollins, London 1995 (ISBN 0-261-10322-9) – Deutsche Fassung: *J.R.R. Tolkien – Der Künstler*, Übers. Hans J. Schütz, Klett-Cotta Verlag, Stuttgart 1996.

6. TONAUFNAHMEN

Poems and Songs of Middle Earth. J.R.R. Tolkien liest sechs Gedichte aus The Adventures of Tom Bombadil, William Elvin singt Vertonungen des Pianisten Donald Swann. Schallplatte. Caedmon Records, New York 1967, TC 1231.

J.R.R. Tolkien reads and sings his The Hobbit and The Fellowship of the Ring. Schallplatte. Caedmon Records, New York 1975, TC 1477.

J.R.R. Tolkien reads and sings his The Lord of the Rings: The Two Towers, The Return of the King. Schallplatte. Caedmon Records, New York 1975, TC 1478.

The Homecoming of Beorhtnoth, Beorhthelm's Son, gelesen von Tolkien. Private MC-Aufnahme, die das Tolkien Estate an Teilnehmer der Tolkien Centenary Conference verteilte, abgehalten im August 1992 in Oxford.

B. WERKE ÜBER J.R.R. TOLKIEN

1. BIOGRAFIEN

Humphrey Carpenter, J.R.R. Tolkien: A Biography, George Allen & Unwin, London 1977 [einzige autorisierte Biografie]. – Deutsche Fassung: *J.R.R. Tolkien, eine Biographie*, Übers. Wolfgang Krege, Klett-Cotta Verlag, Stuttgart 1979 (2. Auflage 2001), auch als dtv-Taschenbuch 11526, München 1991.

David R. Collins, J.R.R. Tolkien, Master of Fantasy, Lerner Publications Company, Minneapolis 1992.

Katharyn W. Crabbe, J.R.R. Tolkien, Modern Literature Series, Frederick Ungar, New York 1981; verbesserte und erweiterte Ausgabe 1988.

Robley Evans, J.R.R. Tolkien, Writers for the Seventies, Crowell, New York 1971; Warner Paperback Library, New York 1971.

Bill Green, Tolkien: Master of Fantasy. SamHar Press, Charlotteville, New York 1981.

Daniel Grotta, The Biography of J.R.R. Tolkien: Architect of Middle-earth. Running Press, Philadelphia 1978; Warner Books, New York 1979. – Deutsche Fassung: *Eine Biographie von J.R.R. Tolkien, Architekt von Mittelerde*, Übers. Sibylle Baier, Qalander Verlag, Aalen 1979.

Anne E. Neimark, Myth Maker: J.R.R. Tolkien, Harcourt Brace, San Diego 1996.

Deborah Webster Rogers und Ivor A. Rogers, J.R.R. Tolkien, Twayne's English Authors Series 304. Twayne Publishers, Boston 1980; Hippocrene Books Inc. 1982.

René van Rossenberg, Hobbits in Holland: Leven en Werk van J.R.R. Tolkien (1892–1973), Koninklijke Bibliothek, Den Haag 1992.

Russell Shorto, J.R.R. Tolkien: Man of Fantasy, The Kipling Press, New York 1988.

T. A. Shippey, J.R.R. Tolkien: Author of the Century, Houghton Mifflin, Boston/New York 2001.

David Stevens und Carol D. Stevens, J.R.R. Tolkien, Starmont House, 1992; auch als »J.R.R. Tolkien: The Art of the Myth-maker«, Borgo Press, San Bernadino 1993.

Catherine R. Stimpson, J.R.R. Tolkien, Columbia Essays on Modern Writers No. 41, Columbia University Press 1969.

2. WERKEINFÜHRUNGEN

Matthias Bode, J.R.R. Tolkien – der Hobbit, Königs Erläuterungen und Materialien Band 402, Bange Verlag, Hollfeld 2000.

John und Patty Carratello, Der kleine Hobbit. Zum Buch von J.R.R. Tolkien, Verlag an der Ruhr, Mühlheim 1994.

Lin Carter, Tolkien: A Look Behind The Lord of the Rings. Ballantine Books, New York 1969.

Robert Foster, Teacher's Guide to The Hobbit. Ballantine Books, New York 1981.

Joyce Friedland und Rikki Kressler (Hrsg.), Novel-Ties: The Hobbit, J.R.R. Tolkien – A Study Guide. Carol Kroll, Learning Links Inc., New York 1983 und 1992.

Randel Helms, Tolkien's World. Houghton Mifflin, Boston 1974; Taschenbuchausgabe als »Myth, Magic and Meaning in Tolkien's World«, Panther 1976. – Deutsche Fassung in: *Tolkiens Welt/Tolkien und die Silmarille*, Übers. Sabine Keller-Dumont du Voitel, Erster Deutscher Fantasy Club, Passau 1995, Tolkiana Band 3.

Randel Helms, Tolkien and the Silmarils. Thames & Hudson, London 1981. – Deutsche Fassung in: *Tolkiens Welt/Tolkien und die Silmarille*, Übers. Sabine Keller-Dumont du Voitel, Erster Deutscher Fantasy Club, Passau 1995, Tolkiana Band 3.

Thomas Honegger (Hrsg.), Root and Branch – Approaches towards Understanding Tolkien. Walking Tree Publishers, Zürich/Bern 1999.

Clyde S. Kilby, Tolkien and The Silmarillion. Harold Shaw, Wheaton/Illinois 1976; Lion Publishing, Berkhamstead, Herts 1977.

Paul H. Kocher, Master of Middle-earth: The Fiction of J.R.R. Tolkien. Houghton Mifflin, Boston 1972 (der englische Nachdruck bei Thames & Hudson trägt »Achievement« statt »Fiction« im Titel; Taschenausgabe Penguin 1975).

Paul H. Kocher, A Reader's Guide to The Silmarillion. Houghton Mifflin, Boston 1980; Thames & Hudson, London 1981.

Richard Mathews, Lightning From a Clear Sky: Tolkien, the Trilogy and The Silmarillion. Borgo Press, San Bernadino 1978.

Michael Moorcock, Epic Pooh. British Fantasy Society 1978.

Louise D. Morrison, J.R.R. Tolkien's The Fellowship of the Ring: A Critical Commentary. Monarch Press, Simon & Schuster, New York 1976.

Charles Moseley, J.R.R. Tolkien. Writers and their Work, Northcote House Publishers, Plymouth 1996.

Charles E. Noad, The Trees, the Jewels and the Rings: A discursive enquiry into things little known on Middle-earth. The Tolkien Society 1977.

Joseph Pearce (Hrsg.), Tolkien: A Celebration. Collected Writings on a Literary Legacy. Fount, London 1999.

Joseph Pearce, Tolkien: Man and Myth. HarperCollins, London 1998.

Helmut W. Pesch (Hrsg.), J.R.R. Tolkien – der Mythenschöpfer, Edition Futurum Band 5, Corian Verlag, Meitingen 1984.

Anne C. Petty, One Ring to Bind Them All: Tolkien's Mythology. University of Alabama Press 1979.

Anne M. Pienciak, J.R.R. Tolkien's The Hobbit and The Lord of the Rings. Barron's Book Notes, Barron's Educational Series 1986.

William Ready, The Tolkien Relation. Henry Regnery, Chicago 1968; auch als »Understanding Tolkien and The Lord of the Rings«, Paperback Library, New York 1969.

Pat Reynolds, Tolkien's Birmingham. The Forsaken Inn Press 1992.

Brian Rosebury, Tolkien: A Critical Assessment. Macmillan/St. Martin's Press, London und New York 1992.

J. S. Ryan, The Shaping of Middle-earth's Maker. American Tolkien Society 1992.

J. S. Ryan, Tolkien: Cult or Culture?, University of New England, Armidale, N.S.W., 1969.

Mary Salu, Robert T. Farrell (Hrsg.), J.R.R. Tolkien, Scholar and Storyteller: Essays In Memoriam. Cornell University Press, Ithaca/London 1979.

T. A. Shippey, The Road to Middle-Earth. George Allen & Unwin, London 1982, und Houghton Mifflin, Boston 1983; Neuausgabe: Grafton, HarperCollins, London 1992.

T. A. Shippey et al., Leaves from the Tree: J.R.R. Tolkien's Shorter Fiction. The 4th Tolkien Society Workshop, The Tolkien Society, London 1991.

Christopher Tolkien, The Silmarillion by J.R.R. Tolkien: A brief account of the book and its making, Houghton Mifflin, Boston 1977.

John und Priscilla Tolkien, The Tolkien Family Album, HarperCollins, London 1992.

Raynor Unwin, George Allen & Unwin: A Remembrancer. Merlin Unwin Books, Ludlow 1999.

Raynor Unwin, The Making of The Lord of the Rings. Willem A. Meeuws, Oxford 1992.

3. Nachschlagewerke und Lexika

Jim Allan (Hrsg.), An Introduction to Elvish. Bran's Head Books, Hayes, Middlesex 1978.

Richard E. Blackwelder, A Tolkien Thesaurus. Garland Publishing, New York 1990.

Richard E. Blackwelder, Tolkien Phraseology: A Companion to A Tolkien Thesaurus. Tolkien Archives Fund, Marquette University 1990.

David Day, A – Z of Tolkien. Mitchell Beazley, London 1993; auch von

Chancellor Press, London 1996 [enthält »A Tolkien Bestiary« und »The Tolkien Encyclopedia«].

David Day, Tolkien: The Illustrated Encyclopedia. Mitchell Beazley, London 1991. – Deutsche Fassung: *Tolkien, die illustrierte Enzyklopädie*, Übers. Hans Heinrich Wellmann, RVG-Interbook Verlagsgesellschaft, o. O. 1992.

David Day, A Tolkien Bestiary. Mitchell Beazley, London 1979. – Deutsche Fassung: *J.R.R. Tolkiens fantastische Welt*, Übers. Leni Sobez, Moewig Verlag, München 1980.

Colin Duriez, The Tolkien and Middle-earth Handbook. Monarch, Tunbridge Wells 1992.

Karen Wynn Fonstad, The Atlas of Middle-earth. Houghton Mifflin, Boston/New York 1981; verbesserte Ausgabe Houghton Mifflin, Boston 1992, und HarperCollins, London 1992. – Deutsche Fassung: *Historischer Atlas von Mittelerde*, Übers. Hans J. Schütz, Klett-Cotta Verlag, Stuttgart 1994.

Robert Foster, The Complete Guide to Middle-earth: from The Hobbit to The Silmarillion. George Allen & Unwin, London 1978, und Ballantine Books, New York 1978 (verbesserte Ausgabe von »A Guide to Middle-earth«, Mirage Press, Baltimore 1971).

Wolfgang Krege, Handbuch der Weisen von Mittelerde. Klett-Cotta Verlag, Stuttgart 1996 (auch als Teil des Schubers »Die Sagen von Mittelerde«).

Barbara Strachey, Journeys of Frodo: An Atlas of J.R.R. Tolkien's The Lord of the Rings, Unwin Paperbacks, George Allen & Unwin, London 1981. – Deutsche Fassung: *Frodos Reisen, der Atlas zu J.R.R. Tolkiens »Der Herr der Ringe«*, Übers. Joachim Kalka, Klett-Cotta Verlag, Stuttgart 1982.

J. E. A. Tyler, The New Tolkien Companion. Macmillan/St. Martin's Press, London und New York 1979 (zweite Ausgabe des »Tolkien Companion« von 1976).

4. STUDIEN

Barbara Achterberg, Entfaltung eines Konzeptes von Verantwortung in Auseinandersetzung mit den Werken von Tolkien und Castaneda, Gesamthochschule Kassel 1983.

Nils Ivar Agøy (Hrsg.), Between Faith and Fiction: Tolkien and the Powers of His World. Arda Special 1, Arthedain, Upsala 1998.

K. J. Battarbee (Hrsg.), Scholarship & Fantasy: Proceedings of The Tolkien Phenomenon, May 1992, Universität Turku, Finnland, Turku 1993.

Alida Becker (Hrsg.), The Tolkien Scrapbook. Running Press, Philadelphia, 1978; auch als »The Tolkien Treasury«, Courage Books, Running Press 1989.

Peter Buchs und Thomas Honegger (Hrsg.), News from the Shire and Beyond: Studies on Tolkien. Walking Tree Publishers, Zürich/Bern 1997.

Humphrey Carpenter, The Inklings: C. S. Lewis, J.R.R. Tolkien, Charles Williams and their friends. George Allen & Unwin, London 1978.

Jane Chance, The Lord of the Rings: The Mythology of Power. Twayne, New York 1992.

Bonnijean Christensen, Beowulf and The Hobbit: Elegy Into Fantasy in J.R.R. Tolkien's Creative Technique. Dissertation der University of Southern California 1969.

George Clark und Daniel Timmons (Hrsg.), Tolkien and his Literary Resonances: Views of Middle-earth. Greenwood Press, Westport/California 2000.

Patrick Curry, Defending Middle-earth. Floris Books, Edinburgh 1997; St. Martin's Press, New York 1997 (bearbeitete Taschenbuchausgabe HarperCollins, London 1998).

Barbara Einhaus, »The Lord of the Rings«: Logik der kreativen Imagination, Reihe Sprach- und Literaturwissenschaften Band 21, Tudur-Verlagsgesellschaft, München 1986.

Gracia Fay Elwood, Good News from Tolkien's Middle Earth: Two Essays on the »Applicability« of The Lord of the Rings. Eerdmans, Grand Rapids/Michigan 1970.

Erster Deutscher Fantasy Club (Hrsg.): Mittelerde und die Wirklichkeit. Drei Essays, Passau 2000, Tolkiana Band 4.

Verlyn Flieger, A Question of Time: J.R.R. Tolkien's Road to Faerie. State University Press, Kent/Ohio 1997.

Verlyn Flieger, Splintered Light: Logos and Language in Tolkien's World. Eerdmans, Grand Rapids/Michigan 1983.

Verlyn Flieger und Carl F. Hostetter (Hrsg.), Tolkien's Legendarium: Essays on The History of Middle-earth. Greenwood Press, Westport/California 2000.

Robert Giddings (Hrsg.), J.R.R. Tolkien: This Far Land, Vision Press, London 1983, und Barnes & Noble Books, Totowa/New Jersey 1984

William H. Green, The Hobbit: A Journey into Maturity. Twayne Publishers, New York 1995.

David Harvey, The Song of Middle-earth: J.R.R. Tolkien's Themes, Symbols and Myths. George Allen & Unwin, London 1985.

Roland Hein, Christian Mythmakers: Lewis, L'Engle, Tolkien and Others. Cornerstone Press, Chicago 1998.

Philip W. Helms et al., Peace and Conflict Studies in J.R.R. Tolkien's Middle-earth, Volume One 1994, Volume Two 1999. American Tolkien Society, Flint/Michigan.

Mark Hillegas (Hrsg.), Shadows of Imagination: The Fantasies of C. S. Lewis, J.R.R. Tolkien and Charles Williams. Southern Illinois University Press, Carbondale & Edwardsville 1969 (Neuauflage 1979).

Neil D. Isaacs und Rose A. Zimbardo (Hrsg.), Tolkien and the Critics. University of Notre Dame Press, London 1968.

Neil D. Isaacs und Rose A. Zimbardo (Hrsg.), Tolkien: New Critical Perspectives. University Press of Kentucky 1981.

Maria Kamenkovich, The Trojan Horse: Russia as a New Context for Tolkien. American Tolkien Society, Flint/Michigan 1999.

Edouard J. Kloczko (Hrsg.), Tolkien en France. A.R.D.A. 1998.

Gareth Knight, The Magical World of the Inklings: J.R.R. Tolkien, C. S. Lewis, Charles Williams, Owen Barfield. Element Books, Longmead 1990.

Sebastian D. G. Knowles, The Purgatorial Flame: Seven British Writers in the Second World War. University of Pennsylvania Press, Philadelphia 1990.

Jakub Z. Lichanski (Hrsg.), J.R.R. Tolkien: Recepcja Polska: Studia i eseje. Wydawnictwa Uniwersytetu Warszawskiego, Warschau 1996.

Edmund Little, The Fantasts: Studies in J.R.R. Tolkien, Lewis Carroll, Mervyn Peake, Nikolay Gogol and Kenneth Grahame. Avebury, Amersham 1984.

Jared Lobdell, England and Always: Tolkien's World of the Rings. Eerdmans, Grand Rapids/Michigan 1981.

Michael Martinez, Visualizing Middle-earth, Xlibris Corporation, Philadelphia 2000.

Sandra Miesel, Myth, Symbol and Religion in The Lord of the Rings. T-K Graphics, Baltimore 1973.

Stephen O. Miller, Middle Earth: A World in Conflict. T-K Graphics, Baltimore 1975.

Stephen O. Miller, Mithrandir. T-K Graphics, Baltimore 1974.

John Warwick Montgomery (Hrsg.), Myth, Allegory and Gospel: An Interpretation of J.R.R. Tolkien/C. S. Lewis/G. K. Chesterton/Charles Williams. Bethany Fellowship Inc., Minneapolis 1974.

Timothy R. O'Neill, The Individuated Hobbit: Jung, Tolkien and the Archetypes of Middle-earth. Houghton Mifflin, Boston 1979; Thames & Hudson, London 1979.

Halle Nester, Shadows of the Past: Darstellung und Funktion der geschichtlichen Sekundärwelten in J.R.R. Tolkiens »The Lord of the Rings«, Ursula K. LeGuins »Earthsea-Tetralogy« und Patricia McKillips »Riddle-Master-Trilogy«. Wissenschaftlicher Verlag, Trier 1993.

Jane Chance Nitzsche, Tolkien's Art: A Mythology for England. Macmillan und St. Martin's Press, London/New York 1979.

Ruth S. Noel, The Languages of Tolkien's Middle-earth. Houghton Mifflin, Boston 1980 (verbesserte Ausgabe von »The Languages of Middle-earth« aus dem Jahr 1974).

Ruth S. Noel, The Mythology of Middle-earth. Houghton Mifflin, Boston

1977; Thames & Hudson, London 1977 (auch als »The Mythology of Tolkien's Middle-earth«, Panther-Taschenbuch 1979).

Duilio Pacifico, La letteratura fantastica. Da Tolkien a Buzzati. Editione Studio de Lisa, Mercoglicino 1995.

Bruce Palmer, Of Orc-Rags, Phials & A Far Shore: Visions of Paradise in The Lord of the Rings. T-K Graphics, Baltimore 1976.

Helmut W. Pesch, Das Licht von Mittelerde, Erster Deutscher Fantasy Club, Passau 1987, Tolkiana Band 1.

Dieter Petzold, J.R.R. Tolkien: Fantasy Literature als Wunscherfüllung und Weltdeutung. Carl Winter Universitätsverlag, Heidelberg 1980.

Richard L. Purtill, Lord of the Elves and Eldils: Fantasy and Philosophy in C. S. Lewis and J.R.R. Tolkien. Zondervan Publishing, Grand Rapids/Michigan 1974.

Richard L. Purtill, J.R.R. Tolkien: Myth, Morality and Religion. Harper & Row, San Francisco 1984.

Robert J. Reilly, Romantic Religion: A Study of Barfield, Lewis, Williams and Tolkien. University of Georgia Press, Athens/Georgia 1971.

Karen Rockow, Funeral Customs in Tolkien's Trilogy. T-K Graphics, Baltimore 1973.

Lee D. Rossi, The Politics of Fantasy: C. S. Lewis and J.R.R. Tolkien. UMI Research Press, Ann Arbor 1984.

Marli Schütze, Neun Wege nach Narnia und Mittelerde: Handlungskonstituenten in der Fantasy-Literatur von C. S. Lewis und J.R.R. Tolkien, Reihe Europäische Hochschulschriften Band 156, Peter Lang Verlag, Frankfurt am Main 1986.

Gunnar Urang, Shadows of Heaven: Religion and Fantasy in the Writing of C. S. Lewis, Charles Williams, and J.R.R. Tolkien. SCM Press, London 1971.

René van Rossenberg (Hrsg.), Elrond's Holy Round Table: Essays on Tolkien, Sayers and the Arthur Saga. Lembas-extra 1990, Een Unquendor uitgave, Tolkien Winkel 1990.

René van Rossenberg (Hrsg.), Motieven in Midden-aarde: Essays over Tolkien en fantasy. Lembas-extra 1988, Een Unquendor uitgave, Tolkien Winkel 1988.

Meredith Veldman, Fantasy, the Bomb and the Greening of Britain: Romantic protest 1945–1980. Cambridge University Press 1994.

Gudrun Zahnweh, Heldenfiguren bei Tolkien. Die Hierarchie des Heldentums im »Silmarillion« und im »Herrn der Ringe«, Erster Deutscher Fantasy Club, Passau 1989, Tolkiana Band 2.

Marion Zimmer Bradley, The Jewel of Arwen. T-K Graphics, Baltimore 1974.

Marion Zimmer Bradley, *Men, Halflings & Hero Worship*. T-K Graphics, Baltimore 1973. – Deutsche Fassung: »Von Helden und Halblingen«, Übers. Helmut W. Pesch, in: *J.R.R. Tolkien – der Mythenschöpfer*, hrsg. von Helmut W. Pesch, Edition Futurum Band 5, Corian-Verlag, Meitingen 1984.

Marion Zimmer Bradley, *The Parting of Arwen*. T-K Graphics, Baltimore 1974.

5. KURIOSA

Bart Andrews und Bernie Zuber, *The Tolkien Quiz Book*. Signet Books, New American Library, New York 1979; Sphere Books, London 1979.

Henry N. Beard, Douglas C. Kenney (= The Harvard Lampoon), *Bored of the Rings. A Parody of J.R.R. Tolkien's »The Lord of the Rings«*. Signet Books, New American Library, New York 1969. – Deutsche Fassung: Dschey Ar Tollkühn, *Der Herr der Augenringe*, Übers. Margaret Carroux, Goldmann Fantasy 23835, München 1983, und Goldmann Allgemeine Reihe 6818, München 1985.

Suzanne Buchholz, *The Middle-earth Quiz Book*. Houghton Mifflin, Boston 1979. – Deutsche Fassung: *Das Tolkien-Mittelerde-Quizbuch*, Übers. Philipp Bergmann und Thomas Kastura, Deutscher Taschenbuch Verlag, München 1983.

Árpád Göncz, *Gyaluforgács* [dt. Hobelspan]. Pesti Szalon Könyvkiado, Budapest 1993. Enthält Essays, Aufzeichnungen und Interviews des ungarischen Staatspräsidenten a.D. (1990–2000), in denen er sich auch zu Tolkien äußert, der ins Ungarische übersetzte.

Martin H. Greenberg (Hrsg.), *After the King: Stories in Honor of J.R.R. Tolkien*. Tor/Doherty 1992 und Pan Books 1992. – Deutsche Fassung: *Die Erben des Rings*, diverse Übersetzer, Bastei-Lübbe-Taschenbuch 13803, Bergisch Gladbach 1996. Enthält Kurzgeschichten von Poul und Karen Anderson, Peter S. Beagle, Gregory Benford, John Brunner, Emma Bull, Stephen R. Donaldson, Karen Haber, Charles de Lint, Barry N. Malzberg, Dennis L. McKiernan, Patricia A. McKillip, Andre Norton, Terry Pratchett, Mike Resnick, Elizabeth Ann Scarborough, Robert Silverberg, Judith Tarr, Harry Turtledove und Jane Yolen.

Gregory Hildebrandt jr., *Greg and Tim Hildebrandt: The Tolkien Years*. Watson Guptill Publications 2000. Enthält die kompletten Motive der »Lord of the Ring«-Kalender aus den Siebzigerjahren sowie zusätzliches Material.

Andrew Murray, *The Tolkien Quiz Book*, HarperCollins, London 1996.

Nigel Robinson und Linda Wilson, *The Tolkien Quiz Book*. St. Martin's Press, New York 1981; A Star Book, W. H. Allen, London 1981.

A Film Portrait of J.R.R. Tolkien. Video-Dokumentation von Judi Dench (110 Minuten), Landser Film & TV. Erhältlich bei der Tolkien Society, England.

The Film Book of J.R.R. Tolkien's »The Lord of the Rings« Part I, Ballantine, New York 1978. Enthält eine Textfassung auf der Grundlage des Drehbuchs und über 130 Bilder aus dem Film.

Joan Wyatt, *A Middle-Earth Album: Paintings by Joan Wyatt, inspired by J.R.R. Tolkien's The Lord of the Rings*, Thames & Hudson, London 1979.

6. ZEITSCHRIFTEN

Arda: The Annual for Arda Research. Bezug: Anders Stenström, Stiernhielmsgatan 5 B, S-753 33 Upsala, Schweden. E-Mail: beregond@update.uu.se.

Beyond Bree: Newsletter of the Tolkien Special Interest Group of American Mensa. Hrsg. von Nancy Martsch, P.O. Box 55372, Sherman Oaks, CA 91413, USA. E-Mail: beyondbree@yahoo.com.

Parma Eldalamberon: The Book of Elven Tongues. Hrsg. von Chris Gilson, 500 C North Civic Drive, Walnut Creek, CA 94596, USA. E-Mail: harpwire@netcom.com.

Mallorn: Journal of The Tolkien Society. Bezug: Tolkien Society Trading Ltd., Malcolm Lindley, 8 Chantry Lane, Westbury, Wilts, BA13 3BS, UK. E-Mail: tolksoc@tolkiensociety.org.

Mythlore: The Journal of The Mythopoeic Society. Hrsg. von Dr. Theodore James Sherman, Box X041, Middle Tennessee State University, Murfreesboro, TN 37132, USA. E-Mail: tedsherman@home.com.

Quettar. Hrsg. von Julian Bradfield, Dept. of Computer Science, University of Edinburgh, The King's Buildings, Mayfield Road, Edinburgh EH9 3JZ, UK. E-Mail: jcb@dcs.ed.ac.uk.

The Tolkien Collector: An Occasional Magazine for Collectors of J.R.R. Tolkien. Hrsg. von Christina Scull, 30 Talcott Road, Williamstown, MA 01267, USA. E-Mail (per Ehemann Wayne Hammond): Wayne.G.Hammond@williams.edu.

Vinyar Tengwar. Hrsg. von Carl F. Hostetter, 2509 Ambling Circle, Crofton, MD 21114, USA. E-Mail: Aelfwine@erols.com.

7. BIBLIOGRAFIEN

Åke Bertenstam, *Supplement för 1983-1984 till En Tolkienbibliografi: med tillägg och rättelser för tidigare år*. In: *Arda* 5 (1985, gedr. 1988), pp. 124-209.

Åke Bertenstam. *Supplement för 1985-1986 till En Tolkienbibliografi: med tillägg och rättelser för tidigare år*. In: *Arda* 6 (1986, gedr. 1990), pp. 160-275.

Åke Bertenstam. *Supplement för 1987-1990 till En Tolkienbibliografi: med tillägg och rättelser för tidigare år*. In: *Arda* 8/11 (1988/1991, gedr. 1994), pp. 204-404.

Wayne G. Hammond mit Douglas A. Anderson, J.R.R. Tolkien: A Descriptive Bibliography. St. Paul's Bibliographies, Oak Knoll Books, Winchester 1993.

Judith A. Johnson, J.R.R. Tolkien: Six Decades of Criticism. Bibliographies and Indexes in World Literature No. 6, Greenwood Press, Westport/London 1986.

Åke Jönsson, A Tolkien Bibliography 1911–1980: Writings by and about J.R.R. Tolkien. Tredje Upplagen 1986.

Åke Jönsson, Supplement för 1981–1982 till En Tolkienbibliografi: med tillägg och rättelser för tidigare år. In: *Arda* 3 (1982/83, gedr. 1986), pp. 128-173.

Åke Jönsson, En Tolkienbibliografi 1911–1980: verk av och om J.R.R. Tolkien. Specialarbete. Högskolan i Borås, Institutionen Bibliotekshögskolan, Borås 1983.

Gisbert Kranz, Die Inklings-Bibliothek: Systematischer Katalog der Spezialsammlung zu G. K. Chesterton, C. S. Lewis, George MacDonald, Dorothy L. Sayers, J.R.R. Tolkien, Charles Williams. Erster Deutscher Fantasy Club, Passau 1992 (2. erweiterte Auflage).

Richard C. West, Tolkien Criticism: An Annotated Checklist. The Serif Series No. 39. State University Press, Kent/Ohio 1970, erweiterte Ausgabe 1981.